茂名石化年鉴

2022

《茂名石化年鉴》编纂委员会　编

中国石化出版社

图书在版编目（CIP）数据

茂名石化年鉴：2022/《茂名石化年鉴》编纂委员会编. — 北京：中国石化出版社，2023.3
ISBN 978-7-5114-7010-2

Ⅰ. ①茂…　Ⅱ. ①茂…　Ⅲ. ①石油化工企业—茂名—2022—年鉴　Ⅳ. ① F426.22-54

中国国家版本馆 CIP 数据核字（2023）第 045414 号

中国石化出版社出版发行
地址：北京市东城区安定门外大街58号
邮编：100011　电话：（010）57512500
发行部电话：（010）57512575
http：//www. sinopec-press. com
E-mail：press@ sinopec. com
北京科信印刷有限公司印刷
*
787×1092 毫米　16 开本　23.5 印张　32 彩页　572 千字
2023 年 4 月第 1 版　2023 年 4 月第 1 次印刷
定价：180.00 元

《茂名石化年鉴2022》编纂委员会

《茂名石化年鉴2022》编辑人员

编辑说明

一、《茂名石化年鉴》(以下简称《年鉴》)是中国石化集团茂名石油化工有限公司、中国石油化工股份有限公司茂名分公司共同公开发行的专业性年鉴，记录了一定时期内公司生产经营等各方面基本情况和重大事项，是一本史料工具书。《年鉴》从问世至今已连续出版21卷，《茂名石化年鉴2022》为第22卷。

二、《茂名石化年鉴2022》全面、系统地记录了2021年公司生产经营、改革发展、科技创新、企业管理、党建工作等方面的重大事项、主要活动及发展变化，直观反映了公司主要工作和新变化、新成果，为各级领导科学决策和科学管理提供依据，也为编史修志积累资料。收录资料上限起自2021年1月1日，下限至2021年12月31日。

三、《茂名石化年鉴2022》采用分类编纂和条目式记述方法，以文字记述为主，辅以照片、图表。共设16个栏目：特载、专文、综述、大事记、生产经营、转型发展及创新、企业管理、党群工作、公共事务管理、直属基层单位、直属业务中心、合资合作公司、组织机构及干部名录、荣誉、附录、索引。为方便读者查阅和检索，文前附中、英文目录，文后有索引，索引按汉语拼音排列。

四、《年鉴》中，“中国石油化工集团有限公司”简称“集团公司”或“总部”，“中国石化集团茂名石油化工有限公司”简称“茂名石化公司”、“中国石油化工股份有限公司茂名分公司”简称“茂名分公司”，“茂名石化公司”“茂名分公司”合称“公司”或“茂名石化”，公司所属二级单位(中心)、部门一律直呼其惯称。

五、《年鉴》中插图主要由宣传部提供，其余图片由各单位提供，图片版权由提供单位所有。

六、在《年鉴》的编纂和出版过程中，承蒙有关单位领导、专家、联络人、撰稿人的大力支持和帮助，在此，谨向为《年鉴》提供稿件和资料、对稿件进行审读把关及给予《年鉴》各种帮助的人士，致以诚挚的谢意。对《茂名石化年鉴2022》存在的缺点和疏漏，诚请广大读者批评指正。

《茂名石化年鉴》编辑部

上级领导调研

▲2021年2月26日，党的十九大精神中央宣讲团成员、中央政策研究室原副主任施芝鸿（前左二）到公司调研

▲2021年3月29日，广东省委副书记、省长马兴瑞（左二）到公司调研

（柯裕清　摄）

◀2021年4月12日，广东省副省长覃伟中（左二）到公司合成润滑油基础油项目现场调研

（柯裕清　摄）

▶2021年8月3日，广东省副省长陈良贤（前左三）到公司港口分部调研疫情防控工作

（周汝权　摄）

◀2021年11月30日，中国科学院院士、集团公司副总工程师谢在库到公司调研

（周汝权　摄）

公司会议

▲2021年3月15日，公司召开党史学习教育动员大会

（周汝权　摄）

▲2021年6月15日，公司召开第十一次党代会

（柯裕清　陈解贤　摄）

◀2021年6月23日，公司党委召开各界人士党史学习座谈会

（周汝权　摄）

▶2021年8月20日，公司召开落实全国节能低碳宣传周活动方案暨公司碳达峰碳中和行动方案专题会

（周汝权　摄）

◀2021年9月8日，公司召开集团公司第二批"三百三千"实践锻炼人员见面座谈会

（周汝权　摄）

▶2021年9月27日，公司召开环保管理提升专题会

（李惠华　摄）

◀2021年9月29日，公司召开庆祝中华人民共和国成立72周年暨公司责任文化建设推进会

▶2021年10月28日，公司党委举办学习贯彻习近平总书记视察胜利油田重要指示精神专题会

（周汝权　摄）

►2021年11月4日，公司召开人才和培训专题会

（周汝权　摄）

◄2021年12月1日，公司学习贯彻党的十九届六中全会精神暨中层领导干部研讨班开班

（周汝权　摄）

►2021年12月3日，公司在党委党校报告厅举办EAP工作专题辅导讲座

（周汝权　摄）

公司领导会见外宾

▲2021年5月12日，公司执行董事、分公司代表、党委书记尹兆林会见巴斯夫大中华区运营及基地管理全球高级副总裁莫里森

（李惠华　摄）

▲2021年8月4日，公司执行董事、分公司代表、党委书记尹兆林会见明阳集团董事长张传卫

（李惠华　摄）

公司领导调研

▶2021年7月2日，公司执行董事、分公司代表、党委书记尹兆林到铁运分部落实特殊时期“服务官”制度

◀2021年7月2日，公司总经理、党委副书记陆建明到港口分部第一作业区开展“四不两直”跟班安全生产服务工作

▶2021年11月8日下午，公司总经理、党委副书记陆建明深入“两炉一机”施工现场调研

▲2021年12月22日，公司执行董事、分公司代表、党委书记尹兆林深入炼油分部检查装置检修和开工情况

▲2021年12月23日，茂名市委常委、公司党委书记、执行董事、分公司代表尹兆林深入茂南区袂花镇调研乡村振兴工作

（周汝权　摄）

公司重要事件

◀2021年3月5—11日，全国人大代表，公司执行董事、分公司代表、党委书记，茂湛炼化一体化领导小组组长尹兆林在十三届全国人大四次会议期间接受中央广播电视总台记者采访

▶2021年5月，化工新中控室投用

（柯裕清　摄）

◀2021年5月14日，公司党委党校揭牌

（周汝权　摄）

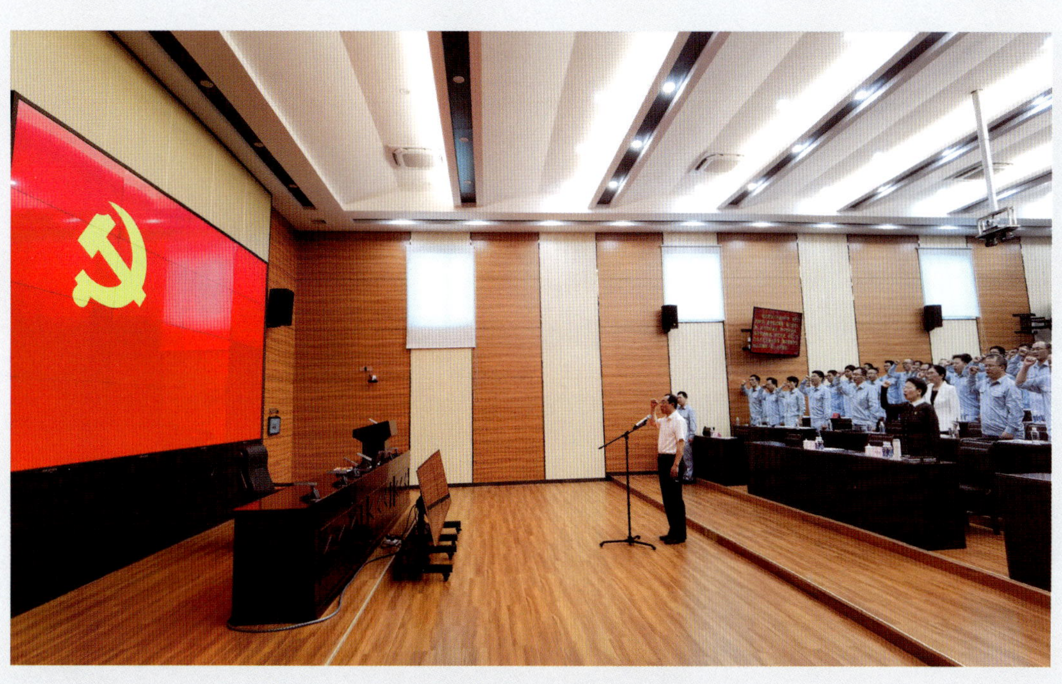

▲2021年5月14日，公司举办第一期基层领导人员党史学习教育研讨班

（周汝权　摄）

▲2021年6月26日，公司新一届党委委员到广东南路革命化州教育基地开展红色教育主题活动，尹兆林书记为新一届党委委员上党课

（周汝权　摄）

◀2021年8月18日，公司举办第一期干部夜校培训班

（周汝权　摄）

▶2021年9月14日，公司与中广核电力销售有限公司在阳江核电基地签订2022年市场化用电交易合同

◀2021年9月24—27日，公司9名选手参加2021年全国行业职业技能竞赛聚乙烯装置操作工技能竞赛，获团体总分第一、个人奖牌“4金3银2铜”的历史最好成绩

（周汝权　摄）

▲2021年10月22日，公司与明阳集团签署战略合作协议

▲2021年10月26—30日，公司3名选手参加2021年全国行业职业技能竞赛加氢裂化（处理）装置操作工竞赛荣获个人奖牌“1金2银”、团体总分第五的成绩

（关则辉　提供）

▲2021年11月29日，公司执行董事、分公司代表、党委书记尹兆林代表绿色石化产业集群“链主”企业发言

▲2021年12月21日，公司执行董事、分公司代表、党委书记尹兆林代表驻粤企业发布《中国石化在广东》社会责任报告

▶2021年12月26日，合成橡胶部揭牌成立

（柯裕清　摄）

▶2021年12月26日，炼油储运部揭牌成立

（陈解贤　摄）

▶2021年12月26日，炼油五部揭牌成立

（陈解贤　摄）

公司文化活动

◀2021年8月25日，化工分部聚烯烃运行部为员工送西瓜解暑

（小　雪　摄）

▶2021年11月27日，炼油分部工会为联合二车间渣油加氢大修装置员工送上清凉饮料

（罗国霞　摄）

◀2021年10月11日，公司EAP示范工作室建成投用。图为公司工会组织EAP工作志愿者学习心理潜意识投射卡OH牌的使用方法和技巧

◀2021年10月30日，公司党员帮助新坡镇合水村农户收割稻子

（张木旺　摄）

►2021年11月，化工食堂升级为“2+N”半自助就餐模式

（黄秀娟　摄）

◀2021年11月20—25日，公司举办第四届职工徒步节活动

（周汝权　摄）

◀2021年12月8日，公司为2021年11月发现安全隐患员工颁奖

（柯裕清　摄）

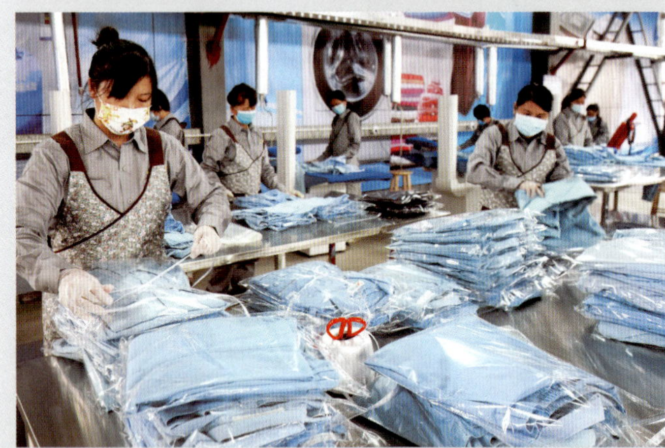

◀2021年12月31日，公司开始为炼油、化工区域操作人员提供工服清洗服务。图为专业人员对清洗后的工服进行熨烫打包

（周汝权　摄）

◀公司在炼油、化工食堂推出“手动小推车”服务

（谭彩玉　摄）

▶公司志愿者护送高位截瘫员工体检

（叶云斐 提供）

▶升级后的公司青年阅览室为青工阅读提供舒适环境

▶重阳节前，公司为85、90、95周岁离退休职工集体祝寿

（吴少兰 摄）

公司重点项目

◀2021年6月18日，原油商储二期项目中交

（柯裕清　摄）

▶2021年8月4日，公司10万吨/年高端碳材料装置投产

（柯裕清　摄）

◀2021年8月30日，公司首个无人仓库投用

◀2021年11月8日，公司3号聚丙烯装置内建成我国石化行业首张5G防爆专网

▶2021年5月，建设中的粗裂解气制苯乙烯装置

（柯裕清　摄）

◀公司高密度聚乙烯产品首次销往国外

（周汝权　摄）

集体荣誉

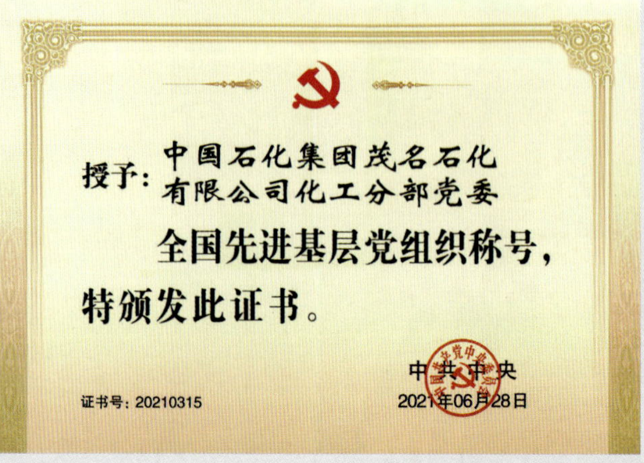
授予：中国石化集团茂名石化有限公司化工分部党委

全国先进基层党组织称号，

特颁发此证书。

中共中央

证书号：20210315

2021年06月28日

▲化工分部党委被授予“全国先进基层党组织”称号

员工风采

▲中国石化第六届十大“感动石化”人物——杨越

（程 阳 摄）

▲中央企业优秀共产党员——李雪梅

▶2019年“全国技术能手”——韩善雷

▶广东省五一劳动奖章获得者——董军飞

厂区风光

◀五星红旗飘扬在厂区

▲生机勃勃的炼油厂区

（柯裕清　摄）

▲绿色、整洁的现代化化工厂区

（柯裕清　摄）

◀绿色工厂

（柯裕清　摄）

▲荔枝鲜嫩欲滴

（梁培茂　摄）

▲火红的三角梅

（梁燕萍　摄）

▶莲雾秀色可餐

（邹镇铭　摄）

▶春天的鸣响

（周　播　摄）

▶春色满园

（陈解贤　摄）

▲夕阳下的工业站

（李冠玉　摄）

▲水务运行部制水厂出现水鸟共舞的和谐画面

目　录

特 载

专 文

综 述

大事记

生产经营

计划管理

生产运行及技术质量管理

设备管理

安全环保管理

财务管理

转型发展及创新

规划发展

工程建设

科技创新

企业管理

基础管理

法律事务工作

人力资源管理

内部审计工作

综合管理

保密工作

外事工作

党群工作

党组织建设

企业文化与宣传

纪检监督工作

群众工作

公共事务管理

社会保险管理

信访维稳工作

武装工作

计划生育管理

离退休人员管理

直属基层单位

炼油分部

化工分部

热电分部

港口分部

铁运分部

水务运行部

仪控计量部

研究院

直属业务中心

物资供应中心

营销中心

党委党校（培训中心）

行政事务中心

应急救援中心

信息中心

质量检验中心

合资合作公司

湛江新中美化工有限公司

组织机构及干部名录

荣 誉

附 录

Contents

特载

MAOMINGSHIHUA

- 超常发挥智慧　超常创新实干
  夺取打造世界领先炼化企业新胜利
- 发挥领导作用　凝聚智慧力量
  为实现茂名石化第四次跨越式发展而努力奋斗
- 在茂名石化庆祝中国共产党成立 100 周年大会上的讲话
- 在学习贯彻习近平总书记“七一”重要讲话精神研讨班结束时的讲话

特 载

超常发挥智慧 超常创新实干 夺取打造世界领先炼化企业新胜利

——公司党委扩大会暨第十四届职工代表大会第四次会议工作报告

尹兆林

（2022 年 1 月 21 日）

各位党委委员、各位职工代表、同志们：

这次会议的主要任务是：以习近平新时代中国特色社会主义思想为指导，深入贯彻党的十九大、十九届历次全会、习近平总书记视察胜利油田重要指示、集团公司工作会议精神，全面总结2021年工作，深入分析面临形势，研究部署2022年任务，动员全体干部员工扛好央企责任，坚决迎难而上，超常发挥智慧，超常创新实干，夺取打造世界领先炼化企业新胜利，以优异成绩迎接党的二十大胜利召开。

下面，我代表公司党委和公司作工作报告，请各位代表予以审议，请党委委员提出意见。

一、2021年主要工作

2021年，是公司历史上极不平凡的一年。面对世纪疫情和百年变局，迎着安全生产巨大压力和增效发展严峻挑战，公司党政领导班子团结带领全体干部员工，以习近平新时代中国特色社会主义思想为指导，全面贯彻党的十九大和十九届历次全会、习近平总书记视察胜利油田重要指示精神，扎实开展党史学习教育，坚决落实集团公司党组决策部署，咬定率先建成世界领先炼化企业目标不放松，遭遇挫折志更坚，越是艰险越向前，变压力为动力，化挑战为机遇，迈出高质量发展新步伐，实现“十四五”征程好开局，向中国共产党百年华诞献了厚礼。

——经济效益再破百亿。实现利润100.66亿元，历史上第三次闯过百亿大关，超总部下达指标11.84%，稳居中国石化炼化企业第二位、同规模企业第一位，分别占集团公司及其炼化企业利润总额的8.66%和11.03%，为中国石化实现全年效益目标作出了突出贡献。在上周召开的集团公司工作会议上，得到马永生董事长的点名表扬。

——绿色发展续站排头。消灭了环保事故事件，被评为集团公司节能环保先进单位，荣获中国石化A档绿色企业称号，持续获得广东省环保诚信企业绿牌。

——转型升级实现突破。中国石化自有技术高端碳材料装置、国资委督办“卡脖子”项目国内首套合成基础油工业化装置，建成投产。公司被省政府确定为广东建设绿色石化产业集群“链主”企业。

——改革创新又上台阶。用工总量首次降至7942人，其中，合同制员工总数降到7149人，人均劳效位居中国石化大型企业前列。承担的2项中国石化“十条龙”技术攻关项目全部优质“出龙”。开发生产化工新产品数量和产量，均居中国石化炼化企业首位。一批重要科研开发项目中试和工业化装置开建、中交或投用，这在公司史无前例。4项成果获得省部级以上科技进步奖。

——员工利益持续发展。为员工办的实事好事全面落地，员工收入逆势提高，基层工作环境、单身青工生活条件进一步改善，干部员工身心健康、个人成长得到更多关爱，广大员工、离退休职工获得感、幸福感、归属感持续攀升。

——党建工作成果丰硕。公司各级党组织获得省部级荣誉9个，1个基层党建案例被评为全国石化企业党建创新优秀案例，2项基层党建经验入选集团公司创新案例汇编，化工分部党委被授予“全国先进基层党组织”称号，从多个侧面展现了公司党建工作走实走强新气象。

回顾去年的工作，公司的主要做法是：

（一）承压而上，更严更实狠抓安环生产

面对两起事故，特别是“3·15”事故带来的巨大压力，我们下定“从哪跌倒就从哪爬起来”的决心，深刻吸取教训，有的放矢施策，超常严抓落实，重塑安全形象，拓展绿色优势。

一是严狠治标与科学治本相结合，努力打赢安全生产翻身战。我们触灵魂抓思想。提出并宣贯“随意就是危险、违章就是犯罪”理念，采取领导班子民主生活会、全员主题反思大讨论等形式，引导广大干部员工结合血的教训，深入查找非安全思想和行为，深刻认识事故对国家、社会、企业和自身、家庭的严重危害，增强了落实责任保安全的自觉。我们夯基础提能力。运用干部夜校、专题培训、线上自学、严考激励、HSE关键岗位人员持证上岗等方式，组织员工深学规章制度纪律，做到“五懂五会五能”，提高了立足本职保安全的本领。我们用“重典”强管控。坚决贯彻集团公司总经理2号令，扎实推行HSE管理体系，果断颁布《安全生产“第1号”工作令》，及时实行《安全环保尽职保证金管理办法》，强力实施新版《HSE管理体系手册》，建立并严格执行各级“一把手”“三个三”机制和安全生产“服务官”制度，以“三从严”“三到位”落实工作票制度、手指口述操作法和HSE观察、JSA分析、现场督察等一系列举措，保证了各项制度和工作取得实效。全年共查治各类隐患17017项，系统性风险总值下降14%，9月以来消灭了事故事件。公司安全生产在阵痛后、重压下，顽强地走出低谷。

二是做强当下与谋优未来相结合，全力打赢绿色发展攻坚战。我们精操作、上技措，确保优标排放。按照国家和地方最新环保要求，组织各装置运行，管好开好环保设施，新上环保项目12个、绿色项目17个，完成绿色任务26项，综合利用固废3.4万多吨，又建成绿色装置20套，公司绿色装置占比提高到74%，超出总部要求44个百分点。我们强管理、实技改，确保节能达标。层层分解、从严落实节能降耗指标，实施节能项目55个、能效提升措施1910项，万元产值综合能耗比总部考核指标低11.03%，公司被评为石油和化工行业能效“领跑者”、水效“领跑者”标杆企业。我们细谋划、重合作，确保挺进深绿。制定落实“十四五”节能环保规划、碳达峰碳中和行动方案，率先与中广核签订核电绿电采购协议，与明阳集团签订清洁能源战略合作协议，今年已实现外购电99%为核电、1%为绿电，化工厂区停车场光伏发电项目并网发电，公司迈出了开发利用清洁绿色能源的坚实步伐。

三是净化现场与抵御疫情相结合，着力打赢职业健康保卫战。我们加快消除现场有害因素。完成9个粉尘、噪声超标点和164台非密闭采样器、脱水器治理，“无泄漏装置、无异味厂区、绿色洁净企业”建设走上“快车道”。我们强化员工体检结果应用。为220名员工建立健康清单，配备126台相关仪器，跟踪实施健康指导和协助治疗，员工职卫风险得到有效控制。我们保持疫情防控高压态势。坚持“外防输入、内防扩散”，建立核酸检测“绿色通道”，开办疫苗接种“石化专场”，能够接种的在岗员工和承包商人员全部完成接种，公司保持“零感染”“零疑似”。

（二）以变应变，顶格优化创造超常效益

面对市场弱势回暖，但波动比较频繁、需求走向高端的复杂形势，我们做精顶格优化，化危为机，变机为实，挖潜降本增效14.4亿元，总资产报酬率、净资产收益率均列中国石化大型炼化企业前茅，又一次创出“好于预期、优于同行、跑赢大市”的效益。

一是千方百计开发效益增长点。我们抢抓一切机会做大生产总量。在炼油23套装置、化工2系列装置停工大修的情况下，加工原料油2189.05万吨，生产乙烯104.84万吨，产销炼油商品2089.54万吨、化工商品366.89万吨。我们灵活精准测算做优原油采购。开拓新油种9个，捕捉机会油种7个，原油到岸均价为集团公司各企业最低。我们力推营销转型做强拓市推价。柴油出口量同比增长39.89%，爱跑98号汽油打进广东市场，航煤首销白云机场，3个化工产品首次出口，轻质船燃、95号汽油实现议价销售，与兄弟企业比价的16个化工产品，每月有12个以上价格领先。

二是打破常规唤醒效益沉睡点。我们扬长避短调优生产结构。加大裂解投料结构优化力度，盈利能力强的石脑油同比提高5.27个百分点。最大程度增产价高利厚产品，柴汽比同比下降0.16，三苯、高标号汽油、液化气等产量均创历史新高。我们改进管理提高运行质效。汽煤柴油一次调成合格率分别提高4.4、0.04和2.86个百分点，化工产品库存顺势调优增效明显。我们深理旧账盘活闲置资产。奋勇攻坚，挂牌处置房产32宗，盘活土地234亩，创效1.59亿元。

三是精打细算封堵效益流失点。我们做严倒逼降本。成立6个成本优化攻关组，集中力量破解难点，降本2.47亿元。我们做细政策降本。落实国家减免税政策15项，减少税费3.26亿元。我们做实节约降本。从不浪费“一滴水、一度电、一粒米”入手，狠抓资源节约，仅修旧利废就降本4432万元。我们做强战略降本。财务、选商、审计、预结算把关减少投资6762.26万元。炼油单位完全费用、化工吨产品完全费用分别比总部下达指标低6.69元和4.46元。

（三）不畏曲折，锲而不舍加快转型升级

面对主要项目审批陷入困境，工程建设难题不断出现的严峻局面，我们以“实现高质量发展，赢得白热化竞争”为己任，迎难而上、破难而进、超常努力、只争朝夕地实施“一转三迈两新”发展策略，取得了转型升级新突破。

一是百折不挠力争重大项目上马。炼油转型升级及乙烯提质改造项目，是公司“十四五”高质量发展的主体工程。正当该项目闯过道道关口，最终获批近在眼前之时，去年8月，广东省相关部门却撤销了能评等批复，给该项目判了“极刑”。为保证茂名石化永立发展竞争潮头，为保证员工利益持续最大限度发展，我们毫不退缩，决不放弃，下定“宁可脱掉几层皮，也要拿下大项目”的决心，在总部和省市的大力帮助下，成立专班，特事特办，主动向国家相关部委说明情况，寻求支持；多次精心准备，回答他们提出的问题；按照他们的意见，创造条件，反复完善相关方案和资料。经过4个多月的不惧烦劳、克难而进，国家发改委终于认可了该项目，并希望我们把这个项目打造成为国内小乙烯改造样板。目前，我们对国家发改委新提出的6个方面问题作出了回答，正在上报材料，如果通过，该项目就可列入国家《石化产业规划布局方案》，拿到上马的“路条”。这个项目“涅槃重生”，将对公司实现第四次跨越式发展目标，起到决定性作用。

二是攻坚克难力保规划项目落地。我们紧盯紧催，保证了17个项目基础设计、14个项目可研获得批复，1个项目基础设计、3个项目可研按时上报，已批和上报待批项目投资达到366.23亿元。我们挂图作战，确保了5个重点项目建成中交，16个投资千万元以上项目按统筹推进。我们精心组织，实现了4个项目高水平投产。全年完成投资55.94亿元，计划完成率达到99.56%。特别是，高端碳材料装置，为我国探索应用劣质油浆生产优质针状焦技术，提供了经验；合成基础油工业化装置，打破了外国对线性α－烯烃生产技术的垄断。这些来之不易的成绩，为公司“十四五”高质量发展，开了个好头，打下了基础。

三是务实进取力推两化深度融合。我们保证全网络运行安全。网络安全水平保持A级，续站中国石化炼化企业排头，是公安部开展的网络攻防演习中，集团公司唯一“零”失分、“零”通报的企业。我们增强数字化转型能力。14项统计大数据分析成果实现固化应用，完成72个系统数据资源盘点，为深度挖掘数据资源价值夯实了基础。我们提升信息化应用水平。建成我国石化行业首张5G防爆专网，投用首个无人仓库，实现无人机巡线、衡器无人值守，公司被确定为中国石化审计大数据平台建设试点企业。

（四）与时俱进，开拓创新增添发展动力

面对体制机制活力、科技进步实力与高质量发展要求不相适应的问题，我们坚决落实国企改革三年行动方案，蹄疾步稳深化内部改革，凝才聚智强化科技创新，有效激发了提升效益、加快发展的内生动力。

一是适应大势改进企业体制。我们着力完善公司治理。构建了执行董事、分公司代表依法组织决策，经理层履责狠抓落实，监事合规从严监督，各司其职，各尽其责，协调运转，有效制衡的治理体制，公司治理愈加科学高效。我们扎实推进“瘦身健体”。又组建3个运行部，精简基层机构15个、班组16个、岗位125个、用工179人，劳动效率再创历史新高。我们积极削减非主营业务。广州市茂名石化宾馆完成“两非”剥离，港口分部杂货码头实现对外承包经营，公司主业更加精干突出。

二是针对痛点变革管理机制。我们勇于推行市场化用工。开始实行公司经理层成员任期制和契约化管理，首次引进社会化成熟人才，首次未与劳动合同期满考核不合格员工续约，开辟了建强做优员工队伍新路径。我们强力推动竞争性上岗。加大三支人才队伍考评、能下力度，推行“三大员”取证上岗，深化富余人员转岗促进机制，晋升续聘各类人才1363名，其中新聘210名，降聘解聘115名，158名员工梯次转岗，有力激发了广大员工成长成才的自觉性。我们持续做实凭能效取酬。动态调优岗酬、能酬，精准推进绩效与收入挂钩，按照“奖多于罚”“三个三分之一”原则，不断优化考核奖惩机制，能力薪酬调整率达到42%，三个序列员工绩效工资分别占79%、65%和58%，充分调动了广大员工争创一流业绩的积极性。

三是突出重点强化科研开发。我们全力壮大科研力量。完善市场化引才机制，引进博士后31名，在企工作博士增至42名；争得总部科研投入1亿多元，同比增加61.09%；首次获得国家核心技术攻关专项投资4000万元。我们全力研发关键技术。承担省部级以上科研项目93个，中试和工业化装置投产4个、中交3个、在建3个，均创历史新高。我们全力推进创新创效。实施效益类技改项目19个，创效2.63亿元，投资回报率达到27.96%。开发生产化工新产品8个；化工新产品和专用料占比提升到83.76%，为历史最优。申请中国专利61件，其中发明专利85%，均创历史最好水平。科技创新的良好态势，使我们对打造技术先导型企业充满信心。

（五）对标一流，遵循规律强化管理提升

面对一些工作质效不高、个别指标不优等差距，我们以全面深化穿透式管理为抓手，深入开展对标世界一流管理提升行动，被评为中国石化对标提升标杆企业。

一是突出系统性做优专业管理。我们以业财融合为目标，加快财务转型，及时分析指出影响生产经营的重要问题67项，提出应对措施70项，充分发挥了“大管家”作用；以“一级保一级”为原则，推行设备完整性管理，设备KPI达标率由70%提高到98%，先进率从29%提升至68%；以“稳系统、控变更、优操作”为重点，推进精益化工艺管理，炼化装置运行平稳率位居系统前列；以“供应链转向价值链”为核心，建立落实“大物供”机制，突破关键设备国产化采购瓶颈，节约采购资金近4000万元；以“稳运行、降成本、优保供”为主线，实施“从水的搬运工向水的运维服务中心转变”策略，荣获总部专业考评一等奖。各专业管理水平的攀升，保证了公司综合素质的增强，共获省部级以上荣誉188项，同比增加11.2%。

二是突出实效性解决管理矛盾。我们严细求实控风险。完善落实“监测数字化、评估项目化、内控常态化”的风险防控体系，“信息汇集、风险研判、统筹协调、督促整改、反馈评价”的“大监督”工作机制，“领导挂帅、依法合规、专班推进、特事特办”的历史遗留问题处置举措，多年以来想解决而未能解决的587项土地、房产难题得到圆满解决，提出落实“大监督”意见建议19项，公司10项重大风险全面受控。我们持之以恒正作风。深化落实“思想引领、滚动查治、制度规范”的改进工作作风机制，坚决清除“八种思想病灶”，大力整治“八种管理浪费”，保持消灭“三个主义”高压态势，基层负担持续减轻，工作效率不断提高，公司督办的255项重点工作，优质高效完成率达到97.65%。我们真抓实干提技能。创立学习专班，做实办班培训，推开小班授课，强化岗位练兵，从严抽考考试，加大奖惩力度，员工技术技能显著提升，在国家行业技能竞赛中，取得团体1个第一、1个第五，个人5金5银2铜的历史最好成绩。

三是突出社会性擦亮企业品牌。我们胸怀“国之大者”，做履行经济责任的表率。实现销售收入1289.13亿元，同比增长31.29%，上缴税金名列广东企业前茅，达到245.75亿元，其中留存地方24.66亿元，同比分别增长10.25%和13.55%，国有资产保值增值率达到127.17%，同比提高3.96个百分点。我们坚持人民至上，做担当社会责任的先锋。坚持依法诚信经营，提供优质好用产品和优良暖心服务，荣获“广东省守合同重信用企业”称号；高标准完成古张村定点扶贫任务，高起点开启助力袂花镇乡村振兴新征程，高投入采购消费帮扶产品，高境界参与广东“扶贫济困日”等公益活动，捧回广东省扶贫济困“红棉杯”；发挥人才、技术、声誉和公用工程等优势，全力支持地方招商引资和石化产业发展，地方党委政府在公司发展、解决历史遗留问题等方面给予鼎力帮助，开创了企地共建共赢新局面。我们讲好公司故事，做树立央企形象的模范。精心策划，把握节奏，在中央、地方和中国石化各媒体，大力宣传公司管理增效、转型升级、改革创新、履行“三大责任”的经验和业绩2900多次，代表中国石化介绍驻粤企业履行社会责任情况，及时发布公司第8部社会责任报告，组织企业开放日和“云开放”61次，近20万名公众亲临厂区或网络围观公司绿色发展、精益管理成果。通过茂名石化这个窗口，充分展示了中央企业高度负责任、自觉作贡献的优良品质。

（六）政治领先，求真务实加强党建工作

面对党的领导机制和基层党建工作存在的不足，我们加强党的领导，全面从严治党，实施“1136”党建工作方略，补短板、强弱项，保证了公司沿着以习近平同志为核心的党中央指引的道路奋勇前进。

一是深化政治思想引领。我们扎实开展政治理论教育。完善落实“第一议题”“第一课程”“第一标尺”制度，认真组织干部、党员和员工结合思想工作实际，学习习近平新时代中国特色社会主义思想、党的十九届六中全会精神、习总书记视察胜利油田重要指示、集团公司党组决策部署，结合中国石化及茂名石化发展史，深入开展党史学习教育和庆祝建党100周年等活动，广大员工特别是党员、干部，不断增强“四个意识”，坚定“四个自信”，捍卫“两个确立”，坚决做到“两个维护”，把政治坚定体现在优质高效完成本职工作上。我们切实健全党的领导机制。胜利召开公司第十一次党代会，绘就了未来五年加强党的领导、深化党建工作的“路线图”“施工图”。在公司章程中进一步确立了党委的领导地位，深化公司党委书记、执行董事、分公司代表由一人担任的领导体制，健全干部“双岗双责”“一岗双责”机制，完善公司党委前置研究讨论重大经营管理事项制度，公司党委的领导作用得以充分发挥。我们深度推进企业文化建设。针对安全和发展的严峻形势，着力引导广大干部员工践行“责任至上”“1+1=0”“随意就是危险、违章就是犯罪”“为公司生存发展而战”等理念，扎实开展“履职反思”等专题教育实践活动，选树“责任之星”124名，曝光负面案例58个，不断夯实顶住压力保安全、坚持不懈谋发展的思想基础。

二是强化组织风纪保证。我们持续提升干部人才队伍实力。坚持国企领导干部“20字标准”，本着“注重培育使用年轻干部、发挥各年龄段干部作用”原则，严格培养任用管理领导干部和中高级人才。全年提拔调整中层干部64名，年轻干部队伍占比提高2.58个百分点，2人享受国务院特殊津贴，2人成为集团公司高级专家，10人进入中国石化安全生产专家库，3人被授予“中国石化突出贡献专家”“闵恩泽青年科技人才奖”称号，14人被评为石化名匠、中国石化技术能手、特级技师。我们持续加大党风廉政建设力度。一体推进不敢腐、不能腐、不想腐机制深化落实，完成10项党组巡视反馈问题整改，对3个单位开展党委巡察，运用监督执纪“四种形态”处理117人，信访件同比下降44%，进一步擦亮了廉洁石化名片。我们持续推动基层组织全面进步。完善落实党建工作与生产经营深度融合机制，深入开展“双示范党支部”创建工作、“支部有作为、安全有保证”等主题活动，严格基层党组织分类定级考评和党员积分管理，有力促进了基层党组织战斗堡垒、党小组前沿阵地、党员先锋模范作用的发挥。全年发展党员116名，首次消灭党员空白班组；公司表彰的各类先进中，党员占比高达76%。

三是硬化和谐幸福根基。我们坚持巩固员工的主人地位。着力完善以职代会为基本形式的民主管理制度，15项职工代表提案、45项职代会专门委员会意见建议全面落实，公司重大决策事项全部经职代会和职代会联席会审议通过，切实维护了员工合法权益。我们扎实开展群众性创建活动。群团组织针对重点难点工作，开展主题劳动竞赛67项，组织劳模、工匠创新工作室开展攻关62项，举办“青”字号活动210次，增强了保安全、创效益、快发展合力。我们尽力发展员工的切身利益。通过带领广大干部员工创超常效益，领导班子承担责任、全力争取，确保员工收入在公司发生上报事故的情况下，不降反升，从根本上讲，这是集团公司新一届党组对茂名石化人的真心关爱。我们全力创造条件，为员工办成了1166件实事好事，办理公司级帮扶1551人次，发放帮扶金737.56万元，探访慰问1500人次，送上慰问金178.29万元，建成2个EAP示范工作室，举办健康讲座和咨询活动22次，组织文体活动249场，退休职工社会化管理后公司给予的待遇、服务一项没少。

同时，国家安全、武装、保密、统战、综治、维稳、关心下一代等工作，都卓有成效，为公司发展作出了应有贡献。

同志们！我们取得的成绩，是习近平新时代中国特色社会主义思想指引的结果，是集团公司党组、广东省委省政府正确领导、亲切关怀的结果，也是总部各部门、各兄弟企业、地方党委政府、公司离退休职工、员工家属和命运共同体企业大力支持、真诚帮助的结果，更是广大干部员工承压奋进、克难攻坚、开拓创新、超常实干的结果。我代表公司和公司党委，向关心支持公司的各级组织和领导，向公司全体干部员工、离退休职工、员工家属、命运共同体企业，表示崇高的敬意和衷心的感谢！

同志们！必须清醒认识到，我们的工作仍存在许多不足。主要有：安全生产基础尚未完全筑牢，部分专业管理还有一些短板，加快转型升级矛盾问题叠加，科技创新能力不能满足需求，管理体制机制动力不够强大，党建思政工作存在薄弱环节。这些问题，必须着力加以解决。

二、面临形势与“十四五”总体发展思路

今年是“十四五”的第二年，也是公司实现第四次跨越式发展目标的第二年，形势有了新变化，对公司发展有了新要求。

*我们的机遇更加难得。*世界经济有望保持恢复性增长，我国经济韧性强、长期向好的基本面不会改变。中央经济工作会议强调，要启动一批产业基础再造工程项目，激发涌现一大批“专精特新”企业。中央企业负责人会议提出，加快落地一批“十四五”规划明确的重大投资项目。总部和省市党委政府，特别是马永生董事长、王伟中省长，都对公司转型升级重要项目给予全力支持，省政府把公司确定为广东建设绿色石化产业集群“链主”企业。这就要求我们坚定信心，奋力抢占发展先机。

*我们的挑战更加严峻。*世纪疫情全球肆虐，百年变局加速演进，外部环境更趋复杂严峻，导致世界经济恢复性增长不稳定、不确定、不平衡，我国经济发展面临需求收缩、供给冲击、预期转弱三重压力。同时，新能源产业快速发展，数字技术深刻影响实体经济和传统产业发展，国内外先进炼化企业加速抢占国内市场，“双碳”目标下资源与环境约束不断增强。正如马永生董事长所指出的，中国石化迎来了能源安全、产业变革、绿色转型、自主创新等“四个大考”。这种形势必将造成原油价格宽幅震荡，成品油市场供过于求局面日益严重，化工市场需求增速低于供应增速，且青睐高端产品，公司转型升级规划项目落地难度增大。我们面临着前所未有的安全生产、经营创效、转型升级、绿色发展等“四大压力”。这就要求我们迎难而上，变压力为动力，在危机中育先机，于变局中开新局，牢牢把握高质量发展主动权。

*我们的使命更加光荣。*习总书记在视察胜利油田时强调，石油战线始终是共和国改革开放发展的一面旗帜，这面旗帜也是国家的栋梁，还要在新时代继续飘扬，希望大家再立新功、再创佳绩。央企负责人会议要求，中央企业要主动担当、积极作为，更好发挥国民经济稳定器、压舱石的作用。集团公司工作会议指出，到2025年，中国石化炼油业务率先进入世界一流，乙烯产能跃居世界第一，绿色转型走在行业前列，公司治理能力跻身世界一流水平，党的建设质量保持央企前列，在端牢能源饭碗上、在引领我国石化工业高质量发展上、在担当国家战略科技力量上、在引领行业绿色低碳发展上、在完善中国特色现代企业制度上、在服务人民美好生活上、在巩固党的执政基础上，为党和人民再立新功、再创佳绩，成为党中央信赖、人民满意的国之重器和促进共同富裕的重要骨干力量。这就要求我们提高站位，主动作为，坚决落实党组部署，为中国石化实现愿景目标，再立新功、再创佳绩，不辜负习总书记的亲切关怀和殷切希望。

*我们的方向更加明确。*结合面临形势，按照党组部署，根据公司实际，公司和公司

党委提出：咬定到2025年实现公司第四次跨越式发展目标不动摇，贯彻“六大”发展理念、“六化”发展战略、“强化党建+‘七个第一’”发展逻辑不偏离，落实“一转三迈两新”发展策略不松劲，坚持“保增长、实改革、快发展”工作总基调，聚焦打造大型化、智能化、一体化世界级炼化基地，坚持优“炼”强“化”，突出“油转化”“油产化”“油转特”，全力建成炼油转型升级及乙烯提质改造等高质量发展项目，加快科技自主创新，构建先进特色管理，确保炼油业务进入世界一流行列，化工业务进入世界先进行列，打造践行习近平新时代中国特色社会主义思想坚强阵地取得更大成效，向率先建成世界领先炼化企业迈出重大步伐。

三、2022年主要任务

今年是公司实现第四次跨越式发展目标最为关键的一年。只有按照转型升级规划，高标准完成全年目标任务，才能踏上跨越式发展快车道，避免在高质量发展竞争中落到后面、败下阵来。根据面临形势和公司实际，公司和公司党委提出，今年是“精益管理全面提升年”“高质量发展全面突破年”“党组织建设全面提质年”。总体要求是：以习近平新时代中国特色社会主义思想为指导，全面贯彻党的十九大、十九届历次全会和习总书记视察胜利油田重要指示精神，坚决落实集团公司党组决策部署，坚持“保增长、实改革、快发展”工作总基调，锚定“再立新功、再创佳绩”目标，践行“六大”发展理念，实施“六化”发展战略，遵循“强化党建+‘七个第一’”发展逻辑，超常发挥智慧，超常创新实干，突出打造一流特色管理，突出冲破转型升级瓶颈，突出做优管理体制机制，突出增强科技创新实力，突出开创和谐幸福新局，突出提高党建工作质量，迈出率先建成世界领先炼化企业关键性步伐，迎接党的二十大胜利召开。

主要目标任务是：

——安全环保确保当先进。实现分部级以上安全、环保、职业卫生、公共安全事故，疫情防控损失，上报非计划停工“六个为零”，“三废”优标排放，再获集团公司安全生产先进单位称号，保持集团公司节能环保先进单位称号。

——经济效益实现硬增长。超额完成集团公司下达的利润、成本指标，确保利润稳居中国石化炼化企业第二、同规模企业第一。

——转型升级取得大突破。炼油转型升级及乙烯提质改造、博茂油品管道等项目开工建设，光伏、风能装机容量达到35兆瓦，厂区人员定位及5G专网建设、数字化工艺平稳性系统（一期）等项目基本建成投用。

——改革创新迈出实步伐。扁平化管理体制机制基本建立，劳动生产率、人均劳效创历史新高。华南最强企业级炼化科研中试基地建设启动，科技研发项目、成果数量及工业化率均创历史最好水平。

——和谐幸福开辟新境界。员工收入待遇和精神文明程度同步提升，身体健康和心理健康同步获得助力，生活困难和思想困惑同步得到帮扶，为在职员工办好事和为离退休职工服好务同步到位，经济责任和政治社会责任同步落实。

——党建质量全面上台阶。党委的领导作用、基层党组织的战斗堡垒作用、党小组的前沿阵地作用、共产党员的先锋模范作用充分发挥。

公司要根据这六方面目标任务，对标一流，自加压力，建立高质量目标及评价体系，层层分解，压实责任，优化措施，狠抓落实，以各层级目标的高效完成，保证公司总体目标的圆满实现。

（一）坚持以我为主，深化精益管理

党的十九届六中全会指出，“独立自主是中华民族精神之魂，是我们立党立国的重要原则”。集团公司工作会议强调，要“突出稳增长保效益，全力提升生产经营水平”。适合自己的管理，才是最好的管理。我们要自力图强，坚持实事求是，对标世界一流，适应形势变化，根据公司实际，改进完善管理体系、规章制度、流程措施，打造具有茂名石化特色、与率先建成世界领先炼化企业要求相适应的精益管理，为高质量发展提供保证。

要突出“到位”确保安全生产。血的教训再次告诉我们，安全生产是人命关天的大事；确保安全的关键是从严管理，从严管理的关键是把制度措施落实到位。要把管理体系完善到位。以目标、问题为导向，将HSE管理体系各要素找准补全，并把体系固化进岗位职责，转化为具体措施。要把领导引领落实到位。出台《领导干部安全履职能力评估细则》，严格执行安全生产“服务官”制度、“一把手”“三个三”机制，推动各级领导干部自觉做保安全的表率。要把安全理念宣贯到位。采取案例警示等有效形式，引导全体干部员工树牢“发展决不能以牺牲人的生命为代价”“1+1=0”“保生产安全就是保自己生命”“随意就是危险、违章就是犯罪”等理念，形成尽职责保安全的自觉。要把技术技能提升到位。坚持深培训、实操练、严考核，确保员工做到“五懂五会五能”。要把专委作用发挥到位。健全HSE各专业委员会履职清单及考评制度，推动各专委会工作变“事后追责”为“源头防控”“事前尽责”。要把现场风险管控到位。将“不安全不生产、不安全不施工、不安全不开工”原则，转化为操作、检查措施，充分发挥安全督察作用，强化工作票制度、手指口述操作法、全员HSE观察、JSA分析、“网格化”隐患查治、承包商自主管理等举措落实，铸就安全生产铜墙铁壁。我们要以这“六个到位”保证HSE管理体系落实到位，确保系统性安全风险总值下降10%，安全事件和车间级事故下降20%以上。

要突出“到顶”创造超常效益。效益是企业的生命、员工利益的源泉。顶格优化是创效益最大化的主径。我们要全力实施“四全”“邻壁”顶格优化，跑赢市场，全年挖潜降本增效确保15亿元、奋斗16亿元。要增效到顶。深化事前算赢，确保原料性价比最优，原油采购优化降本增效确保8亿元、奋斗9亿元，裂解原料、大宗原辅料毛利当期最高。坚持顺势调优，确保产品创效力最强，高标号汽油占比达到40%以上，新产品和专用料占比超过84%，特别要加强攻关，充分发挥浆态床渣油加氢、高端碳材料、合成基础油等装置效益增长点的作用。全力拓市推价，确保资源价值率最高，油转化率、油产化率、油转特率分别达到14%、4.94%和24.25%以上；最大程度拓展煤柴油用户、合成树脂出口渠道，航煤增量同比达到15万吨以上；炼油、化工比价产品价格分别优于比价企业110元/吨以上、400元/吨以上。要挖潜到顶。抢抓机遇做大生产总量，原油加工量确保1980万吨，并在有毛利的基础上全力争取做大；生产乙烯确保110万吨、奋斗113万吨；强化管理做强装置大修，把对公司创效的不利影响降到最低；精耕细作做优公用工程，优化增效超过1.5亿元；灵活机动做精仓储物流，除原油外，合理利用库存增效1000万元，运输费用降低3400万元。要降本到顶。打实倒逼降本、战略降本、节约降本、政策降本“组合拳”，把西瓜抱完，把芝麻捡全，降本减费确保4.2亿元、奋斗4.5亿元。要下决心、出真招、用实力，节约检维修费用1亿元以上，全力杜绝所有在建、新建项目超概算。

要突出“到家”强化专业管理。领先企业源于领先管理，领先管理是精益到家的管理。各专业要以每项指标远期世界领先、近期国内一流为目标，运用系统、创新、精准、底线思维，深度优化，建立最有效、最简约、最经济、最合规的管理体系、制度流程，制定管理措施，在落实中完善，在完善中提升，保证各项指标加速向世界领先迈进。计划管理要以精算到家为主径，把顶格优化作用于所有生产经营要素，挖掘资源最大价值，认真履行创效“龙头”职能。财务管理要以分析到家为核心，加快构建战略型集约化财务管控体系，通过对财务数据系统精准分析，全面及时地发现生产经营发展中存在的突出问题，提出意见建议，充分发挥企业管理核心作用。工艺管理要以严密到家为原则，突出各项指标先进化、变更管控规范化、岗位操作标准化，提升落实工艺管理体系，力保生产运行高质高效、万无一失，全年炼油、化工装置运行平稳率分别达到99%、97%以上。设备管理要以可靠到家为追求，找到总部要求与公司实际的最佳结合点，深化落实设备完整性管理体系，保证设备故障率下降30%，装置大修实现高水平“三好一成功”。质量管理要以准确到家为底线，按照“上游为下游负责、检验为生产负责、公司为客户负责”要求，改进落实质量管理体系，确保检验准确率、产品出厂合格率、客户满意率均为100%。营销管理要以拓市到家为关键，以与客户双赢为前提，抢抓市场机遇，引领排产计划，超常推广产品，提供周到服务，培育优质客户，不断提升市场占有率。投资管理要以精细到家为抓手，完善落实项目全生命周期管理体系，以各环节精打细算、精益求精，保证项目安全优质、经济高效。工程管理要以统筹到家为中心，从严实施挂图作战，确保各方力量协调发力，各项工作有序推进，安环质量进度有机统一，项目建设环环相扣，步步紧逼，高标准完成。风险管理要以防控到家为目的，建立落实公司统筹指挥，相关部门、单位分工负责、滚动排查、挂图治理、从重考核、终身追责的“大风险”管理体系，下好先手棋，打好主动仗，阻断各类风险链条，确保公司持续健康和谐发展。电气管理要以严实到家为基础，全员压实责任、提升能力、硬化作风，做到管理严细、指挥正确、操作规范，确保安全稳定运行。

（二）坚持勇毅前行，加快转型升级

党的十九届六中全会指出，“我们党依靠斗争走到今天，也必然要依靠斗争赢得未来”。集团公司工作会议强调，要“突出调结构促转型，全力推进产业优化升级”。当前，公司转型升级遇到许多困难，我们必须毫不畏惧、毫不退缩、百折不挠地与困难作斗争，保证“一转三迈两新”发展策略早日落地结果。

要团结拼搏争上高端产业。机遇转瞬即逝，竞争绝不等人。要奋力拿下发展的关键项目。大力弘扬“拼命也要拿下大油田”的铁人精神，与总部、地方各级政府形成强大合力，逢山开路、遇水架桥，力保炼油转型升级及乙烯提质改造项目获得批复，同时，各项工作深度交叉，确保批复之日就是开工建设之时。要切实保证规划的项目落地。特事特办，紧盯紧催，加快推进顺酐、乙烯四聚制1-辛烯等项目前期工作，保证PS工业化等10个项目可研、POE工业化等11个项目基础设计按计划获批。切实践行与承包商“一家人、一条心、一个目标、一股劲”理念，科学统筹，挂图作战，确保博茂油品管道等20个项目开工建设、汽油轻馏分优化利用等18个项目高标准中交。精心组织，从严管理，实现液体橡胶等19个项目安全绿色按时一次投产成功。要深度优化近中期发展规划。以赢得高质量发展竞争为目标，千方百计寻找炼油“转化、产化、转特”，化工高端化、精细化、差异化项目，统筹考虑淘汰落后产能和消除装置瓶颈，滚动完善“十四五”发展“路线图”“施工图”，保证公司发展始终走在正确的道路上。

要开拓进取加速节能增绿。能否跟上国家绿色发展步伐，决定着公司能否生存发展。要全力保证环保达标。狠下功夫，保证环保设施开出历史最好水平，30个环保、绿色项目和13项绿色任务高标准完成，绿色装置增至80%，各项污染物排放量减少2%以上，保持广东省环保诚信企业绿牌。要全力完成节能任务。引进具有一站式能源管理综合服务实力的专业节能机构，建立节能降碳一体化管理体系，加快应用先进节能降碳技术，完成《碳达峰碳中和行动方案》年度任务，建成50个节能项目，确保节能22万吨以上标准煤，炼油单因能耗成为行业标杆，化工能耗保持行业“领跑者”地位，不断为公司发展腾出用能空间。要全力开发利用绿能。早谋划，快动手，推动光伏发电、风电制绿氢等合作项目尽快落地，争当石化行业绿色发展排头兵。

要实干实效力推两化融合。信息化是公司“返老还童”的利器。要转变管理方式。以做实做强归口管理为目标，主管部门强化需求引领、建设统筹、挂图作战、主管责任、主动服务，切实增强信息化建设管理的科学性、实效性。要确保网络安全。与时俱进提升纵深防御能力，保持网络安全A级。要深挖数据资源。建立数据治理体系和数据集成共享平台，拉长物流数据流程效率低等短板，提高数字化档案比重，实现进出公司及生产单位之间物料交接计量数采率100%，公司智能制造成熟度评估值确保2.63分、奋斗2.72分。要提升应用水平。全力推进19个自动化、信息化、智能化替代重复性劳动项目建设，其中智能装卸台等16个项目基本建成投用，数据资源中心建设取得重大进展。我们要以先进实用为原则，总结经验，深度优化，有序落实公司信息化建设规划，打造与建设世界领先炼化企业要求相适应的智慧生产经营生态圈。

（三）坚持开拓创新，力推科技自强

党的十九届六中全会指出，“创新是一个国家、一个民族发展进步的不竭动力”。集团公司工作会议强调，要“突出强支撑重引领，全力加快科技创新步伐”。科技赋能发展，创新决定未来。我们要以打造技术先导型公司为目标，坚持“创新增效益、创新保发展”原则，强力推进高水平科技自立自强，加快提升核心竞争力。

要着力夯实科技创新基础。要优化科研开发规划。以“十四五”末建成华南最强企业级炼化科研基地、中国石化重要技术创新“策源地”为目标，按照“高起点谋划、高效率推进、高质量落实”原则，加快制定公司

科研开发规划及重点项目清单。大力完善研究院实验和办公条件，相关项目力争年内开工。要集聚科研高端人才。坚持市场化原则，完善“事业留人、待遇留人、感情留人”筑巢引凤机制，年内在岗博士科研人才确保80名、力争100名。要做强技术创新硬件。力争落实科研设施投资7.5亿元，启动高端碳材料评价中心等项目建设，增添先进仪器设备，创造良好科研开发条件。

要全力组织科研项目攻关。要营造科技创新生态。以“放权松绑、简化流程、加强激励”为原则，以实行“揭榜挂帅”机制、拓宽对外合作渠道、畅通人才成长通道为重点，完善市场化科研开发管理体系，充分激发科研人员创新积极性。全年力争申请专利达到60件以上。要开展关键技术研发。尽力承担总部科研攻关任务，聚焦油转化、新材料、精细化工、氢能等领域高端技术，积极有序组织研发。全年力争实施160个以上科研项目，确保2个总部“十条龙”项目“出龙”，另外3个“十条龙”项目加快推进。要推动科研成果转化。深入探索通过利润分成、合资建设等途径，抢先把适合“一转三迈两新”发展策略的前沿技术引入公司。积极布局中试和工业化示范装置，加大新技术小试中试和工业化转化力度，全年开展小试中试26项，确保完成12项，建设工业化装置5个，开创科研成果转化新局面。

要强力给予增效技术支撑。本着“提高标准、从严控制、增加回报”原则，精准实施“投资少、工期短、效益好”的技改技措项目，全年效益类技改技措项目投资回报率要达到20%以上。持续深化产销研用定期交流、研究市场的机制，引领新产品开发，强化新产品拓市。全年要以“油转特”为方向，开发炼油增效新产品3个，以替代进口为目标，开发市场前景好、盈利能力强的化工新产品6个，力争万吨级化工新产品达到4个，把科技创新优势转化为“真金白银”。

（四）坚持自我革命，做实内部改革

党的十九届六中全会指出，“自我革命精神是党永葆青春活力的强大支撑”。集团公司工作会议强调，要“突出增活力提效率，全力改革攻坚提升管理”。企业改革就是自我革命。我们要坚决向体制机制弊端开刀，向不科学的管理方式方法开刀，打赢国企改革三年行动收官战，为高质量发展提供强大动力。

要蹄疾步稳推进两级管理。为使管理质效适应提质增效升级要求，我们年内要完成炼油化工运行部改革。要明晰权责。按照执行层的定位，明确运行部职责，以确保安全为切入点，健全落实岗位责任制，同时赋予运行部适当的培训费、投资额度、检维修费、党建经费、工会费等支配权和基层副职任免建议权，保证运行部权责相符、动力十足。要理顺制度。根据层级改变的实际，超前调整完善公司制度、流程体系，保证新旧体制无缝隙衔接、无震荡转换。要提升素质。公司机关和运行部及其管理人员，在思想观念、工作本领、管理方式等方面，要迅速适应新管理体制的要求，特别是生产调度、设备管理专业，要尽快形成优质高效指挥协调服务生产的能力和机制，保证管理基础牢固、实施顺畅。

要勇于突破强化“三能”激励。为使干部员工工作主动性、积极性、创造性满足高质量发展、白热化竞争需要，我们必须坚持市场化方向，深化三项制度改革，冲破利益固化藩篱。要加大干部“能下”力度。全面推行领导人员任期制和契约化管理，从严落实中基层领导干部年度绩效考核末位10%预警、末等调整和不胜任退出比例不低于3%制度，打破隐性“终身制”。要加大员工“能出”力度。动态优化定岗定员定编，显化富余人员，完善退出岗位标准，全面推行持证上岗和积分考核，改进梯次转岗激励政策，严格执行劳动合同，从严落实总部“劳动合同期间解除率和期满终止率合计一般不低于3%”的要求，推动干部员工提升自我或主动转岗，打破惯性“舒适区”。要加大收入“能少”力度。实化全员绩效考核，优化岗位、能力、绩效薪酬占比，细化竞聘上岗过程中待岗、离岗学习员工薪酬待遇，打破高级“大锅饭”。

*要刀刃向内破解管理难题。*在日常管理中，有些方式方法缺乏科学性、实效性，造成质效低、负担重。各级领导干部要树立正确的政绩观，拿起实事求是这一利器，整治一切假抓虚干、不为乱为现象。要持之以恒消灭“三个主义”。形式主义、官僚主义、小人主义是造成不必要负担的祸首。要把消灭“三个主义”作为“一把手”工程，层层建立落实以“常态化案例教育、清单式滚动查治、持续性制度规范”为主要内容的长效机制，以强力治标推动循序治本，让基层把更多的时间和精力放在安稳长满优生产上，坚决打赢消灭“三个主义”攻坚战。要求真务实改进检查考核。精准的检查考核是做好工作的强大动力。公司及各专业要践行“寓管理于服务”理念，以及时发现问题、推动工作落实为目的，本着“简约管用、公司统筹、专业协调”的原则，按照“三个三分之一”“一次提醒、二次考核、三次加倍”的要求，优化落实检查考核机制，切实解决随意性大、过多过滥、以罚代管、有严缺爱等问题，充分调动干部员工创一流业绩的积极性。要坚定不移深化穿透式管理。穿透式管理是符合公司实际、解决管理质效不高问题的有效机制。要完整、准确、全面理解穿透式管理，在急难险重工作中自觉践行，并切实解决主管责任单位不担当尽责、次要责任单位“等靠推”等问题，最大程度提升管控能力和管理质效。

（五）坚持人民至上，发展和谐幸福

党的十九届六中全会指出，“民心是最大的政治”。集团公司工作会议强调，要“悟透以人民为中心的发展思想”。服务国家和人民，关爱和依靠员工，是中央企业的根本目的和最大优势。我们要让员工和社会共享企业发展红利，开辟内外和谐、员工幸福新境界。

*要持续发展员工利益。*深入贯彻依靠员工办企业方针，把党组织和公司的关心关爱送到员工心坎上。要坚决维护员工合法权益。增强厂务公开、业务公开实效，提高职工代表提案办理质效，落实职代会专门委员会职责，做实职工代表巡视，丰富员工参与管理有效方式，巩固员工主人地位，发挥员工主人作用。要尽力提升员工物质待遇。公司领导班子决心带领广大干部员工超常努力创超常绩效，赢得收入持续增长。积极创造条件，深化“三级帮扶”等系列关爱员工机制，落实离退休职工待遇，建立“我为群众办实事”长效机制。今年重点办好六件实事：清洗工服拓展到所有员工，增强EAP广度深度力度，加快员工食堂服务提质升级，进一步改善基层工作环境，为在职女工投保特殊疾病互助保障计划，提升员工节日福利发放质量。我们要用真真的关爱，换取员工满满的获得。要精心助力员工身心健康。加大密闭采样器、

尘毒和噪声超标、人工脱水毒害隐患的查治力度，确保工作场所粉尘、毒物浓度100%达标，岗位噪声强度达标率大于97.5%。努力提高体检质量，对查出的问题实行清单式督促诊治。增加健康知识讲座频次和受众，加强一人一事思想政治工作，广泛开展寓教于乐的文体活动。严格落实“外防输入、内防扩散”的常态化防疫措施，确保万无一失。我们要深化保员工、爱员工、助员工的各项工作，让广大干部员工感到，工作在茂名石化很安全、很幸福。

*要切实帮助员工成长。*人才是企业发展的第一资源。本领是员工实现人生价值的主要支撑。我们要把培养人才作为重要责任，用心用情用力落实。要做精队伍建设规划。着眼长远，立足现实，深入研究公司要建设怎样的员工队伍、怎样建设员工队伍问题，制定系统精准、切实可行的公司“十四五”队伍建设规划及各年度计划，引领公司队伍建设走上更加科学正确的道路。要做强各类人才队伍。按照“需要什么人才，政策就向什么人才倾斜，措施就向什么人才发力”的原则，以深化市场化引进、竞争化聘用、严细化考核、持证化上岗、常态化调整等机制为重点，扎实完善中高级人才管理体系，特别要细化岗位职责、任务清单和考评办法，促进人才脱颖而出、作用充分发挥。要做实技术技能培训。培训是员工最大的福利。以“标准精准、内容精准、方式精准、考评精准、激励精准”为目标，以“公司统筹、分级负责”为原则，系统完善培训工作机制，杜绝重形式轻内容，重数量轻质量，考试抽考针对性不强、力度节奏不优等问题，真正把系统培训、学习专班、导师带徒、岗位练兵落实到位，保证干部员工技术技能，在守住“干啥学好啥、缺啥补上啥”底线的基础上，加速向适应建设世界领先企业需求跃升，谱写公司培训工作新篇章。今年要把人力资源强度系数提升到101.8以上。

*要认真履行社会责任。*践行“国企强国、驻粤兴粤、在茂为茂”理念，尽力回馈社会和人民。要全力支持地方发展。坚持做强做优做大公司及合资企业，坚持合法合规地支持命运共同体企业发展壮大，最大程度增加地方税收；坚持发挥人才、技术、公用工程、环保设施、企业声誉等优势，做强国家危化品应急救援茂名基地，支持地方招商引资，拉长石化产业链；深化企地联席会议机制，高效解决双方发展遇到的难题。要全力参与公益事业。充分发挥牵头单位作用，凝聚帮扶合力，推动茂南区袂花镇乡村振兴取得显著成效；深化江西瑞金中国石化上塅希望小学教育帮扶，打造瑞金市优质学校、“石化助学”教育示范工程；积极组织干部员工为广东“扶贫济困日”等公益活动作贡献。要全力讲好企业故事。坚持开展企业开放日活动，定期发布公司社会责任报告，主动运用新闻媒体，广泛宣传公司高质量发展和回报社会业绩。我们要用对国家、社会和人民高度负责的实际行动，赢得广泛的理解和支持，实现企地共建共赢。

（六）坚持党的领导，提高党建质量

党的十九届六中全会指出，“中国共产党是领导我们事业的核心力量”。集团公司工作会议强调，要“纵深推进全面从严治党，筑牢再立新功再创佳绩的根本保障”。我们要弘扬伟大建党精神，贯彻新时代党的建设总要求，以打造党的经济部队突击队为目标，全力实施“1136”党建工作方略，把党的政治优势，转化为生产经营制胜优势和高质量发展的引领力、保障力、推动力。

要把政治思想建设挺在前面。党的政治建设是党的根本性建设，决定党的建设方向和效果。要旗帜鲜明强化政治思想引领。以切实解决思想和工作问题为目的，完善落实“第一议题”“第一课程”“第一标尺”等制度，建立党史学习教育长效机制，组织干部员工深入学习习近平新时代中国特色社会主义思想，党的十九届六中全会、党的二十大、习总书记重要指示精神，党的光辉历史，集团公司党组决策部署，增强“四个意识”，坚定“四个自信”，捍卫“两个确立”，做到“两个维护”，把政治坚定体现在“听党话、听懂话，干正事、干成事”上。要高度负责强化公司决策把关。落实党中央关于在完善公司治理中加强党的领导的部署，坚持民主集中制原则，滚动完善公司党委前置研究讨论重大经营管理事项制度，确保公司各项决策符合党的路线方针政策、科学民主优质高效。要从严从细强化党建责任落实。细化实化各级领导干部党建职责、党建工作述职评议和检查考核制度，推动党的领导全方位加强。要继往开来强化特色文化支撑。以社会主义核心价值观为引领，以赓续红色血脉、传承石油精神和石化传统为底色，以率先建成世界领先炼化企业为愿景，以“责任至上、事争第一、追求卓越”为核心，以“超常发挥智慧、超常创新实干”为特征，把为党尽责、为国奉献、为民服务、为企尽力、为己创利结合起来，采取有效措施，深化企业文化建设，强化形势任务教育和意识形态管控，开展“牢记嘱托、再立新功、再创佳绩、喜迎二十大”主题行动，为“让茂名石化更好、让全体员工更幸福”提供强大的精神动力。

要把组织作风建设作为要务。党的组织力关系到党的领导力、战斗力和凝聚力。党风问题关系着民心向背。要锻造企业中坚力量。严格按照国企领导干部“20字标准”，突出政治标准、综合能力、担当作为、实干实绩，培养使用各级领导干部。细化各级领导干部岗位素质标准，充分发挥党委党校作用，制定实施干部政治能力轮训计划、干部综合能力提升计划、“一把手”培养计划，深化干部夜校、轮岗历练、吃劲岗位磨炼等后备和在岗干部培育机制，推动优秀复合型干部脱颖而出。坚持标准，充分竞争，倾听民意，全面考察，任用优秀领导干部，配强各级领导班子，确保中基层年轻干部占比分别达到15%和20%以上。持续深化实化领导班子和领导干部考评机制，真正做到“优者上、劣者下”，杜绝以事业、感情怜悯迁就人，激励各级领导干部装上“永动机”，当好“领头羊”。要建设一流政治生态。压实管党治党政治责任，一体推进不敢腐、不能腐、不想腐机制。要把党风廉政教育贯穿于工作始终。坚决贯彻党中央、习总书记、集团公司党组、公司党委关于党风廉政建设和反腐败斗争的部署，坚持开展案例警示教育和纪律教育学习月活动，增强不想腐的自觉。要把廉洁勤政监督渗透到各个角落。完善“大监督”机制，把党纪与政纪贯通起来，围绕重点工作、重点领域、重点岗位、重点人群，开展严细监督，扎牢不能腐的篱笆。要把依规执纪问责转化为正风利剑。从严查处顶风违纪行为，重点查处违反中央八项规定精神、群众反映强烈的“四风”问题和基层“微腐败”问题，强化不敢腐的震慑。做细查办案件“后半篇文章”，落实容错纠错机制，为担当尽责、干净干事者撑腰壮胆。我们要用党风廉政建设的实绩，让公司风更清、气更正、劲更

足。要打造坚强战斗堡垒。坚持把生产经营的重点难点作为基层党建的着力点，以强大的组织力，保证工作优质高效落实。要紧随改革步伐健全基层组织。在运行部设立党总支，在横班设立党支部，选优配强党总支书记、党支部书记和党小组长，保证生产单位党员班组长占比、党小组长与班组长“一肩挑”比例，均提升到50%以上。要本着融合原则深化工作机制。建立党总支、党支部围绕生产经营发挥战斗堡垒作用，党小组围绕班组建设发挥前沿阵地作用，党员在生产经营改革发展稳定中发挥先锋模范作用等机制，打通党建工作“最后一公里”。要针对重点难点开展先锋活动。扎实开展“支部有作为、安全有保证”“装置大修党员突击队”“党员先锋机、先锋岗”等主题活动，营造“一个支部一座堡垒、一名党员一面旗帜”的浓厚氛围。

*要把群团组织工作带强抓实。*工会、共青团等群团组织，是党联系群众的桥梁和纽带。要强化党的领导。以把群团组织建设成党组织联系员工群众的坚强阵地为目标，健全党委统一领导群团工作的制度，重点深化群团组织向党组织请示报告工作制度，完善党组织检查指导考评群团工作机制，出台党组织支持群团工作和关心专兼职群团干部的意见，保证群团组织坚决贯彻党委的意见主张。要强化作用发挥。群团组织要按照更加充满活力、更加坚强有力的要求，紧密围绕公司生产经营改革发展稳定，依法合规、务实创新地开展工作。工会组织要突出落实维护员工权益、服务中心工作、服务员工群众职能，重点开展职工提合理化建议、“小诉求”等活动，组织安全生产、工程建设、攻坚创效等主题劳动竞赛，特别要继续擦亮“职工有困难找工会”品牌，激励员工群众“当好主人翁、岗位创一流”。共青团组织要突出落实政治思想引导、服务企业大局、助力成长成才、关心工作生活职能，重点做实青工政治轮训、急难险重“青”字号活动和“双关爱”活动，特别要深入开展庆祝建团100周年系列活动，引导广大青工“青春心向党、建功新时代”。要强化自身建设。群团组织要以增强政治性、先进性、群众性，解决“机关化、行政化、贵族化、娱乐化”问题为目的，以服务基层、夯实基层为重点，探索完善适应公司改革发展新形势、员工群众新需求的管理模式、运行机制，不断提升凝聚力、战斗力、生命力。

同时，要扎实做好国家安全、武装、保密、统战、综治、维稳、关心下一代等工作，凝聚公司增效改革发展最大合力。

各位党委委员、各位职工代表、同志们，初心引领前进，奋斗开创未来。我们要坚持以习近平新时代中国特色社会主义思想为指导，坚决落实集团公司党组决策部署，踔厉奋发、笃行不怠，超常发挥智慧，超常创新实干，夺取打造世界领先炼化企业新胜利，在新时代新征程上再立新功、再创佳绩，迎接党的二十大胜利召开！

发挥领导作用　凝聚智慧力量
为实现茂名石化第四次跨越式发展而努力奋斗

——在中国共产党中国石化集团茂名石油化工有限公司第十一次代表大会上的报告

尹兆林

（2021年6月15日）

各位代表、同志们：

现在，我代表中共茂名石化公司第十届委员会作报告，请审议。

中国共产党中国石化集团茂名石油化工有限公司第十一次代表大会，是恰逢建党百年重要时刻，我国开启全面建设社会主义现代化国家新征程，茂名石化瞄准世界领先、加快转型升级关键时期召开的一次十分重要的大会。

大会的主题是：高举中国特色社会主义伟大旗帜，以习近平新时代中国特色社会主义思想为指导，增强“四个意识”、坚定“四个自信”、做到“两个维护”，加强党的建设，团结带领广大党员、干部和员工，不忘初心，牢记使命，砥砺奋进，为实现茂名石化第四次跨越式发展而努力奋斗。

一、过去五年的主要工作

公司第十次党代会以来，面对世界经济复苏缓慢、国内经济增速放缓、新冠肺炎疫情蔓延、市场竞争日趋激烈等严峻复杂的形势，公司党委在集团公司党组和广东省委的坚强领导下，团结带领广大党员、干部和员工以习近平新时代中国特色社会主义思想为指导，深入贯彻党的十八大、十九大和十九届二中、三中、四中、五中全会精神，迎难而上、开拓创新、智慧实干，推动公司综合实力显著增强，成为国内炼化企业排头兵。集团公司党组书记、董事长张玉卓称赞“茂名石化是我国现代石油化工工业摇篮与基地，是中国石化的未来之星”。

这五年是经济效益最好、发展质量最高、员工获得感最强、党建工作最实的五年。

——经济效益创造辉煌。五年来，公司累计实现利润432.58亿元，其中，2017年、2018年盈利两次突破百亿元大关，成为国内第二家利润超百亿元的炼化企业，2020年在疫情暴发、原油价格暴跌、市场严重萎缩的形势下，实现利润59.40亿元，占集团公司炼化企业利润的41%，近十年来利润总额首次位列中国石化炼化企业之首。五年来，公司累计上缴税金1425.97亿元，连年名列广东工业企业前茅，为我国经济社会发展作出了突出的贡献。

——*转型发展提速升级*。五年来，我们坚持一手抓生产经营，一手抓转型发展。“十三五”获得批复投资127.79亿元，260万吨/年浆态床渣油加氢装置等一批项目建成投产，公司装置结构得到明显优化；承担总部“十条龙”攻关项目8个，开发化工新产品54个，均列中国石化各炼化企业首位；化工新产品和专用料占合成树脂比例达到72.56%，较“十二五”提高13.1%，累计实现增效12.63亿元；共获省部级以上科技奖46项、专利授权122件，分别较“十二五”增长53.0%、58.4%。

——*深化改革蹄疾步稳*。五年来，我们以“三项制度”改革为重点，建成岗酬、能酬、效酬“三挂钩”的宽带薪酬分配体系，进一步树立了“收入凭贡献”导向；有序推进机构撤并，择机进行专业整合，做实培训促进转岗，共减少岗位637个，1005名员工实现转岗，累计向中科炼化输送骨干和人才787名，公司组织和用工结构得到进一步优化；全面完成了公司制改制和“三供一业”分离移交工作，退休人员社会化管理工作走在系统前列。

——*幸福指数显著提升*。五年来，公司员工收入大幅提高，工资总额增长超过50%，人均收入翻了一番。在坚持以往做法的基础上，2018年起实施“员工关爱”计划，对员工实施从生活到工作、健康、精神等方面全方位关爱，把改善基层工作环境、帮助员工购买低于市场价的商品房、“双向”探亲、新员工拎包入住、提高治疗陪护费等18件实事抓细抓实抓好，同时深化“三级帮扶”“主题探访”等工作，五年来共帮扶9258人次、探访27908人次，用于帮扶和探访的金额6039.39万元，受众和金额分别增加41%和20%。员工深切感受到作为一个茂名石化人的幸福与自豪。

——*党建工作成绩斐然*。五年来，我们认真落实全国国有企业党的建设工作会议精神和集团公司党建工作部署，突出“责任、质量、实效”，坚持“务实、创新、融合”，公司党建工作考核成绩连续7年居集团公司A档前列。公司党委被评为中央企业先进基层党组织，裂解车间党支部被评为中央企业基层示范党支部，海上作业队等11个党支部被评为集团公司及以上优秀基层党组织，23名党员被评为集团公司及以上优秀共产党员、优秀党务工作者，党建案例《解决小诉求 凝聚大力量》入选全国党员教育培训教材。公司政治建设、党支部建设、宣传、干部、保密、工会等工作的做法和经验在中国石化及以上级别会议作介绍推广。集团公司称赞公司是一家出经验、出业绩、出人才的好企业。

5年来，我们重点抓了如下工作：

第一，强化政治建设，“两个维护”做到更加自觉。把政治建设作为首要建设，认真落实党中央和集团公司党组关于加强党的政治建设实施细则和重点措施，进一步增强了党员、干部和员工的“四个意识”，坚定了“四个自信”，更加自觉地做到了“两个维护”。

在强化理论武装中提升政治站位。把学习贯彻习近平新时代中国特色社会主义思想作为加强政治建设的首要任务，认真落实“第一议题”“第一课程”制度，自觉以党的创新理论武装头脑指导实践推动工作。五年来公司党委中心组集体学习131次，同时，通过举办理论辅导报告会、多媒体宣传等形式，推动习近平新时代中国特色社会主义思想进基层、进车间、进班组。公司在“把中国石

化打造成为‘三新重要阵地’”座谈会上作了经验交流。通过加强理论学习，各级党员干部和广大员工进一步增强“在经济领域为党工作”意识，把对党忠诚、为党分忧体现到立足本职、干好工作上来，努力把公司打造成为践行习近平新时代中国特色社会主义思想的坚强阵地。

*在全面从严治党中扛稳政治责任。*把落实全面从严治党主体责任作为加强政治建设的主要内容，抓住党建工作责任这个“牛鼻子”，完善“签责明责、履责述责、考责问责”责任链条，全面压实党建责任。抓住意识形态管理这个关键，建立“一支部一安全员”机制，严管媒体阵地、论坛、讲座，坚决清理有毒有害信息，确保了意识形态安全。抓住政治教育这项日常工作，扎实开展“三严三实”“两学一做”“不忘初心、牢记使命”主题教育，稳步推进党史学习教育，提高了党员的政治素养。抓住党风廉政建设这项重大任务，坚持教育、预防、惩治相结合，深入推进反腐败斗争，营造了风清气正的政治生态。抓住巡视整改这项重要工作，对照中央巡视集团公司党组反馈意见，主动认领的4方面14个问题如期完成整改；积极配合党组第七巡视组开展常规巡视，切实抓好反馈问题整改，立行立改的9个问题已整改完毕，其他整改也取得了阶段性成效。

*在参与重大决策中把好政治方向。*把党委参与企业重大问题决策作为加强政治建设的重要环节，做好“党建入章”工作，发挥党委把方向、管大局、促落实作用。坚持民主集中制原则，严格执行“三重一大”议事规则和党委前置审议程序。5年来召开公司党委会、常委会130次，审议研究议题526项，对涉及生产经营、改革发展和职工切身利益的43项重大事项进行前置性审议，把好决策的方向关、政治关、政策关。“十三五”期间，公司作出“炼油向化工转型、化工做特做精、整体做绿做深、迈向高端”的发展思路和取得的成就，完全符合党中央、国务院关于“十三五”国民经济和社会发展的战略要求和集团公司党组决策部署。公司内涵发展走在中国石化炼化企业的前列。

*第二，强化思想建设，打造领先动力更加强劲。*把思想建设作为基础建设。在加强思想政治工作的针对性、实效性上下功夫，为打造世界领先企业提供了强大的精神动力。

*思想政治教育凝心聚力。*用习近平新时代中国特色社会主义思想教育员工，引导广大员工听党话、跟党走，自觉做新时代“四有”产业工人。抓好形势任务教育，开展“打造一流与我”“转观念、知责任、促改革、保发展”“弘扬优良传统，拥抱‘四大革命’”等大讨论和“四对照、三查找、五提升”主题实践活动，编写《班前班后5分钟》教育材料210期，并通过报纸、电视、新媒体进行广泛宣传，帮助干部员工了解生产经营和改革发展形势，引导干部员工全力以赴完成各个时期的工作任务。紧贴减员定编、绩效考核、薪酬改革、移交社会职能、“三查”等工作，做细做实“一人一事”思想工作，促进了企业深化改革、从严管理、和谐发展。

*企业文化建设引领风尚。*坚持以社会主义核心价值观引领企业文化建设，广泛宣传中国石化核心价值理念，提炼新时期茂名石化企业精神，开展传承石油精神、弘扬石化传统和厂情厂史教育，引导全体员工树立共同的价值观。编制实施公司“十三五”企业文化建设规划和责任文化建设规划，编印《茂名石化企业文化手册》《茂名石化文

化名片》《茂名石化责任文化故事》，以践行“1+1=0”（良好的责任心+过硬的技能=零差错）理念为核心培育责任文化，开展“履责反思”会200多场，宣传“责任之星”300多个，营造了“责任至上、事争第一、追求卓越”的浓厚氛围，“智慧+实干”成为茂名石化的风尚。公司被评为全国企业文化建设示范单位、中国石化企业文化先进单位。

精神文明建设结出硕果。坚持两手抓两手都要硬，广泛开展精神文明创建活动。5年来，评选精神文明建设示范点（岗）37个，开展4届道德模范评选，组织11次“为民服务创先争优”志愿服务统一行动，举办210次企业开放活动，支持市政府建成露天矿石化科普馆、石油文化公园。公司和化工分部保持全国文明单位称号，炼油分部等7个单位保持广东省文明单位称号。乙烯社区被评为全国最美志愿服务社区。公司被评为中国石化新闻宣传先进单位、公众开放日示范单位，“为民服务创先争优”“爱民护路”项目被评为中国石化优秀志愿服务项目。5年来，公司获得省部级及以上集体和个人荣誉1539项。张恒珍同志先后当选党的十八大代表、十九大代表，被中宣部选树为“弘扬石油精神先进典型”并被授予“南粤楷模”称号；吴金源同志被授予“南粤工匠”、中国能源化学地质系统“大国工匠”称号，受到习近平总书记的亲切接见。公司有5名干部员工光荣走进人民大会堂接受荣誉或参与国是，3人分别被评为全国劳动模范、全国三八红旗手、全国巾帼建功标兵，14人被评为广东省、中央企业、中国石化和茂名市劳模，6人被授予广东省五一劳动奖章，11人获评中国好人、广东好人，17人次获评茂名道德模范、好心茂名人、好心家庭、感动茂名人物。这些先进代表充分展现了茂名石化人的风采。

第三，强化组织建设，中坚力量作用更加突出。把组织建设作为重中之重，大力实施组织力提升工程，加强干部和人才队伍建设，党组织的凝聚力战斗力全面增强。

干部队伍建设展现新面貌。加强领导班子建设，在集团公司党组的关怀支持下，公司班子实现了新老交替，年龄结构、知识结构、学历结构进一步优化，同时有15名干部被党组提拔重用。公司领导班子每年职代会职工代表民主评议“好”“较好率”都达到100%。加强干部教育培训，每年举办中层干部、新提拔干部培训班，提高领导干部理论和业务水平；树立正确的选人用人导向，实行“相马”与“赛马”相结合，5年来，选用提拔中层干部105名、基层干部320名，中、基层年轻干部比例较5年前分别提高了7.63和10.21个百分点。公司选人用人满意率一直保持在97%以上。

人才强企工程取得新成绩。编制五大人才培养计划，建立涵盖58个专业和40个工种的3109人的人才储备库、2464人的“三鹰”人才库以及119名优秀年轻经营管理者人才库。创新学习方式，把副班改为学习专班，举办学习专班3191期，累计培训3.6万人次，基层员工月人均学习时长5.04小时。全面提高队伍素质，大学本科以上学历员工达到34.31%，较5年前提高10.82个百分点；中级职称以上员工、技师以上员工分别达到19.52%、16.43%，较5年前分别提高5.02个百分点、1.72个百分点。稳步推进薪酬改革，公司成为系统内首家建立岗位、能力、绩效三挂钩的宽带薪酬体系企业。目前，公司拥有享受政府特殊津贴8人、中华技能大奖2人、全国技术能手5人、集团公司突出贡献专家

11人、闵恩泽青年科技人才奖18人、集团公司技术能手71人。

*基层党组织建设显新活力。*全面整治基层党组织软弱涣散行为，完成了123个基层党组织到期换届，增加基层党支部工作经费，开展“双示范”党支部创建，对机关党支部实行提级管理，加强党小组建设，党小组覆盖班组率达到100%。加强党建工作考核，党建考核结果以10%权重纳入绩效考核，充分调动了基层抓党建积极性、主动性。充分发挥党支部在“三基”和安环工作中的作用，探索建立“三带三促三协同”“党建+‘七个第一’”机制，聚焦安环生产、装置检修、新装置建设开工、新冠肺炎疫情防控、攻坚创效等开展党建工作，促进了党建与生产经营深度融合。5年来，发展党员330名。公司党组织的力量更加强大。

*第四，强化党风建设，廉洁企业名片更加亮丽。*把党风廉政建设放在突出位置，一体推进不敢腐、不能腐、不想腐，营造了风清气正的政治生态。公司纪委被评为集团公司纪检监察先进集体。

*纪法教育深入。*坚持把党纪法规教育作为基础性工作来抓，每年开展纪律教育月活动，突出抓好党纪法规考学和警示教育，党员、干部考学15907人次，通报违规违纪、“四风”典型案例28个。抓实谈话教育，实现对基层以上干部约谈全覆盖，共计4675人次。将廉洁约谈向相关客户延伸，5年来廉洁约谈供应商、承包商、销售商代表344人次，有效防范了外部“围猎”风险，反腐倡廉思想堤坝进一步筑牢。

*监督制约有力。*把政治监督放在首位，认真检查督促执行党中央决策部署情况，推动“两个维护”落到实处。认真检查督促落实党内政治生活准则，坚决肃清周永康、苏树林、王天普等流毒影响。开展疫情防控、复工复产、扶贫领域监督，整治安全环保领域中的形式主义官僚主义小人主义问题，高质量抓实巡视整改，高起点开展党委巡察。成立公司监督委员会，把纪检监督与组织、审计、财务、法律、群众等监督贯通起来。对党的十八大以来纪律处分执行、“三重一大”决策情况、领导人员履职待遇等进行专项检查，下达75份监督建议书督促整改存在问题。发布8大板块廉洁风险清单127项，制定落实605项防控措施，对新提拔干部、各类评先推优269人次进行审核把关，动态更新中层干部、基层正职廉洁情况“活页夹”1079份。2019年起实施廉情测评，对11个单位发出蓝色预警。推动打赢公司深圳713厂房产权纠纷诉讼案，防城港土地长期闲置问题得到解决，化解了重大国有资产安全风险。

*正风肃纪从严。*驰而不息纠“四风”树新风，开展整治形式主义官僚主义、为基层减负工作，推行穿透式管理，会议、报表记录、督查检查、评比表彰较5年前分别减少32%、29.9%、51.85%、70.97%。坚持有案必查、违纪必究，5年来，立案22件，处分25名违规违纪干部；通报曝光9起典型案件；对3起严重违纪问题落实“一案双查”，5名领导干部被追究管理责任。正确把握运用“四种形态”处理185人次。做好执纪审查“后半篇文章”，对不实举报及时澄清正名，实现监督执纪法纪效果、政治效果、社会效果相统一。

*第五，强化群团建设，幸福和谐局面更加巩固。*把群团建设作为重要建设，坚持党建带工建、团建，充分发挥群团组织的桥梁纽带作用，共同营造幸福和谐局面。

*民主管理提质增效。*加强源头参与，健

全以职代会为基本形式的厂务公开民主管理机制，全面落实职代会职权，提高职代会质量；发挥职代会专门委员会作用，做实职工代表巡视工作，推动代表提案落实，5年来，共立项183件，落实具备条件的166项；涉及职工切身利益的绩效薪酬制度、安全环保尽职保证金管理办法等改革措施，都经职代会主席团联席会议或职代会通过后才实施。

*群团活动围绕中心。*坚持中心工作在哪里，群团活动就开展到哪里。5年来，举办“安康杯”“攻坚创效”“小指标创优”“重点工程建设”劳动竞赛和“青年安全技能竞赛”150多场次，调动了广大员工群众和团员青年的劳动热情。建好管好劳模（工匠）创新工作室，其中有省级劳模创新工作室4个、市级劳模创新工作室4个、全国工人先锋号2个；搭建青年建功立业平台，开展“号手岗队”创建，2个车间被评为“全国青年安全生产示范岗”，18名青工被评为省部级以上青年岗位能手，14个集体被评为省部级以上“青年文明号”。

*服务员工全面精准。*深化“职工有困难找工会”活动，做好帮扶救助、主题探访和慰问工作。推动“员工关爱计划”实施，对每年职代会部署的关爱员工各件实事跟踪督办到位。抓好EAP实施，深化“小诉求”活动，解决员工“小诉求”3837个。组织健康讲座98场次、文体活动309场次，丰富员工业余生活。做好精准扶贫工作，对口帮扶的木等村、古张村脱贫出列，公司被评为中国石化脱贫攻坚先进集体，连续10年获得“广东省扶贫济困红棉杯铜杯”和“茂名市扶贫济困日爱心企业”称号。

*信访稳定促进和谐。*按照“谁主管、谁负责”“属地管理”原则，认真落实信访稳定工作责任制。加强员工和各类群体思想动态分析，紧盯影响稳定的源头性问题，实行领导干部约访下访、重要问题包案处理，及时排查化解矛盾纠纷。建立企地联动、信访会办机制，推动信访维稳由事后处置向事前防范转变。信访总量持续保持低位运行，部分积案成功化解，没有新增信访积案，实现了“群体性事件、到省进京非正常上访、职工集体上访和缠访闹访为零”目标。公司两次被评为中国石化维护稳定工作先进单位。

公司武装、保密、国家安全、统战、综治、关工委、女职委都能围绕中心，服务大局，发挥作用，作出了积极贡献。

5年来，公司党的建设、经营业绩、综合实力、抗风险能力和员工幸福感全面提升，企业影响力、美誉度、社会认同感空前高涨，每一位茂名石化人都为之振奋、为之自豪！这是习近平新时代中国特色社会主义思想指引的结果，是中国石化党组和广东省委政府正确领导、亲切关怀的结果，是总部各部门、茂名市委政府和有关单位大力支持的结果，是全体党员、干部和员工共同努力、不懈奋斗的结果。在此，我代表公司党委，向关心支持公司改革发展和公司党的建设的上级组织、兄弟单位、命运共同体企业，向为党的建设付出辛勤劳动的党务工作者和广大党员，向为公司改革发展做出重要贡献的广大干部员工、离退休职工及家属表示崇高的敬意和衷心的感谢！

在充分肯定成绩的同时，也要正视存在的问题。主要有：一是理论武装工作还不够扎实。一些党员干部对理论学习不够重视，在学习贯彻习近平新时代中国特色社会主义思想方面离学懂弄通做实要求还有不少差距。二是党建工作责任制还需要深入落实。个别党员领导干部党内角色感不够强，存在“重业务、轻党务”的思想。三是党建创新还需要加强。党建工作特色做法、经验和成果可复制、可推广的还偏少。四是思想政治工作还需要提高。“一人一事”思想工作有盲区，一些基层管理人员不善于做群众工作，引导动员能力有欠缺。五是作风建设还需要持续用力。一些干部员工的遵章守纪意识、纪律意识和规矩意识不够强，形式主义、官僚主义、小人主义在队伍中还不同程度存在，等等。我们必须正视这些不足和存在问题，在今后工作中加以克服和改进。

二、过去五年的工作体会

回顾过去5年工作，我们有5点体会和经验：

（一）必须坚持党的领导不动摇。习近平总书记强调指出，坚持党对国有企业的领导是重大政治原则，必须一以贯之；建立现代企业制度是国有企业改革的方向，也必须一以贯之。过去5年，公司党委始终坚持这一重大政治原则，把党的领导融入企业管理各环节，党组织与行政组织同步设立，党建工作与生产经营同部署、同落实、同考核，实现了党的政治领导、思想领导、组织领导的有机统一，充分发挥了党委把方向、管大局、促落实作用，推动公司持续健康发展，朝着建设现代企业制度方向稳步前进。实践证明，无论体制机制如何转变，无论形势如何变化，都必须坚持党的领导不动摇，这个重大政治原则必须坚定不移地落实到位。

（二）必须坚持服务中心不偏离。习近平总书记强调指出，坚持服务生产经营不偏离，把提高企业效益、增强企业竞争实力、实现国有资产保值增值作为国有企业党组织工作的出发点和落脚点，以企业改革发展成果检验党组织的工作和战斗力。5年来，公司党委认真贯彻总书记这个指示要求，紧密围绕生产经营开展党建工作，积极探索“党建+、+党建”模式，以生产经营业绩检验党建工作成效，实现了党建与中心工作融合互促，破解了“两张皮”顽疾，提高了党建质效。实践证明，党建工作只有坚持用好这个方法，才能找准定位、发挥作用、展示作为。

（三）必须坚持固本强基不放松。习近平总书记指出，坚持建强国有企业基层党组织不放松，确保企业发展到哪里、党的建设就跟进到哪里、党支部的战斗堡垒作用就体现在哪里。5年来，公司党委遵照总书记的指示和要求，大力实施组织力提升工程，从基本组织、基本队伍、基本制度抓起，完善“三带三促三协同”机制，推广“双示范”党支部创建工作，加强党小组建设，基层党建工作在加强中提升，在提升中发展，为公司党建工作在集团考核中连续多年站排头奠定了坚实的基础。实践证明，坚持抓基层打基础是一条党建基本原则，任何时候都要坚决执行和贯彻到位。

（四）必须坚持监督执纪不含糊。习近平总书记强调把“持之以恒正风肃纪”作为“坚定不移全面从严治党”的重要内容，要求运用监督执纪“四种形态”，抓早抓小、防微杜渐。五年来，公司党委遵循总书记的指示和要求，按照集团公司党组的部署，始终把党风廉政建设和反腐败工作放在突出位置，坚持党要管党、全面从严治党，教育、监督、执纪多管齐下，防范、约束、惩处紧密结合，一体推进不敢腐、不能腐、不想腐，营造了风清气正的政治生态。实践证明，坚持正风肃纪反腐，把纪律和规矩挺在前面，是推进全面从严治党的有力举措，任何时候都要旗帜鲜明、态度坚决、务求实效。

（五）*必须坚持依靠方针不改变*。习近平总书记指出，坚持全心全意依靠工人阶级的方针，是坚持党对国有企业领导的内在要求。5年来，公司党委遵循总书记的指示和要求，坚持发展依靠员工、发展为了员工、发展成果与员工共享，员工的获得感幸福感显著增强。特别是2018年以来，实施“员工关爱计划”，践行“1+1=0”理念，组织专班学习，从思想、工作、学习、生活等方面全方位关爱员工、提高员工，实现了员工与企业共同发展，“让茂名石化更好、让全体员工更幸福”的目标逐步变为现实。实践证明，坚持全心全意依靠职工办企业的方针永远不会过时，任何时候都不能忘记和偏离，必须始终如一、一以贯之地落实。

三、今后五年的形势和任务

党的十九届五中全会指出，“十四五”时期是我国开启全面建设社会主义现代化国家新征程、向第二个百年奋斗目标进军的第一个5年。我们要正确把握党中央作出的“我国发展仍然处于重要战略机遇期，但机遇和挑战都有新的发展变化”的科学判断，善于从政治上分析形势，从大局上把关定向，从战略上谋划长远，做到准确识变、科学应变、主动求变，在危机中育新机、于变局中开新局。

——*从宏观大势看*。百年未有之大变局进入加速演变期，受疫情影响，世界经济复苏迟缓，各类不确定因素和衍生风险增加，党中央审时度势，统筹“两个大局”，作出了“加快构建以国内大循环为主体、国内国际双循环相互促进的新发展格局”的重大部署，提出了国民经济和社会发展“十四五”规划和二〇三五年远景目标。作为中央企业基层党组织，我们必须深刻领会党中央作出的重大战略决策，发挥“把方向、管大局、促落实”作用，奋力推动公司“十四五”高质量发展，助力国家经济社会发展，发挥好中央企业的“顶梁柱”作用。

——*从行业发展看*。化石能源资源和气候环境约束日益趋紧，以绿色低碳为方向的新一轮能源革命正在全球蓬勃兴起。习近平总书记在2020年9月22日第七十五届联合国大会一般性辩论上发表重要讲话时提出，中国二氧化碳排放力争于2030年前达到峰值，努力争取2060年前实现碳中和。这充分彰显了以习近平总书记为核心的党中央抑制碳排放和推进高质量发展的坚定决心和信心。同时，疫情重塑全球能源格局，未来五年国际油价存在宽幅波动风险，国内一次能源需求增速放缓，产业政策逐步放开，外资、民营企业大举“登陆抢滩”，这都对公司造成极大的挑战。公司正面临生存发展的大考，我们要增强“为公司发展而战、更为公司生存而战”的危机感、紧迫感、责任感，凝聚加快转型升级、提质增效的共识和合力。

——*从党组要求看*。新一届集团公司党组胸怀“两个大局”、心怀“国之大者”，坚决扛起保障国家能源安全、引领我国石化工业高质量发展两大核心职责，部署实施世界领先发展方略，加快构建“一基两翼三新”产业格局，按“三步走”推进打造世界领先洁净能源化工公司进程，并提出以净零排放为终极目标，力争比国家承诺提前10年实现碳中和。党组的决策，完全符合中央的要求和中国石化实际，为我们指明了方向，提供了遵循。我们要提高政治站位，认真领会贯彻，积极主动作为，创造性地开展工作，在实施世界领先发展方略中当先锋、做表率，成为高质量发展的排头兵。

——从企业自身看。公司虽然有66年历史沉淀、“十三五”取得了辉煌业绩，但是也存在炼化规模优势不再、产业产品结构不优、体制机制动力不够、管理精益程度不高、科技创新能力不足、队伍整体素质不强等问题。不解决这些问题，公司发展就没有出路。公司和公司党委已作出实施率先达到世界领先发展方略、“一转三迈两新”发展策略、分三步走率先建成世界领先炼化企业的战略部署，得到了集团公司党组坚定支持。各级党组织要充分发挥政治优势，凝聚智慧力量，团结带领广大党员、干部和员工积极投身到加快转型升级、实现第四次跨越式发展实践中，为公司率先建成世界领先炼化企业打牢更加坚实的基础。

根据以上分析和判断，今后五年公司党委工作的总体要求是：以习近平新时代中国特色社会主义思想为指导，深入贯彻党的十九大和十九届二中、三中、四中、五中全会精神，全面落实新时代党的建设总要求和全国国有企业党建工作会议精神，按照集团公司“1355”党建工作总体思路，实施“1136”党建工作方略，即聚焦“打造践行习近平新时代中国特色社会主义思想坚强阵地”这个目标，突出“充分发挥‘三个作用’，引领保证转型升级”这条主线，坚持“务实、创新、融合”三项原则，实施“政治固本、思想铸魂、组织强基、人才兴企、风纪塑形、群团添力”六大工程，全面加强党的建设，为公司实施“十四五”发展规划、实现第四次跨越式发展、加快建设世界领先炼化企业步伐提供坚强的政治保证、思想保证和组织保证。

今后5年，重点要抓好六项任务：

（一）实施政治固本工程，为实现第四次跨越式发展提供政治保证。坚持把政治建设摆在首位，聚焦“一个依靠力量、五个重要力量”的定位，落实第一议题、第一课程、第一标尺要求，全面提升“三力”，进一步增强“四个意识”，坚定“四个自信”，做到“两个维护”。

全面提升政治判断力。要把提升政治判断力作为政治建设首要，把准政治方向、站稳政治立场、保持政治定力，做政治上的“明白人”。一要落实政治责任。深入落实集团公司党组关于加强党的政治建设重点措施，完善“两个维护”的政治保证机制，确保紧跟总书记步伐、紧扣党中央节拍、紧密落实党组要求，在贯彻执行中不断提升政治判断力。二要加强党性锤炼。进一步探索建立“不忘初心、牢记使命”长效机制，精心组织庆祝建党100周年系列活动，严格落实党内政治生活制度，把习近平新时代中国特色社会主义思想作为“第一标尺”，经常性开展批评和自我批评，在对标对表中不断提高政治判断力。三要管好意识形态。严格落实《公司党委意识形态工作责任制实施细则》，认真执行“两个所有”和“一支部一安全员”要求，加强意识形态阵地特别是论坛讲座、新闻媒体、网络平台等阵地的建设和管理，建立意识形态安全风险预警、定期研究通报、突发事件舆论引导机制，在确保意识形态安全的斗争中不断提高政治判断力。

全面提升政治领悟力。要把提升政治领悟力作为政治建设关键，在学思践悟、知行合一中不断增强政治领悟力。一要加强理论武装。建立学习贯彻习近平新时代中国特色社会主义思想“第一议题”制度，提升党委中心组理论学习质量，充分运用“三会一课”、学习专班、主题党日等载体，采用理论知识竞赛、汇编学习成果、积分排名等激励措施，推进习近平新时代中国特色社会主义思想大学习大普及大落实，通过提高理论水平来不断提高政治领悟力。二要办好企业党校。坚持“党校姓党”，以建成中国石化党组党校分校为目标，把党校办成宣传党的创新理论、对干部实施政治轮训、研究公司党的建设的重要阵地。聘请系统内外专家，组建理论宣讲团，落实“第一课程”制度，帮助党员干部系统掌握马克思主义基本原理、党的创新理论，提高运用马克思主义立场观点方法观察、判断、分析、解决问题的能力。三要做优管理论坛。以案例分享形式，定期开展学习交流、工作交流，引导党员干部时刻关注党中央关心什么、强调什么，深刻领会什么是党和国家最重要的利益、什么是最需要坚定维护的立场，对“国之大者”了然于胸，在推进企业发展中找准职责定位，自觉站在党和国家的大局上想问题、作决策、干工作，做到方向正确、目标明确、方法精确。

全面提升政治执行力。要把提升政治执行力作为政治建设根本，推动形成马上就办、狠抓落实、令行禁止的政治自觉。一要强化政治行动。出台《深入贯彻落实习近平总书记重要指示批示、党中央重大决策部署、集团公司党组重要安排工作细则》，对总书记、党中央和集团党组的要求做到“认真办、严肃办、办好办到位”，全面体现“听党话、听懂话，干正事、干成事”的要求。二要深化政治引领。建立党委充分发挥“把方向、管大局、促落实”领导作用机制，健全党委领导下的现代企业治理体系，修订“三重一大”集体决策制度，健全公司党委常委会议事、领导班子会议事规则，严格执行党委前置审议程序，推动党的领导深度融入企业治理。三要实化政治监督。制定加强政治监督指导意见，建立“第一议题”监督台账，突出“两个维护”、政治责任落实等方面的监督，推动政治监督具体化常态化，确保党中央决策部署、集团公司党组要求在茂名石化落地见效、开花结果。按照集团公司政治生态评价体系，定期对各单位政治生态进行把脉会诊，推动改进提高。

（二）实施思想铸魂工程，为实现第四次跨越式发展提供思想保证。坚持把思想工作作为企业管理的第一环节，聚焦“对党忠诚、爱企敬业”宗旨，落实“带人带思想、管人管责任、帮人帮难处”要求，全面增强“三感”，充分激发内生动力。

深化思想政治教育增强使命感。坚持抓生产从思想入手、抓思想从生产出发，加强思想政治教育，增强干部员工合力推进公司第四次跨越式发展的使命感。一要深入开展党史学习教育。深刻领会开展党史学习教育的重要意义，按照党中央和习近平总书记关于“学史明理、学史增信、学史崇德、学史力行”和“学党史、悟思想、办实事、开新局”的要求，与“四史”教育结合起来，推动党史学习教育走深走实。通过党史学习教育，让党员、干部和员工了解马克思主义为什么“行”、中国共产党为什么“能”、中国特色社会主义为什么“好”，自觉传承红色基因、牢记初心使命，激发“站排头、争第一”精气神，努力“做最好的茂名石化”和建设“党和人民的好企业”。二要加强企业传统教育。石油精神、石化传统是我们的立身之本、创业之魂，要引导干部员工充分认识传承石油精神、弘扬石化传统的重要意义，结合公司的创业史、发展史，深入抓好学习教育，通过传统教育激发广大干部员工重整行装再出发，秉持初心勇向前，抢抓机遇，攻坚克难，砥砺奋进，勇开新局，把“十四五”规划蓝图变为现实。三要优化形势任务教育。紧盯经济宏观大势、行业发展趋势，讲清“一基两翼三新”产业格局最新情况、“群狼进院”最新动态、转型升级最新措施，引导干部员工防骄破满、持续拼搏、创先争优；紧密联系各个时期的市场、效益特别是安全环保形势，讲清遵章守纪的重要性，强化“随意就是危险、违章就是犯罪”意识，推动集团公司总经理“2号令”全面落实和“五查五严”保安全专项行动实施，迅速扭转安全生产被动局面，全面提高安全生产水平，坚定不移走安全绿色低碳的高质量发展道路。

深化企业文化建设增强责任感。坚持把文化建设作为提升企业核心竞争力的重要内容，突出守正创新，赋予时代内涵，推动以文化人、以文育人，增强干部员工合力推进公司第四次跨越式发展的责任感。一要统筹推进文化建设。以建成集团公司企业文化建设实践示范企业为目标，制定实施《茂名石化企业文化建设纲要》，修订《茂名石化企业文化手册》，建立以核心价值理念和管理理念为重点的企业文化建设体系，全力推进具有茂名石化特色的责任、安全、绿色、合规、优化、党建等专项文化建设。二要重点培育责任文化。深入践行“1+1=0”理念，稳步推进公司责任文化建设三年工作规划落地，扎实开展全员责任心与履职能力轮训、责任典型选树宣传和“履责反思”专题讨论等活动，着力打造“案例+点评”责任故事品牌，精心汇编《茂名石化责任文化理念与经典故事集》，推动履职尽责、担当作为成为全员自觉。三要精准实施正向激励。完善先进典型引领机制，大力宣传劳模精神、劳动精神、工匠精神，选树责任之星，建好星光大道，打造文化路、文化墙，举办先进典型事迹宣讲会、报告会，开展全媒体、融媒体宣传，营造学赶先进、争当先进的浓厚氛围。

深化精神文明建设增强幸福感。以社会主义核心价值观为引领，坚持以人民为中心的发展思想和人企共进原则，把理解人、尊重人、关心人结合起来，进一步提升员工的幸福感，巩固发展稳定和谐局面。一要做细“一人一事”思想工作。认真落实思想政治工作责任制和信访稳定工作责任制，建立领导干部挂钩联系群众和党员“一对一”思想帮扶制度，全面开展“只访一次”工作，进一步完善“小情绪不出班组、小矛盾不出车间、小纠纷不出分部”思想引导和矛盾化解机制，畅通员工依法表达诉求渠道，经常性开展思想动态调研分析，主动解疑释惑、疏导情绪、化解矛盾，最大限度调动员工积极性主动性创造性。二要持续实施员工帮助计划。加快EAP工作组织、机制、阵地建设，建立心理干预和疏导长效机制，探索与外部专业EAP机构、心理研究机构和健康服务机构合作，实行服务员工项目清单制度，坚持举办医疗保健知识讲座，用好“心福咨询”平台，帮助员工适度解压，让好心情催生战斗力。三要抓好精神文明创建工作。认真贯彻中央文明委《关于深化新时代文明单位创建工作的意见》，深入开展文明单位创建、文明建设示范岗（点）考评、道德模范评选，定期推荐先进单位和个人参加上级评选，涌现更多的市级、省级文明创建先进单位和个人，继续保持全国文明单位称号。深入开展“为民服务创先争优”志愿服务活动，完善激励褒奖制度，推进学雷锋志愿服务制度化常态化。深入落实《员工守则》和工作礼仪，利用重大节庆和纪念日，开展升国旗唱国歌活动，突出主旋律，弘扬正能量。倡导绿色低碳生活，开展创建节约型机关、绿色社区、绿色家庭和积极参加全民义务植树、绿色出行以及地方“创文巩卫”活动，让绿色低碳生活成为新时尚。深入宣传中国石化品牌，让“能源至净，生活至美”理念深入人心，为提升中国石化品牌形象添砖加瓦。加强对外宣传，讲好中国石化、茂名石化故事，提升企业美誉度。深入抓好厂区环境治理和爱国主义教育基地、广东省工业旅游观光点建设，打造公众开放日活动品牌。完善网络舆情联动处置机制，及时妥善处理负面舆情，维护企业良好形象。

（三）实施组织强基工程，为实现第四次跨越式发展提供组织保证。认真贯彻《中国共产党组织工作条例》，坚持把组织体系建设作为重中之重，聚焦“突出政治功能，提升组织力”目标，落实“务实创新融合”要求，全面加强“三基”，推动基层党组织全面进步、全面过硬。

夯实基本组织。着眼建强党的基层组织，把基层党组织建设成为推动公司改革发展的坚强战斗堡垒。一要优化组织设置。按照党章规定和便于党员参加活动、有利于党组织发挥作用的原则，依托生产经营基本单元健全基层党组织，确保生产经营延伸到哪里党组织就设置到哪里。持续整治基层党组织软弱涣散行为，适时开展“回头看”，补短板、强弱项、促提高。深入抓好“双示范”党支部创建工作，推动示范变规范、标杆变标准，培养选树一批叫得响过得硬的先进党支部。深入落实集团公司党组《持续提升班组党员力量覆盖质量重点措施》和公司党委《关于加强党小组建设的实施意见》，将党支部的组织功能延伸到党小组，坚持党小组建在班组上，确保党小组覆盖生产班组率100%，发挥党小组的前沿阵地作用。二要规范阵地建设。全面对照集团公司《党支部标准化规范化建设工作手册》要求，以建好、用好、管好活动场所为着力点，按照有标识、有党旗、有入党誓词、有制度规定、有学习书籍、有电教设施的“六有”标准，推进党支部阵地规范建设，充分满足党员活动和服务群众需要。三要推进党建创新。加强党建与生产经营深度融合，以党建资源推动解决生产经营和改革发展难题。跟紧信息时代，推广应用“学习强国”“石化党建”“奋进石化”平台，加快打造具有茂名石化特色的智慧党建，提高党建管理质量和效率。强化党建“四不两直”调研督导，深入开展“党建专家一线行”“优秀党支部书记示范行”“基层党建观摩交流行”，推动形成“一支部一特色、一支部一品牌”，创造更多可复制可推广的党建新经验。

建强基本队伍。党支部书记、党务工作者、党员队伍是党组织的主体，要在优化结构、提高素质、发挥作用上下功夫。一要配好支部书记。坚持“三懂三会三过硬”标准，把党支部书记岗位作为选拔领导干部的重要台阶，选优配强党支部书记，坚决撤换调整不合格、不称职的党支部书记，促使党支部书记真正起到“头雁”作用。加强党支部书记培训，注重开展实战型、分段式提升培训，提高党支部书记思想水平和业务素质。实行并轨培养、轮岗交流、挂职锻炼等方式，畅通党支部书记成长通道，打造一支既会抓党建又会抓生产的复合型党支部书记队伍。二要选优党务干部。牢固树立“精兵强将干党务”的理念，把党务工作岗位作为培养锻炼干部的重要平台，有计划地安排业务骨干、年轻干部从事党务工作，配齐配强专兼职党务干部，以鲜明导向让党务工作岗位“热”起来。建好用好党建人才库，完善复合培养机制，推动党务干部与其他岗位干部轮岗交流，探索开展党建专家、高级专家、首席专家等职位选聘，拓宽党务干部成长通道，激发党务干部活力。三要育强党员队伍。加强党员教育管理，制定实施党员五年轮训规划，提高党员综合素质。严肃党的组织生活，落实谈心谈话、民主评议党员和主题党日等制度，增强党员意识。严格按照标准发展党员，实质性消灭党员空白班组，实现班班有党员。注重把骨干培养成党员，把党员培养成骨干，优化党员队伍结构。深入开展党员示范岗、党员HSE监督队、党员先锋机（泵）、党员突击队等活动，引导党员争当生产经营的能手、创新创效的模范、提高效益的标兵、服务群众的先锋。

抓实基本制度。抓住制度建设这一基础工作，抓好制度的全过程管理，推进党建工作进一步走向制度化规范化科学化。一要把健全制度贯穿始终。对照中央、集团公司党组和上级党建制度要求，认真抓好制度的立废改合工作。以管用为原则，建立适应新形势新要求的党建制度；以减负为原则，废除过时或不合时宜的党建制度；以科学为原则，修改有新要求或新内容的党建制度；以精简为原则，整合内容相近、相互包含的党建制度。二要把落实制度贯穿始终。维护制度的严肃性和权威性，绝不能把制度当作“稻草人”。特别是要跟踪督促落实党建工作责任制情况，促进担任党内职务的干部落实“双岗双责”、不担任党内职务的干部落实“一岗双责”，形成“党建工作出问题也问责经理、行政工作不落实也问责书记”的机制，倒逼党建工作责任制的全面落实。要加强对理论学习、“三会一课”、党员领导干部双重组织生活等制度的检查，通过落实制度来加强党建管理、提高党建水平。三要把经验转化贯穿始终。全面回顾“十三五”以来公司党建方面的好做法好经验，总结提炼公司组织建设、宣传思想工作、党风廉政建设、群众工作等方面的成功经验和特色做法，让好做法好经验转化为制度规范，推动公司党建工作全面提升，实现党建高质量发展。

（四）实施人才兴企工程，为实现第四次跨越式发展提供人才保证。坚持把人才培养作为头等大事，践行“人才靠自己培养”理念，聚焦队伍战略性接替紧迫任务，落实干部“育选管用”、人才“生聚理用”要求，全面把好“三关”，全力打造政治强、素质高、作风硬的党的经济部队。

严把培育选拔关。认真落实党管干部、党管人才要求，解放思想、树好导向、完善机制，营造接替有序、人才辈出局面。一要精细规划。推进干部工作“五大体系”建设，健全年轻干部人才“全链条全周期”开发机制，制定《公司人才强企三年滚动计划（2021—2023）》，完善《人才培养与梯队建设管理办法》，实施领导人员和人才队伍梯队储备计划，持续推进“三鹰”人才梯队建设，推动三支队伍后继有人、接续发展。二要精准选人。完善干部人才综合考察评价办法，建立知事识人和近距离考察工作体系，健全“相马”“赛马”相结合机制，提升选人用人的精准度。完善领导人员和专业人才政治素质考察评价办法措施，深化政治素质反向测评和考察对象政治表现谈话甄别，突出政治标准。以“十四五”建成华南最强企业

级炼化科技研发基地为目标，加大高端人才引进力度，实行预约助学计划，探索订单式培养引才机制，引进符合公司需求的优秀毕业生和高层次人才。三要精心优化。加强干部资源统管统用、优调优配，统筹学历、经历、阅历三方面因素，兼顾“老、中、青”三个年龄段，把握能力、业绩、作风三个关键点，制定实施干部人才队伍结构调整方案，到“十四五”末，公司中层领导人员“老中青”结构比例达到2∶3∶1。实施“一把手”培养计划，选优配强“一把手”。实施后备干部人才交流锻炼计划，在用好各个年龄段干部的同时，加大优秀年轻干部选拔使用力度，化解“盖层”“断层”并存矛盾，确保中、基层年轻干部占比分别达到15%、20%以上。

严把素质提升关。准确把握干部人才成长规律，抓好大学习、大培训、大提高工作，全面提升干部人才综合素质，营造人岗匹配、人事相宜局面。一要营造“学”的氛围。深入学习习近平总书记关于提升八项本领、七种能力的重要论述，开展“对标世界一流管理最大短板在哪里”“打造世界领先企业能力不足怎么办”专题大讨论，建立《学习专班管理考评办法》，提高学习专班质量，选树学习成才、岗位成才先进典型并大力宣传他们的事迹，激发干部员工学习动力。二要搭建“学”的平台。深化员工职业生涯规划，用3年时间完成各类人才学习课程体系开发，绘制岗位学习地图，引导各类人才按图索骥、进阶学习。按照“五懂五会五能”要求，制定实施“十四五”全员大学习大培训大练基本功工作方案，举办“专题式、集中性”轮训班，推出“菜单式、小班化”强化班，打造以技能操作人员学习专班、专业技术人员取证上岗培训班、管理干部HSE综合能力提升培训班为主要内容的精准赋能培训体系。三要注重“学”的实效。聚焦安全生产，构建培训调研、立项、实施、后评价全过程管理体系，探索实施理论学习与实践锻炼、办班培训与技术比武、集中讲授与开放研讨相结合的培训模式，消除学用脱节现象；以实践和业绩检验培训结果，建立完善员工素质提升机制，实施“三大员”持证上岗制度，推动学用结合、学用相长。

严把激励约束关。突出严管厚爱相结合，正确处理好严格约束与正向激励的关系，充分调动干部人才的主观能动性，营造人尽其才、才尽其用局面。一要畅通成长通道。坚持优秀人才优先培养、紧缺人才抓紧培养、骨干人才重点培养原则，完善《公司人才梯队建设管理办法》，分专业构建公司专家人才、青年英才、石化工匠等“核心人才库”。修订干部“能上能下”员工“能进能出”管理实施细则，深化人才岗评和能力等级晋升工作，完善三支人才队伍横向贯通管理办法，推动优秀人才在各序列中合理流动发展。二要加强聘期考核。建立领导人员和高层级人才绩效合同和聘期考核制度，全面实行直属单位、机关部门领导班子及其成员每年一次民主测评、三年一轮全面考察工作，使“能者上、优者奖、庸者下、劣者汰”成为常态。三要从严监督管理。坚持管思想、管工作、管作风、管纪律相统一，抓好领导干部个人有关事项报告、履职担当情况监督检查，用好专题民主生活会、干部约谈等制度，杜绝不担当、不作为、慢作为行为。建立退出现职、外派干部常态化监管机制，促进退出现职、外派干部更好发挥作用。坚持“三个区分开来”，完善澄清正名、容错纠错机制，为担当的干部担当，为负责的干部负责，给干

部装上“永动机”，激励他们奋发有为、建功立业。

（五）实施风纪塑形工程，为实现第四次跨越式发展提供作风保证。坚持把纪律和规矩挺在前面，聚焦“两个责任”落实，长期坚持严的主基调，统筹推进正风肃纪反腐工作，全面筑牢“三不”，进一步巩固和发展风清气正的政治生态。

强化不敢腐的震慑。保持惩治腐败高压态势，充分发挥案件查办治本功能，持续释放越往后越严、全面从严、一严到底的强烈信号。一要突出重点从严执纪惩治。紧盯“三类人”，看住“重点事”，严厉查处不收敛不收手等违规违纪行为，严肃惩治利用公司资源平台谋取私利、不作为乱作为造成国有资产损失和基层“微腐败”等问题，对违反中央八项规定精神、各种隐形变异和群众反映强烈的“四风”问题露头就打、一寸不让。二要发挥巡视巡察利剑作用。坚持上下联动，把整改落实巡视反馈意见与深化拓展党委巡察紧密结合，按照巡视整改“三个统筹”要求，严把整改进度质量关，确保按时优质完成整改任务。建立党委巡察与专业部门监督统筹衔接制度，健全信息沟通、线索移送、措施配合、成果共享工作机制，探索创新巡察方式方法，以巡察带动各类监督协调开展，提升巡察工作质量和实效。三要依规开展案件查办工作。发挥反腐败协调小组作用，拓宽和畅通群众举报渠道，建立依法信访举报人保护管理制度，完善举报信息综合分析研判和立案查办制度，健全内部办案纪律和保密纪律监督制约机制，依纪依规处理信访举报，加大提级初核审查力度，精准运用“四种形态”，推动有信必办、有案必查、有贪必肃，做到无禁区、全覆盖、零容忍。

扎牢不能腐的笼子。通过织密监督网络，完善治理体系，推动广大党员干部习惯在监督、约束环境下开展工作，确保权力在阳光下运行。一要整合监督资源。健全完善“大监督”领导体制，统筹协调企业监督资源，构建党委全面监督、纪委专责监督、专业部门职能监督、基层党组织日常监督、干部员工民主监督的“大监督”格局，同时，加强与地方纪检监察机关沟通协作，建立企地联防联控联办机制，确保监督无处不在。二要加大监督力度。修订监督委员会工作规则，完善监督委员会季度例会制度，实行重要工作定期督办和重大风险挂牌督办制度；推进政治监督具体化、重点监督常态化、专项监督精准化、日常监督网格化，紧盯重点人、重点事、重点领域，加大对各级领导班子成员特别是“一把手”监督力度；紧盯隐形变异“四风”问题，持续开展反“四风”专项检查行动，突出纠治安全环保领域形式主义、官僚主义、小人主义，进一步减轻基层工作负担；开展安全生产、物资采购、产品销售、工程建设、基层“微腐败”等专项监督，推动监督融入企业治理。三要发挥监督效能。加强“一案两报告”，开展“一案双查”，用好纪律检查（监督）建议书，推动构建系统完备、科学规范、运行有效的制度体系，紧盯高风险点不放，运用专项检查成果，落实廉洁风险防控措施，在“治未病”上积极作为，把以案促改、以案促建、以案促管工作做深做实，推动办案、整改、治理一体落实，做好查办案件“后半篇”文章。

增强不想腐的自觉。坚持标本兼治，注重在固本培元上下功夫，推动党员干部心中有纪法、行为有底线，切实筑牢不想腐的精神堤坝。一要坚持教育常在。建立廉洁教育常态化机制，完善两级党委、纪委中心组以及“三会一课”反腐倡廉专题学习制度和党风廉政建设约谈制度，把廉洁教育、法纪教育纳入干部员工日常教育和党校培训内容，实施上级纪委定期听取直属党组织书记（纪委书记）述责述廉制度，深化廉洁文化“六进”工程，提高廉洁教育效果。二要坚持警钟长鸣。建立以案示警、以案明纪、以案为鉴警示机制，探索党风廉政建设互联共建工作模式，统筹企业内外教育资源、兼顾关联企业人员，开展“庭审旁听”警示教育、违纪人员现身说法、阳光工程创建、廉洁家风建设等活动，扎牢廉洁思想篱笆。深入开展廉洁情况测评，发挥“三色”预警功能，形成具有茂名石化特色的廉洁风险“体检”机制。三要坚持纪律常伴。突出纪律教育月活动与“每周一纪”宣传教育相结合，促进纪律教育全天候、常态化，实行中央八项规定精神贯彻落实、党委决策部署贯彻执行、请示汇报制度落实、典型违规违纪等问题通报制度，引导党员干部知敬畏、存戒惧、守底线，自觉增强纪律意识、规矩意识和拒腐防变能力。

（六）实施群团添力工程，为实现第四次跨越式发展提供合力保证。坚持党建带工建带团建，聚焦党政所需、群众所盼、群团所能，落实“强‘三性’、去‘四化’”要求，全面打造“三好”，充分发挥党密切联系群众的桥梁纽带作用。

服务企业好。始终把围绕中心、服务大局作为工作主线，找准工作切入点、结合点、着力点，动员广大员工群众积极投身到公司第四次跨越式发展实践中。一要强化群众教育引导。建立工会会员、团员青年思想政治教育引导有效机制，用习近平新时代中国特色社会主义思想武装员工群众和团员青年，积极开展“中国梦·劳动美”主题宣传教育活动，分期举办青年政治轮训，引导员工群众和团员青年坚定不移听党话、矢志不渝跟党走。二要推动企业民主管理。完善以职工代表大会为基本形式的民主管理制度，积极拓展民主管理的有效形式，深化厂务公开，抓好职工代表提案跟踪督办，落实职代会专门委员会定期调研、职工代表巡视工作，充分发挥职代会和联席会议作用，推进公司民主决策、科学决策。三要调动群众劳动热情。围绕落实“十四五”规划特别是炼油转型升级、乙烯提质改造和安全生产、优化创效、转型发展，深入开展“当好主人翁、建功新时代、岗位创一流”劳动竞赛和“青春心向党、建功新时代”主题教育实践活动，注重发挥劳模、技能大师创新工作室的典型引领和带动作用，健全常态化跟踪评估机制，充分调动员工群众和团员青年劳动的积极性和创造性。

服务员工好。始终把服务员工、联系群众作为基本职责，推动把公司和公司党委关心员工各项措施落到实处，不断提升员工群众的幸福感。一要维护员工权益。深入落实职代会制度，推进厂务公开，强化民主管理、民主监督，落实员工群众知情权、参与权、表达权、监督权，切实维护好员工群众合法权益。二要关心员工成长。完善员工与企业共成长工作机制，指导做好个人职业生涯规划，深化“师带徒”制度，组织群众性技能培训、技术比武、岗位练兵活动，搭建岗位建功立业实践平台，深入开展劳模、工匠、青年岗位能手评选，做好“推优入党”工作，激励员工不断追求进步。三要深化员工关爱。结合党史学习教育中的“我为群众办实事”实践活动，深入推进实施“员工关爱计划”，进一步擦亮“有困难找工会”品牌，抓实EAP工作，完善困难员工档案，持续落实困难员工帮扶救助制度，深化三级帮扶、主题探访活动，深入兑现“四不让”承诺。积极支持和参与地方乡村振兴活动，巩固拓展脱贫攻坚成果。

自身建设好。始终把打铁必须自身硬作为信念信条，努力打造值得信赖的“职工之家”“青年之家”。一要增强政治性。毫不动摇坚持党对群团工作的领导，建立“党建带群建”具体化、常态化机制，完善党委定期听取群团组织工作汇报制度，抓好工会组织定期政治理论学习和共青团组织“三会两制一课”，加强群团组织政治建设，切实解决好“代表谁、联系谁、服务谁”的问题。二要增强先进性。建立群团组织发挥桥梁纽带作用的有效机制，深入开展社会主义核心价值观教育，组织创作一批传承石油精神弘扬石化传统的文艺精品，宣传群众、组织群众、凝聚群众，深入推进智慧工建、智慧团建工作，提升群团工作的质量和效率。三要增强群众性。建立密切联系员工群众机制，做到组织活动请群众一起设计，部署任务请群众一起参与，表彰先进请群众一起评议，克服和防止行政化、机关化、贵族化。抓好“职工服务中心”建设，完善文联体协作用发挥机制，广泛开展普惠性、业余化、小型化文体活动，丰富职工业余文化生活。

信访维稳、国家安全、反邪教、综治武装、保密、统战、关心下一代等工作都要始终坚持党的领导，立足新时代、适应新要求，服从服务好公司生产经营、改革发展大局。

各位代表、同志们!

回顾过去5年工作，我们倍感自豪；展望今后目标任务，我们信心百倍。当前，公司已经站在一个新的历史起点上，既面临极为难得的发展机遇，也面临前所未有的严峻挑战。让我们以习近平新时代中国特色社会主义思想为指引，全面加强党的建设，发挥党的领导作用，团结带领广大党员、干部和员工，增强“四个意识”、坚定“四个自信”、做到“两个维护”，发扬“责任至上、事争第一、追求卓越”的茂名石化精神，抓住机遇，迎接挑战，智慧实干，开拓创新，为公司实现第四次跨越式发展、加快建设世界领先炼化企业步伐而不懈奋斗!

在茂名石化庆祝中国共产党成立100周年大会上的讲话

尹兆林

（2021年6月29日）

同志们：

今天，我们怀着十分喜悦的心情隆重集会，热烈庆祝中国共产党成立100周年，回顾党的光辉历程，讴歌党的丰功伟绩，传承党的优良传统，感恩党的引领关怀，动员共产党员和干部员工，从党的百年历史中汲取继续前行的智慧和力量，在党的领导下，用习近平新时代中国特色社会主义思想武装头脑、指导实践，向着率先建成世界领先炼化企业目标奋勇前进！

在这欢庆的时刻，我们聆听先模事迹，表彰先进党组织、优秀共产党员和党务工作者，号召全体共产党员和干部员工，学先进，赶先进，超先进，在公司实现高质量发展的斗争中，争当先锋模范。在此，我代表公司党委，向为公司安全生产增效发展作出突出贡献的共产党员和干部员工，表示衷心的感谢；向受表彰的集体和个人，表示热烈的祝贺；向全体共产党员和干部员工致以节日的问候。

同志们，中国共产党的一百年，是追求真理，不畏牺牲，前赴后继，攻坚克难，英勇奋斗，为中国人民谋幸福，为中华民族谋复兴，为人类发展作贡献的一百年。我们党的光荣正确、丰功伟绩，是世界上其他任何政党都无法比拟的。

我们伟大的党把积贫积弱的中国，变成了繁荣昌盛之邦。1840年鸦片战争以后，旧中国逐步沦为半殖民地半封建社会，腐败落后，受尽欺凌，一度到了濒临亡国灭种的危险境地。1921年7月中国共产党成立后，带领人民经过28年浴血奋战，打败日本帝国主义，推翻国民党反动统治，建立了中华人民共和国，彻底结束了旧中国一盘散沙、贫穷软弱、任人宰割的悲惨历史。新中国成立后，面对一穷二白、百废待兴、帝国主义封锁的局面，我们党带领人民发扬独立自主、自力更生精神，艰苦创业，完成了农业、手工业和资本主义工商业的社会主义改造，建立了社会主义基本制度，大规模进行社会主义建设，建立了独立的比较完整的工业体系和国民经济体系，在核技术、人造卫星、运载火箭等尖端国防科技领域，实现了零的突破。党的十一届三中全会以后，我们党果断纠正“文化大革命”错误，坚持以经济建设为中心，坚持四项基本原则，坚持改革开放，成功开创了中国特色社会主义道路，我国跃升为世界第二大经济体、第一制造大国和第一贸易大国。党的十八大以后，面对错综复杂的国际形势，繁重艰巨的国内改革发展任务，各种重大风险考验，以习近平同志为核心的党中央，带领人民统筹推进“五位一体”总体布局，协调推进“四个全面”战略布局，党和国家事业取得历史性成就，发生历史性变革，谱写了新时代中国特色社会主义新篇章。党的十九大以来，面对世界百年未有之大变局，我们党带领人民立足新发展阶段，贯彻新发展理念，构建新发展格局，着力推动高质量发展，战胜种种艰难险阻，综合国力极大增强，实现了全面建成小康社会的“第一个百年目标”，并开启全面建设社会主义现代化强国新征程，向实现中华民族伟大复兴的“第二个百年目标”奋进。历史和现实告诉世界，没有中国共产党，就没有新中国，就没有中国特色社会主义，就没有中国从站起来、富起来到强起来的伟大飞跃。

我们伟大的党让受人奴役的人民，成为国家社会之主。旧中国，中国人民受尽欺压和剥削，毫无尊严，更谈不上拥有民主、政治权利。是我们党带领人民，翻身解放，建立了人民民主专政的国体和人民代表大会制度的政体，特别是改革开放以来，社会主义民主政治不断发展，人民当家作主的制度保障不断加强，社会主义协商民主的优越性充分发挥，爱国统一战线更加巩固，使中国人民真正成为国家、社会和自己命运的主人，越来越扬眉吐气、自信自强、受人尊重。旧中国，中国人民过着饥寒交迫、水深火热的生活。是我们党带领人民努力发展经济保障供给，特别是改革开放以来，全力解放和发展生产力，加速提高人民生活水平，形成人数超4亿的世界上规模最大的中等收入群体，尤其是打赢了脱贫攻坚战，困扰中华民族几千年的绝对贫困问题得到历史性的解决，使全体人民过上了富足的小康生活。旧中国，中国人民饱受动乱不安、生灵涂炭之苦。是我们党带领人民不断加强社会主义精神文明和法治建设，大力推进安全发展和生态文明建设，全面发展教育、文化、卫生等事业，建成包括养老、医疗、低保、住房、就业在内的世界上最大的社会保障体系，居民人均预期寿命由新中国成立时的35岁，提高到如今的77.3岁，中国人民的安全感、获得感、幸福感空前充实，特别是经过新冠肺炎疫情的大考，广大中国人民深深感到，生活在中国最安全、最幸福。历史和现实告诉世界，中国共产党是中国人民的大救星、主心骨、强靠山。

我们伟大的党使任人欺凌的华夏，屹立于世界民族之林。新中国成立前，帝国主义将中华民族视为劣等民族，斥为东亚病夫，几乎所有帝国主义国家都对中国进行过侵略、掠夺。我们党从成立之日起，就带领人民为争取民族独立进行不屈不挠的斗争。抗日战争是近代以来中国人民第一次取得完全胜利的民族解放斗争，我们党和党领导的人民军队、革命群众，在这场艰苦卓绝的战争中，发挥了中流砥柱作用，使抗日战争成为中华民族走向复兴的历史转折点。我们党在新中国成立后，始终坚决维护国家主权、安全和发展利益。不畏强敌，勇于亮剑，取得了抗美援朝战争的伟大胜利，打出了中华气概，赢得了民族尊严。创造性地制定并坚决落实“和平统一、一国两制”方针，相继恢复对香港、澳门行使主权，洗雪了中华民族百年屈辱。坚决同国内外敌对势力作斗争，粉碎了“台独”、涉藏、涉疆、涉港等一系列分裂中国的图谋，维护了中华民族的整体利益。我们党坚持传承、弘扬和发展中华文化，大力推动民族文化走向世界，为国家立心，为民族铸魂。特别是去年，我们在遭遇战中，取得抗击新冠疫情的重大战略成果，成为全球唯一实现经济正增长的主要经济体，进一步展现了中国共产党和中华民族的光辉形象，使各族人民极大增强了民族自信心和自豪感。我们党坚持各民族一律平等，实行民族区域自治制度，建立起平等团结互助和谐的社会主义民族关系，加强各民族交往交流交融，促进各民族共同奋斗、共同繁荣，把56个民族14亿人民凝聚在一起，为实现中华民族伟大复兴而奋斗。正如习近平总书记所指出的，“今天，我们比历史上任何时期都更接近、更有信心和能力，实现中华民族伟大复兴的目标”。历史和现实告诉世界，只有中国共产党，才能团结带领全国各族人民，实现中华民族伟大复兴的中国梦。

我们伟大的党将社会主义的理论，转化为社会形态之实。我们党坚持与时俱进地发展马克思主义。把马克思主义基本原理同中国革命和建设的具体实践结合起来，创立了毛泽东思想、邓小平理论、“三个代表”重要思想、科学发展观和习近平新时代中国特色社会主义思想，指引着中国革命和社会主义建设，闯过重重暗礁险滩，从胜利走向胜利，创造了中华民族发展史上、世界社会主义发展史上、人类社会发展史上的“中国奇迹”，充分证明了马克思主义的科学、中国特色社会主义道路的正确、中国共产党的伟大。我们党坚持为人类进步而奋斗。带领中国人民坚持独立自主原则，坚定维护广大发展中国家的利益，坚持国家不分大小、强弱、贫富一律平等，坚决反对殖民主义、霸权主义和强权政治，坚持为发展中国家提供无私帮助，彰显了社会主义的崇高使命和进步力量。我们党坚持为世界和平发展作贡献。带领中国人民高举和平、发展、合作、共赢的旗帜，坚持独立自主的和平外交政策，坚持互利共赢的开放战略，坚定维护国际关系基本准则，坚决维护国际公平正义，提出并推动构建人类命运共同体，倡导共建“一带一路”，积极参与解决地缘政治、气候变化、环境治理、维和、反恐等问题，成为世界和平的建设者、全球发展的贡献者、国际秩序的维护者，树立了社会主义中国文明、负责的良好形象。历史和现实告诉世界，中国共产党已经并将继续为人类发展贡献中国智慧和力量。

我们伟大的党由星星之火的态势，成长为坚强领导核心。经过一百年的砥砺奋进，我们党从只有50多名党员的小党，发展为如今拥有9500多万名党员的世界第一大执政党、中国特色社会主义事业的领导核心。这是因为：我们党拥有先进的思想理论。坚持马克思主义，并不断推进马克思主义中国化、时代化，使我们党及时洞察和把握社会发展大趋势，始终站在历史正确的一边，为中国人民认识和改造世界提供了强大的思想武器，使中国人民在精神上由被动变为主动。我们党胸怀为民的价值追求。坚持全心全意为人民服务的根本宗旨，始终谋求国家和人民的根本利益，是名副其实的中国工人阶级的先锋队、中华民族和中国人民的先锋队，赢得了人民的信赖、拥护和跟随。我们党进行坚韧的不懈奋斗。在为中国人民谋幸福、为中华民族谋复兴的征途上，勇于担当，矢志不渝，不畏牺牲，越是艰险越向前，不达目的不罢休，用几十年时间走完了发达国家用上百年甚至几百年时间才走完的路，使全国人民由衷地把我们党当作自己的“主心骨”。我们党拥有科学的组织体系。按照民主集中制原则，建立起由中央组织、地方组织、基层组织构成的坚强、严密的党的组织体系，既可以让党中央的决策部署及时地、不折不扣地贯彻落实到基层，又可使党的组织和党员深深植根于人民之中。我们党坚持坚定的自我革命。坚定不移地全面从严治党，“为人民的利益坚持好的，为人民的利益改正错的”，零容忍惩治腐败，坚持自我净化、自我完善、自我革新、自我提高，始终保持党的先进性和纯洁性。历史和现实告诉世界，中国共产党成为中国特色社会主义事业的领导核心，是历史的必然、人民的选择。我们要永远听党话，跟党走，为中国人民美好生活加油，为中华民族伟大复兴奋斗。

同志们，经过66年的改革发展，茂名石化已成为国内炼化企业排头兵。公司的创建和发展，是中国共产党正确领导的结果，是一代代茂名石化人坚决执行党的路线、方针、政策的结果，是公司各级党组织提供思想、政治和组织保证的结果。

党的决策关怀使公司发展拥有了必须条件。1955年5月12日，党中央国务院决定成立“茂名页岩油厂筹备处”，茂名石化从此诞生了。66年来，有38位党和国家领导人40多次视察公司，80多位党中央、国务院部委、广东省和中国石化负责同志深入公司指导工作，帮助解决问题，公司始终沐浴着党的阳光雨露，一直得益于党中央和国家机关部门、中国石化总部、广东省及茂名市党委政府的大力支持。我们要永远铭记，是党中央、国务院、毛泽东主席、周恩来总理的英明决策，茂名油页岩才得以开发，并成为我国“一五”重点建设项目；是胡耀邦总书记的真切鼓励，公司坚定了上大乙烯、建设炼化一体化企业的信心和决心；是江泽民总书记的殷切希望，公司增添了谱写石化发展新篇的动力；是李鹏总理的鼎力帮助，使公司上大乙烯的夙愿变成了现实，并获得了国家一系列帮扶政策，使公司化工走出了生存发展的困境；当前，是习近平总书记“四个革命、一个合作”能源安全新战略，为我们指明了转型升级、高质量发展的方向。我们要永远铭记，是以余秋里、康世恩、李人俊、陈锦华、盛华仁、王玉普、戴厚良、张玉卓为代表的我国石油石化战线几代领导人的运筹帷幄、科学指挥，确保了公司在困境中成功创建，在竞争中有效发展。我们要永远铭记，建厂初期，是广东省委选调的一批领导干部和技术人员，放弃城市生活，扎根苍凉荒原，成为建设茂名石化的先驱；是茂名市委市政府克服重重困难，筹集近4亿元资金，完成了乙烯厂区卫生防护距离内居民搬迁安置工作，彻底解决了百万吨乙烯工程“久试未验”的难题；当前，广东省委省政府、茂名市委市政府正在为公司实现第四次跨越式发展，提供着全方位的支持。我们要把对党的感激之情，化作为党的石化事业奋勇拼搏的实际行动。

党的优良传统使公司做大拥有了精神支撑。自立图强、艰苦奋斗是我们党的优良传统和作风，是我们党团结带领中国人民克服重重困难、取得巨大成就的传家宝。正是传承和发扬这种传统，公司的先驱们在新中国建立初期百废待兴的形势下，在没有城市依托的艰苦条件下，自愿在“地上不长草、地下藏着宝”的原野上安营扎寨，住茅草棚，睡大通铺，吃粗杂粮，喝矿坑水，不讲条件，不计报酬，团结拼搏，成功生产出页岩油，结束了华南地区没有石油工业的历史，为我国甩掉“贫油帽”作出了突出贡献。正是继承和发扬这种传统，公司战胜了苏联单方面撕毁合同撤走专家、三年自然灾害等重重困难，依靠自己的力量，建成并成功开起第一套常减压装置，使公司站稳了生存发展的脚跟。正是继承和发扬这种传统，公司抢抓历史机遇，努力发展自己，实现了由生产“人造石油”到加工天然石油，由燃料型炼厂到燃料——润滑油型炼厂，由单一炼油型企业到炼油化工一体化企业，由石油化工业务到石油化工——煤化工业务的“四大转变”；完成了建成国内第一个千万吨炼油厂、首座百万吨乙烯厂和第三家两千万吨炼油基地的“三大跨越”；取得了“十三五”投资近140亿元，加快调优结构，转型升级，实现全面可持续发展的优异业绩，踏上了“一转三迈两新”的高质量发展新征程。正是继承和发扬这种传统，面对新冠疫情和国际油价大幅下跌等因素的叠加影响，公司超常发挥智慧，超常创新实干，打赢了疫情防控阻击战、优化创效攻坚战。自立图强、艰苦奋斗、报效国家是茂名石化的精神支柱，无论是现在还是将来，不管公司发展到什么程度，我们都要将其发扬光大。

党的改革政策使公司做强拥有了内在动力。我们党带领人民实行改革开放以来，公司把改革创新作为企业发展的第一动力，坚持解放思想，主动顺应经济社会发展要求，自觉遵循企业管理规律，积极进行体制机制改革和科技创新，为公司持续有效发展注入了强大动力。从上世纪90年代末和本世纪初，为适应社会主义市场经济体制，实施主业上市、辅业改制、移交办社会职能、富余人员协解、集体企业规范劳动关系等改革，到2011年至2016年，为适应我国经济发展新常态，建设世界一流炼化企业，推进专业化整合、“瘦身健体”等内部改革，再到2017年以来，为适应转型升级，建设世界领先炼化企业的要求，蹄疾步稳地推动“三定”、“三项制度”、专业化管理等改革，每一项改革都及时有力地消除了公司生存发展的体制机制障碍。从上世纪70年代末80年代初，在国内率先引进加氢裂化装置，到90年代与外资合建我国大陆首个单点系泊，从引进国际先进的30万吨乙烯技术设备，到64万吨乙烯装置设备国产化率达到87.8%，从国内最大的煤制氢装置高水平一次开车成功，到国内首套浆态床渣油加氢装置建成投产，从上个世纪80年代以来，取得339项国家和省部级科技成果奖、253件中国专利授权、3件外国专利授权，到2017年以来，开发42个化工新产品，每年开发新产品数量均居中国石化炼化企业第一位，每一项技术创新，都使公司保持技术先进，并对我国石化行业科技进步产生重大影响。我们要使改革创新成为常态，保证公司永立石化行业竞争发展的潮头。

党的路线方针使公司做精拥有了科学遵循。公司坚决执行党的政治路线，高度负责，为国奉献。我们全力确保国资增值。66年来，累计加工原油4.71亿吨，生产成品油2.64亿吨、乙烯1953万吨，实现销售收入1.87万亿元、利税4839.65亿元，赚回9个现在规模的茂名石化。其中，2017年到2020年实现销售收入4512亿元，利税1452亿元，纳税连年名列广东省工业企业前茅，相当于赚回2.7个茂名石化。我们全力保护碧水蓝天。近年来，先后投入30多亿元，建成一批具有国际先进水平的环保设施，努力打造“无泄漏装置、无异味厂区、绿色洁净企业”，实现了增产减污。2014年以来，公司连续获得广东省环保诚信企业绿牌。我们全力履行社会责任。几年来，坚持运用公司特有优势支持茂名市招商引资、工业园区建设；积极采取建立合资公司、规范支持命运共同体企业等办法，增加地方财政收入；高标准完成精准扶贫和计划生育定点帮扶任务，大力参与“广东扶贫济困日”等公益活动；在新冠疫情阻击战中，全力增产医用树脂产品，迅速开发生产熔喷布原料，主动为地方一家有资质的医用材料厂，抢购设备、原料，并派出220多名志愿者，帮助生产口罩。公司先后获得“中华慈善突出贡献奖”“广东扶贫济困红棉杯”等荣誉。公司坚决执行党的思想路线，精雕细刻，提升管理。“十一五”期间，提出并践行“管理出效益，从严管理出大效益，精细管理出最大效益”等理念，首次成为中国石化炼化企业效益排头兵；2010年到2016年，全面推行“管理过程必须科学规范，管理措施必须优化到位，管理结果必须事争第一”的精细管理，成为中国石化炼化企业排头兵；2017年以来，提出并践行“寓管理于服务”等理念，实施以顶格优化为主径的精益管理，推行直接管控与层级管理相结合的穿透式管理，成为国内炼化企业排头兵，其中，连续两年盈利超百亿，成为国内第二家年盈利超百亿的炼化企业，2020年盈利跃居中国石化炼化企业首位。公司坚决执行党的群众路线，服务员工，依靠员工。全面落实依靠员工办企业方针，始终把维护和发展员工利益，作为工作的重要出发点和落脚点，不断深化民主管理，创造并实施“三级帮扶”“四不让承诺”等机制，真心实意为员工做好事、解难题、办实事。特别是近年来，不断拓宽人才晋升通道，持续提高员工收入待遇，大力推动员工关爱由以困难帮扶为主，向全面服务拓展，由以发展物质利益为主，向物质和精神需求双满足深化，由以助推身体健康为主，向助力身心健康转变，使广大干部员工与公司同发展、共进步，打造世界领先企业的责任感，积极性、创造性不断增强。作为党的经济部队，我们要永做执行党的路线、方针、政策的模范。

党的政治优势使公司成长拥有了根本保障。公司成立以来，始终坚持党的领导，不断加强党的建设，各级党组织和共产党员在建设改革发展过程中，充分发挥了党委的政治核心作用、党支部的战斗堡垒作用和党员的先锋模范作用。特别是党的十九大以来，公司党委按照全面从严治党的要求，以“强党建、促融合、转作风、谋幸福”为主线，以扎实开展“不忘初心、牢记使命”主题教育、党史学习教育为契机，实施“1136”党建工作方略，把政治建设挺在前面，把思想建设引向深入，把组织建设做优做精，把廉洁建设抓严抓狠，把“深度融合”落到实处，强化以“责任至上、事争第一、追求卓越”为核心，以“让茂名石化更好、让全体员工更幸福”等理念为主要内容的企业文化建设，坚决消除形式主义、官僚主义、小人主义，在公司抢抓机遇，应对挑战，提质增效，转型升级中，充分发挥了“把方向、管大局、促落实”的作用。2019年，公司党委荣获“中央企业先进基层党组织”称号。坚持党的领导、加强党的建设是国有企业的“根”和“魂”，无论什么时候，我们都必须扎深这个根，铸牢这个魂。

同志们，国有企业是中国特色社会主义的重要物质基础和政治基础，是我们党执政兴国的重要支柱和依靠力量。作为中央企业、国有骨干企业，我们茂名石化要坚持党的领导，以习近平新时代中国特色

社会主义思想为指导，认真学习贯彻习近平总书记在庆祝中国共产党成立100周年大会上的重要讲话精神，坚决落实党的路线方针政策、集团公司党组的决策部署，咬定率先建成世界领先炼化企业目标不放松，扎实践行“六大”发展理念，持续实施“六化”发展战略，切实遵循“强化党建+‘七个第一’”发展逻辑，全力落实“六个坚持”基本发展方略，加快高质量发展步伐，争当党的经济部队的突击队。

*要做政治坚定的表率。*认真贯彻落实新时代党的建设总要求和新时代党的组织路线，坚决落实集团公司“1355”党建工作总体思路、集团公司庆祝建党100周年暨高质量党建推进会精神，以高质量党建推动高质量发展。要实施政治固本工程，引领干部、党员和员工全面提高政治判断力、政治领悟力、政治执行力，不断增强“四个意识”，坚定“四个自信”，做到“两个维护”，把党的初心使命体现在“在经济领域为党工作”，实现企业高质量发展上。要实施思想铸魂工程，引领干部、党员和员工，用习近平新时代中国特色社会主义思想武装头脑、指导实践，学懂弄通做实党中央的战略部署、集团公司党组的决策要求，持续深化“四史”宣传教育，弘扬石油精神、石化传统，践行以“责任至上、事争第一、追求卓越”为核心的企业文化，不断增强“让茂名石化更好、让全体员工更幸福”的自信心、自觉性。要实施组织强基工程，充分发挥党委“把方向、管大局、促落实”的领导作用，基层党组织围绕生产经营开展工作的战斗堡垒作用，共产党员在生产、工作、学习和社会生活中的先锋模范作用。要实施人才兴企工程，坚持“对党忠诚、勇于创新、治企有方、兴企有为、清正廉洁”标准，打造“老中青”三结合的社会主义企业干部队伍，坚持“听党话、跟党走、技术精、业务强、勇奉献”标准，打造“高中端”可持续的社会主义企业专业技术人才队伍，坚持“爱党爱国、爱企爱岗、尽职尽责、技能过硬”标准，打造素质高永接续的社会主义企业技能操作人才队伍，为公司建设基业长青的世界领先炼化企业提供不竭的人才支撑。要实施风纪塑形工程，坚持把纪律和规矩挺在前面，压实“两个责任”，统筹推进正风肃纪反腐工作，强化不敢腐的震慑，扎牢不能腐的笼子，健全不想腐的机制，狠反形式主义、官僚主义、小人主义，巩固和发展风清气正的政治生态、从严从实的管理生态。要实施群团添力工程，坚持党建带工建带团建，把工会、共青团等群众组织，建设成为服务企业好、服务员工好、自身建设好的党密切联系群众的桥梁纽带，为公司攻坚克难、转型发展凝心聚力。我们要努力把茂名石化打造成为践行习近平新时代中国特色社会主义思想的坚强阵地，肩负起我们的政治责任。

*要做安环诚信的表率。*确保安全、环保、质量，是企业生存发展的必要条件，是企业占领道德制高点的内在要求，是企业义不容辞的责任。要确保公司最安全。牢固树立“发展决不能以牺牲人的生命为代价”等安全发展观念，坚决落实习近平总书记关于安全生产的指示批示精神、集团公司党组一系列强化安全生产的部署，继续践行“1+1=0”的理念，按照严防死守与科学管理相结合的原则，以推体系、夯基础、控风险为主线，严细实狠地健全落实全员、全专业、全要素安全管控机制，把HSE责任全面落实到位，确保工作零差错、生产零事故。要确保公司最环保。要认清绿色低碳越来越成为企业生存

发展的关键、基础、优势、保障的趋势，全面落实“绿水青山就是金山银山”等绿色发展观，以净零排放为目标，管理提升、科技创新、设备升级和发展绿色低碳产业多管齐下，高起点打造绿色洁净能源与合成材料品牌，为我国实现碳达峰、碳中和目标多作贡献。要确保公司最诚信。自觉执行“质量永远领先一步”的方针，切实履行“为美好生活加油”使命，把“每一滴油都是承诺”理念落实到位，为社会提供优质好用的产品和快捷周到的服务，不断树立公司高度负责任的形象。我们要努力把茂名石化打造成为我党放心、人民满意、社会尊敬，永远走在美丽中国建设前列的现代化企业。

*要做转型升级的表率。*转型升级是实现高质量发展、赢得白热化竞争的必由之路。要坚持以顶格优化为主线，打造务实卓越的精益管理。玉卓董事长指出：“抓优化是经营创效的基本功、内涵发展的原动力。”要持续深化以市场为导向，以存量资产效益最大化为目标，以“全程优化、滚动优化、区域优化、每日优化”为主径，以信息化为支撑，以挂图作战、跟踪督办、从严考核为动力的生产经营管控机制；要以问题为导向，持续完善穿透式管理，与国内外一流企业对标，持续提升专业管理；要按照“最有效、最合规、最经济、最简单”的要求，大力优化各项工作措施。我们就是要通过不断深化落实精益管理，努力使公司治理能力适应打造世界领先炼化企业的要求。要坚持以科技创新为路径，打造富有特色的竞争实力。按照中国石化加快构建“一基两翼三新”产业格局的要求，发扬“把不可能变为可能，把可能变为现实”的精神，迎难而上，破难而进，尽最大努力寻找、创造、使用新技术、新设备，坚决实施“炼油向化工转型，油品迈向洁净，化工迈向高端、迈向精细，发展新能源、新材料”的发展策略，加快世界领先炼化企业建设步伐。要坚持以先进实用为目的，打造创新创效的“两化”融合。本着“紧盯发展前沿与符合公司实际，解决现实问题与为长远发展夯实基础，突出重点与系统化推进相结合”的原则，以“聚焦管理提升、智能制造，提升数字化、网络化、智能化水平”为主线，着力推进信息化建设，使“两化”深度融合成为公司建设世界领先企业的重要战略引擎。我们要努力加快转型升级，抢占高质量发展先机，为我们党代表先进生产力的发展要求争光添彩。

*要做深化改革的表率。*习近平总书记指出：“惟改革者进，惟创新者强，惟改革创新者胜。”要与时俱进地推进机构优化。按照“条件具备一项，立即改革一项”的原则，坚定不移地持续推行扁平化管理、专业化整合、辅业外包、“三定”等改革，强力推动公司“瘦身健体”，提高效率。要蹄疾步稳地推进机制深化。坚持市场化方向，采取严考核措施，着力完善干部能上能下、收入能增能减、员工能进能出机制，真正健全“岗位靠竞争、收入凭贡献”制度，彻底消除新型干部“终身制”和隐性分配“大锅饭”，充分调动干部员工尽职责、练本领、克难关、多贡献的积极性。要求真务实地推进制度强化。按照“深挖规律、固化经验、干啥写啥、简练管用、科学一流”的要求，对标先进，根据实际，一项制度一项制度地梳理分析，查找问题，完善提升，切实解决个别制度不符合实际、有的业务缺少制度规范等问题，加快健全具有茂名石化特色，承接国家法律、总部制度、市场规则、国际惯例的制度体系。同

时，加大制度落实的管控力度，开创“事事有规范、人人守规范”的良好局面。要大刀阔斧地推进减负实化。继续采取滚动式排查、清单式整治、制度化规范等措施，从严从细从狠地精简文山、会海、材料、报表，消灭随意管理、层层加码、做无用功等问题，真正为基层减负，让基层集中精力确保安稳长满优生产。我们要努力提升企业治理体系和能力现代化水平，展现党的经济部队的科学性、先进性和时代性。

*要做和谐幸福的表率。*维护和发展员工利益，回馈人民群众，是落实我们党以人民为中心发展思想的必然要求。要深化民主管理。坚持全心全意依靠员工办企业方针，不断完善以职代会为基本形式的民主管理制度，凝聚员工智慧和意志，巩固和发展员工的主人地位，使员工不断增强主人翁的责任感和自豪感。要提升精神文明。坚持开展职业道德、社会公德、家庭美德、遵纪守法教育，深化实化“员工帮助计划”，落实员工行为规范，广泛开展健康向上的文娱体育活动，引领员工自觉工作、用心工作、快乐工作。要发展物质利益。按照让员工共享企业发展成果的要求，坚持团结带领广大干部员工通过创造最佳绩效提高收入，用国家政策上限提升员工待遇，尽力创造条件，不断拓展为员工做好事、办实事、解难事的渠道，把党和企业的温暖送到员工的心坎上。借此机会，报告大家两个好消息：一个是，公司今年承诺为员工办的10件实事，到目前为止，已完成6件，其余的正在按计划推进；一个是，经过与茂名市人民医院反复协商，茂名石化员工重大疾病医疗救护绿色通道马上开通。要全力回报社会。按照“融入地方、共建共赢”的原则，充分发挥公司人才、技术、管理、声誉和公用工程等优势，全力为地方经济社会发展和公益事业作贡献，赢得地方党委政府和人民群众的理解、认可和支持。我们要努力让全体干部员工和周边群众增强获得感和幸福感，真切感受到共产党好、中国特色社会主义好。

同志们，回顾党的百年光辉奋斗历程，我们无比骄傲、万分自豪，展望中华民族伟大复兴前景，我们信心满怀、干劲倍增。让我们紧密团结在以习近平同志为核心的党中央周围，高举中国特色社会主义伟大旗帜，赓续红色血脉，不畏艰难，团结奋进，加快建设世界领先炼化企业步伐，奋力谱写新发展阶段“爱我中华、振兴石化”新篇章，为实现中华民族伟大复兴的中国梦，作出新的更大的贡献！

在学习贯彻习近平总书记“七一”重要讲话精神研讨班结束时的讲话

尹兆林

（2021年7月24日）

同志们：

经过大家共同努力，本次研讨班即将完成全部议程。这两天，我们认真学习了集团公司研讨班上张玉卓书记的讲话、马永生总经理的工作报告精神，总结了上半年工作，分析了存在问题和面临形势，部署了下半年重点任务。从分组研讨和8位组长的汇报看，大家围绕学习贯彻习近平总书记“七一”重要讲话精神，结合研讨主题，联系自身实际，畅谈认识体会，积极建言献策，提出了很多真知灼见，表明了全力打好“七战”的坚定决心。接下来，组织部会同党委办，要对这些意见建议进行分类整理，提报公司党委常委会进行研究部署，切实将研讨成果转化为具体措施，为推动下半年管理提升打下坚实的基础。下面，我结合这两天的学习研讨情况，对本次研讨班作简要总结。

一、学习研讨总体情况和成果收获

本次研讨班7月23日开班，有着特别的意义——与100年前标志着中国共产党成立的中共一大召开时间，刚好是同一天。在这特殊时刻，我们利用两天时间再次集中学习领悟习近平总书记“七一”重要讲话精神，进行中途加油鼓劲，这对凝心聚力，实现“十四五”良好开局具有非常重要的意义。总的来看，本次办班达到了预期目的，具体可归纳为“4大特点”“5大成效”。

本次办班有以下特点：一是高度重视，组织有力。为办好这个班，我和陆总在北京参加总部研讨班时就开始谋划，经过反复讨论，确定了8个与公司密切相关的研讨主题，并召开专题会，听取办班情况汇报，提出具体要求。组织部、党委办、党校精心安排，认真准备，做了大量工作，保证了办班质量。二是主题鲜明，政治性强。大家的发言都紧紧围绕学习贯彻习近平总书记“七一”重要讲话精神这个根本任务展开，并与研讨主题、岗位职责、办班要求紧密结合，言之有理、言之有物，提出了不少真招实招硬招。三是方法务实，讲求实效。我们将140多名中层以上干部和部分重点车间主任，按照岗位性质分成8个组，分别承接一主一辅两个课题，研讨的针对性、时效性更强，大家探讨得很认真、很深入、很激烈，如第3组和第6组昨晚研讨到夜里11点多，直到把课题研讨透彻、形成共识；又如，在谈到如何破解现场有效作业时间短这一问题时，好几位干部分享了自己的破解之道，很多措施让人眼前一亮。今天上午，我们还邀请了中央党校董振华教授，就学习习近平总书记“七一”重要讲话精神作了非常精彩的辅导报告，听了国内权威专家从马克思主义哲学角度进行的深入解读，大家一致反映很受教育、很受启发，有醍醐灌顶、豁然开朗的感觉。四是管理严格，学风严谨。开班之前，公司专门下发了《关于进一步严肃专题研讨班会风会纪的通知》，对学员请假、着装、保密、发言时间、手机管控等作出了明确规定，大家执行得都很到位，展现了良好的精神面貌，在严明纪律上作了良好的表率。不少同志利用晚上、午休时间处理工作、准备发言，做到了“两不误、两促进”，体现了良好的学习态度。

大家一致反映这次集中培训受益匪浅，主要收获有：

1.进一步汲取了重要讲话蕴含的智慧力量。大家一致认为，习总书记“七一”重要讲话既系统回顾了党的百年光辉历程和取得的伟大成就，又深刻阐述了以史为鉴、开创未来的根本要求，还向全体党员发出了为党和人民争取更大光荣的伟大号召，是一篇闪耀着马克思主义真理光辉、引领中华民族实现伟大复兴的纲领性文献。通过学习研讨，大家充分感受到了身为央企领导干部肩负的神圣使命，坚定了“在经济领域为党工作”的信念，强化了当好“国家队”“顶梁柱”的责任担当；纷纷表示，将继续学习好、宣传好、贯彻好习总书记重要讲话精神，汲取智慧力量，积极作为，奋勇争先，为“实现中华民族伟大复兴”而不懈奋斗。

2.进一步坚定了打造世界领先的信心决心。实践证明，茂名石化的干部员工队伍是一支经得起风浪考验的队伍。虽然上半年发生了安全事故，但在集团公司党组的关心关怀和正确领导下，公司领导班子团结带领广大干部员工承压而上，克服了很多困难，不少工作都有明显进步，公司总体保持稳中向好势头，大家越干越有劲、越干越自豪。大家一致认为，公司提出的“为公司发展而战，更要为公司生存而战”、“强化党建+‘七个第一’”发展逻辑、全力打好“七战”等管理理念和工作思路，完全符合中央精神、行业大势、党组要求和公司实际，只要我们保持战略定力，紧紧依靠广大干部员工，就一定能高质量完成各项目标任务。

3.进一步增强了加快转型发展的使命担当。大家认识到，推动“十四五”发展规划落地，实现第四次跨越式发展，抢占发展制高点，绝不是轻轻松松、敲锣打鼓就能实现的。在加快转型发展的道路上，还有很多“雪山”“草地”需要跨越，还有许多“娄山关”“腊子口”需要征服。面对新形势、新挑战、新任务，大家纷纷表示，发展是永恒主题、第一要务，必须拿出“越是艰险越向前”的决心，充分调动一切积极因素，推动“六大发展战略”实施，牢牢把握转型发展主动权。

4.进一步提升了全面从严管理的思想认识。大家基本上都谈到，“3·15”事故给了我们当头棒喝，个别员工“有制度不执行”让公司付出了惨重代价。事故教训非常深刻，但也给我们注入了一剂强力“清醒剂”，告诫我们必须非常牢固、非常清醒、非常明确、非常坚定地落实“发展决不能以牺牲人的生命为代价”“安全生产从零开始、向零进军”

等指示批示要求，以强烈的责任心、过硬的基本功、严肃的纪律性，全面打通思想流程和从严管理落地的“最后一公里”，把“严”的主基调长期坚持下去，推动公司治理能力和管理水平全面提升。

5.进一步形成了加强党的领导的高度自觉。东西南北中、党政军民学，党是领导一切的。“四个伟大成就”，以无可辩驳的事实证明了中国共产党的光荣正确伟大、中国共产党是中华民族和中国人民的主心骨和坚强领导核心。大家一致认为，要认真贯彻落实新时代党的建设总要求，大力弘扬伟大建党精神，在完善公司治理中全面加强党的领导和党的建设，持续发力推动“1136”党建工作方略全面落地，为公司实现第四次跨越式发展提供坚强保证。

二、抓好学习研讨成果转化，确保“七战七胜”

学习的目的在于运用。在座各位要坚持目标导向、问题导向、结果导向，把本次培训成果总结好、转化好、运用好。

（一）要把学习贯彻习近平总书记“七一”重要讲话精神引向深入

要对照党组提出的“六个深入思考”，联系岗位实际，把学习贯彻习近平总书记“七一”重要讲话精神持续引向深入，并以此为契机，全面推进党史学习教育走深走实，将学习成果转化为全力打好“七战”的实际行动。

1.坚定不移听党话感党恩跟党走。公司这个“共和国长子”，一直流淌着红色血脉。各级领导干部要在深学中感悟人民领袖的核心作用，更加自觉地深化思想淬炼、赓续红色血脉，更加坚定地做到“两个维护”，把思想和行动统一到党中央和习总书记要求上来，把智慧和力量凝聚到实现中华民族伟大复兴上来，把激情和干劲汇集到全方位推进公司高质量发展上来。

2.用伟大精神滋养初心凝聚力量。党的坚强领导，始终是支撑茂名石化事业发展壮大的精神薪火。各级领导干部要在深学中感悟初心使命的历久弥坚，更加自觉地树牢宗旨意识、践行人民至上，更加坚定地做到对党忠诚，积极工作，进一步凝聚“爱我中华，振兴石化”的意志力量。

3.努力为党和人民争取更大光荣。习总书记向全体党员发出的伟大号召，是每一位党员都必须在心中树起的标尺、必须用行动交出的答卷。各级领导干部要在深学中感悟提升斗争本领的重大价值，更加自觉地当好“头雁”、做好表率，更加坚定地叫响“请党放心，强国有我”“组织放心，兴企有我”，坚决扛起“三大核心职责”，推动公司始终保持国内炼化企业排头兵地位，做党和国家最可信赖的骨干力量。

（二）解放思想，转变观念，刨除“病根”

每次学习研讨都是一次解放思想、转变观念的过程，通过思维碰撞更能发现问题、看清差距，但我们决不能听时感动、说时激动、干时不动，必须尽快刨除“躺、怕、旧”思想，夯实打好“七战”的思想根基。

1.要把“躺”字换作“拼”字。近年来，公司整体工作不断上新台阶，尤其是去年效益超镇海炼化之后，有的干部出现了“小胜即安”的心态，只想在“功劳簿”上“躺平”，放慢了冲刺的脚步。以效益为例，去年公司比镇海炼化多7.6亿元，但今年上半年镇海炼化效益已反超公司18.67亿元。看不到危机就是最大的危机。精神“躺平”比身体

"缺陷"更可怕。要做最好的茂名石化，就必须自觉装上"永动机"，时刻保持"五种劲"，即：闯劲，敢闯敢试、敢为人先；狠劲，迎难而上、动真碰硬；冲劲，即交即办、日清日结；韧劲，持续发力、久久为功；实劲，说了算、定了干、不胜不休。这"五种劲"归起来就是一个"拼"。只有顽强拼搏、不懈奋斗，才能在"与狼共舞"中生存。

2.要把"怕"字换作"敢"字。我们是第一家开采页岩石生产"人造油"炼厂、第一家千万吨级炼油厂、第一家百万吨级乙烯厂、第一家引进浆态床渣油加氢工艺的企业，可以说，一个"敢"字贯穿公司66年发展历程。但到了今天，收入高了、日子好了，有的干部畏难情绪却开始抬头了，尤其是"3·15"事故后更加明显。如，有的车间怕被考核，连搞厕所卫生都要先开作业票；有的业务流程冗长，"主管负责"硬是变成了"集体负责"。怕这怕那、畏首畏尾的最终结果，必然是效率低下、错失机遇、耽误事业、贻误发展、痛失好局。希望各级领导干部要永葆敢为人先的优良传统，看准的事，困难再大也要想方设法干成，公司和公司党委一定为干事者撑腰、为担当者担当。

3.要把"旧"字换作"新"字。在新发展阶段，公司面临很多新机遇、新挑战，不少工作再按旧模式、老办法已经不灵光了、运转不下去了，必须采用新模式、新机制，否则工作将陷入被动。如，在工程建设方面，旧的项目管理模式已跟不上公司发展建设需求，公司审时度势，推出了项目经理负责制，由项目经理全权负责项目建设。这一做法在商储二期和LAO、PAO项目建设中，已被证明是管用、有效的。此外，从昨天参加小组研讨情况看，我发现部分中层领导干部思想陈旧、观念落后。到了中层干部这一层次，如果学习能力跟不上，又不肯在学习上多下功夫，不愿意接受新鲜事物，不懂得运用新方法去推动重点难点工作，很快就会被这个时代淘汰。"地无压力不出油，人无压力轻飘飘"。我不认为人的思想改变不了，没改变肯定是承压不够。因此，我要特别提醒各级领导干部，一定要跳出固有思维，自我加压，加强学习，主动求变，抓紧提升，勇于创新，才能不断开创工作新局面。

（三）正视问题，强化管理，提升效率

在日常工作中，由于方法不科学、工作不到位造成的"管理浪费"，有时比生产过程造成的浪费更严重，而且具有一定的普遍性、隐秘性。8种"管理浪费"现象，需引起高度警惕。

1.要杜绝"无谓等待浪费"。"等待浪费"主要有4种，即：等上级指示、等下级汇报、等对方回复、等现场反馈。主要原因是管理人员缺乏责任心、不积极沟通、不愿承担责任，造成了时间成本上的浪费。为杜绝无谓等待，各级领导干部必须发扬"钉钉子"精神，对交办工作紧盯不放、善于沟通，力求环环相扣，乃至深度交叉，最大程度减少各环节"等待"时间，确保运转高效。

2.要杜绝"管理无序浪费"。没有明确的规章、程序、流程，工作就容易混乱无序。日常管理中的"无序"主要包括：岗位职责不清晰、制度不健全、流程不畅通、能岗不匹配等。我们提出"制度管人、流程管事、管理高效"，就是要用职责去明确岗位权责利，用制度去管控人员行为，用流程去规范做事程序，并督促干部员工在有序的环境中开展工作。但目前各单位离我们提出的目标还有不小差距，各级领导干部在这方面还要下大力气。

3.要杜绝“管理无理浪费”。“理”主要指的是“目标、指标、预算、计划”等，但如果“理”本身存在问题，就必然会抬高管理成本。日常工作中无“理”现象主要表现为：目标指标不合理、计划编制不科学、跟踪督办不严肃、检查考核不到位、投入产出不匹配。这些问题往往很难度量，这种隐性浪费甚至被视为理所当然。各级领导干部必须高度重视，增强工作计划性，严格按照统筹管控不合理变更，保证各项工作都朝着既定目标和方向前进。

4.要杜绝“烦琐哲学浪费”。我们将一切脱离实际，把简单问题复杂化，或者搞形式主义、官僚主义等情况称之为“烦琐哲学”。最突出的表现是：画蛇添足、锦上添花、层层加码、过度留痕、节外生枝、杀鸡用牛刀，这样做的结果是增加管理成本，让人沦为无谓事务的“奴隶”。各级领导干部要带头狠反形式主义、官僚主义，不能只用手电筒照别人更要照自己，务必以身作则，率先垂范，从一言一行做起，能用一句话说清楚的决不用两句话，能用一个字表述的决不写一行，能半天完成的决不拖一天，能两个人解决的决不叫第三个人。要自觉养成务实、精干、高效的工作作风，持续推进为基层减负，最大程度减少管理内耗，让干部员工把更多的精力投入到公司安全生产、创新创效、改革发展之中。

5.要杜绝“协调不力浪费”。协调有力，使组织中各要素、工作、活动配合得当，才能发挥出“1＋1＞2”的效果；相反，协调不力就是：各自为战、自扫门前雪，缺乏团队意识、协调精神，导致工作效率低下。克服协调不力的关键，是自觉运用“穿透式管理”，高举主管负责制令旗，拆掉体制壁垒、推倒管理围墙，避免“九龙治水”和“三个和尚没水喝”现象。

6.要杜绝“要素闲置浪费”。优化的目的是使各要素实现最优配置、发挥最大价值，而“闲置”则刚好相反，要素未能得到有效利用，主要包括：固定资产闲置、库存积压、职能重叠、工作程序复杂、工作量不饱和等。为杜绝要素闲置浪费，各级领导干部要通过机构扁平化、业务流程再造、加强过程控制等方式，实现要素最佳配置和最优利用。要达到这一效果，最重要的是领导干部的思想不能闲置，不断用新的管理思想去冲破旧思维，寻找有效消除闲置浪费的良策。

7.要杜绝“应付工作浪费”。应付工作，是指主观上态度消极、标准不高，只求过得去，不求过得硬，达不到预期效果。主要表现在：“差不多”挂嘴边、搞变通做选择、工作拖延推诿等，实质是工作失职失责，这种浪费像一种慢性毒药，会逐步毒害各级组织肌体，破坏企业管理生态。为防止这种侵蚀，各级领导干部对待工作一定要把责任人明确好，把质量标准树起来，把完成时间说清楚；对应付工作的要及时批评、考核、追责，做到“零容忍”。

8.要杜绝“低效重复浪费”。低效工作的表现是：看起来很努力，也付出了很多时间，但实际上却只有“苦劳”，没有多少“功劳”，对集体业绩贡献不大，甚至因做错或工作失误导致返工，形成负效率。主要原因还是人的能力问题。在竞争日趋激烈的当下，各级领导干部一定要更加重视队伍能力建设，坚持不懈大抓培训，督促全员持之以恒苦练内功，要进一步完善员工培训机制，通过公平公正落实“三大员”竞聘上岗、从物质和精神层面加大激励力度等手段，推动干部员工实现从“要我学”到“我要学”的根本转变。

（四）锚定目标，心无旁骛，苦战实干

习总书记指出，“干部干部，干是当头的，既要想干愿干积极干，又要能干会干善于干”。各级领导干部要把坚决落实党组和公司、公司党委决策部署作为思想自觉和政治操守，该办的要坚决办，决不能拖；能办的要马上办，决不能等；难办的要想方设法办，决不能绕；协办的要合力办，决不能推。

1. 坚定事争第一决心。“责任至上、事争第一、追求卓越”是新时代茂名石化企业精神。要做最好的茂名石化，首先，要看到控油增化、节能减碳、清洁能源等给传统炼化企业带来的挑战，加快采取有效应对措施；其次，要看到数字化对石化行业发展的全方位支撑作用，多方争取资源，迎接数字时代；最后，要看到发展是最硬的道理，国内炼化企业项目建设速度惊人，公司的“十四五”规划项目也必须大干快上；此外，也要看到自身存在的管理、队伍、党组关怀和地方大力支持等多方面优势。“七战”，正是公司根据面临的内外形势作出的部署安排。全体干部员工都要拿出勇争第一的志气胆气，保持力拼第一的姿态状态，努力夺取位居人先的工作实绩。

2. 全面压实岗位责任。忠诚履职是每名员工应尽的义务，“尽责光荣、失职可耻”是公司责任文化建设的重要内容。如果上级一味地为下级“兜底”，而不问责履职不到位者，那就是“小人主义”；如果出了问题都先重扣“一把手”，直接责任人却未受到应有处罚，只会纵容不负责任者更加任性，助长歪风邪气，破坏管理生态。“一级带一级、一级管一级、一级对一级负责”是最基本的管理规律，“干与不干不一样、干多干少不一样、干好干坏不一样”是最基本的薪酬分配规律，这才是真正的公平正义。人力资源部要结合实际，按照“三个不一样”要求，对公司“三项制度”进行再研究、再优化，务必让各年龄段干部员工认真履行职责，为加快公司发展而努力工作。“平均”才是最大的不公平、最大的不正义。“壁立千仞，无欲则刚”，各级领导干部都要盯住不落实的事、管住不落实的人，理直气壮地讲正气，还管理以本来面目。

3. 切实提高工作质量。“高质量发展”，归根结底要靠每个岗位的高质量工作来做保证。各级领导干部要扎实推进对标世界一流管理提升行动，强化“安全生产先于一切、高于一切、重于一切”“市场就是战场”“提质增效转型升级刻不容缓”等意识，教育引导全体干部员工坚持高标准、严要求，“跳起来摘桃子”，真正对上、对下、对己、对岗位负责，干就干到最好，做就做到极致，走就走在前列；充分发挥穿透式管理作用，想方设法提高每位员工的单兵作战能力，让每个岗位都能各司其职，独立完成工作，以此带动队伍整体战斗力的全方位提升、公司年度目标任务的高质高效完成。

同志们，七场战役的冲锋号角已经吹响，现在距离年底还有五个月的时间，每一分每一秒都十分珍贵。希望全体干部员工拿出“虎口夺食”的拼劲、“重锤钉钉”的狠劲、“咬定青山”的韧劲，把学习贯彻习近平总书记“七一”重要讲话精神成果，转化为实实在在的优良业绩，向集团公司党组，向关心支持公司的各级组织、各位领导、各界人士，向公司全体干部员工、离退休职工及员工家属交上一份满意又靓丽的答卷！

谢谢大家！

专 文

MAOMINGSHIHUA

MAOMINGSHIHUANIANJIAN

坚决落实集团公司“2号令” 奋力开创安全生产新局面

尹兆林

近日，集团公司颁布总经理令（第2号）——《关于推体系夯基础控风险 全力筑牢新时期中国石化安全新防线的指导意见》。“2号令”政治站位高，揭示规律深，工作举措实，为我们应对安全生产严峻形势，夯实打造世界领先企业安全基础，指明了主攻方向，明确了基本遵循。公司全体干部员工要认清“2号令”的重要性、科学性、强制性，增强执行“2号令”的自觉性、积极性、创造性，从严从实落实“2号令”，全心全力开创公司安全生产新局面。

“2号令”意义重大

“2号令”是集团公司党组、集团公司深入贯彻落实习近平总书记关于安全生产的重要论述和党中央、国务院决策部署，立足新时代新阶段新要求，为解决当前安全生产工作中存在的突出问题，筑牢新时期中国石化安全新防线，研究制定颁发的，展现了集团公司党组和集团公司讲政治、讲责任、讲科学、讲实干的品格和作风，恰逢其时，势在必行。

“2号令”是践行安全发展理念的政治担当。中国共产党是中国最广大人民根本利益的代表，始终把人民生命安全放在首位。习近平总书记强调：“发展决不能以牺牲人的生命为代价，这必须作为一条不可逾越的红线。”他在党的十九大报告中部署：“树立安全发展理念，弘扬生命至上、安全第一的思想，健全公共安全体系，完善安全生产责任制，坚决遏制重特大安全事故，提升防灾减灾救灾能力。”国有企业是中国特色社会主义的重要物质基础和政治基础，是我们党执政兴国的重要支柱和依靠力量，必须做落实习总书记关于安全生产重要论述的表率，贯彻以人民为中心思想的表率，践行安全发展理念的表率。“2号令”对安全生产不但作了更加从严从细从实的部署，而且进一步压实了责任，加大了考核问责力度，是提高政治站位、强化政治担当、做到“两个维护”的具体体现。

“2号令”是扭转安全被动局面的锐利武器。今年以来，中国石化安全生产形势严峻，共发生一般A级事故4起（包括茂名石化“3·15”事故）、一般B级事故5起，死亡4人，18人受伤，其中一般A级事故起数、死亡人数同比分别增加1起、1人；茂名石化发生非计划停工1起，与去年同期持平，但是发生事故事件6起，同比增加6起，装置波动19起，同比增加6起。如果不及时采取有效措施，迅速遏制安全事故事件的发生，就会进一步损害员工生命健康，影响企业创效增效，毁坏中央企业形象，甚至阻碍企业又好又快发展。“2号令”审时度势，直击安全管理和工作的痛点、难点，从源头上，在一个个具体的点上解决问题，是快速治标，推动治本，确保安全生产的利剑。

“2号令”是确保企业长治久安的必由之路。生产经营长治久安，既是企业高质量发展的一个重要目标，又是我们打造世界领先炼化企业的重要基础和必要条件。张玉卓董事长提出：“安全生产是公司发展的重中之重，要坚持‘从零开始、向零进军’，不断健全安全生产管理体系，提升制度执行力，积极采用先进技术手段从源头上预防和控制事故，从严从实提升本质安全水平。”这就揭示了确保企业生产经营长治久安的客观规律。“2号令”正是遵循这一规律，探索确定了以“推体系夯基础控风险”为主线的实现本质安全的主要路径。

“2号令”内涵深刻

“2号令”的目标是杜绝事故，迅速扭转被动局面，筑牢打造世界领先洁净能源化工公司安全防线，“2号令”的主要内容，是以“推体系夯基础控风险”为主线的8个方面31条具体措施和要求，具有非常强的针对性、创造性、实操性和指导性。

推体系注重系统化。健全并落实管理体系，是实现管理现代化的基础和关键。“2号令”以8个方面的措施和要求，构建了具有中国石化特色的系统、闭环的安全生产管控体系，其实质就是运用系统思维，实事求是地完善“四个体系”。一是强化安全生产责任体系。根据高质量发展新要求、党政“一肩挑”新体制、安全生产新形势、各专业各环节新特点，本着“完整、精准、清晰”的原则，细化实化各部门、各单位、各岗位安全生产职责，真正压实安全生产责任。二是优化安全管理制度体系。按照“专业管理保安全、人人尽责保安全”的要求，探索把握安全生产客观规律，全面、滚动梳理、弥补规章制度的缺陷、漏洞，真正做到“事事有规范、人人守规范”。三是深化风险隐患查治体系。完善从项目设计到“硬件”制造、安装、运转，“软件”策划、建立、运行的“全过程、全方位、全天候”安全风险、隐患排查、识别、防控、治理机制，真正以“零遗漏”“零放过”确保“零事故”。四是硬化安全激励约束体系。以对违章违纪和事故事件“零容忍”的态度，用从严从狠提高事故分级标准的方式，践行“奖得心动，罚得心痛”理念，改进安全生产奖惩问责制度，真正形成确保安全的强大推动力、对不安全行为的有效震慑力。这四个体系是互相联系、互相作用的，他们组成了企业安全管控体系。只有统筹推进这四个体系健全和实施，才能保证“2号令”高质高效落实。

夯基础突出人本化。基础不牢，地动山摇。制度的制定与执行、设备的操作与维护、工程的设计与施工，都由人来完成，所以，人是安全生产基础的基础。强调人的决定性因素，通过提高人的素质打通安全管理体系运行的“最后一公里”，是“2号令”的一个鲜明特点。一是着重提升领导干部的安全引领力。重点是明确各级领导干部在HSE工作中的规定动作和工作标准，建立领导干部安全引领力评价体系、量化评价标准，实实在在地进行考评，把领导干部锻造成为确保安全生产的表率。二是着重提升专技人员的安全管控力。重点是推行专业技术人员聘任前培训和资格认证工作，按照“干什么、学什么，缺什么、补什么”原则，对工艺、设备、安全“三大员”进行专业模块化培训，把专业技术人员打造成为安全管理的中坚。三是着重提升一线员工的安全执行力。重点是按照“五懂五会五能”要求，扎实有效地开展员工技术技能培训，严格考核，持证上岗，定期复训，把技能操作人员培育成为坚强的安全卫士。

控风险强调精细化。风险和隐患是事故事件的种子。排查防治风险和隐患是安全生产的必然环节和重要保证。“2号令”对排查防治风险和隐患的安排既全面又具体，其核心是精准细致。主要体现在：重视源头。通过全面梳理排查非主流设计单位设计的改造项目的安排，要求企业从项目设计开始严防安全风险和隐患。不忘“老旧”。通过按照最新法律法规、标准规范开展老装置、老厂区排查评估的安排，要求企业从严查治老旧装置的不安全状态。严控变更。通过变更安全风险识别做到“零遗漏”“零放过”的安排，要求企业对设计、工艺等所有变更严管实控，确保“零差错”。直面痛点。通过开展高危泵治理、泄漏专项治理和重点安全隐患整治的安排，要求企业对关键设备、重要危害严防严治，杜绝事故事件。紧盯现场。通过强化直接作业环节风险管控的安排，要求企业健全和落实现场风险隐患防控机制，保证操作和作业万无一失。狠管承包商。通过严格准入、严管关键人员和优化奖惩制度的安排，要求企业有针对性地完善严细实狠管控机制并坚决落实到位，消除承包商的不安全行为。“2号令”对于控风险作出的精细化部署，对茂名石化这个具有66年历史、设备新度系数只有0.319的老企业来说，意义更加特殊和重大。

“2号令”必须落实

没有落实，再好的部署都是镜中花、水中月。公司上下要切实践行“从零开始、向零进军”“安环是第一工作”等理念，以“从哪跌倒就从哪爬起来”的坚定决心，超常发挥智慧，超常真抓实干，把“2号令”的部署转化为“零事故”的实绩。

要坚持从心出发。思想是行动的先导。各部门、各单位要持之以恒地针对公司及本单位安全生产和干部员工思想实际，结合公司内外安全事故事件案例，扎实开展安全教育，为干部员工落实“2号令”，确保安全生产，提供强大的精神动力。一是领会上级精神切实明方向。深入组织干部员工不断重温习近平总书记关于安全生产的重要论述，及时研学玉卓董事长、永生总经理、永林副总经理等党组领导关于强化安全生产的讲话和要求，深刻理解“2号令”的针对性、必然性、科学性和重要性，学懂弄通公司和公司党委关于保安全的具体安排，把思想和行动统一到党中央、党组和公司关于安全发展的决策部署上来。二是认清严峻形势增强紧迫感。全面实在地向干部员工讲明今年以来集团公司及茂名石化发生的事故事件及其对员工生命健康、企业财产、效益和声誉形象等造成的损害，不迅速遏制安全事故事件将造成的更加严重后果，引导干部员工牢固树立“随意就是危险，违章就是犯罪”的理念，增强尽快扭转安全生产被动局面的自觉性、主动性和积极性。三是深知职责意义强化责任心。用“3·15”等事故血的教训，教育干部员工充分认识岗位职责及其对安全生产的重要作用，尽职尽责与保证国家和企业利益、自身与工友生命健康、成长进步、家庭幸福的紧密联系，进一步树牢并践行

“1+1=0”“人人都是安全生产第一责任人”等理念，落实责任保安全。

要坚持问题导向。管理提升的实质是精准查找问题，高效解决问题。各部门、各单位要树立“做不到万无一失，就可能一失全无”的理念，认清职责，找准定位，运用系统思维、辩证思维、精准思维和底线思维，从弥补缺陷、拉长短板入手，从严从细从实落实“2号令”。一是全面准确找差距。以杜绝安全事故事件，尽快扭转被动局面，健全HSE管理体系为目标，对标“2号令”，对号入座、举一反三地深查安全管理和工作中存在的不足和问题，分类列出清单，明确主攻目标。二是有的放矢定措施。按照“亟须解决的立即解决，有条件解决的尽快解决，不具备条件的创造条件解决”的原则，针对查出的问题，制定统筹计划，分解任务，打磨措施，压实责任，挂图作战。三是持续优化健体系。公司企管、安环部门牵头，组织各部门、各单位，在落实“2号令”的实践中，注重查找公司HSE管理体系存在的缺陷、漏洞，及时总结经验并有针对性地固化为制度、流程，弥补缺陷，封堵漏洞，完善以公司体系为引领，中基层体系为支撑，“纵向到底、横向到边”的符合茂名石化实际，承接总部，科学管用的HSE管理体系，以体系的务实严密，保证生产经营的安全稳定。

要坚持狠抓严管。严峻的安全生产形势逼着我们管理更加从严从狠。全体干部员工要明白“严是爱，松是害，教管宽松坏几代”的道理，用严狠管理保安全、体现爱。一是管理要最大程度地穿透。各部门、各单位要用实用活穿透式管理机制，按照“严管理、深指导、快协调、实服务”的要求，在教育引导、布置工作、检查指导、跟踪督办等方面“一竿子插到底”，切实增强安全管理质效和管控力度，以“直接管控”高效促进层级管理提升，打通安全管理“最后一公里”。二是奖惩要最大程度地加力。按照“2号令”关于提高事故分级标准和提级从严问责惩处的精神，以重奖重罚为原则，建立落实“2号令”奖惩机制，同时，加大对保安全有功人员的奖励额度和违章违纪人员、事故事件责任人的处罚问责力度，充分调动干部员工尽职责、守规章、保安全的积极性。三是干部要最大程度地“补钙”。“政治路线确定之后，干部就是决定的因素”。能否将“2号令”落实到位，关键在于各级领导干部是否担当作为。在任何时候，特别在当前安全生产形势非常严峻的情况下，各级领导干部更要认清自身职责的重要性和不履职尽责的危害性，抛弃一切私心杂念，狠反小人主义、形式主义和官僚主义，勇于实施严细实狠管理，坚决与一切不安全行为作斗争，不辜负组织和群众的信任和重托。公司要把是否勇于担当作为，敢于狠抓安全生产作为选用、管理干部的重要标准，完善干部能上能下机制，激励各级领导干部补足精神之“钙”，恪尽安全之责。

安全生产，人命关天。安全责任，重于泰山。全体干部员工要把如山的安全责任，转化为确保安全的内生动力，严细落实“2号令”，筑牢安全生产铜墙铁壁，把茂名石化建设成为安全发展型炼化企业。

消灭小人主义必须求真务实

尹兆林

小人主义是干好党和人民事业的大敌。我们要充分认识其本质和危害，发扬自我革命精神，求真务实地消灭它。

我们讲的小人主义有其特定含义。是指谁也不招、谁也不惹、明哲保身的处世哲学，对错误思想和行为视而不见、充耳不闻、容忍放任，不做严肃的批评和坚决的斗争，看似好人作为，实则小人行径。其突出表现是，在管理工作中，奉行“多栽花，少栽刺，给小恩，施小惠，多留人情多条路”的原则，见到不足和错误，不制止、不批评、不纠偏，甚至帮忙找客观、打掩护，说违心话，办违心事；在党内生活中，为求一团和气，不丢“选票”，对上级捧着抬着，对同级拍着让着，对下级哄着护着，对自己藏着掖着；在执规执纪中，该主持的公道不主持，该明断的是非不明断，该执行的标准不执行，避重就轻，甚至能拖就拖，大事化小，小事化了。

小人主义的主要特征是没有公心，只有私心，没有正气，只有俗气。其本质是自私自利，不想得罪人，违背党性，放弃原则，不负责任，不惜损害企业和他人的利益，是个人主义和自由主义在作祟。其危害是纵容错误言行，混淆是非黑白，助长歪风邪气，扼杀斗争精神，损害干部队伍形象，破坏党群干群关系，削弱党组织战斗力和企业治理能力，害党害国害企害人。

我们提出反对和消灭小人主义，就是要求各级领导干部、专业技术管理人员发扬斗争精神，勇于担当，尽职尽责，敢抓严管，确保各项制度纪律和工作安排落实到位。正如习近平总书记所强调的，“党的干部都要有秉公办事、铁面无私的精神，讲原则不讲面子、讲党性不徇私情”。我们提出反对和消灭小人主义以来，广大领导干部和管理人员，思想认识不断提高，责任心进一步增强，从严管理、严格执纪力度持续加大，消灭小人主义取得了较好成效。同时，我们也发现，在消灭小人主义过程中，个别领导干部和管理人员身上出现了脱离实际、脱离群众的苗头和倾向。我们要在坚决消灭小人主义的斗争中，防止不正确的想法和不科学的做法。

要防止“随意管理”。在管理上自以为是、随心所欲，是违背客观规律的行为，所以，“随意就是危险、违章就是犯罪”不仅是指安全生产领域，也适用于企业的方方面面。因此，消灭小人主义、强化从严管理，必须依据规章制度、岗位职责、员工思想和生产经营实际进行，绝不能违章指挥，越位管控，层层加码，变简为繁，锦上添花，做大量无用之功，衍生新的形式主义、官僚主义问题，给下级增加不必要的工作量和心理压力，削弱干部员工工作积极性和管理质效。

要防止“以罚代严”。经济处罚是教育引导、制度规范、检查指导、督查催办、协调帮助、表扬批评、表彰奖励、执纪问责等诸多管理方法之一，而且，也不是罚得越重越尽责、越有效，不依规的罚、不合理的罚、不适度的罚，恰恰是没尽责、不科学的行为，必定适得其反。目前，出现了一些干部、管理人员“把经济处罚当作消灭小人主义、强化从严管理的唯一手段”“认为罚得越重越有担当、越是从严越能解决问题”等倾向。这种倾向把消灭小人主义、强化从严管理简单化、极端化了，是错误的、危险的。我们要坚决消除这种倾向，严格按照“三个三分之一”原则，以把其他管理方法落实到位为前提，依规合理有度地实施经济处罚，做到“不该罚的一分不取，应当罚的一毫不少”。这才是真尽责、真从严，才能真见效。

要防止“有严无爱”。“严是爱，松是害”。然而，不以爱为目的的严，为了严而严的严，都可成为不同程度的害。各级领导干部、管理人员要坚决遏制在管理上高高在上、简单粗暴、失温少暖等“有严无爱”的苗头，以关爱员工为出发点和落脚点，担当作为，最大程度地增强消灭小人主义、强化从严管理的针对性、科学性和实效性。要严之有据，严格按照规章制度、工作标准、实际需要抓管理、做工作，做到有据可依；要严之有理，严狠管理不仅要有充分的理由，还要让员工明白其道理，做到以理服人；要严之有方，有的放矢，灵活精准地施策，做到良方祛病；要严之有度，以优质高效地解决问题为目标，找到管理力度、强度与员工承受度的最佳结合点，达到上下同欲，做到适度制胜；要严之有情，以为员工好为导向，给员工兄弟般的严、同志式的爱，把帮助员工解决思想问题和实际困难贯穿从严管理始终，做到以情感人。

求真务实是消灭小人主义的法宝。各级领导干部、管理人员，要认真落实党的思想路线和群众路线，树立正确的政绩观，大公无私，勇于斗争，担当尽责，直面问题，敢抓善管，严爱到位，奋力打赢小人主义歼灭战。

以党的十九届五中全会精神为指引 狠抓公司“十四五”规划高质量落实落地

陆建明

党的十九届五中全会描绘了中国未来五年以及十五年的发展蓝图，明确了前进方向和奋斗目标，对激励全党全国各族人民战胜前进道路上的风险挑战，对全面建设社会主义现代化国家开好局、起好步具有十分重要的意义，公司全体干部员工要把贯彻落实党的十九届五中全会精神与落实职代会精神紧密结合在一起，全力推动公司“十四五”规划高质量落实落地，向实现第四次跨越式发展的目标不断迈进，让老企业焕发新的生机活力。

把握新发展理念是基础。习近平总书记指出：“全党必须完整、准确、全面贯彻新发展理念”。各级党员干部要切实提高政治站位，结合企业实际对新发展理念再学习再领悟，重点是从三个方面把握新发展理念。要牢记根本宗旨。发展是最大的凝聚力。企业发展和员工利益息息相关，只有企业不断发展壮大，员工的利益才能持续保障。落实公司“十四五”规划是发展广大职工利益最为关键的一环，我们要坚持以人民为中心的发展思想，不犯丧失机遇的错误，下定决心与企业并肩作战，推动“十四五”规划落地，让全体职工共享发展成果，不断增强获得感、幸福感、安全感。要坚持问题导向。要清醒认识到公司离高质量发展还有较大差距，如，公司科技创新能力不足，科技成果转化较为缓慢；产业结构不优，综合竞争实力不强；炼油向化工转型刚起步，化工产业链较短，缺乏高端产品；节能降耗工作离碳达峰、碳中和的要求差距较大；生产装置套数多且较为分散，设备老旧且新度系数低。我们正是要精准地贯彻新发展理念，通过落实公司“十四五”规划补短板、强弱项，推动公司在发展上取得质的飞跃。要增强忧患意识。进入新发展阶段，我们要清醒认识到我们面临的严峻形势。未来十年国家大幅改变传统的“大量生产、大量消耗、大量排放”的生产模式和消费模式，绿色和低碳将成为发展主流，传统炼化企业发展空间必将受到严重的压制。此外，近年来随着我国社会主义市场经济体制不断完善，一些国有、民营、合资、外资炼化企业竞相发展，石化行业正在形成新的竞争格局，“群狼进院”“血拼搏杀”的局面正在升级。我们要增强忧患意识，进一步增强紧迫感、压力感，坚决挑起建设“十四五”规划的重担，在激烈的市场竞争中脱颖而出。

推进科技创新是核心。创新是引领发展

的第一动力。党的十九届五中全会提出“坚持创新在我国现代化建设全局中的核心地位”，我们要全力实施创新驱动战略，往公司注入新的血液，主要在以下三方面下功夫。发展要瞄准前沿。要贯彻落实集团公司提出的“推进技术先导型公司建设，加快科技自立自强”的要求，瞄准世界科技前沿，加快攻克LAO/PAO等重要领域“卡脖子”技术，有效突破产业瓶颈，牢牢把握创新发展主动权；要更加注重绿色低碳发展，积极寻找石化行业的节能降碳新技术，大胆实践探索，敢于先试先用，从本质上推动系统节能；要大力推进清洁能源发展，认真研究清洁能源利用新技术，积极探索高质量发展新路径。产品要突出高端。要积极应对未来同质化产品激烈的市场竞争，主动求变，加大高端新产品研发力度，研发更多的“拳头产品”；要坚持以市场为导向，从客户需求出发，更加注重新产品的开发质量、成功率和创效能力，加强对新产品全生命周期管理；要加强与知名高校、科研院所的沟通交流，借力、合力攻关新产品研发核心技术。机制要更加灵活。习近平总书记指出“要坚决破除影响和制约科技核心竞争力提升的体制机制障碍”。我们要敢于打破思想的桎梏，持续优化科研机制，充分发挥院士工作站、博士后工作站的平台优势，给予科研工作者更大的自主权和更强的获得感，把公司研究院建成华南地区最强的企业级研发机构。要加强科研人才培养，深入研究高端成熟人才引进机制，特别是结合公司“十四五”发展需求，结合重点项目需要，针对性引进高精尖人才，努力做到“引进一个人才，带来一个项目，发展一个专业”；要进一步优化科研人员结构，建立人才“能进能出”工作机制，让人才充分涌流、活力竞相迸发。

统筹发展和安全是保障。习近平总书记指出：“推动创新发展、协调发展、绿色发展、开放发展、共享发展，前提都是国家安全、社会稳定。没有安全和稳定，一切都无从谈起。”推动项目发展首要是正确处理好发展和安全的关系，持续夯实安环根基，守住企业发展的“命门”。要牢固树立底线思维。要进一步强化“发展决不能以牺牲安全为代价”这一红线意识，以“识别风险、消灭隐患、杜绝事故”为主线，坚持从零开始、向零进军，牢牢把握安全环保主动权，不断提升站位、提高认识，知责明责、尽责担当，把HSSE工作作为先于一切、高于一切、重于一切的工作抓紧抓好。要防范化解重大风险。要以深化安全生产专项整治三年行动为抓手，牢牢牵住“责任制”这个牛鼻子，坚持实施严看死守与科学管控相结合策略，层层压实安全生产责任，注重堵漏洞、强弱项，下好先手棋、打好主动仗，有效防范化解各类风险。领导干部要着力提升风险应对能力，既要高度警惕“黑天鹅”事件，也要防范“灰犀牛”事件；既要有防范风险的先手，也要有应对和化解风险挑战的高招；既要打好防范和抵御风险的有准备之战，也要打好化险为夷、转危为机的战略主动战。要提升本质安环水平。要全力推进设备完整性管理体系，全面开展定时性事务，深入开展预防性工作，筑牢本质安环基础；要提级做实“查思想、查纪律、查隐患”工作，进一步提升安环基础管理水平；要以做实学习专班为抓手，着力提升员工责任心和技能水平，进一步增强员工素质。

强化行动落实是关键。蓝图已绘就，关键在落实。公司“十四五”规划投资较大，任务艰巨紧迫，各级领导干部要有坐不住的紧迫感、慢不得的危机感和等不起的责任感，全力以赴抓好落实。要领导带头。在公司高质量发展爬坡过坎的关键时期，各级领导干部要当好“领头羊”，弘扬“责任至上、事争第一、追求卓越”精神，带领广大职工苦干实干、甘于奉献，勇于直面新征程中的困难险阻，想干事、能干事、干成事，不断解决问题、破解难题。要对照习近平总书记对年轻干部提出的“七种能力”，紧跟时势变化，有强烈的“本领恐慌”和“空杯心态”，加快知识更新，完善知识结构，不断提升本领素质，适应公司发展、胜任本职工作。要超常工作。明天效益的竞争就是今天项目进度的竞争，谁转型升级得快，谁就是新发展阶段的赢家。要时不我待，紧盯进度，挂图作战，超常推动项目落地。要自我施压，乐于奉献，以高度负责的态度抓好项目落地过程中的每个步骤。要发挥智慧，巧干实干，对实施项目过程中遇到的困难和问题，用系统性思维灵活解决，提高落实效率。要保质保量。低水平的施工质量会影响到装置创效，甚至会导致出现安全环保风险隐患，公司已经发生过多次因施工质量问题导致装置非计划停工，这是效益巨大的流失点。各级领导干部要深查自身思想根源隐患，真正树立起“质量优先”的意识，加强对施工质量全过程管理，统筹平衡好进度和质量的关系，踏踏实实以解决问题为导向，高质量高标准完成项目。

蓝图已经绘就，逐梦唯有笃行。只要我们坚持以党的十九届五中全会精神为指引，超常发挥智慧，超常创新实干，以舍我其谁、只争朝夕的精神状态全力推动“十四五”规划落地，把蓝图变为现实，我们就一定能够赢得发展的主动权，实现茂名石化第四次跨越式发展。

努力拉长“短板”切实当好“头雁”加速提高单位管理水平

——在公司基层领导人员党史学习教育培训班上的讲课提纲

董 巍

（2021 年 5 月 24 日）

尹兆林书记以《学百年党史 提政治三力 当好公司转型升级的安全卫士》给大家授课时，明确指出：干部就是要“听党话、听懂话，干正事、干成事”，“车间领导抓什么？落实、落实、再落实！”一个单位先进与否，主要取决于单位领导特别是主要领导是否优秀。下面，结合公司实际，就提高领导干部素质，谈几点粗浅认识。

一、当前存在的主要问题

今年以来，公司安稳长满优生产形势非常严峻，不容乐观。前4个月，共发生安全环保事故事件6起，同比增加6起，其中，“3·15”事故负面影响非常大；发生非计划停工和装置波动13起，同比增加2起；还出现了浆态床渣油加氢装置运行极不稳定、化工2系列大修进度严重拖后等问题。仅3月份以来，安稳长满优运行问题，合计减利约2.64亿元。发生这些问题，公司上下都负有不同程度的责任，其中，以下三个方面问题不容忽视。

1.一些工作落实不到位。一是有制度无执行。“不知性”违章时有发生。有的干部员工对与本职工作相关的规章制度纪律，学习不及时，领会不深刻，掌握不全面，更谈不上遵守。如，3月18日至4月25日，就“1号令”学习掌握情况抽考员工4831人，C档、D档占1.6%。习惯性违章比较突出。有的干部员工已养成怕麻烦、走捷径、凭经验、投机取巧而置制度纪律于不顾的不良工作习惯，甚至有个别干部员工在特权思想的驱使下违章违纪。如，员工反映个别车间领导和“三大员”，有时携带非防爆手机进入现场，有的在现场用非防爆手机接打电话等等。再如，3—4月，公司共查出48人次违反劳动纪律。选择性违章尚未杜绝。由于有的制度与工作实际不相符，有的制度与上级新要求有矛盾，有的制度与国家、地方法规存偏差等原因，只能根据现实需要放弃执行相关规章制度。二是有业务无制度。主要是：有些工作制度全无。如，一些非常规作业、操作没有规章制度。一些工作制度欠缺。如，在这次化工大修中发现，不少作业有制度但不全面不具体，原因是在公司制度整合过程中，二级单位相关制度被精简了，但有关具体规定并未融入公司制度。个别工作制度混乱。如，共享托盘管理，分部没有制度，相关专业站在本专业角度各自做了一些规定，但有些规范和要求并不统一，很难执行。这些问题使基层在落实相关工作时无所适从，只能跟着“惯例”“感觉”走，隐患很多，风险很大。三是有部署无落实。工作落实不到位就等于没落实。在日常工作中，存在着“应付、凑合、对付”等老毛病、坏习惯，致使个别工作缺乏实效，甚至不了了之。如，前4个月，公司就发生质量事故事件5起，不同程度地影响了公司声誉和效益。在重点工作中，存在着重视不够、标准不高、推动不力等问题，致使个别重点工作达不到预期目的。如，化工2系列大修，比计划拖后17天，影响效益1.77亿元。在难点工作中，存在着决心不够大、能力不够强、作风不够硬等问题，致使个别难题不能高效解决。如，浆态床渣油加氢装置运行不稳定，影响效益约4000万元。

2. 队伍力量发挥不充分。一是个别领导班子缺乏凝聚力。有的不够团结。党政正职之间或正副职之间或副职之间，互相有矛盾、不支持，甚至拆台，班子的合力严重不足，1+1<2。有的不够给力。或不想奋勇争先，或不愿严抓实管，或不敢攻坚克难，班子的引领力严重不足。尹书记在年初公司职代会闭幕会上讲“要最大程度抬高目标指标。目标指标高低，决定成就大小。各单位要敢想敢试敢干，消除‘因担心完不成任务、怕被考核，而不敢拉高目标、定优指标’的思想，自加压力，变压力为动力，对标一流，健全目标指标体系，以高目标、优指标引领高绩效。设立高目标、优指标，只要去奋斗了，完不成也没关系，但不能没有决心，不敢去拼搏”。我们的个别基层干部抓落实的能力不够强，只擅长喊上级要求和理念的“大口号”，不会喊推动工作在本单位落地的“劳动口号”，表态多、落实少，调门高、落实慢，不能推动工作不折不扣落实到位。有的不够亲民。或不联系员工，或不依靠员工，或不关爱员工，班子的亲和力严重不足。二是个别专技人员缺乏管控力。有的担当意识偏弱，对本岗位的重要责任和作用认识不清，缺乏责任意识、进取意识，存在“省能”和得过且过心理，管理和工作不争先、不落实、随大流；有的专业能力偏弱，对本专业的技术和管理掌握不全，研究不深，管理和工作缺乏预见性、系统性、针对性，遇到难题有心无力，束手无策；有的工作作风偏弱，见困难能推就推，遇苦累能绕就饶，需奉献能躲就躲。三是个别一线班组缺乏战斗力。有的班长领导力不强。或工作标准不高，要求不严，措施不实，或心胸不够宽广，过于揽功推过，管理缺乏公平，或不善于沟通协调，不真心关爱班员，不带头苦干奉献，造成内外不够和谐。有的班员执行力不强。干部员工反映，一些班组整体技术技能有所弱化，主要是个别员工操作、作业、巡检、应急能力不能满足确保安稳长满优生产的需要，甚至有的转岗员工一年多的时间还未考取上岗证。个别“刺头”负面影响力较强。虽然“刺头”是极少数的，但他们的不尊重领导和工友、不遵守制度和纪律、不服从指挥、不好好工作等行为，都不同程度地削弱管理的权威性、制度的严肃性、一些员工的工作积极性。

3. 部分员工思想不先进。一是观念依然陈旧。有些老员工认知还停留在国企用工量大、可养闲人、不讲效率的年代，认为年龄大了、记性差了、精力弱了，在学习和工作上不应与年轻人同一标准了，公司应该在考试考核和岗位安置上给予“照顾”。有些员工对企业“自主经营、自负盈亏”的市场化机制、石油石化行业“白热化”竞争的形势缺乏认识，认为国家一定会保护央企，做一流工作、创一流效益、建一流企业的危机感、紧迫感不强。有些员工没有认清企业效益、个人绩效与员工收入的关系，仍然有“上班拿工资、干活拿奖金”“少干活多拿钱、不干活也拿钱”的错误思想。二是责任意识淡薄。有些员工对自己的职责及其重要性缺乏认识，创造优异绩效、为企业尽责、为己创利的愿望不强，满足于工作不出问题、不挨批评、不被考核。有些员工没有真正把确保安全生产与国家、企业、自身利益和本岗位职责紧密联系在一起，认为保安全是企业的事、领导的事、安全部门的事，与自己关系不大。有些员工尚未明白每个岗位都是公司安稳长满优生产这根链条上不可缺少的一环，任何一环出现问题都会殃及全局的道理，存在着“各人自扫门前雪，莫管他人瓦上霜”的消极心理。三是模糊认识较多。有些员工认为管得太严、罚得太重、管理没有“人情味”，对从严管理有抵触情绪；有些员工认为重点工作标准过高、难度过大、措施过细、困难过多、过于费心费力费时，导致精神压力过大，对精益管理缺乏理解，尚不适应；有些员工有“干多错多受罚多、能不干就不干，把问题推到下个班去解决”的消极思想和行为，躲避责任，逃避管理；有些员工有“1号令”的学习、考试、实行增加基层负担、影响工作效率的怨言，为不愿落实“1号令”和落实“1号令”不力找借口。

二、领导干部的主要“短板”

群雁高飞头雁领。单位存在问题主要责任在领导，特别是主要领导。当前，领导干部的不足，主要有四个方面。

1.站位较低不想管。有的领导干部不是站在党的事业、企业发展的高度，而是站在本单位、部分员工和自身的角度，甚至有时过于考虑一些员工的情绪，落实上级的决策部署要求，对符合自己心意的就高度重视，大力推进，对与自己想法不太相符的，就缺乏推动落实的主动性、积极性和创造性，甚至观望、拖拉、出工不出力。个别领导干部对一些陈旧观念、模糊认识等不进行及时、有力的解释、澄清，对有的重点难点工作推动不力，对宣贯、执行“1号令”制度纪律严度狠度不够，都有“站位不高不想管”的原因。如，炼油分部浆态床渣油加氢装置“3·23”误操作事故，因改错流程导致氢气串入低压氮气系统，这起事故是在“1号令”实施初期顶风违章造成的；再如，“1号令”实施后有17名基层领导在抽考中不合格。这些都说明了这个问题。

2.缺乏担当不敢管。个别领导干部的私心杂念削弱了对国家、企业和员工高度负责的意识，要么怕得罪人，要么自身不干净，不敢从严抓教育、抓管理、抓考核，导致一些制度、纪律、工作落实不到位。如，4月1日至5月6日，公司共查出245项违反“1号令”的问题，其中只有17项是基层单位发现的。

3.能力有限不会管。一些领导干部政治引领、科学决策、专业技术、攻坚克难、应急组织、群众工作、狠抓落实的能力还不够强，与建设世界领先炼化企业的需求不相适应。同时，运用科学思维促进管理提升的能力更加不足。如，因为不善于运用系统思维，有时就出现了把握不住全局，“头痛医头脚痛医脚”的问题；不善于运用辩证思维，有时就出现了看不清本质，抓不住根本的问题；不善于运用创新思维，有时就出现了找不到解决难题办法的问题；不善于运用精准思维，有时就出现了针对性不强、措施不实的问题；不善于运用底线思维，有时就出现了把握不住风险点的问题。工作能力的不足，严重影响着单位管理的快速提升、工作的高效落实、难题的顺利解决。

4.政绩观错位不实管。个别领导干部急功近利、好大喜功，不注重“做事”，而注重“作秀”，不注重抓落实，而注重出经验；个别领导干部小团体利益至上，只顾本单位利益，不讲全公司利益；个别领导干部作风漂浮，形式主义难改，只重唱功，不重做功，热衷于报刊上有名，电视上有影，会议有表扬，抓工作浮光掠影，满足于一般号召，以会议落实会议，以文件落实文件；个别领导干部官僚主义严重，宗旨意识不强，群众观念淡薄，面朝上阳光灿烂，面朝下简单粗暴，离现场、员工群众越来越远。这种假抓虚干、顾上不顾下的现象，影响了工作落实和干群关系，一定程度上损害了风清气正的政治生态、从严从实的管理生态。

三、拉长“短板”的主要途径

管理是第一保障。解决存在的问题，提升管理水平，关键是领导干部要努力拉长自身“短板”。

1.有的放矢管思想。思想支配行为。思想管理是企业管理的第一环节。领导干部要把思想管理挺在前面，想说、敢说、会说、善说，及时而有针对性地教育引导员工转变观念、提高认识、理顺情绪，把思想统一到确保安全环保、创造最佳效益、加快高质量发展上来。

一要结合实际强化六个工作理念。进一步宣贯“责任至上、事争第一、追求卓越”理念，它是全体干部员工尽职尽责，抢占发展先机，奋力实现率先建成世界领先炼化企业目标的精神支撑；进一步宣贯“随意就是危险，违章就是犯罪”理念，它找准了公司当前安全生产的“痛点”，为公司强化安全生产设置了“高压线”“生命线”；进一步宣贯“1+1=0”理念，它揭示了抓好安全生产等各项工作的规律，为抓管理、做工作明确了“底线”；进一步宣贯“超常发挥智慧、超常苦干实干、超常创造效益”理念，它抓住了公司管理创效的主要矛盾，为公司再创效益最大化提供了重要遵循；进一步宣贯“优化不到位就是没尽责”理念，它指明了做一流工作、创一流绩效的主径，是茂名石化人自我加压提出的自律要求；进一步宣贯“岗位靠竞争，收入凭贡献”理念，它指明了干部员工实现人生价值的正确道路，也是推动干部员工奋力进取的强大动力。

二要理直气壮澄清四种模糊认识。关于“标准太高”。我们的工作标准，是与一流同行对标、结合公司实际，按照“跳起来摘桃子”的原则确定的，这是我们赶超一流、赢得竞争、率先建成世界领先炼化企业的必由之路，也是我们义不容辞的责任，况且工作标准不存在不切实际的“冒进”“虚高”问题，没必要担心达不到标准，更不应该为不愿努力达标找借口。关于“管得太严”。不管有没有人管，员工都应该遵章守纪、完成任务。因此，无论管理怎么严，都不会给遵章尽责的员工增加精神和工作负担，从严管理只对违章违纪、不负责任的员工起作用。关于“罚得太重”。重罚与严管在本质上是相同的，它对自觉遵章守纪、完成任务的员工毫无影响，只有不想遵章守纪、不愿完成任务的员工才感到有压力。同时，有句话说得好“重奖奖得到，重罚罚不到”，就是重赏之下必有勇夫，重罚之下无明知故犯。只有想明知故犯的员工，才能感觉到负担。关于“干多错多受罚多”。干与错没有必然联系，干多与错多不存在逻辑关系。因为，按标准、按规章、按要求，用心干，就不会出错，反之，才会犯错。这个错不是干的后果，而是降低标准、违章违纪、要求不严之错。所以，不能用偷换概念的诡辩，作为不想完成本职工作的“挡箭牌”。

三要耐心细致讲清三条道理。要讲清“活到老，学到老，干到老”的道理。这是一句立志箴言，也是我们对在岗员工的必然要求。一方面，公司经过深化改革，已建立了现代企业制度及其规范的劳动用工制度，通过“瘦身健体”，定岗定编愈加科学，再加上随着国家的发展、人民的健康状况越来越好，不能也不该再像计划经济时期和改革开放初期那样，对年龄大的员工在岗位安置方面给予“照顾”。一方面，为保安稳长满优生产，无论年轻还是年老员工，只要在岗一天就必须具备相应的知识和能力，所以，更不能在学习考试考核方面给老员工降低标准。要讲清“只要功劳，不要苦劳”的道理。过去有人经常调侃“没有功劳还有苦劳”。功劳指的是劳动成果，即效率、效益；苦劳是指没有成果的劳动。效益、效率是企业的生命、员工利益的源泉。企业用工资、待遇购买的是员工的劳动成果，而不是劳动。没有创造应有效益效率的劳动就是无效劳动、无用之工。任正非说：“苦劳就是浪费。”所以，企业需要的是员工的劳动成果，而不仅仅是劳动。公司员工不能满足于上班干活，要追求创高效率、大效益。要讲清“为企业干，就是为自己干”的道理。企业是员工养家糊口的“饭碗”、实现人生价值的平台、成长成才的阶梯。这个“饭碗”能否越来越好、这个平台能否越来越大、这个阶梯能否越来越长，取决于员工能否尽职尽责地做好工作，所以，“让茂名石化更好”与“让全体员工更幸福”是相辅相成的。

2.提高能力保落实。没有落实，一切都是空谈。没有落实再好的蓝图都是镜中花、墙上饼。抓好落实的根本动力是责任心，根本保证是能力强。作为本单位工作落实的组织者、带头人，领导干部要在树立高度责任心的同时，努力提高工作本领，保证各项工作高质高效落实。今天，主要谈三种科学思维方式的运用。

一要以系统思维谋全局。系统是指同类事物按一定的关系组成的整体，具有鲜明的整体性、关联性、层次结构性、动态平衡性、开放性和时序性等特征。如，公司就是一个系统，是个整体，由互相关联的各单位、各部门组成，实行公司、分部、车间三级管理，单位、部门、专业有主要和辅助之分，工作也有轻重缓急之别，要同步调整、同频共振运转。任何一个单位、部门、专业发生问题，都会引起公司整体生产经营改革发展出现波动，造成损失，甚至造成不可挽回的损失；同时，公司整体及其各专业运行还受政府、市场、民众、法律等影响，要用好政策，遵守法规，抢抓机遇，应对挑战。也就是说，每个大系统里面都有几个或多个不同层次的中系统、小系统，大系统科学统领中、小系统，中、小系统有效支撑大系统，才能实现

整体目标。

系统思维，就是从整体与要素的关系上，把握事物的整体性、关联性、层次性、结构性、动态平衡性、开放性和时序性，分析问题、解决问题的思维方式；就是在抓管理、做工作时，对每项管理、工作所涉及的上上下下、左左右右、里里外外的各种因素全面考虑，找出各项管理、工作的最优目标、原则和措施。从古至今的实践经验告诉我们，要做好一个方面，就得从全局出发。所以，古人总结出“不谋全局者，不足谋一域”。

总的来说，每项工作都是一个系统，只有将工作的各种要素、特征等，考虑全、分析透并充分发挥它们的最大作用，才能确保工作圆满完成。如果忽略了某个要素或环节，就会影响工作质量和效率，甚至使工作无法实现预期目标。这就更加需要下功夫学习和运用系统思维。在工作中，要重点把握以下三点。（1）谋划方案时，要考虑全局，形成最大合力。牢固树立全局意识、协调意识，把每项工作特别是重点、难点、热点、复杂工作，都视为一个系统，找全找准这个系统的主要责任方、辅助责任方，各要素、各环节、内外部存在的机遇和挑战，以各要素联系最优化、作用最大化为原则，按照工作目标、各要素的关系、各环节的次序，明确各相关方的任务，制定实现目标的统筹计划、具体措施，坚决防止“管中窥豹”“丢三落四”“管理围墙”“1+1<2”等问题的发生。（2）确保落实时，要统筹推进，形成最佳步调。步调指步幅和步速，比喻事物发展程式、快慢。以优质高效完成工作任务为目标，按照密切配合、科学协同的原则，依据计划方案，把准进度、力度、节奏，协调推进各要素、各环节的工作。坚决防止“单打独斗”“一方冒进或落后，影响全局”“头痛医头，脚痛医脚”等现象的发生。（3）推进工作中，要滚动优化，形成最实管控。按照“先进更先进、后进赶先进”的原则，针对各要素、各环节超进度或欠进度的实际，及时优化工作统筹计划、措施，使工作环环相扣、步步紧逼，确保圆满、力争超常完成工作任务。

*二要以底线思维争主动。*我们讲的底线是事物发生质变的临界点，一旦突破底线，就会结出难以估量、不可挽回、无法接受的恶果。所以底线是不可逾越的“警戒线”，不能触碰的“高压线”。只有守住底线，才能掌握争取最好结果的主动权。

底线思维，就是以防范重大风险为出发点，设置并守住底线，在此基础上，争取最好的结果。各单位主要要守住以下三条底线。（1）安环质量底线。安全环保是企业生存增效发展的重要基础和前提，是企业的社会责任，还关系到干部员工的生命安全、身体健康；质量是企业的生命。因此，要高度负责，坚决落实集团公司总经理2号令、“五查五严”保安全专项行动和公司安全生产“第1号”工作令、提级做实“三查”工作等要求，坚持严细实狠爱管理，采取科学管理与严看死守相结合的方式，确保安环质量底线不被突破。（2）绩效指标底线。绩效是单位的生命、员工利益的源泉。要千方百计加强管理，克服困难，保证绩效确保目标的实现，为实现力争、奋斗目标争取主动。（3）廉洁从业底线。廉洁关系着党组织和干部队伍的形象，关系着企业效益，关系着干部个人的前途命运和家庭幸福，干部和骨干要严守各项制度纪律，自觉抵制各种诱惑和围猎，坚决守住廉洁这条正气线、生命线。

三要以精准思维保落实。精准就是准确、精确。精准思维，就是抓管理、做工作，动作具体、精确、到位，在一个个具体的点上解决问题。反对的是大而化之、笼而统之地抓管理、做工作。这是一种非常务实的思维方式。几年来，虽然公司在持续强化精益管理，但仍存在一些指标、专业、工作在中国石化炼化企业中不够先进的问题。主要原因是一些问题查找不到位，一些制度执行不到位，一些工作落实不到位；深层原因是一些干部员工责任心不强，没有运用精准思维抓管理、做工作。“3·15”“3·23”事故就是典型代表。

因此，我们要增强责任意识，学习、掌握、运用精准思维，科学高效地解决问题。(1)牢固树立问题意识。工作的实质，就是不断发现问题、解决问题，推动企业发展。只有及时准确地找到问题，才能找到工作具体目标。要坚持问题导向，无论在顺境还是在逆境中，都要坚持深度查找问题，认真分析研判，分清主要矛盾和次要矛盾、矛盾的主要方面和次要方面，以此确定重点、难点、焦点工作，保证工作方向正确、进攻点准确。(2)牢固树立实操意识。对每个问题都要深入分析原因，抓住本质，并结合内外条件、时空环境，制定解决问题的计划、措施并优化到位，确保科学、具体、管用、可操作，真正做到“一把钥匙开一把锁”。坚决杜绝形式主义、官僚主义、经验主义、教条主义和“粗枝大叶”等现象。(3)牢固树立到位意识。做得到位就干得圆满。0.99的一千次方接近于0，工作的每个环节都差那么一点点，最终结果会谬之千里。要树立“工作不到位，就是没尽责”的理念，坚决杜绝“想了说了等于做了”“做了等于做到位了”“过得去即可”“差不多就行”等不良习惯，对工作的每个环节、细节，都高标准、严管控、精操作，以每个点到位，确保整个工作到位。这里要说明的是，精准思维反映的是思想素质，检验的是能力作风。我们一定要在运用精准思维攻坚克难的磨炼中，不断提高处理疑难和复杂问题的能力。

3.增强魅力带队伍。俗话说，浑身是铁又能碾几颗钉。办好单位的事，需要单位全体员工的共同努力。所以，领导干部要努力成为广大员工真心拥戴、自觉跟随的“头雁”。要做到这一点，具备人格魅力至关重要。

一要坚持兄弟般的严。从严管理是带好队伍、做好工作的重要保证。然而，不是越严越科学、越严越有用。领导干部要把全体员工当作自己的兄弟姐妹，在管理上找到从严、管用、和谐的最佳结合点。(1)严之有情。以帮助员工高效工作、成长成才为目的，以增进手足之情为前提，实施从严管理。把严格执行规章制度、工作标准与切实解决员工学习、工作和生活上遇到的难题结合起来，把严格考核问责与“惩前毖后，治病救人”结合起来，把严格的约束转化为温暖的激励。(2)严之有方。要精准制定严规。制度纪律、工作目标、考核标准等要实事求是、科学合理、适度可行，严防不负责任的低标准和为严而严的形式主义。要先教而后行严。采取有效措施，组织员工学深吃透相关制度、纪律和标准，严防不知而罚。要使惩诫有温度。公开批评要对事不对人，批评人要讲究场合、方式方法，考核人要讲清原因，真诚引导，热情鼓励。(3)严之必公。要无偏无向、没亲没疏、一视同仁、“一碗水端平”，使广大员工对从严管理心平气顺、口服心服。

二要给予同志间的爱。领导关爱员工，员工才能爱岗敬业。领导干部要用讲党性的爱、正能量的爱，把全体员工的智慧和力量凝聚到做一流工作、创一流业绩上来。（1）推功揽过。要做到“三推三揽二不均”，即推功劳、推荣誉、推奖金；揽纰漏、揽不足、揽错误；评先评优不轮流坐庄、贡献奖励不利益均摊。要坚持把功绩、荣誉、专项奖和特殊贡献奖，给具体干工作的同志；对员工在工作中出现的过错、问题，基层领导在上级面前主动承担责任，关起门来在单位内部开展批评和自我批评，狠抓整改；不在上级和外人面前批评单位任何员工，对上对外只讲单位员工的优点和成绩，在内部严格要求，有错必纠。做到“三推三揽二不均”，既可营造“获利凭贡献”的氛围，又能为单位员工成长进步、对外沟通协调创造有利条件。（2）真心助人。要在政治上严管。突出盯住遵守党的政治纪律和规矩、廉洁纪律和规定、生活纪律和要求等情况，及时发现苗头，严肃教育警示，把问题消灭于萌芽。要在工作上补台。对单位员工工作中发生的疏漏、出现的失误，要第一时间私下里提醒、指导、出手堵塞漏洞，弥补过失，营造“互相补台，好戏连台”的氛围，避免“相互拆台，大家垮台”的后果。要在生活上关心。掌握员工及家庭状况，在员工遇到困难时，及时出手相帮，让员工感受到领导的温暖，单位是靠山。（3）甘为人梯。培养人才不只是为了自用，更是为了人才飞得更高，发挥更大的作用。领导干部一定要有这种胸怀和境界，无论工作多紧张、身边多缺人，都要宁可自己多吃点苦、多受点累，抢抓机遇、创造机会，外送身边骨干去培训、去轮岗锻炼，推荐身边人才提拔重用，为单位员工实现更大的人生价值搭建广阔的平台。

三要施以榜样式的带。上梁不正下梁歪。领导干部一定要走得正、行得端，要求别人做的自己首先做到位，要求别人不干的自己坚决不干，为单位员工做表率。主要是：（1）突出做讲政治的表率。增强“四个意识”，坚定“四个自信”，坚决做到“两个维护”，并具体体现在不折不扣地贯彻落实公司和公司党委各项决策部署、分部和分部党委的安排要求上，始终做到与上级精神不符的话不说、不符的事不做，带领全体员工把单位打造成政治坚定的团队。（2）突出做提能力的表率。坚持学以致用，把学到的新理论、新知识、新经验迅速转化为工作和管理措施，同时，有的放矢地组织单位员工在干中学，在干中练，在干中开阔眼界，积累经验，提升本领。（3）突出做强作风的表率。全力践行“责任至上、事争第一、追求卓越”“自觉装上‘永动机’，主动当好‘领头羊’”等理念，政治领先走在前，急难险重走在前，遵章守纪走在前，提高本领走在前，苦干奉献走在前，关爱员工走在前，努力带出“跟党走、团结紧、实力强、作风硬、战必胜”的优秀团队。

毛泽东主席指出：政治路线确定之后，干部就是决定的因素。

习近平总书记指出：实现全面建成小康社会奋斗目标、实现中华民族伟大复兴的中国梦，关键在于培养造就一支具有铁一般信仰、铁一般信念、铁一般纪律、铁一般担当的干部队伍。

习近平总书记对国有企业领导人员提出20字的基本要求：对党忠诚、勇于创新、治企有方、兴企有为、清正廉洁。这是检验一个国有企业领导人员是否合格的重要标准。

尹书记强调，要聚焦“三条主线、一个关键”（聚焦安全生产主线，聚焦优化创效主线，聚焦转型发展主线，聚焦干部管理这一关键任务）抓落实，这是当前和未来一段时间重中之重的工作。各级领导干部要认清自身的责任、使命，忠诚履职，勇于担当，超常工作，镇守一方，以本单位创一流绩效保公司高质量发展，在攻坚克难、开创新局中展示“头雁”风采。

综 述

MAOMINGSHIHUA

- 综述

综 述

中国石化集团茂名石油化工有限公司、中国石油化工股份有限公司茂名分公司统称茂名石化。茂名石化生产单位、站、点分布在广东省茂名、湛江两市7个区、县，创建于1955年5月，以开采油母页岩、加工“人造石油”起家，是新中国“一五”期间156个重点建设项目之一，是我国首座千万吨级炼油厂、首座百万吨级乙烯厂、国内最完善的燃料—润滑油—化工—煤化工型炼油厂、国内第二家年利润超百亿元的炼化企业，是中国石化首批“创新型企业”和首批绿色企业，是广东建设绿色石化产业集群“链主”企业，先后获得全国“五一”劳动奖状、全国先进基层党组织、全国国有企业典型等66项国家级荣誉称号。

茂名石化共有炼油、化工主体生产装置89套（其中炼油64套、化工25套）、7台CFB锅炉及配套发电机组，还有港口、铁运、原油和成品油输送管道以及国内唯一的30万吨级单点系泊海上原油接卸系统。原油一次加工能力1800万吨/年，乙烯生产能力100万吨/年，截至2021年底，固定资产原值591亿元，净值197亿元。主要生产汽煤柴油、石蜡、道路沥青、合成树脂、合成橡胶等300多种石油化工产品。

截至2021年底，茂名石化共设29个中层机构，其中，下设14个机关部门，炼油分部、化工分部等8个直属基层单位，物资供应、营销等7个业务中心，另有湛江新中美化工有限公司等6个合资合作单位；用工总量7942人，其中，合同制员工7149人；有正高级职称的19人、副高级职称的547人、中级职称的1400人。

2021年，茂名石化绿色发展续站排头，消灭了环保事故事件，被评为中国石化节能环保先进单位，获中国石化A档绿色企业称号，持续获得广东省环保诚信企业绿牌。2021年10月，中国石油和化学工业联合会发布2020年度石油和化工行业重点耗能产品能效“领跑者”、水效“领跑者”标杆企业和指标，茂名石化获得“能效领跑者标杆企业（乙烯）”“水效领跑者标杆企业（乙烯）”称号，其中，乙烯水效位列全国乙烯生产企业第一。

经济效益位列前茅，2021年创造利税346.41亿元，利润位居中国石化炼化企业第二位、同规模企业第一位，分别占中国石化集团公司及其炼化企业利润总额的8.66%和11.03%，国有资产保值增值率达到127.17%，同比提高3.96个百分点，总资产报酬率、净资产收益率均列中国石化大型炼化企业前茅。2021年加工原油1922.44万吨，加工原料油2189.05万吨，生产乙烯104.84万吨，产销炼油商品2089.54万吨、化工商品366.89万吨。

转型升级实现突破。2021年，茂名石化被省政府确定为广东建设绿色石化产业集群“链主”企业；实施“一转三迈两新”发展策略，国内首套合成润滑油基础油工业化装置、高端碳材料装置建成投产；建成我国石化行业首张5G防爆专网。

改革创新不断深化。2021年人均劳效位居中国石化大型企业前列，开发生产化工新产品数量和产量，均居中国石化炼化企业首位。开发生产化工新产品8个，化工新产品和专用料占合成树脂比例提升到83.76%，为历史最优；4项成果获得省部级以上科技进步奖；申请中国专利61件，其中发明专利占85%，均创历史最好水平。

员工利益持续发展。2021年，为员工办的实事好事全面落地，员工收入逆势提高，基层工作环境、单身青工生活条件进一步改善，干部员工身心健康、个人成长得到更多关爱，广大员工、离退休职工获得感、幸福感、归属感持续攀升。

党建工作成果丰硕，2021年，茂名石化各级党组织获得省部级荣誉9个，1个基层党建案例被评为全国石化企业党建创新优秀案例，2项基层党建经验入选中国石化创新案例汇编，化工分部党委被授予“全国先进基层党组织”称号。

大事记

MAOMINGSHIHUA

● 大事记

大 事 记

2021年大事记

1月

1日，集团公司董事长、党组书记张玉卓视频连线茂名石化，慰问干部员工，听取工作情况汇报，并对安全生产、疫情防控、攻坚创效、关爱员工等提出要求。

1日，集团公司董事长张玉卓在《茂名石化公司关于全球规模最大国内首套浆态床渣油加氢装置投产情况的报告》上批示："热烈祝贺开车成功！望认真组织，早日实现装置安稳长满优操作。"

7日，公司召开干部大会，公司党委书记、执行董事、分公司代表尹兆林受集团公司党组委托，宣布任免决定：栗雪勇任中共茂名石油化工有限公司委员会常委；免去邱宏斌中共茂名石油化工有限公司委员会常委、委员职务；聘任栗雪勇为茂名分公司副总经理；解聘邱宏斌茂名分公司副总经理职务，另有任用。

9日，"茂名石化公司党校"更名为"中共中国石化集团茂名石油化工有限公司委员会党校"，与公司职工培训中心实行"一个机构，两块牌子"，按中层正职单位设置与管理。

12日，广东省委常委、常务副省长林克庆到公司调研，对中国石化及茂名石化为国家和地方经济社会发展作出的突出贡献给予高度评价。

28—29日，公司党委扩大会、十四届三次职代会暨十三届三次工代会召开，提出实施率先达到世界领先发展方略，加快落实"一转三迈两新"发展策略，分三步走率先建成世界领先炼化企业，全力实施"1136"党建工作思路。

28日，中国石化集团茂名石油化工有限公司驻深圳办事处完成工商注销。

1月，公司2号高压装置实现无级气量调节系统在线投用，属中国石化首次。

1月，化工分部裂解车间党支部被评为中央企业第二批基层示范党支部，是中国石化唯一上榜基层党组织。

1月，国家人力资源和社会保障部发布2020年享受国务院政府特殊津贴人员名单，公司职工梁胜彪、钟东文入选。

2月

7日，公司工程预结算中心成建制划转至财务部。

12日，化工分部SBS橡胶装置产出防水卷材用橡胶新产品星型干胶，填补公司在星型防水卷材橡胶领域空白。

18日，总部同意公司收购茂名石化博贺港储运有限公司50%股权，成立合资公司，建设运营10万吨级成品油码头及配套设施项目。该项目初步设计总投资10.46亿元。

22日，公司职工阮阳越当选敬业奉献类别“广东好人”。

26日，十九大精神中央宣讲团成员、中央政策研究室原副主任施芝鸿到炼油分部调研，对公司取得辉煌生产经营业绩给予高度评价。

3月

1日，《中国人大》杂志以《超常创新实干开启打造世界领先炼化企业新航程》为题，报道公司“十三五”特别是2020年取得的辉煌成就。

4日，《南方日报》以《开启打造世界领先炼化企业新航程》为题，报道公司发展成就。

5日，全国人大代表，公司执行董事、分公司代表、党委书记，茂湛炼化一体化领导小组组长尹兆林在十三届全国人大四次会议分组审议《政府工作报告》时，作题为《瞄准世界领先 全力转型升级 在广东打造新发展格局战略支点中奋力担当作为》的发言。

5—11日，全国人大代表，公司执行董事、分公司代表、党委书记，茂湛炼化一体化领导小组组长尹兆林在十三届全国人大四次会议期间的发言，引起中央广播电视总台及相关客户端，人民网、央视网、央广网、海外网、国际在线，《全国人大》杂志，《中国能源报》《南方日报》《中国石化报》《中国城市报》《中国环境报》《中国化工报》《羊城晚报》，广东人大网、南方新闻网、中国石化官网、中国石油新闻中心等主流媒体的广泛关注。

15日，公司召开党史学习教育动员大会，深入学习贯彻习近平总书记在党史学习教育动员大会上的重要讲话精神、集团公司党组关于开展党史学习教育的部署要求，动员各级党组织和广大党员干部切实提高思想认识和政治站位，推动党史学习教育在茂名石化走深走实。

15日，化工分部橡胶车间顺丁橡胶装置碱洗塔T201在进行液位变送器法兰拆除、清堵作业过程中，发生正已烷和丁二烯泄漏，发生闪燃、爆炸、着火，导致1人死亡、5人轻伤。

16日，公司发布《茂名石化安全生产“第1号”工作令》。

17日，公司召开安全生产紧急视频会，要求牢固树立“随意就是危险、违章就是犯罪”1个理念，严格执行《茂名石化施工作业安全管理程序》《茂名石化重大作业安全管理技术要求》2项制度，坚决落实从严培训考试、从严监督检查、从严奖励处罚等3项措施。

19日，公司驻村工作队被评为中国石化脱贫攻坚先进集体。

25日，化工2号裂解、高密度聚乙烯装置按计划停工检修，分别连续安稳运行71个月、1322天，运行周期均创集团公司同类装置最好水平。

29日，广东省委副书记、省长马兴瑞到公司调研，表示全力支持中国石化和茂名石化“十四五”发展及重点项目建设，要求公司加快实施重大技术改造，加快“返老还童”，实现高质量发展，为广东加快打造新发展格局战略支点多作贡献。

31日，公司第十四届职工代表大会第九

次联席会议审议通过《〈茂名石化安全生产“第1号”工作令〉专项考核办法》。

3月，公司全精炼石蜡首次通过欧洲RAL检测。

3月，公司总会计师李雪梅被评为全国巾帼建功标兵。

4月

1日，乙烯厂西门铁路道口看守实现远程集中控制，现场看守人员撤离，至此公司19个厂区内外铁路道口全部实现远程集中控制。

10日，公司1000吨/年聚苯乙烯中试装置开工建设。该项目位于湛江新中美化工有限公司现有聚苯乙烯装置西侧，采用中国石化自主开发的双预聚釜技术，旨在开发拥有自主知识产权的聚苯乙烯技术。

12日，广东省副省长覃伟中到公司合成润滑油基础油项目现场调研，强调要加快推进炼油转型升级及乙烯提质改造项目建设和炼油厂区卫生防护距离搬迁安置工作，加大节能降碳技术改造力度，推动企业转型升级。

16日，公司召开第十四届职工代表大会第十一次联席会议，审议通过《茂名石化安全环保尽职保证金管理办法》。

4月，公司干气回收富乙烷气装置项目被评为中国石化2020年度优质工程。

4月，公司化工分部聚烯烃运行部一横班团支部荣获“全国五四红旗团支部”称号，公司团委荣获“中央企业五四红旗团委”称号。

4月，公司高端合成树脂新产品亮相第三十四届国际橡塑展中国国际橡塑展。

5月

6日，公司炼油转型升级及乙烯提质改造项目可研获得总部批复，批复投资299.5亿元。

12日，公司发布《茂名石化工程项目经理负责制实施办法》，对投资类工程项目实行项目经理负责制。

14日，公司党委党校（培训中心）重新挂牌。

15日，公司成功生产出首个改性合成树脂新产品聚丙烯消光膜改性专用料PPM-AF331。

16日，集团公司发布2020年度党建考核结果，公司连续第7年被评定为A档。

18日，化工新产品销售业务由研究院划转到营销中心；公司离退休人员服务中心与行政事务中心合并，实行“一套人马，两块牌子”管理。

18日，公司被评为2021年度广东省企业文化建设十佳示范单位。

20日，公司下发《茂名石化科技进步专项激励方案（试行）》，首次设立“揭榜挂帅”项目奖励和自有技术转化为新装置奖励。

24日，炼油分部部分罐区操作、油品装车等业务划转至铁运分部，相关管理职能同步划转。

25日，在中国石化股份公司2020年年度股东大会上，公司执行董事、分公司代表、党委书记尹兆林当选为股份公司监事。

30日，《人民日报》第4版刊发《中管企业、中管金融企业扎实开展党史学习教育——凝聚起干事创业的强大力量》，其中指出，“茂名石化注重学以致用，将学习党史与公司发展目标相结合，激励广大党员干部职工在推进高质量发展上当先锋、作表率”。

5月，化工2#裂解、2#聚丙烯等9套装置在化工2系列大修期间，DCS控制系统由进口更换为国产。

5月，集团公司党组发布各直属企业及其领导班子2020年绩效考核审定结果。公司和公司领导班子综合考核得分为121.6分，连续第12年被评定为A级。

6月

4日，化工氢气提纯项目投用。该项目将化工分部4.7万（标准）米^3/时、含氢量约91%（v）的裂解粗氢气，纯度提升至99%（v）以上后输送至炼油分部，也可满足合成润滑油基础油等装置投产时的高纯氢气需求。

15日，公司第十一次党代会召开，大会选举产生第十一届党委会委员，分别是：毛远洪、尹兆林、龙泰良、刘方舟、关志鹏、许先焜、许楚荣、李灿荣、李雪梅、张恒珍、陆建明、柯玉芸、栗雪勇、高学辉、黄启权、梁郁超（以姓氏笔画为序）；选举产生第十一届纪律检查委员会委员，分别是：王新舟、许军、李建峰、余建东、林奕端、赵小飞、柯玉芸、黄亮、彭爱蓉（以姓氏笔画为序）。同日，公司召开第十一届党委第一次全体会议，选举产生第十一届党委常务，分别是：尹兆林、陆建明、柯玉芸、李雪梅、毛远洪、许楚荣、关志鹏、栗雪勇，选举尹兆林为党委书记，陆建明、柯玉芸为党委副书记；召开第十一届纪委第一次全体会议，选举柯玉芸为纪委书记，李建峰为纪委副书记。

16日，公司将水务运行部调整为中层正职单位，内设机构不变。

22日，炼油分部重油加氢班长吴金源被授予“全国技术能手”称号。

23日，计划管理部党支部书记、经理杨越当选中国石化第六届十大“感动石化”人物。

24日，化工分部顺丁橡胶装置复产。

26日，公司新一届党委委员到广东南路革命化州教育基地开展红色教育主题活动。

28日，公司收到茂巴公司2015年投产以来首次投资分红3622万元，占茂巴公司2020年可分配利润的93.44%。

28日，化工分部党委被授予“全国先进基层党组织”称号。

6月，公司党委常委、总会计师李雪梅被评为中央企业优秀共产党员。

6月，74年党龄的公司离休党员赖玉莲向党组织自愿一次性多交党费1万元整。

7月

1日，化工分部党委书记宋俊燕作为“全国先进基层党组织”代表，在京参加庆祝中国共产党成立100周年大会。

1日，公司选取炼油分部联合一车间作为试点，开始收送清洗工服。

2日，集团公司董事长张玉卓在《茂名石化公司党委关于“3·15”事故后全面加强安全管理情况的报告》上批示，“茂名石化在汲取事故教训方面开展一些工作，要进一步采取治本之策”。7月1日，集团公司总经理马永生批示，“茂名石化党委对事故认识深刻、采取措施有力度、有针对性，希望常抓不懈，形成长效机制，确保企业安全稳定高质量发展”；6月30日，集团公司副总经理凌逸群批示，“请炼油事业部阅处，全力支持茂名石化各项工作”；6月29日，集团公司副总经理李永林批示，“茂名石化深刻吸取事故教训，各项安全工作抓得细、实，他们的许多做法值得各企业借鉴”。

13日，公司基层党建创新案例《解决小诉求，凝聚大力量》，荣获第一届全国石油石化企业基层党建创新成果二等奖。

16日，公司作为中国石化4家代表企业

之一参与全国碳排放权首日交易，购入配额5万吨，总金额258.77万元。

18日，商储二期项目投用，港口分部第三作业区总库容达到432.5万立方米。该项目基础设计批复总概算18.07亿元，建设16座10万立方米储罐，2020年9月26日开工，创出茂名地区同规模项目现场征拆地最快纪录、中国石化同类储罐安装最快速度，2021年6月18日中交。

22日，广东省军区司令员周河少将到公司调研，对公司党管武装、组织建设、政治工作、战备训练、保障措施等工作给予充分肯定。

27日，公司1000吨/年聚烯烃弹性体（POE）中试项目基础设计获得总部批复，批复投资为28918.8万元。该项目是中国石化“十条龙”科技攻关项目“乙烯基弹性体制备关键技术开发及示范”的中试装置。

30日，公司职工韩善雷获2019年“全国技术能手”称号。

7月，公司下发《关于规范未取得岗位资格证“三大员”管理的通知》《关于建立“三大员”储备人才池的通知》，首次推行“三大员”取证上岗。

7月，公司在中国石化系统内首次产出低晶点电子包装膜料2420H。

8月

3日，广东省副省长陈良贤到港口分部调研疫情防控工作。

4日，公司10万吨/年高端碳材料装置投产，产出合格锂电池负极材料煅前I级焦，炼油产品结构得到进一步优化，中国石化自主开发组合工艺首次实现工业化，同时为我国石化行业探索劣质油浆生产优质针状焦技术应用提供了经验。

6日，公司22万吨/年苯抽提装置技术改造项目基础设计获总部批复，批复投资为8331.65万元。该项目实施后可有效降低汽油池芳烃含量，转产混合二甲苯32.5万吨/年。

9日，新版《茂名石化HSE管理体系手册》发布。

30日，公司首个无人仓库在物资总库投用。

30日，公司氢燃料电池供氢中心项目开工，该项目2021年4月14日可研获批，2021年7月28日基础设计获批，批复总投资6434.51万元，3000（标准）米^3/时氢气纯化装置采用中国石化自有变压吸附技术，500千克/天加氢母站采用压缩机直接充装方案。

31日，煤制氢装置原料提效及油渣利用改造项目可研获总部批复，批复投资1.7亿元。

8月，公司编制《碳达峰碳中和行动方案》。

8月，公司申请的“一种氮磷配位骨架的铬催化剂及其在催化乙烯齐聚中的应用”专利获得韩国专利局授权，该专利已获中国、荷兰、美国、日本等5个国家专利授权。

8月，公司与中石化广州工程有限公司、华东理工大学合作申报的课题“二氧化碳高温捕集与原位转化技术及工业侧线试验研究”列入总部氢能技术重大科技项目。

9月

6日，炼油分部煤制氢装置2019年6月28日检修后开车以来，连续安稳运行801天，运行周期创集团公司同类装置最好水平。

14日，公司与中广核电力销售公司签订2022年市场化用电交易合同，是中广核首个“零碳清洁能源（核电）+可再生能源（绿电）”用电套餐签约项目。公司2022年全年外购电量的99%使用核电，1%使用可再生能源，相关电量全部产自中广核在粤核电机组与可再生能源机组，与使用同等额度的煤电相比，全年可减少二氧化碳排放89.47万吨。

16日，公司与中国移动茂名分公司联合申报的项目“建设5G防爆专网，构建安全型智慧石化产业群”获得全国第四届“绽放杯”5G应用征集大赛智慧能源专题赛一等奖。

18日，公司炼油系统管廊隐患治理项目可研获总部批复，批复投资49982万元。

24—27日，公司9名选手参加2021年全国行业职业技能竞赛聚乙烯装置操作工技能竞赛，荣获团体总分第一、个人奖牌“4金3银2铜”的历史最好成绩。

24日，公司铁路提标技术改造项目基础设计获批，批复投资11986.99万元。

25日，公司炼油系统管廊废旧管线割除工作完成。该项工作2020年7月开始施工，共割除废旧管线208千米。

25日，公司租赁碧桂园的12套博士后公寓实现拎包入住。

27日，公司牵头编制的2020年版《中国石化炼油生产装置定员标准》通过集团公司终审。

9月，炼油3号柴油加氢装置首次产出AGO裂解原料。

10月

11日，公司乙烯生活区明苑多功能厅二楼、公司办公区2号楼二楼共2个EAP示范工作室建成投用。

12日，公司通过公开摘牌方式收购茂名石化博贺港储运有限公司50%股权，将与茂名港集团合资建设运营10万吨级成品油码头及配套设施项目。

12日，公司爱跑98#汽油首次在广东销售，此前一直销往西南市场。

13日，公司被中国石油和化学工业联合会评为2020年度“能效领跑者标杆企业（乙烯）”“水效领跑者标杆企业（乙烯）”，其中乙烯水效位列全国乙烯生产企业第一。

20日，公司博贺新港至茂名油品管道项目基础设计获总部批复，批复投资24.24亿元。该项目2021年2月18日可研获批，是公司“十四五”发展规划“两步走”的第一步，可消除公司现有仓储物流瓶颈，满足“十四五”乃至更远时期原料和产品进出厂需要，同时进一步扩大产品出口市场，降低物流成本，为公司“十四五”发展规划“第二步”落地提供配套设施基础。

22日，公司与明阳集团在广东省中山市签订战略合作框架协议。双方将积极推进绿电制绿氢示范项目前期工作，在石化行业率先打造示范标杆；采取多种模式合作，降低整体综合能源成本，提升绿电制绿氢占比；远期推动地方绿电发展规划，获得低成本绿电；共同推动绿色氢能产业自主核心技术与装备制造发展，助力打造国家级绿色氢能产业基地，带动上下游产业链共同发展。

26—30日，公司3名选手参加2021年全国行业职业技能竞赛加氢裂化（处理）操作工竞赛，荣获个人奖牌“1金2银”、团体总分第五的成绩。

28日，公司党委召开学习贯彻习近平总书记视察胜利油田的重要指示精神专题会，强调要提高政治站位，扛牢责任使命，当好排头兵，在确保国家能源安全、保障经济社会发展上再立新功，再创佳绩。

31日，公司乙烯产量累计突破2000万吨，达到2000.75万吨。

11月

4日，公司召开人才和培训专题会，指出公司目前人力资源管理处于“头重、脚轻、有赘肉”的状态，“头重”指的是机关人员多，“脚轻”指的是基层人员紧缺，“有赘肉”指的是辅助岗位人多；提出公司人才工作的主要目标是人力资源最优化、人才价值最大化，总体要求是“人适其事、事得其人，人事相宜、人岗相配，人尽其才、才尽其用，用尽其能、用之不竭”，基本职能是获得、整合、激励、调控、开发，具体任务是求才、用才、育才、激才、护才、留才。

7日，炼油分部首次加工伊拉谢玛原油，至此公司建厂以来共加工原油200种。

8日，公司3#聚丙烯装置内建成我国石化行业首张5G防爆专网。这一5G防爆微站由公司联合中国移动、华为公司、石化盈科共同研发建设，有效解决了炼化装置区5G网络覆盖难题，为构建装置区内“云+网+应用”一体化5G工业互联网应用，提供安全、高速、可靠的网络资源保障。

10日，公司执行董事、分公司代表、党委书记尹兆林在集团公司对标提升暨管理创新成果发布视频会上，作题为《“三挂钩”宽带薪酬分配体系的构建与实施》的管理现代化创新成果交流。

22日，公司国内首套合成润滑油基础油工业化装置14种产品全部合格。该装置是国务院国资委“1025”专项工程攻关重点督办项目、中国石化“卡脖子”重大技术攻关和“十条龙”科研攻关项目，批复投资6.79亿元，包括采用北化院技术的5万吨/年LAO、采用石科院技术的1.2万吨/年PAO两套装置，2020年9月25日项目开工建设，2021年8月17日投料开车。投产后，公司成为国内首个Ⅰ、Ⅱ、Ⅲ、Ⅳ基础油全覆盖的生产基地，打破了国外对线性α-烯烃生产技术的垄断，实现了我国石化行业的重大技术进步，将有效带动国内聚烯烃产业升级和高级全合成润滑油发展。

29日，公司作为绿色石化战略性产业集群“链主”企业，参加广东省2021年省长督办省政协重点提案办理工作座谈会暨战略性产业集群联动协调推进机制会议，广东省省长马兴瑞对公司工作给予肯定，希望公司认真贯彻落实新发展理念，全力推进炼油转型升级及乙烯提质改造等项目，加快推进转型升级，早日实现“返老还童”，进一步提升企业竞争力。

29日，公司3000吨/年mPAO中试装置中交，该项目采用中国石化自主技术，可打破国外技术垄断，对延长公司高碳α-烯烃下游产业链、提升中石化润滑油产业竞争力具有重要意义。

11月，国家危险化学品应急救援茂名基地全面投用，服务能力辐射周边400千米。

12月

1日，公司学习贯彻党的十九届六中全会精神暨中层领导干部研讨班开班。

5日，公司产出高密度聚乙烯耐酸变色IBC桶专用料PE B44G7AR，有效解决了以国产高密度聚乙烯为原料生产的IBC桶，盛装浓酸时桶身容易变红这一行业难题。

8日，全球首套LCO催化柴油制轻质芳烃和裂解料中试装置中交。该装置采用上海石油化工研究院、工程建设公司合作开发技术，可有效解决劣质柴油增值利用难题，对中国石化加速油转化具有重要意义。

9日，公司5万吨/年聚烯烃弹性体（POE）工业试验装置项目可研获总部批复，批复投资9.98亿元。

10日，炼油首次低成本产出III类4cSt加氢基础油。

10日，公司高密度聚乙烯产品5502LW首次出口非洲。

11日，公司炼油、化工厂区全面实现220千伏变电站供电。

21日，中国石化16家驻粤企业在广州联合举行主题为“奋斗百年路 启航新征程”的社会责任报告发布会，公司执行董事、分公司代表、党委书记尹兆林代表驻粤企业发布《中国石化在广东》社会责任报告。

24日，公司下发《关于成立炼油五部、炼油储运部、合成橡胶部的通知》，联合九车间与重油加氢车间整合为炼油五部，储运车间调整为炼油储运部，橡胶车间与丁烯车间整合为合成橡胶部，并于26日揭牌。

29日，公司“茂名LAO、PAO生产技术开发与工业应用”“气相聚丙烯产品VOC深度脱除成套技术开发”等2个中国石化“十条龙”科技攻关项目“出龙”，“高性能液体橡胶成套工业技术开发”“炼化全局资源优化技术开发及工业应用”等2个科技项目“入龙”。

12月，公司因合成润滑油基础油工业化项目，首次获得国家核心技术攻关专项补贴4000万元。

12月，公司厂史馆被命名为“茂名市职工思想教育基地”。

生产经营

MAOMINGSHIHUA

- 计划管理
- 生产运行及技术质量管理
- 设备管理
- 安全环保管理
- 财务管理

生 产 经 营

计划管理

【概况】 茂名石化计划管理工作由中国石油化工股份有限公司茂名分公司计划管理部（简称计划管理部）负责。计划管理部主要负责公司生产经营计划、原（料）油采购、来（进）料加工及一般贸易成品油出口、优化管理，下设优化管理室、生产计划室、原油室3个职能管理室。截至2021年底，计划管理部有正式职工23人，其中，具有高级技术职称的10人，中级技术职称的12人。

（杨晓芸）

【原油采购】 2021年，公司积极研判市场走势，优化原油采购节奏，努力实现“低油价高库存，高油价低库存”，全年采购原油1936万吨，原油到岸均价为中国石化各企业最低，为公司完成年度效益目标提供了高性价比的原油资源。

（姜玉健）

【加工新油种9个】 2021年，公司开拓巴士拉中、富查伊拉、马尔斯、徐闻、科勒、科威特重、科威特超轻、伊拉谢玛、大山原油等9个新油种，截至2021年底，公司累计加工油种达201个。

（姜玉健）

【产品出口】 2021年，公司出口产品（含船燃）205.99万吨，受新冠疫情影响，同比降低10%。其中，汽油16.01万吨、航煤43.69万吨、柴油68.03万吨、沥青16.60万吨、石蜡1.86万吨、润滑油基础油0.45万吨、低硫重质船燃59.35万吨。

（张九如　杜海凤）

【优化工作管理】 2021年，公司挖潜降本增效14.4亿元。主要做法有①年初，公司针对重点难点增效问题成立13个公司级优化攻关组，制定297项优化措施，滚动督办工作落实。②动态调优重点创效工作指标考核机制，建立、完善优化指标库，促进计划经营优化与日优化工作紧密联系。③提高优化奖励兑现时效，加大优化攻坚创效激励力度，每周下发优化项目评审情况、奖励计划，2021年提报分部级以上优化项目数量超1011项，兑现奖励311万元。④按照对标一流工作要求，完善《优化工作管理细则》，重点解决了与日优化联系不够紧密的问题。

（吴志晖）

【原油加工量和乙烯产量均超年度计划】 2021

年，公司全力争取原油加工量、产品配置计划，根据效益平衡情况做大石脑油、蜡渣油等外购原料，充分发挥下游装置产能，在炼油23套装置、化工2系列装置停工大修的情况下，全年加工原油1922.44万吨，超年度计划42.44万吨；加工原料油2189.05万吨，超年度计划207.05万吨，超计划量均居中国石化炼化企业第一位。抓好1#裂解装置关键设备特护工作和2#裂解装置复产后调优工作，择机采购性价比高的丙烯、抽余碳四等原料，提高装置负荷，2021年生产乙烯104.84万吨，超年度计划4.8万吨，化工外购原料量同比增加7.15万吨。

（齐亚辉　黄爱东）

【优化炼油产品结构】 ①2021年，做优做大高附加值产品，高标号汽油、三苯、液化气、润滑油、轻质燃料油等产品产量，同比分别增长7.19万吨、4.57万吨、11.68万吨、12.37万吨、25.10万吨，均创历史同期新高。②根据中国石化超基数汽柴油计算公式，提前谋划争取有利计划量。③成功产出并销售聚α-烯烃高端合成基础油。

（齐亚辉）

【优化化工产品结构】 ①2021年，公司全力压减苯乙烯产品产量，同比减少2.1万吨。②做大9930H等聚丙烯创效产品，全年完成产量2万吨，同比翻番；面对10月份化工市场剧烈波动形势，主动与专业销售公司对接市场需求，将效益排序靠前的UT8012、PPR-F08M等聚丙烯产品产量各调增1500吨，HT9025NX产品产量调减3000吨。③月度排产中优化装置产品结构，提高科技含量高、附加值高的新产品和专用料生产比例。

（黄爱东）

【优化裂解投料结构】 2021年，公司密切跟踪石脑油、轻烃及加裂尾油平衡，根据效益情况合理安排流向，裂解石脑油投料占比同比提高5.82个百分点；专题开展“油转化”攻关，制定并实施压减成品油、增产化工原料措施，在实现降本增效的同时，做大石脑油外购量，保持生产后路畅通，维持装置运行负荷稳定。

（齐亚辉　黄爱东）

【柴油市场保供】 2021年四季度，在国内柴油供需出现较大矛盾的市场形势下，公司积极响应中国石化总部号召，部署落实增产柴油措施，累计生产柴油145.77万吨，创同期历史新高；增产柴油49万吨，增量居中国石化首位。

（齐亚辉）

【开拓生产经营新路径】 2021年，公司打通天源石化丙烯、中科炼化醚前碳四和脱固油浆、古雷石化醚前碳四进厂流程，外采丙烯1.02万吨、醚前（抽余）碳四1.76万吨、中科炼化脱固油浆7.72万吨，充分释放了聚丙烯、MTBE、高端碳材料等生产高附加值产品装置的创效潜能。

（齐亚辉　黄爱东）

生产运行及技术质量管理

【概况】 茂名石化生产运行及技术质量管理工作由中国石油化工股份有限公司茂名分公司生产管理部/质量管理部（简称生产管理部/质量管理部）负责。生产管理部/质量管理部负责公司生产组织、工艺技术、产品质量、公用工程、节能管理及统计分析工作，内设生产调度室、技术质量室、节能与公用工程室、统计分析室4个管理室。截至2021年底，共有职工42人，其中具有高级职称的13人，中级职称的25人。

（张红霞）

生产运行管理

【2#裂解装置完成大修】 5月19日，公司2#裂解装置产出合格乙烯，2#裂解装置检修结束。本次大修从3月25日开始，共完成520个检修项目，包含公司级重点项目11项、分部级重点项目2项，顺利实施急冷除焦系统改造等5个改造项目，解决了裂解气压缩机CB-301汽轮机进汽、抽汽调节阀故障等26项影响关键机组安稳运行问题，以及燃料气系统聚结器滤芯更换、排放线疏通、冷箱检修消漏等问题。其中，急冷除焦系统改造项目首次应用模块化设计制造方法，将项目新框架和4台设备制造成高22.5米、长21米、宽8米、重279吨的整体模块，并采用车板顶升工艺运输搬移到位，与采用吊装方式相比，节省工期54天、费用450万元。

（李 平）

【300万吨/年柴油加氢精制装置新增反应器项目投产】 8月6日，该项目投产，精制柴油可满足VI车用柴油要求，石脑油收率由投产前的3.2%提升至5%，每年可增产石脑油5.4万吨，年产石脑油量达到15万吨。该项目批复投资6993万元，主要对反应部分和产品分馏部分进行改造。

（陈彩银）

【“三剂”辅材管理】 2021年，公司通过延长固定床催化剂使用寿命、回收利用惰性瓷球、推行三剂国产化、优化聚烯烃装置过渡料添加剂使用类型、推进常减压装置及循环水用剂总包工作、优化新剂试用流程等措施，实现“三剂”降本7622.73万元。

（吴向蓉）

【生产统计专业信息化建设】 2021年，全力推进统计数据分析成果孵化固化工作，14项统计大数据分析成果实现固化应用，初步解决了统计数据应用不通、数据采集工作量大等问题，新增模型化报表459个，同比增长51.81%；数据在线率90.1%，同比提升10.1个百分点。

（李笑林）

【强化计量统计数据监管】 2021年，公司建立进出厂计量统计数据监管机制，强化外购原料（石脑油、蜡油、重油、油浆、罚没柴油）、苯和甲苯转运，低硫重质船燃中转下海，与实华公司预分离关联结算，成品油批控装车，成品油供销售华南分公司等计量统计数据的监管，实施外围跨磅、跨站地磅对比，提升了计量数据精度。全年监管降损3902吨物料，减少损失约1416万元。

（李笑林）

【联合茂名市开展“应统尽统”行动】 2021年，公司和茂名市联合开展“应统尽统”行动，实施“三查一比”。2020年，公司工业增加值比此前统计方法增加5.51亿元，有效保证了茂名市GDP正增长。2021年，工业总产值完成1271亿元，增长30.5%，再超千亿元大关，有效保证了茂名市规上企业工业增加值增速达到4.5%，远超目标值3%。

（李笑林）

工艺技术及质量管理

【工艺技术管理水平提升】 2021年，公司强化风险管控，提升工艺平稳性，科学管理遏制非计划停工，在中国石化平稳率竞赛中，炼油装置平稳率98.19%，获金牌119枚、银牌107枚、铜牌145枚，累计排名第二；化工装置运行平稳率96.8%，获4面红旗；化工乙烯装置损失率，1#高压聚乙烯装置、全密度聚乙烯装置、顺丁橡胶装置物耗，2#高压聚乙烯装置、乙二醇装置能耗等6项指标排名总部第一。

（文周祺）

【透明聚丙烯系列高端产品首次通过美国UL绿色环保认证】 2021年，公司HT9025NX、UT8012M、PPB-MT16、PPB-MT25-S、PPD-MT45-S和PPD-MT60等6个牌号的透明聚丙烯产品，首次通过美国UL绿色环保认证，具备出口条件。与同类产品相比，这些产品在加工环节可有效缩短成型周期，降低注塑温度，降低加工能耗，更符合绿色低碳发展理念。

（梁　华）

【全精炼石蜡首次通过欧洲RAL检测】 3月，公司生产的56#和58#全精炼石蜡首次通过欧洲RAL检测，达到欧洲室内用蜡高质量要求，出口欧洲室内用蜡市场。该项工作2020年初启动，先后经过RAL质量要求识别、生产质量控制持续改进、检测条件完善、国内检测机构验证、欧洲认证分析实验室检测等程序。这是公司对标国际一流标准、铸造一流品质的一项成果。

（罗辉洪）

【产品质量管理】 2021年，公司固体、液体产品未发生质量事故及用户质量投诉事件。①上级5次抽查的13个液体产品全部合格，质量专业在炼油事业部竞赛中排名第二，其中，炼油汽油、航煤、柴油一次调成合格率同比提高4.4个、0.04个、2.86个百分点，达到95.8%、99.7%、98.4%。②化工固体产品CPK值1.33，在中国石化30家企业中排名第三，其中，合成树脂CPK值累计1.33，排名第二；合成橡胶CPK值累计1.58，排名第二。树脂、橡胶稳定性分别获得10面、11面红旗。

（钟东标　麦伟健）

【建成质量管理系统】 2021年，公司以产品生产过程为主线，建成覆盖企业生产全过程的质量管理系统。该系统包括质量计划、过程管控、分析诊断、风险管控、质量考核、客户服务、综合应用等7项应用，解决了产品过程管控难、分析效率低、管理不规范、质量改进不闭环等业务痛点问题，促进了产品质量规范化管理。

（钟东标）

【被评为全国石化行业能效“领跑者”、水效“领跑者”标杆企业】 10月，中国石油和化学工业联合会发布2020年度石油和化工行业重点耗能产品能效“领跑者”、水效“领跑者”标杆企业和指标，公司获“能效领跑者标杆企业（乙烯）”“水效领跑者标杆企业（乙烯）”称号，其中乙烯水效位列全国乙烯生产企业第一。此外，2#裂解装置、2#加氢裂化装置、1#延迟焦化装置、3#柴油加氢装置、炼油1#MTBE装置、2#聚丙烯装置等6套装置被广东省工业和信息化厅评为广东省石化行业能效“领跑者”装置，公司获广东省石化行业乙烯水效“领跑者”称号。

（黎秀基）

【被评为“十三五”行业节能先进单位】 2021年，公司被中国石油和化学工业联合会评为“十三五”石油和化工行业节能先进单位，蒙美彦、张成炎被评为“十三五”石油和化工行业节能先进个人。

（黎秀基）

节能降碳管理

【参与全国碳市场首日交易】 7月16日，公司作为中国石化4家代表企业之一，参与全国碳排放权首日交易，购入配额5万吨，均价51.75元/吨，且达成了全国碳市场首笔10万吨大宗协议交易。

（施恒展）

【与中广核签订外购电直接交易协议】 9月14日，公司与中广核电力销售有限公司，签订2022年市场化用电交易合同。这是中广核首个“零碳清洁能源（核电）+可再生能源（绿电）”用电套餐签约项目。根据协议，公司2022年外购电量的99%使用核电，1%使用可再生能源，公司享有合同期内实际用电量对应的碳及污染物减排权益。预计公司全年可减少CO_2排放89.47万吨。

（程方军）

【与明阳集团签署战略协议】 10月22日，公司与全球化清洁能源整体解决方案提供商明阳集团在广东省中山市签订战略合作框架协议。根据协议，双方将积极推进绿电制绿氢示范项目前期工作，在石化行业率先打造示范标杆；采取多种模式合作，降低整体综合能源成本，提升绿电制绿氢占比；远期推动地方绿电发展规划，获得低成本绿电；共同推动绿色氢能产业自主核心技术与装备制造发展，助力打造国家级绿色氢能产业基地，带动上下游产业链共同发展。

（程方军）

【被确定为广东建设绿色石化产业集群“链主”企业】 11月29日，广东省召开2021年省长督办省政协重点提案办理工作座谈会暨战略性产业集群联动协调推进机制会议。公司作为绿色石化战略性产业集群“链主”企业发言，得到与会省领导、民主党派人士、企业家代表的好评。省长马兴瑞对公司给予了肯定，提出了希望和要求，指出公司是中国石化效益最好的企业之一，也是广东省连年纳税最多的企业之一，长期以来为国家和广东经济社会发展作出了突出贡献；希望公司认真贯彻落实新发展理念，全力推进炼油转型升级及乙烯提质改造等项目，加快推进转型升级，早日实现“返老还童”，进一步提升企业竞争力。

（程方军）

【做实全国节能宣传周和全国低碳日活动】 2021年，公司①召开专题会议，宣贯公司《碳达峰碳中和行动方案》，将2027年碳达峰、2050年碳中和总体目标任务，细化为54项具体措施，明确责任，限定完成时间，跟踪督办，推动落实。②加强宣传引导，举办“节能降碳、绿色发展”云开放活动，4万多人次在线观看；利用早调会、学习专班等途径，以“节能低碳中国石化在行动”“茂名石化碳达峰碳中和科普宣传片”“茂名石化节能小贴士”等视频形式，宣贯相关制度要求和节能优化思路；采用多种媒体，普及节能降碳相关知识。③发动全员提报并实施节能降碳建议448项，年可节能18.81万吨标煤，减少CO_2排放48.9万吨；强化系统思维，对在建和即将实施的10个合同能源管理、8个能效提升项目进行对接跟踪，协调加快进度，完成2022年拟实施的10个节能项目立项和审查工作。

（施恒展）

设备管理

【概况】 茂名石化设备管理工作由中国石油化工股份有限公司茂名分公司机动部（简称机动部）负责。机动部负责公司炼化机械设备、电气、仪表设备、固定资产和检维修工程等的管理。下设静设备室、动设备室、工程资产室、电仪室（电力调度室）、设备可靠性管理室5个管理室。截至2021年底，共有正式在岗职工63人，其中具有高级职称的20人，中级职称的34人，初级职称的6人。

（田利丹）

【设备专业管理】 2021年，机动部①增强制度执行力。修订完善27项制度，组织7项设备管理制度培训，制定专业管理制度周学习计划，引导干部员工维护制度、执行制度。②紧盯工作重点。梳理出全年5条工作主线、17个任务方向、50项具体工作任务，确保了工作方向明、任务清、措施实。③严肃考核。建立重点工作检查督办机制，明确职责，定期跟踪，严格考核，推动公司重点工作、重要事项有效落实。全年累计考核110.38万元，同时对工作落实到位的单位或个人奖励195.57万元。

（田利丹）

【裂解装置大型压缩机机组润滑油国产化】 4月，公司2#裂解装置乙烯裂解气压缩机、三元制冷压缩机、甲烷氢压缩机，首次试用长城合成润滑油。运行情况表明，机组各项指标均运行良好，与进口壳牌润滑油相比，国产润滑油降温、抗磨、防水等主要性能基本一致，采购成本降低超35%。

（田利丹）

【控制系统国产化】 4—5月，化工2系列装置大修期间，公司2#裂解等9套装置控制系统由进口DCS控制系统更换为浙江中控操作系统，攻克关键装置核心操作系统国产化的“卡脖子”难题，国产化控制系统全中文显示，贴合员工操作习惯，可有效避免“误操作”，解决裂解装置实时优化系统与原进口控制系统不兼容的难题。

（田利丹）

【首次应用液压剪方式冷拆除大型设施】 公司化工厂区旧D火炬高120米，重280吨，采用人工高空拆除方式需要8天时间，耗时长且风险高。经多方研究，应用液压剪冷拆除技术可大幅压缩工期，且可避免高空和动火作业，安全风险大大降低。4月7日，公司采用液压剪方式冷拆除化工厂区旧D火炬，与人工高空拆除方式相比，节约工期5天，降低费用60.5%。

（田利丹）

【风险隐患整治】 2021年，公司机动专业滚动完善“三查”计划，结合“百日安全无事故”“五查五严”保安全专项行动，组织开展高危泵、临时用电、外腐蚀、“四有四必”等隐患专项排查，发现问题9532项，整改6332项；推动8项设备专业HSE重大风险降级，风险总值由200降至164，4项公司级风险总值由100降至72。

（田利丹）

【设备缺陷全过程管理】 2021年，公司依托设备移动APP，实现提报的设备缺陷全过程管理，累计提交日计划5371条，占缺陷总数的25%；开具电子作业票6733张，占缺陷提报量的31.4%。此外，针对重复性故障，系统将自动推送根原因分析提醒，提升了缺陷处理效率。公司机动专业全年共开展68项根原因分析。

（田利丹）

【泄漏管理】 2021年，机动部①制定完善《公司泄漏管理细则》，实现泄漏介质按种类分级管理，泄漏点分类管理，限时整改。②细化泄漏考核，压实各层级设备管理人员“管设备就要管安全”的责任，增强了保安全意识。③加大腐蚀防控，完成大修装置748个静设备的腐蚀调查和532个设备、管线的测厚工作。④严格设防值管控，强化工艺防腐蚀监控，原油脱盐合格率连续2年提升，2021年同比提高0.64个百分点。

（田利丹）

【变更管理】 2021年，公司完善变更管理流程，建立分级审批管控机制，大幅降低变更风险。公司发生设备设施变更1090起，其中重大变更65项，较大变更174项，一般变更426项，未发生变更引起的事故事件。

（田利丹）

【合规管理】 2021年，机动部①按照国家环保要求，完成14台VOCs超标常压储罐的治理及7台原油储罐防爆抑爆膜的安装。②完成112台常压储罐检验工作；6418条压力管道、1199台压力容器定检工作，实现定检率100%。③更新607台淘汰电机、25台淘汰变压器。④开展2152项高危泵配置整改工作，全年已整改完成10%。

（田利丹）

【提升设备运行可靠性】 2021年，公司共完成237台联锁“三取二”改造；完成204套UPS蓄电池放电试验，同比增加75%；整改978个防雷防静电不合格点，完成5座6千伏装置变电所、1座110千伏变电所保护装置的综保改造；升级11台快切装置软件，更换28台西门子保护装置电源板，提升了设备运行的稳定性和可靠性。

（田利丹）

【非计划停工管理】 2021年，公司发生3起因设备原因引起的非计划停工，同比减少25%，其中，关键机组故障率0.03%，未发生因关键机组原因导致的非计划停工。①发挥防非停攻关小组作用。围绕“减少非计划停工次数”目标，全力组织攻关，解决影响装置稳定运行的突出问题。如，消除了变压器非电量保护隐患和化工南站6千伏开关柜隔离刀闸合闸不到位，造成放电拉弧、触头发热的重大缺陷，解决了11项关键机组运行问题及原油脱后含盐量不合格等问题。②发挥在线状态监测预警作用。不断完善机组在线状态诊断系统、设备健康管理系统、泵群监测系统、腐蚀监测系统，实时监测关键机组及在运管线，及时预警，每月出具检测报告，指导运维。③严格检修质量验收。将检修质量监督作为确保装置长周期运行的重要环节，严格把关。高度重视施工过程检查及质量验收，明确验收标准，制定质量验收表单，加大管控力度，确保各层确认一个都不少，保证检修质量。

（田利丹）

【承包商监管】 2021年，公司①推动自主管理。完善承包商、专业队伍考评体系，制定《公司检维修承包商年度积分管理办法》，按照“承包商母体考核积分分配至专业队伍”方式管理。编制承包商自主管理检查表，组织保运承包商每天反馈设备抢修动态信息，促进保运水平不断提高。②加大考核力度，公司累计考核71家检维修承包商2932项，同比提升55.9%；扣款747.34万元，同比增加84%；约谈12家单位主要领导；6家承包商和24支专业队伍积分被扣完，受到退出选商交易资格半年的处罚。③严格日常管控。将承包商职责列入招标文件，将“公司安全生产‘第1号’工作令”“集团公司总经理2号令”管理要求及设备故障抢修时间等KPI指标纳入保运合同，将机具配备等承包商工作成效作为重要考评内容；设置资质合格率等6项KPI指标和多个考核节点，执行“突然死亡法”。开展承包商年终考核评价，落实“减、停、退”措施。④严格资质管理。提高检维修承包商及专业队伍准入门槛，为培养优质战略合作队伍奠定基础；滚动开展承包商资质信息审查，督促资质过期单位整改。指导监督承包商制定年度培训计划，推行专业技能培训和考试验证，推行承包商QHSE管理体系符合性审核。⑤强化现场安全监督。组建工程施工督查组开展直接作业现场检查监督，每月至少2次检查通报施工现场情况，对违规违章现象考核扣分，全年检查通报考核问题2685项，发布48期安全检查通报。⑥强化疫情防控。外来施工人员执行报备制度，保证100%核酸检测通过，并组织检维修承包单位全部人员进行疫苗接种。⑦预防欠薪问题。制定落实检维修承包商维稳工作机制、解决农民工讨薪欠薪问题长效机制，妥善处理有关欠薪事件。

（田利丹）

【机动专业应用先进技术】 2021年，公司①采用脉冲涡流检测技术，开展设备易腐蚀部位排查和治理。②应用豪克能技术消除焊缝应力。③应用旋转涡流扫查检验技术提高检验效率。④采用声脉冲和远场涡流检测换热器管束。⑤中国石化首次应用故障录波组网，实现远程读取电气故障录波信息，为调度员应急处置提供决策依据。⑥引进新型除垢技术，试用钐钴体流体处理器除垢，效果明显。

（田利丹）

【机动专业创新工作方法】 2021年，公司①采用AB胶+盘根碎屑进行带压堵漏。②应用液压剪方式冷拆除大型设施化工旧D火炬。③化工2#高压聚乙烯装置超高压压缩机国内首次实现曲轴现场更换。④试用新型保温材料“CAS纳米微孔保温毡”降低减压转油线热损失。⑤应用回转蓄热式空气预热器提高加热炉热效率。

（田利丹）

【设备KPI指标达标率提升】 2021年，公司对标先进企业，制定54项设备KPI指标，并在《机动专业经济责任制考核细则》中增加以设备完整性管理要素为核心的有关内容，将指标纳入基层考核，年内考核二级单位未达标KPI总额3.85万元。此外，规范KPI月报，每月开展指标分析，制定改进措施，固化经验做法，促进指标不断优化。按照中国石化45个KPI指标统计，公司指标达标率由2020年的70%上升到98%，公司达到先进企业指标率由2020年的29%上升到67%。

（田利丹）

【定时事务管理】 2021年，公司定时事务完成率100%。①梳理出定时事务清单，将其细化为执行层级、触发人员、执行频次、执行平台、记录表单等，设备完整性平台可将每项任务定时发送至相关人员，并自动统计任务执行情况，保证了设备管理和使用维护工作有序开展，减少了工作随意性，提高了工作执行力。②优化定时事务流程，通过缺陷系统自动生成76项检查类表单，提升了工作效率。

（田利丹）

【设备预防性维修】 2021年，公司制定发布预防性维修策略和计划，预防性维修策略执行率100%、变更率4.5%，预防性维修计划执行率91%。公司通过开展定时事务和预防性维修，实现设备故障次数同比降低68.9%，动设备故障维修率从8.96%降至1.23%，紧急抢修工时率从2.893%降至0，远超年初计划目标。

（田利丹）

【泵群机组管理】 2021年，公司①集成数采系统、监控系统等数据信息，实现监测数据本地化，并通过设备健康管理系统对设备运行指标进行监测，对红线指标提醒预警，自动推送提醒信息。此外，新增监测机泵921台，大幅减少基层操作人员现场测温、测振工作，其中，高危泵监测工作减少75%，一般机泵监测工作减少85.6%。截至2021年底，总监测机泵数量达到1600多台。②完成在线分析仪表系统企业端建设，实现在线分析仪表信息化管控。制定完善机组干气密封系统等检查维护标准，制定发布《机组检修指南》《新到货电机的抽检验收标准》等一系列制度标准，促进了机组规范管理。

（田利丹）

【装置检修管理】 2021年，公司组织30套装置检修，实现安全、环保、质量事故均为零。①发挥大修指挥部作用，定点驻守，靠前指挥，及时协调处理出现的各类问题，保障大修工作顺利推进。组建安全质量督查小组，监督大修装置安全和质量管理体系运行；设立文明检修TPM管理组，及时监督考核违章行为，减少检修现场脏、乱、差现象，杜绝可能出现的安全、质量事故，实现文明检修。②首次推行装置检修完工条件确认表，规范了装置大修、改造工作的施工质量验收。③通过增加施工力量和施工设备、延长施工时间、加班加点等措施，实现3座储罐比统筹时间提前完成检修。④加班加点投入顺丁橡胶装置复产工作，仅用3个月时间实现装置安全高效高质量一次复产成功。

（田利丹）

【修理费降本】 2021年，公司修理费降本

1.07亿元，超全年确保目标53%、力争目标34%。①发动各单位开展机动专业设备管理创效工作，创效22373万元。完善降本减费考评机制及考核条例，成立降本减费团队，制定23项降本减费措施，明确目标及责任人，滚动跟踪；每月召开机动攻关创效例会，采取开展降本减费成效审核及评比，降本减费与修理费指标比率排名方式，奖励17.7万元，提高各单位参与修理费降本减费活动的积极性。②严审工程计划降低费用1413万元；优化检修施工方案降本1296.67万元；降低竞价费用创效1431.29万元；通过优化年度保运及检维修项目招标方案、年度框架合同采取集合式选商、装置和储罐大修采取大包干选商等方式，创效5129万元。③积极开展配件国产化、润滑油国产化攻关，完成36项设备配件国产化和6台关键机组润滑油、18台机泵润滑油国产化，创效2400万元；对重要机泵、机组、锅炉实施能效改造，创效992万元；修旧利废降本4405.56万元。④争取电价、供电政策优惠创效10778万元；持续做好错峰发用电监督管理，减少电费支出831万元。⑤闲置资产盘活创效793.38万元。

（田利丹）

【机动专业合同管理】 ①落实“每份合同都是创效点”的理念，将设备完整性KPI指标植入标准合同文本，设置项目KPI管控指标，实施项目全链条管控，将项目工程造价的3%～5%作为实施考评资金，达到KPI指标才能获得项目全款。②通过合同履行、日常考核、项目过程监管等，建立每年一次承包商综合考评机制，将考评结果纳入选商管理。③开展年度保运合同履行评价工作，结果纳入下一年度选商管理，完善年度绩效考评KPI指标，将保运KPI指标与保运单位的进度款、下年度合同价降点挂钩。

（田利丹）

【机动专业后备人才培养】 按照“60：30：10”人才结构比例，培育专业管理、基层管理、专家型储备人才100名要求，公司机动专业通过参加内外部培训班、干中学、授课、编写教材等多种形式给储备人才压实担子，促进储备人才不断提高能力水平。①外送15人次参加集团公司培训，8人参与编写培训教材，157人次为学习专班授课。②探索开展实地培训，针对新聘任设备员管理理论知识薄弱、管理思路狭窄问题，组织水务运行部2名新到岗设备员到机动部培养，系统学习管理体系、制度要求、设计规范等理论知识，并在检验合格后，跟随机动部人员实地协调处理专业管理问题、技术问题等，磨炼技术、开拓思路，促进新设备员快速成长。

（田利丹）

【提升基层管理、操作人员素养】 ①组织设备员上岗资格认证。完善设备员岗位胜任能力标准，制定设备员及电气专业运行员自主学习内容提纲，促进车间“三大员”自主学习设备知识，提高学习实效，224名参加应知考试的设备员全部合格。②编制培训教材。以新到岗设备员的知识需求为出发点，正组织编制设备员培训教材，教材内容有13章，涵盖设备完整性管理、设备专业工作流程等，力求设备员通过自学教材基本满足岗位要求。已编制操作人员设备知识教材，涵盖设备巡检、操作、维护、异常情况判断及应急处理等5大类、13小类设备培训内容，强化了基层人员知识储备。

（田利丹）

【改善基层工作环境】 2021年，公司投入40万元用于基层老旧办公电脑更新，投入2431.89万元实施58项改善基层环境整治项目。

（田利丹）

【党支部工作】 2021年，机动部党支部①围绕中心工作成立管理能力提升、现代化管理体系建设、装置大修、攻坚创效、人才培养5个党建融合工作小组，将党建工作融入绩效考核，推动党建与中心工作融合互促；以工作内容、岗位标准、党员标准为依据，结合党员积分管理，每月评选“星级党员”，全年评选星级党员24人次；深化“双向培养”，抓好党员发展，3名预备党员转正，确定入党积极分子2名，提出入党申请1名；党员亮身份，在每个工作卡座张贴岗位铭牌，用党徽标识凸显党员身份。②对生活相对困难及患有大病的10位职工开展家访；为住院职工申请困难补助2600元，并到医院慰问；积极为接种新冠疫苗后出现持续低烧职工联系救治医院，帮助落实住院前准备工作，为职工分忧解难；组织职工健步走活动，共40人参加，丰富了职工的业余文化生活；开展“传承红色基因、永远跟党走”，缅怀革命烈士纪念陵园先烈，弘扬爱国主义精神；为1名到龄退休职工送上感谢信、贺卡、鲜花及纪念品，让职工感受关爱和不舍之情；服务大修现场，送去方便面、王老吉、矿泉水等物资；增强党员归属感和荣誉感，寄送政治生日贺卡35份。

（田利丹）

安全环保管理

【概况】 茂名石化安全环保管理工作由中国石油化工股份有限公司茂名分公司安全环保部（简称安全环保部）负责。安全环保部是公司安全、环保、职业卫生监督管理工作的职能部门，下设安全管理室、环保管理室、职业卫生管理室3个管理室、1支HSE督查大队。截至2021年底，有职工34人，其中，具有高级职称的8人、中级职称的23人。

（郑鹏超）

【安全环保总体情况】 2021年，公司消灭了环保事故事件，涉油气公共安全事件为零，9月以来消灭了事故事件；被评为中国石化节能环保先进单位，获中国石化A档绿色企业称号，连续第6年获得广东省环保诚信企业绿牌。外排废水、废气合格率达到100%，固体废物合规处置率100%，职业卫生有毒有害因素监测合格率100%。

（郑鹏超）

【广东省副省长陈良贤到公司调研疫情防控工作】 8月3日，广东省副省长陈良贤到港口分部调研疫情防控工作，看望慰问一线员工，听取有关生产经营和疫情防控情况汇报，对公司工作给予高度评价，尤其对公司努力克服疫情影响，担当实干，成为中国石化炼化企业排头兵的优异成绩给予充分肯定。强调要深入学习贯彻习近平总书记关于疫情防控和安全生产工作的重要指示精神，坚决按照广东省疫情防控、安全生产和三防工作电视电话会议部署，落实企业主体责任，从严落实疫情防控和安全生产各项措施，高度重视、切实加强单点外轮接卸作业疫情防控工作，筑牢“外防输入”防线和安全环保底线，确保人民群众生命财产安全。

（郑鹏超）

【安全生产走出低谷】 2021年，“3·15”事故发生后，公司①第一时间颁发《茂名石化安全生产“第1号”工作令》，迅速出台史上最严专项考核办法，加大对所有违章违纪和不安全行为的检查考核力度，引导全员树牢“随意就是危险、违章就是犯罪”理念。②大力推行工作票制、“手指口述”（唱票）操作法、HSE观察、风险隐患排查等措施，推动现场管控有力加强。③出台《茂名石化安全环保尽职保证金管理办法》，有18个单位、部门因发生事故事件被扣除保证金，共计249.98万元。④对事故责任人严肃追责，对85名因履职不到位造成事故事件的职工安全记分246.25分，考核承包商人员658人次，452人被限制入厂，87人被列入“黑名单”，现场违规操作和施工作业违章数量明显下降。

（郑鹏超）

【HSE管理体系建设】 2021年，公司①发布新版《HSE管理体系手册》及要素监测指标，修订承接体系下位制度35项。②确定安全（含公共安全）、职业健康、环保、消防应急救援、生产技术、设备、电气、仪表、培训、工程及承包商等10个专业HSE分委员会，专业管理保安全职责更加清晰。③大力开展体系宣贯和培训，1076名管理人员通过培训取得公司内审员资格，130名中层领导干部通过HSE管理体系考试，营造了全公司遵章守纪的氛围。④开展2次HSE管理体系内部审核，481个不符合项已全部完成整改。

（郑鹏超）

【提升员工安环素质】 2021年，公司①践行有感领导，落实服务官机制，结合定点服务和“三个三”工作要求，深入基层，抓实HSE个人行动计划。②举办6期“干部夜校”，着力提升领导引领力。开展HSE“第一课堂”，建立会前开展典型事故案例学习机制，推动安全培训常态化。③开展HSE关键岗位取证考试，用好“人才池”机制，狠抓“三大员”竞聘上岗，截至2021年底，持证上岗“三大员”人数达354人，33名原“三大员”落聘，实现人员能上能下。④聚焦“五懂五会五能”，营造“以考促学”氛围；大力推进学习专班、练兵比武、“135”应急演练和取证考试工作，促进员工责任心、技能水平双提升。

（郑鹏超）

【风险隐患查治】 2021年，公司持续深化双重预防机制。①公司11项重大安全风险总值由316降至271，系统性风险总值下降14%。其中，集团公司级风险“炼油系统管廊坍塌及管线泄漏火灾爆炸风险”“长输管线油气泄漏风险”，经过专业评估降为企业级。②持续推进网格化“三查”工作，累计查出隐患19330项，整改17017项，整改率88.03%。③差别化奖励发现隐患避免事故事项178项，奖励229人次、59.1万元。

（郑鹏超）

【绿色发展】 2021年，公司①推进环保依法合规管理，公司所有生产区域均取得排污许可证；依法开展项目环评16项，取得批复9项，完成自主竣工环保验收6项。②强化污染治理能力，新上环保项目12个、绿色项目17个，完成绿色任务26项，选树绿色标杆装置2个，综合利用固废3.4万多吨，又建成绿色装置20套，公司绿色装置占比提高到74%，超出中国石化要求44个百分点；查改VOCs及异味问题411项，VOCs减排200多吨，全年实现外排废水、废气合格率100%，固废合规处置率100%，大气污染物污染当量数、温室气体排放量同比下降6.25%、35.27%，各项指标持续位于系统内先进水平。

（郑鹏超）

【科技兴安】 2021年，公司①构建电子作业票系统，逐步推行施工作业票证电子化。②建成国家危险化学品应急救援茂名基地，集成应急指挥系统，进一步提升应急救援水平和装备保障能力。③建设危险化学品安全生产风险监测预警系统，实现风险分级管控、实时预警。④梳理36类变更流程，找出8个流程变更关键点，在缺陷系统平台、电子作业票证管理系统等7个信息化系统设卡，卡住变更的"咽喉"，实现变更管理信息化。

（郑鹏超）

【员工健康管理】 2021年，公司①持续改善基层作业环境，完成9个粉尘、噪声超标点和164台非密闭采样器、脱水器治理。②加强对员工健康管理，在岗员工体检率达100%，同时，强化员工体检结果应用，为220名高血压风险员工建立健康清单，配备126台相关仪器，跟踪实施健康指导和协助治疗，员工职卫风险得到有效控制。

（郑鹏超）

【疫情防控】 2021年，公司坚持"外防输入、内防扩散"，建立核酸检测"绿色通道"，开办疫苗接种"石化专场"，能够接种的在岗员工和承包商人员全部完成接种，接种率达94%，公司保持"零感染""零疑似"。

（郑鹏超）

财务管理

【概况】 茂名石化财务管理工作由中国石油化工股份有限公司茂名分公司财务部（简称财务部）负责。财务部主要负责公司财务管理、会计核算和预结算工作，下设会计资金室、成本管理室、资产管理室、工程器材室、价税管理室、风险管理室6个管理室和财务共享服务支持中心1个核算服务管理室及工程预结算中心。截至2021年底，财务部有职工97人，其中，具有高级职称的14人、中级职称的50人、初级职称及以下的33人。

（潘肖容）

【效益目标实现】 2021年，公司创造利税346.41亿元，实现利润100.66亿元，利润位居中国石化炼化企业第二位、同规模企业第一位，国有资产保值增值率达到127.17%，同比提高3.96个百分点，总资产报酬率、净资产收益率均列中国石化大型炼化企业前茅。①以系统优化为抓手，强化目标牵引，围绕经济指标、生产计划共融互促，在每月开展7轮以上常规测算的基础上，变被动测算为主动测算，对装置大修统筹、原料及产品市场价格波动、装置运行状态等项目开展专项测算，为公司优化排产、动态配置资源提供了数据支撑。②对价值链各个生产经营环节、各项业务进行深入分析判断，客观揭示企业生产经营效果，发现问题，找出努力的方向和目标，提出改善生产经营管理的有效措施和建议。③联合相关单位、部门，对标先进企业、对比历史数据进行开停工效益影响等专题分析和管理短板分析，查找出公司生产经营问题57项，提出工作措施建议76项。

（潘肖容）

【绩效指标引导】 2021年，财务部牵头对公司现有绩效指标进行梳理，将财务绩效指标分为盈利能力、资产质量、财务风险、持续增长等4个领域，突出指标关联性、重要性、相互制约性，初步形成4个层级、130个指标的财务绩效指标架构，为强化绩效目标约束力，敢考核、真考核，进一步加大经营绩效和业绩绩效的挂钩力度，夯实了体系基础。财务专业全年共考核89项，扣罚9万元，同比增加26%。

（潘肖容）

【成本指标管控】 2021年，公司财务专业坚持“一切成本皆可控”原则，完善成本指标体系，将指标以计划完成率、能耗、物耗、产量、装置收率、均价对比、费用指标等形式，层层分解到部门、中心、车间、班组、个人，突出专业管理、全员参与的分层级成本管理责任。全年累计完成降本减费3.87亿元，完成奋斗目标的110.57%。成本增长率比营业收入增长率低2.97个百分点，达到中国石化“成本增幅小于营业收入增幅”要求。全年炼油单位完全费用、化工吨产品完全费用分别比总部下达指标低6.69元和4.46元。

（潘肖容）

【倒逼降本】 2021年，公司财务专业从助推安稳运行、深化企业改革、细化采购管理、优化原料结构、强化投资管理、做实设备管理、精益专项管理、提升“产销研用”、精研财税政策等9大方面，确定81个工作要点。密切跟踪降本减费各项目进展情况，通报各单位降本减费存在问题48项次，总结、宣传日常工作中降本减费亮点、优秀案例31个。同时，加大奖惩力度，奖励442个项目，兑现降本减费奖励132.35万元。

（潘肖容）

【成本优化攻关】 2021年，公司成立危废和环保费用、加热炉热效率提升、检维修费用和设备国产化、乙烯提质改造项目重大装备国产化、高耗能动设备节能改进、热联合优化降低等6个成本优化攻关组，深入开展重大成本项目和重要成本管理瓶颈攻关，集中力量破解重点难点。各攻关组累计降本减费2.47亿元，成本优化攻关已成为公司降本减费的有力抓手。

（潘肖容）

【政策降本】 2021年，公司①用好免征港建费、资源利用项目抵免企业所得税、技术开发费加计扣除抵免企业所得税、残疾人员工资加计扣除减免企业所得税、专用设备抵免企业所得税等优惠政策，增效1.86亿元。②落实出口退税2.18亿元，缓缴税金41.13亿元，落实税收优惠政策收到资本金奖励4051万元。③申请核心技术攻关国家财政补贴4000万元，降低资金成本6198万元。

（潘肖容）

【源头降本】 2021年，公司深度介入、全过程参与投资优化，努力提高投资回报，从源头控制成本，参与项目审查55场次，审减金额1907万元，从源头上降低了投资风险。全年完成工程（预）结算编审（含外委）6626份，编审总价（含结算、基建合同暂定价及检维修最高限价和预算）77.03亿元，其中，非包干结算送审造价7.38亿元，审定造价6.18亿元，核减（节约）投资和检维修费用1.21亿元，一审累计审减率为16.33%，一审累计准确率为98.71%。

（潘肖容）

【科学节税】 2021年，公司深入研究企业改制和不动产相关税收优惠，节税增效7833万元。①通过积极协商防城港税务机关，争取减免土地回收过程各项税费约868万元。②加强与税务师事务所、税务机关三方协调联动，落实广州市茂名石化宾馆注销资产划转方案，节约土地增值税等相关税费约6900万元。③做细做实不动产销售税收筹划，提前引入重置成本评估，节约土地增值税约65万元。

（潘肖容）

【产品、服务调价】 2021年，公司财务专业做好公司产品、服务价格的梳理、调研和推价工作，增效3932万元，突显了推价创效的管理价值。同时，持续开展市场调查研究，提高市场预判能力，提前谋划营销策略，做到“先人一步”，实现“以产促销”。全年财务部会同营销中心深入市场、走访客户，提出59项价格调整建议，通过价格对比，及时捕捉利好因素，调价增效1887万元。

（潘肖容）

【盘活闲置土地房产】 2021年，公司财务专业以资产效益最大化为目标，采用专项研讨，专班推进方式，持续拓宽不动产创效渠道，存量资产增效明显。①通过公开挂牌转让处置茂名、湛江、深圳的房产共32宗，增效约1950万元。②主动融入地方发展规划，争取到以政府有偿收储方式，盘活原水东职工培训中心234亩土地，增效1.39亿元。③按“占一补一、等价置换”的原则，盘活湛江大道用土地、矿山周边待用土地，增值2.6亿元。

（潘肖容）

【资金运营管理】 2021年，公司财务专业①坚持“现金为王”理念，深化业财融合，将现金流管控向业务前端延伸，加大资金预算与采购、销售、生产、投资的结合力度，加快资金清收入库，提升增量现金流创造能力。全年实现经营现金流101.32亿元，同比增加8.43亿元，夯实了资金保障。②密切关注原油采购、产品出厂、货款回笼进度，合理控制资金占用，优化资金管理，全年累计财务费用-6485万元。其中，办理汇票背书结算30.02亿元，获得总部票据利息奖励4110万元；严控资金净占用，收到总部资金占用利息奖励1685万元，降低了资金成本。

（潘肖容）

【民企清欠工作】 2021年，公司落实民企清欠工作要求，努力消除各类理解偏差，强化业务源头管理，规范合同文本，加强财务日常督导，定期开展风险排查。3个月以上应付账款比年初降低80%以上。

（潘肖容）

【投资回报股权】 2021年，公司以实现股权投资增值为目标，督促合资公司制定利润分配方案，优化资金安排，做好投资分红工作，共收到合资公司现金分红7.29亿元，再创历史新高。

（潘肖容）

【首次收到茂巴公司投资分红】 6月28日，公司收到茂名石化巴斯夫有限公司2015年投产以来首次分红，占该公司2020年净利润的39.5%、可分配利润的93.44%，实现了股权投资增值目标。①搭建合资公司沟通平台，及时协调解决原料、中间物料、动力互供等问题，确保异壬醇装置高负荷运转。②协助茂巴公司抓住异壬醇价格上涨时机，及时优化增产，加大销售力度。③委派财务主管，强化财务监管和价值服务，防范经营风险，实现投产以来累计净利润首次为正。

（潘肖容）

【完成“两非”剥离】 8月13日，广州市茂名石化宾馆完成工商登记注销，公司仅用56天就完成“非主业、非优势业务”剥离专项工作，比中国石化要求时间提前48天完成。公司6月中旬收到中国石化9月底前完成“两非”剥离任务的要求后，克服作为疫情防控隔离酒店使用给剥离工作带来的不便，优化各环节统筹，“挂图作战”督办，全力沟通协调，成功将酒店经营业务租给原服务外包公司的关联公司，酒店原40名服务外包人员劳动关系由新公司承继。公司12名正式职工回到本部，在保证不影响隔离酒店运作的同时，又减少了提前解除服务外包合同造成的赔偿支出198万元，最大程度降低了改革成本。

（潘肖容）

【风险监测数字化】 2021年，公司财务专业建立《风险分类监测指标表》，定期收集风险监测预警指标值，重点关注主要业务板块收入、研发投入、重大安全生产事故及突发环境事件数量、重大舆情事件数量、重大监管处罚数量等指标期末和季度同比增减率、环比增减率等，通过数据研判风险变化趋势，充分发挥重大风险监督预警作用。

（潘肖容）

【风险评估项目化】 2021年，公司针对高风险业务和重大改革，组织对金融衍生品业务风险管理机制的健全性、有效性，机构设置的合理性，人员专业胜任能力等进行风险评估，推动相关业务部门及岗位人员风险管理责任不断压实。根据公司一体化重组进度要求，公司对可能发生的内外部风险进行评估，夯实了公司重大改革的合规稳定基础。

（潘肖容）

【内控监督常态化】 2021年，公司加强对重点流程及高风险业务的风险防控，定期开展内控专项检查，对检查发现的问题进行原因分析、缺陷认定，并进行通报考核。以强监督倒逼强管理，压实风控内控专业管理部门的第一道防线责任，提高了内控执行力。

（潘肖容）

【管理会计】 2021年，公司①建立管理会计专项报告体系。对公司财务和非财务信息进行收集、整理、分析，初步形成涵盖战略、经营、业务3个层面、18种类型、35个报告的管理会计专项报告体系，为公司规划、决策、控制、评价提供了支撑。②应用管理会计模型。总结价值管理内在规律，建立完善产品定价与成本联动、存量资金优化管理、资金日优化管理、运输路线优化模型等经济评价管理会计模型，发挥模型化管理连接宏观战略目标与微观操作的纽带作用，提高了管理和决策效率。③完善价值管理案例库。通过线上发布、会议剖析、编制成册等方式，总结好做法，借鉴好方法，形成好经验，树立标杆，避短扬长，引导生产经营活动向价值创造聚焦。④用好管理建议书。对日常工作中发现的管理问题和潜在风险，发出管理建议书、风险提示单，提出整改要求，发出预警提示，以短平快的方式促进管理提升。

（潘肖容）

【财务管理信息化】 2021年，公司①推进全面预算管理系统深化应用，搭架了公司预算信息化管理框架，涵盖公司各个成本中心、各项成本要素、各种物料要素等，提升预算管理水平。②针对公司工会经费核算尚未移交共享中心，信息化程度不高的问题，公司财务专业依托泛微平台，开发智慧工会项目，实现了工会经费预结算和费用报销线上审批。③依托泛微平台开发风控内控信息化管理流程，实现年度风险评估、季度内控体系工作报告、重大风险监测表、季度风险分类监测指标表、内控制度执行有效性提升等流程的信息化管理，提升了管控水平和管理效率。

（潘肖容）

【打通补充医疗线上报销流程】 2021年，公司打通广东省医保系统到公司补充医疗报销系统的传输通道，重新获得门诊特定病种医保报销线上数据，实现公司门诊特定病种患者补充医疗线上报销，为公司近3000名门诊特定病种患者办了实事。

（潘肖容）

【提升人员素质能力】 2021年，公司财务专业①以岗位练兵竞赛、专题培训、案例分享、小班研讨等形式持续开展内部培训。②邀请公司优化专家和销售专家进行专题培训；通过财务人员上讲台方式，加深财务人员对生产经营知识的理解和运用。③选送青年骨干参加中国石化举办的国际财务经理、国际化经营战略预备队（营销贸易）国际化人才培训，参加培训人员分享所学所思所想，开拓了财务人员视野，注入新的活力和动力。④加大轮岗力度，已轮岗人数占总人数的1/3，进一步提升了专业能力。⑤在场景化提报上线推广期间，主动上门为150名业务人员提供小班辅导，帮助他们从业务视角深入理解核算要求，为提高报销效率夯实了基础。

（潘肖容）

转型发展及创新

MAOMINGSHIHUA

- 规划发展
- 工程建设
- 科技创新

转型发展及创新

规划发展

【概况】 茂名石化规划发展工作由中国石油化工股份有限公司茂名分公司科技发展部（简称科技发展部）负责。科技发展部主要负责公司发展规划、投资管理、技术改造、科技攻关、合资合作工作，下设规划发展室、投资管理室、科技管理室、合资合作室4个管理室。截至2021年底，有职工28人，其中，具有正高级职称的1人，副高级职称的16人，中级职称的11人。

（刘　敏）

【被确定为广东建设绿色石化产业集群“链主”企业】 11月29日，广东省召开2021年省长督办省政协重点提案办理工作座谈会暨战略性产业集群联动协调推进机制会议。公司作为绿色石化战略性产业集群“链主”企业发言，得到与会省领导、民主党派人士、企业家代表的好评。省长马兴瑞对公司给予肯定，提出了希望和要求，指出公司是中国石化效益最好的企业之一，也是广东省连年纳税最多的企业之一，长期以来为国家和广东经济社会发展作出了突出贡献；希望公司认真贯彻落实新发展理念，全力推进炼油转型升级及乙烯提质改造等项目，加快推进转型升级，早日实现“返老还童”，进一步提升企业竞争力。

（张文泉）

【“十四五”发展规划】 2021年，公司多次召开“十四五”发展规划专题会，明确在国家大力推进“碳达峰、碳中和”行动背景下，加快绿色清洁能源的利用，全力降低碳排放；用先进低能耗的工艺流程和工艺技术，淘汰“老旧小散”装置设施，最大程度降低能耗，为公司未来发展腾出空间；坚持“整体谋划、分项研究”原则，同步考虑提高自动化水平和劳动效率问题，争取最大限度减少劳务用工，形成综合性统筹发展规划。①炼油方面，坚持推进炼油结构调整，继续细化完善“油转化、油产化、油转特”方案，研究分开分停和“老旧小散”整合方案。②化工方面，主攻精细化工，重点发展线性α-烯烃、LAO/PAO、顺酐类产品，朝着化工产品高端化、精细化、差异化方向发展。③把信息化建设项目融入公司“十四五”发展总体规划。

（张文泉）

【项目批复总体情况】 2021年，获总部批复基础设计15项、总投资46.04亿元，获批复可研20项、投资358.8亿元；上报可研2项、投资0.2435亿元。获批可研投资近“十三五”时期总投资的2倍。

（苏国权）

【“十四五”规划“第一步”项目可研获批】 2月18日，博贺新港至茂名油品管道项目可研报告获得总部批复，批复投资24.36亿元；同日，公司与茂名港集团合资建设10万吨级成品油码头及配套设施项目可研报告获得总部批复，该项目初步计划投资10.46亿元。以上两个项目是公司“十四五”规划“第一步”建设项目。

（张文泉）

【炼油转型升级及乙烯提质改造项目可研获批】 5月6日，炼油转型升级及乙烯提质改造项目可研报告获得总部批复，批复总投资299.5亿元。该项目是公司“十四五”规划“第二步”重点建设项目，在维持炼油加工量1800万吨/年不变的前提下，淘汰100万吨/年和140万吨/年催化裂化装置，采用自主领先的催化裂解RTC技术，按照“减油转化”原则，将乙烯规模由100万吨/年改造为164万吨/年，并建设下游共16套炼油化工装置，以及其他储运、公用工程、系统配套项目等。项目建成投产后，将年产40万吨全密度聚乙烯、30万吨环氧乙烷、30万吨环氧丙烷、50万吨聚丙烯、20万吨环保橡胶油等高端产品，优化公司装置和产品结构。

（张文泉）

【氢燃料电池供氢中心项目可研获批】 4月14日，氢燃料电池供氢中心项目可研报告获得总部批复，批复总投资6124万元。该项目是公司发展氢能的重要项目，项目新建3000米^3（标准）/时的氢气纯化装置和500千克/日的加氢母站，其中，氢气纯化装置采用中国石化自有变压吸附技术，加氢母站采用压缩机直接充装方案。

（张文泉）

【炼油系统管廊隐患治理项目可研获批】 9月18日，炼油系统管廊隐患治理项目可研报告获得总部批复，批复总投资49982万元。该项目采用数字化、信息化、智能化的系统管廊总体治理方案，彻底解决炼油系统管廊的安全隐患。

（张文泉）

【炼油污水处理场臭气综合治理项目可研获批】 11月24日，该项目可研报告获得总部批复，批复总投资6350万元。该项目投用后，炼油污水处理场气体经臭气治理设施RTO装置处理后排放的气体中，VOCs、苯、甲苯、二甲苯含量分别小于20毫克/立方米、2毫克/米^3、8毫克/米^3、10毫克/米^3，满足国家环保排放标准和集团公司总经理“1号令”等要求。

（张文泉）

【博贺新港至茂名油品管道项目基础设计获批】 10月20日，博贺新港至茂名油品管道项目基础设计获得总部批复，批复总概算24.24亿元。该项目建成后可有效消除公司现有仓储物流瓶颈，满足公司“十四五”乃至更远时期原料和产品进出厂需要，同时，进一步扩大产品出口市场，降低物流成本，为公司“十四五”发展提供储运设施基础。

（张文泉）

【非主流设计单位改造项目梳理】 根据集团公司总经理“2号令”及炼油事业部《关于委托开展全面梳理排查非主流设计单位改造项目工作的函》要求，公司组织开展非主流设计单位梳理工作，全面梳理排查非主流设计单位改造项目，涉及5家设计单位、63套装置、330个改造项目。

（张文泉）

【投资计划完成情况】 ①2021年，总部下达公司投资计划56.16亿元（其中，包含上市部分48.2亿元、存续部分0.94亿元、茂名商储分公司7.02亿元），同比增加投资9.95亿元，增幅21.51%。②全年完成投资总额56.05亿元（其中，上市部分48.09亿元、存续部分0.93亿元、茂名商储分公司7.02亿元），投资计划完成率99.79%，同比提高0.37个百分点，创历史较好水平。

（苏国权）

【重点项目建设】 ①2021年，10万吨/年高端碳材料、220千伏输变电工程、合成润滑油基础油、3000吨/年mPAO中试、成品油储运配套设施完善改造、300万吨/年柴油加氢新增反应器、低硫重质船用燃料油生产配套等15个重点项目建成投用。②100万吨/年汽油轻馏分优化利用、聚烯烃立体仓库、化工1系列装置中控室搬迁、化工火炬系统完善改造等21个续建重点项目，按统筹计划推进。③炼油含氢干气提纯回收氢气、聚烯烃弹性体（POE）中试、氢燃料电池供氢中心等11个重点项目获得基础设计批复，进入实施阶段。

（苏国权）

【三类技改项目】 2021年，煤制氢低低压氮气代替中压氮气进2#重整改造、炼油甲苯和二甲苯输送管线扩径改造项目、T603底油改入2#重整汽提塔、煤制氢极限负荷运行瓶颈消缺、化工分部残液回收改造、新增茂巴异壬醇装置至化工储运石脑油系统管线、3#聚丙烯装置脱气仓尾气回收系统改造等35个项目建成投用，创效3.6亿元。

（苏国权）

【项目后评价】 ①40万吨/年润滑油加氢异构装置项目后评价报告被中国石化评为报告编制内容较全、质量较高的典型后评价报告。②修订《茂名石化固定资产投资项目后评价与绩效考核管理细则》。③完成150万吨/年连续重整装置、茂名北山岭原油商业储备基地工程等2个项目详细后评价，以及干气回收富乙烷气装置等12个项目简化后评价。

（刘　敏）

【8套存量装置增资南海公司】 为做强茂名石化南海精细化工有限公司（简称南海公司），以进一步密切企地关系，1月28日，总部批复同意化工分部1#乙二醇等8套装置增资南海公司，增资后预计每年可多留存地方税收5000万元。

（叶小舟）

【茂名石化博贺港储运有限公司成立】 10月12日，公司通过公开摘牌方式收购茂名石化博贺港储运有限公司50%股权，公司将与茂名港集团合资建设运营10万吨级成品油码头及配套设施项目。该项目主要建设1个10万吨级油品泊位和4.4千米的公用管廊，设计吞吐能力为890万吨/年，投产后，公司成品油将实现从博贺港直接大船出口，进一步降低运输成本。这是公司首次通过公开摘牌方式收购股权。

（邵发兴）

工程建设

【概况】 中国石化集团茂名石油化工有限公司工程管理部（简称工程管理部）主要负责公司100万元及以上工程建设项目从详细设计开始到竣工验收的全过程管理，下设合同管理室/承包商管理室、计划管理室、施工管理室、质量/安全管理室、设计管理室5个管理室。截至2021年底，有职工55人，其中，具有高级职称的14人，中级职称的23人。

（沈中毅）

【工程建设总体情况】 2021年，由工程管理部负责实施的一、二、三类（重点技措）项目共52项，截至2021年底建成中交22项；负责实施管理的续建和新建一般技术改造及隐患治理项目共187项，截至2021年底已完工71项，全年完成投资51.86亿元，同比增加8.43亿元，增幅19%，投资计划完成率为99.99%，完成竣工验收12项、专项验收154项。茂名北山岭原油商业储备基地工程（二期）项目比统筹计划提前12天建成中交，3000吨/年mPAO中试装置项目比统筹计划提前1天建成中交。

（沈中毅）

【安全管理】 2021年，克服施工作业量大、作业人员多（日均6400多人）等困难，①坚决贯彻集团公司总经理“2号令”和公司从严落实制度保安全决策部署，狠抓工作票制度现场落实，严抓“三从严”“三到位”管理要求，现场违章得到有效遏止，网格化安全管理体系压得更实。②初步建立承包商QHSE体系审核机制和承包商评价机制。安全完成商储库二期、高端碳材料、合成基础油、新建苯乙烯等24项三类重点以上基建项目和60多项技改、安环隐患项目建设任务，实现1870万安全人工时、分部级以上事故为零、疫情感染率为零的总体目标。

（沈中毅）

【质量控制】 2021年，工程质量总体受控。①运用4D管道施工管理系统，有效加强了管线试压前发现问题的管控，保证了委托检测比例、数量符合要求，为管线试压质量和进度创造了条件。其中，合成基础油项目，仅用45天完成试压工作。②开发钉钉简道云工序报验流程，优化现场验收程序，避免质量验收弄虚作假。③强化过程管控，实现单位工程合格率100%，安装工程优良率97.7%，焊缝拍片一次合格率98.7%，质量事故为零。

（沈中毅）

【招标及合同管理】 2021年，认真落实“应招必招、能招尽招”要求，完成97个项目、172个标段的采购工作，公开招标率100%；签订合同297份，合同金额累计29.24亿元，合同履约率100%，未发生合同诉讼及重大风险问题。

（沈中毅）

【投资控制】 ①加强设计模型审查，减少设计变更。在项目详细设计出具前，加大设计模型审查力度，组织完成40万吨/年粗裂解气制乙苯/苯乙烯、POE中试、50万吨/年重芳烃轻质化、100万吨/年汽油轻馏分优化利用、合成润滑油基础油、mPAO中试等6个项目3D模型审查工作，在设计漏项、流程优化、操作优化、安全质量、检维修优化等5个方面提出审查意见965项，逐项落实，减少了后期设计变更。②优化详细设计，有效控制设计投资。在详细设计阶段，组织设计单位、公司有关专业，加大设计优化力度，完成苯乙烯粗裂解单元桩基等13项基建项目的设计优化工作，与原基础设计方案相比，节省投资6370万元；完成一般技改及隐患治理项目详细设计概算44项，与原方案设计批复投资估算相比，节省费用2660万元。③加强重大变更审批管理。严格执行设计变更管理审批流程，充分发挥专业部门、专家组审核把关作用，全年共审批重大设计变更149项，变更费用1.23亿元。④加强变更申请的审核论证。牢牢树立“今天的投资就是明天的成本”理念，全年审减、驳回“乱搭车”“锦上添花”“可上可不上”变更申请49项，共计2155万元。

（沈中毅）

【廉洁建设】 2021年，与施工单位推进党风廉政共建，开展重大节日节前节后检查，以及廉洁提醒谈话、党风廉洁教育，对商储二期等项目进行监督检查。公司工程项目全年未发生违法乱纪现象。

（沈中毅）

【承包商管理】 2021年，公司建立并试运行承包商考核信息化系统，对52家承包商考核6033次、扣罚金额2391.90万元。11个（次）承包商被暂停2—6个月的邀请投标、竞标和独家谈判资格，70人被列入黑名单。

（沈中毅）

【100万吨/年汽油轻馏分优化利用装置开工】 1月10日，100万吨/年汽油轻馏分优化利用装置开工建设。该项目总投资4033.55万元，主要建设2座10000立方米拱顶罐（φ30米×16米）、2台燃料油外输泵、2台燃料油调合泵、1台原料组分泵，新增2台DN300过滤器、2台DN250过滤器、1台DN150过滤器，1套凝结水站，并对装车设施进行改造。

（沈中毅）

【化工1系列装置中控室搬迁项目开工】 8月1日，化工1系列装置中控室搬迁项目开工建设。该项目总投资9651万元，建成投用后，化工1系列14套装置控制系统操作站将完成升级改造，并搬迁至化工新中控，解决化工厂区控制室多且分散、布局不合理问题。

（沈中毅）

【氢燃料电池供氢中心项目开工】 8月30日，茂名市首个氢燃料电池供氢中心项目开工建设，采用中国石化自主开发技术，计划建设一个3000米^3（标准）/时的氢气纯化装置和一座500千克/日的加氢母站，将生产装置副产氢气提纯至99.999%送至加氢母站，对推动中国石化积极融入广东氢能产业规划具有重要意义。

（沈中毅）

【炼油含氢干气提纯回收氢气装置项目开工】 10月20日，炼油含氢干气提纯回收氢气装置项目开工建设。该项目基础设计批复总概算15583.36万元，主要建设一套50000米^3

（标准）/时炼油含氢干气提纯回收氢气装置，包括VPSA氢提纯单元、产品氢气压缩机压缩单元和解吸气压缩机压缩单元；新增炼油含氢干气提纯回收氢气装置配套的机柜间和变电所，以及炼油含氢干气提纯回收氢气装置公用工程及系统配套部分。项目实施后，氢资源不仅得到充分利用，又能降低制氢装置的负荷，提高废氢回收率，同时降低全厂的制氢成本，进一步提高企业经济效益。

（沈中毅）

【50万吨/年重芳烃轻质化项目中交】 12月30日，50万吨/年重芳烃轻质化项目中交。该项目批复投资29629.60万元，建设内容包括装置主体、新建变电所及机柜间、系统配套工程、拆除还建工程等4个部分，以及原料预处理、加氢反应、产品精制、公用工程等4个系统。

（沈中毅）

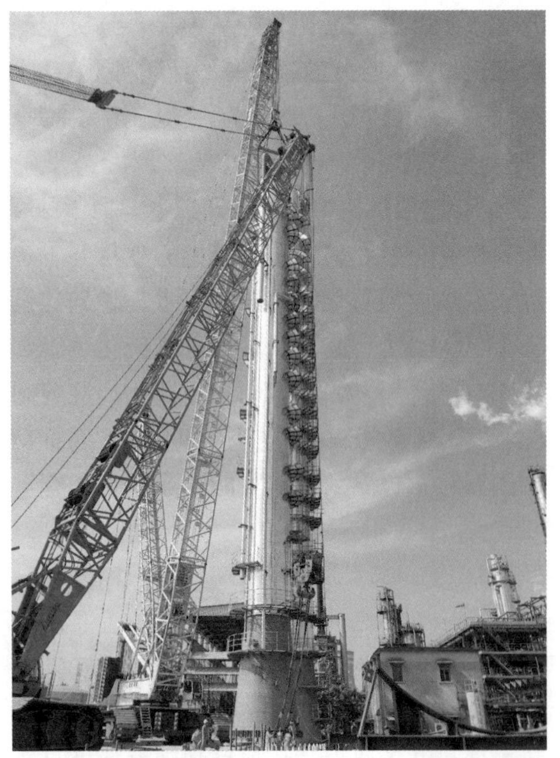

50万吨/年重芳烃轻质化项目T-704二甲苯塔正在吊装（罗伟欣　摄）

【茂名北山岭原油商业储备基地工程（二期）投用】 7月18日，原油商业储备二期项目投用。该项目2020年9月26日开工，2021年6月18日中交，建设16座10万立方米储罐。该项目仅用69天就完成了618亩建设用地的征用工作，仅用120天就完成了19.2万平方米的拆迁任务，创出茂名地区同规模项目现场征拆地最快纪录；单罐主体安装最快仅用18天，土建交安至进水试验仅用38天，创出中国石化同类储罐安装最快速度。

（沈中毅）

茂名北山岭原油商业储备基地工程（二期）中交（胡定中　摄）

【10万吨/年高端碳材料装置投用】 8月4日，10万吨/年高端碳材料装置产出合格锂电池负极材料煅前I级焦，炼油产品结构得到进一步优化，中国石化自主开发组合工艺首次实现工业化，同时为我国石化行业探索劣质油浆生产优质针状焦技术应用提供了经验。该项目总投资99634.37万元，2020年11月1日开工建设，2021年6月30日中交，主要建设内容包括减压蒸馏、加氢脱硫、针状焦、煅烧

10万吨/年高端碳材料项目全景图（孙铁斌 摄）

单元等4个单元。

（沈中毅）

【合成润滑油基础油项目投用】 11月22日，茂名石化国内首套合成润滑油基础油工业化装置14种产品全部合格。该项目采用中国石化自主知识产权的技术，2020年9月25日开工建设，2021年8月17日投料开车。投产后，茂名石化成为国内首个Ⅰ、Ⅱ、Ⅲ、Ⅳ基础油全覆盖的生产基地，打破了国外技术的垄断，实现了我国石化行业的重大技术进步，将有效带动国内聚烯烃产业升级和高级全合成润滑油发展。

（沈中毅）

科技创新

【概况】 茂名石化科技创新工作由科技发展部科技管理室负责。截至2021年底，科技发展部科技管理室有职工4人。

（刘　敏）

【专利申请量创历史最好水平】 2021年，公司申请中国专利61件，其中，发明专利占85%，均创历史最好水平。

（谭达刚）

【一专利获5个国家专利授权】 8月，公司申请的“一种氮磷配位骨架的铬催化剂及其在催化乙烯齐聚中的应用”专利获得韩国专利局授权，至此，该专利已获中国、荷兰、美国、日本等5个国家专利授权。该专利是公司牵头与厦门大学、上海化工研究院合作研发的科技成果。

（刘　敏）

【3项成果获省部级科技奖】 2021年，公司共有3个项目获得省部级科技进步奖。其中，环保型高刚高韧聚丙烯树脂开发项目获得中国石化科技进步奖二等奖，流延膜用乙烯/丙烯/1–丁烯共聚烯烃关键技术开发及工业化、支撑污水回用循环水的本质绿色化学处理技术等2个项目获中国石油和化学工业联合会科技进步奖三等奖。

（谭达刚）

【12项成果通过省部级科技成果鉴定】 2021年，公司共有12项成果通过省部级科技成果鉴定。其中，气相装置长周期稳产高流动高橡胶聚丙烯用催化剂及关键技术开发、茂名LAO生产技术开发与工业应用等2项成果，经中国石化鉴定，技术均达到国际领先水平；车用高性能聚丙烯树脂开发、耐划伤低散发聚丙烯及其功能助剂体系开发和工业化应用、绿色环保汽车轻量化材料技术开发与应用、PAO生产技术开发与工业应用等4项成果，经中国石化鉴定，技术均达到国际先进水平。

（谭达刚）

【化工新产品和专用料占合成树脂比例达83.76%】 2021年，公司共有星型防水卷材F830等8个化工新产品首次实现工业化生产，新产品数量继续位居中国石化第一，其中，新产品产量占合成树脂产品比例为11.38%，新产品和专用料总量占合成树脂总量比例为83.76%，同比提高3.02个百分点，新产品和专用料合计创效2.16亿元。

（罗 伟）

【“十条龙”项目攻关】 12月29日，公司“气相聚丙烯产品VOC深度脱除成套技术开发”等2个“十条龙”科技攻关项目“出龙”，“炼化全局资源优化技术开发及工业应用”等2个科技项目“入龙”。截至2021年底，公司“在龙”项目共5项，居炼化企业前列。

（李 梅）

【科技创新激励】 5月20日，公司下发《公司科技进步专项激励方案（试行）》，首次设立“揭榜挂帅”项目奖励和自有技术转化为新装置奖励，对实行“揭榜挂帅”的公司重点项目，按完成进度对项目团队给予奖励，对公司牵头组织研发的小试技术成果成功实现中试装置转化或工业化装置转化的，给予一次性重奖，同时，对公司原有专利激励、新产品开发激励内容进行修订完善，提高发明专利申请奖励力度，增加国外专利的奖励内容，提高化工新产品奖励额对增效额的提取比例，增加炼油新产品的奖励内容，并规范了获得总部各类科技创新奖励发放标准。

（谭达刚）

企业管理

MAOMINGSHIHUA

- 基础管理
- 法律事务工作
- 人力资源管理
- 内部审计工作
- 综合管理
- 保密工作
- 外事工作

企 业 管 理

基础管理

【概况】 茂名石化基础管理工作由中国石油化工股份有限公司茂名分公司企业管理部/法律事务部（简称企业管理部）负责。企业管理部与法律事务部合署办公，其中，企业管理部是公司“三基”工作、制度建设、一体化管理体系建设、流程及信息化、考核激励、深化改革、招投标管理及法律事务管理等工作的职能部门，下设基础管理室、绩效管理室、信息化管理室（流程管理室）、招投标管理室、法律室等5个职能管理室和选商交易中心1个附属单位。2021年2月7日，原附属单位工程预结算中心成建制划转到财务部。截至2021年底，企业管理部共有职工34人（含2名退出现职人员），其中，具有高级职称的16人，中级职称的16人，助理级职称的2人。

（丘　波）

对标一流及日常管理

【对标世界一流管理提升行动】 ①1月，颁布《茂名石化对标世界一流管理提升行动考评细则》，搭建对标项目督办信息化平台，实施信息化“挂图”督办。②围绕提升市场竞争、资源能源可持续、绿色低碳、安全管控、科技创新等5种能力，开展公司内部指标对标。③围绕价值创造、运营管理、创新引领、绿色发展、本质安全等5种能力，构建助力公司高质量发展的24项行业和国内一流对标指标体系。2021年公司共完成132项对标行动计划项目，占比86.8%，超额完成总部任务目标。公司被评为集团公司对标提升行动标杆企业，化工分部苯乙烯车间被评为标杆基层单位。

（史富生　丘　波）

【“三标”建设】 2021年，①企业管理部指导煤制氢、苯乙烯两个总部试点车间开展“三标”建设工作，梳理、总结、推广车间创新管理、经验做法，编制《“三标”工作指导手册》，促进车间补短板、强弱项，提升管理系统性。②组织推进公司基层车间及运行部编制本单位《基层单位“三标”工作手册》，培养员工标准化行为习惯，促进示范变规范、标杆变标准。

（张　敏）

【模范车间和模范班组评选】 2021年，公司评选出炼油分部联合二车间、联合五车间，化工分部聚烯烃运行部、苯乙烯车间，热电分部动力一车间，港口分部第三作业区，铁运分部供气站，水务运行部炼油作业区，仪控计量部化工仪表作业区，行政事务中心职工食堂等10个模范车间；炼油分部煤制氢车间高端碳四班、联合四车间蒸馏四班、重油加氢车间重油加氢二班、联合八车间汽煤柴三班，化工分部裂解车间三班、聚烯烃运行部三横班、芳烃车间四班、储运车间罐区三班，热电分部电气一车间西站区域班、动力二车间CFB炉机二班，港口分部海上作业队茂石化七号船、湛茂输油站运行三班，铁运分部工业站机务四班、装油车间西三班，水务运行部化工作业区联合装置一班，仪控计量部计量运行作业区计量一班，质量检验中心炼油检验区三班，研究院润滑油及燃料油项目组，物资供应中心仓储配送车间保管二班，应急救援中心北山岭中队等20个模范班组。

（张　敏）

【管理现代化创新成果】 2021年，公司推荐11项成果参加集团公司第三十届管理现代化创新成果评审，有4项获“中国石油化工集团有限公司管理现代化创新成果”奖。其中，“特大型炼化企业‘三挂钩’宽带薪酬分配体系的构建与实施”获一等奖，另有2项获二等奖、1项获三等奖。

（丘　波）

【打造“先进、简练、管用”的制度体系】 2021年，①承接252项总部制度，修订完善280项公司制度。②坚决落实“从严培训考试”要求，根据《茂名石化施工作业安全管理程序》，在钉钉云课堂编制364道试题，组织全员在线培训、随机考试。③按“制度+流程”管控模式改造完成5项制度，初步规划业务运行统筹管理架构，遵循业务本质管理路径规范各项工作，强化“制度管人、流程管事”。④推动生产管理部、机动部、安全环保部根据管理重点、难点，每月1次选取2项关键制度进行集中宣贯培训，课后组织在线考试。2021年共集中培训12次，宣贯制度17项。

（何　瑜）

【招投标及承包商制度修订】 2021年，①按照“制度+流程”模式修订《茂名石化招标投标管理细则》。②修订《茂名石化承包商管理程序》，完善承包商和分包商考核评价体系；建立专业队伍综合评价和分级管理机制和承包商QHSE体系审核机制。

（李　林　谭少斌　胡廷龙）

【推进承包商管理要素运行】 2021年，企业管理部按照集团公司总经理“2号令”和HSE管理体系手册要求，修订完善公司HSE管理体系承包商管理要素内容，建立承包商管理要素监测指标并监督其运行。牵头机动部和工程管理部开展承包商QHSE体系审核工作，监督问题闭环整改。

（李　林　胡廷龙）

【构建集约型检查数据库】 2021年，公司按“一套标准满足多种检查”要求，将总部HSE体系审核准则、设备完整性体系、工艺检查要求等多套标准整合优化，匹配到相关制度，在检查标准数据库内编制3242项检查条款，固化于制度系统管控，推进管理标准化工作做深做实。

（唐　谊）

【1076名HSE内审员取得内审资格】 6—9月，公司通过组织授课、测试练习等方式开展HSE管理体系内审员资格培训，1076人通过考试取

得公司HSE管理体系内审资格。同时，20人参加总部培训并取得集团公司HSE体系审核员资格。

（唐　谊）

【绩效考核】 2021年，①公司从重处罚触碰底线责任单位，因违反制度规定，以重处罚15起事故事件及非计划停工事件的责任单位，累计扣罚责任单位1645分、249.98万元。②持续开展攻坚创效活动，全年兑现优化项目、降本减费、重点工程项目建设、攻坚创效先进典型等奖励共864.6万元。③重奖重罚新装置建设开工，加强对合成润滑油基础油、高端碳材料、商储二期等重点项目建设和生产准备工作的考核，全年兑现重点工程项目建设专项奖励136万元、新装置开工总经理奖励145万元。④落实责任文化考核，全年对责任心强、担当尽责和责任心不强、失职失责的情况分别进行奖励和扣罚，共奖励2383项、504.9万元，扣罚630项、126.2万元。⑤落实基层单位考核监督，全年基层单位共提出横向考核233项，经专业部门核实，考核扣罚86项、9.45万元，奖励123项、20万元。

（孔凡东　李敏智）

【总部绩效考核再获A级】 5月，公司和公司领导班子在中国石化党组发布的各直属企业及其领导班子2020年绩效考核审定结果中，考核得分121.6分，被评为A级。自2009年总部启动绩效考核以来，公司和公司领导班子连续12年获总部绩效考核A级。

（孔凡东　李敏智）

【完善绩效考核管理体系】 ①2月组织制定年度绩效考核办法及配套专项考核方案，完善通用条款、专业量化指标考核条款及总经理奖励实施细则，突出关键指标及权重。②4月，制定公司《安全环保尽职保证金管理办法》，推动各单位践行“三个一切”等要求，强化安全环保责任制的落实。

（孔凡东　李敏智）

【荣誉备案管理】 2021年，公司共备案省部级及以上荣誉188项，其中，公司获全国先进基层党组织、全国工人先锋号、全国五四红旗团支部、中央企业五四红旗团委、全国“敬老文明号”等集体荣誉84项；获个人荣誉104项，其中，李雪梅获全国巾帼建功标兵、中央企业优秀共产党员等荣誉称号。

（孔凡东　李敏智）

【业务整合优化】 ①2月7日，物资供应中心部分大宗原料采购业务划转至原销售中心负责，销售中心更名为“营销中心”；原属企业管理部的工程预结算中心成建制划转至财务部，实现预算、结算的全方位管理与协调。②5月18日，化工新产品销售业务由研究院划转营销中心；离退休人员服务中心与行政事务中心合并，实行“一套人马，两块牌子”管理，同步整合相应管理室和服务站业务，实现行政事务专业化集中管理。③5月24日，炼油分部部分罐区操作、油品装车等业务划转至铁运分部，相关管理职能同步划转。④6月16日，水务运行部调整为中层正职单位，其内设机构不变，明确岗位定员编制。⑤8月23日，对公司部分基层组织机构及岗位进行优化和更名，其中，基层设备管理室统一更名为“机动工程室”；安全环保部HSSE督察大队更名为“HSE督查大队”，各单位HSSE督察组更名为“HSE督察组”，HSSE系列岗位更名为HSE相应岗位；对行政事务中心/离退休人员服务中心内设机构进行了优化整合。

（孔凡东　李敏智）

【炼油五部、炼油储运部、合成橡胶部成立】 12月26日，炼油五部、炼油储运部和合成橡胶部先后举行成立大会暨揭牌仪式，原炼油分部联合九车间与重油加氢车间整合为炼油五部，储运车间调整为炼油储运部，原化工分部橡胶车间与丁烯车间整合为合成橡胶部。

（孔凡东　李敏智）

【“两非”剥离完成】 2021年，公司严格落实非主业、非优势业务“两非”剥离专项工作要求，抓好原广州市茂名石化宾馆剥离工作，8月6日收到广州市税务机关出具的《清税证明》，8月13日完成工商注销登记，取得《企业核准注销登记通知书》，比总部要求的完成时间提前48天完成。11月，原广州市茂名石化宾馆剥离项目在国资委对中央企业“两非”剥离验收审核专项检查工作中一次性通过审核验收。

（孔凡东　李敏智）

【报表台账压减优化】 2021年，企业管理部牵头组织公司各单位、层级、专业上下联动，从制度及管理源头压减、优化各类报表台账70项，压减率104.5%，减轻了基层数据多头报、重复报负担。

（张　敏）

【部分业务外包】 2021年，经过外包方案联合评审、会签和公司执行董事（分公司代表）专题会审议，公司同意新增9项外包业务，计划2022年实施。分别是：热电分部电气一车间和电气二车间外围变电所（配电间）运维业务，质检中心样品处置及橡胶中控化验分析及原辅材料、三剂入厂验收及煤炭化验业务，仪控计量部化工区新建装置和炼油区新建装置仪表运维业务，水务运行部化工作业区第一、二、七、八、四B共5套循环水装置和炼油作业区东、南、北、煤制氢共4套循环水装置业务。

（李　林　胡廷龙）

【外包业务及外购服务严格落实工作票制度】 为进一步贯彻落实公司《工作票制度管理手册》要求，强化外包业务及外购服务现场行为管控，组织对涉及生产区域的外包业务及外购服务进行识别和分析。8月4日，公司根据外包业务及外购服务落实工作票制度要求，发布包含52项外包业务和59项外购服务的清单，调研检查清单落实情况。

（李　林　胡廷龙）

【建设工程采购流程优化】 2021年，企业管理部组织梳理及精简建设工程采购流程，重点项目、框架项目、一类项目招标流程审批层级压减51.02%，非招标流程压减50%；二类及以下项目招标流程压减52.17%，非招标流程压减50%。

（李　林　谭少斌）

【选商交易工作】 2021年，选商交易中心共组织公司和兄弟企业采购任务1027项，预算金额76.06亿元，节约3.73亿元，节约率4.9%。其中，公司采购任务923项，预算金额60.93亿元，节约2.66亿元，节约率4.37%。

（韩　芸）

【选商降本2.6亿元】 2021年，①独家谈判策略降本。建立健全独家谈判机制，组建相对固定的专业评委，做细做实成本分析和谈判策略，充分发挥专家专业优势，个别独家谈判项目较往年有新突破，独家谈判节采率由2020年的1.64%提至2.09%。②实施集约采购降本。将检维修工程、外包业务及外购服务进行有效整合或推行框架采购，集中选商扩大降点优势。一方面，脚手架搭设，一般安装、防腐、防水等3类零星检维修，低压电气设备检修等项目，合同降点由往年的1%、3%、3%分别增大到2021年的12%、6.7%、8%；另一方面，电机抢险检修项目首次实现框架批量采购，节采率达6.9%，同比增加一倍。③引入竞争降本。拓广承包商资源，引入新承包商参与竞争，降本效果显著。《互供石脑油水路运输业务》等3个竞价项目引入新承包商，降本约600万元。④严审选商计划和结果降本。强化选商计划及结果审核，确保选商结果达到预期。炼油、化工等18个低老坏项目，将最高限价由3%提至5%，多降本265万元；14个项目中标价未达到预期，组织重新采购或再次与中标人商务谈判，降本21.62万元。

（李　林　谭少斌）

流程与信息化管理

【创新“制度+流程”管理模式】 2021年，企业管理部组织开展“制度+流程”管理模式探索工作，通过协同优化完善制度、流程，使制度、流程对应关联，互补引用，共同构成公司业务运作和管理的依据，共完成19个流程、8个制度的协同优化。①制定完善“制度+流程”管理模板。组织管理人员优化制度、流程内容要素和框架结构，详细定义了模板的文控表格、文件正文、附件等3大部分、15个规范要点。②识别和梳理制度流程对应关系。在生产、设备设施、采购、财务、体系与运营、业务支持等6个领域选择相应的制度、流程，识别并梳理了相互对应关系。③组织实施制度、流程协同优化。组织流程专业管理人员深入审计部等7个单位，按照模板要求，对制度中管理原则和规范性内容进行保留，将管理过程和操作执行过程中的管理要求融入流程，进行细化和具体化，使管理内容细化到可操作，职责落实到角色，并明确了模板、检查表。

（黄春生　张明磊）

【流程精简优化】 2021年，为落实公司消除管理浪费、减轻基层负担、提高工作效率的要求，企业管理部组织对专题流程进行精简优化。①7月，对招投标建设工程项目审批链条进行精简优化，在确保风险可控的基础上，按照主管负责制原则，将流程环节由最多时的61个压减到33个，其中，审批层级由46个压减到21个，压减率达54.3%。②深入科技发展部、安全环保部、工程管理部等9个单位，精简繁琐环节优化流程4个，建立控制指标优化流程2个，建立检查表优化流程2个，形成管理规范优化流程3个、管理要求可操作化优化流程15个，优化简化流程23个，解决了层层审批、过度留痕的烦琐哲学和管理要求操作性不强等问题。

（黄春生　张明磊）

【建立流程化管理运营机制】 2021年，为加强流程管理规范和执行约束力，企业管理部初步构建流程化管理运营机制。①建立流程检查机制及检查表模板。建立起流程检查的机制和方法，形成流程检查的依据和模板，从活动、角色、KCP、KPI、培训、考核等12个维度建立了标准和要求。②组织开展"场景路径规范性"专项检查。2—4月深入财务部、物资供应中心、人力资源部，以场景路径规范性为侧重点，从约束业务操作和规范管理两个维度对产品定价、物资采购需求、工资奖金管理等流程进行检查，发现场景遗漏、数据共享不畅、操作存在风险和定制化功能受限等问题，并逐一督促落实整改。

（黄春生　张明磊）

【完善提升流程信息管理平台】 2021年，企业管理部牵头组织信息中心开展流程信息管理平台二期项目提升工作，10月该平台投用。①问题整改。制定问题跟踪表逐项落实整改，共解决平台问题245个。②优化提升。完成架构治理、建设和运营管理3个流程的信息化功能设计及首页建设，实现流程全生命周期管理线上管控；推进公司组织机构和岗位人员的信息共享，实现基于岗位查询流程角色及活动职责；开发流程完备率、成熟率、应用率等KPI功能，促使流程绩效管理机制有效落地。

（黄春生　张明磊）

【编制信息及工控网络安全体系规划】 5月，通过技术检测、风险评估、排查隐患等措施，擘画完成公司"十四五"期间信息及工控网络安全体系规划，构建"可知可信、可管可控、闭环运行"的新一代网络安全保障体系。

（李军海）

【发布年度信息化发展情况报告】 6月，公司发布《2020年度信息化发展情况报告》，从信息化投资、专业化管理、网络安全现状和存在问题等多维度分析公司年度信息化发展情况，指导各单位开展信息化建设。

（李军海）

【一项成果入选集团公司2021年信息和数字化十佳案例】 2021年，公司《5G+AGV打造无人仓库，助力仓储智能化转型》成果入选集团公司2021年信息和数字化十佳案例。

（李军海）

【数据治理】 2021年，①企业管理部完成生产域47个系统共5059个数据项、490个业务活动、448个业务对象和512个逻辑实体的数据资源盘点，以及经营域25个系统共3562个数据项、619个业务活动、415个业务对象和566个逻辑实体的数据资源盘点，初步建立企业数据标准。②依据总部业务域划分原则和企业管理规范，与总部及镇海炼化多次对接业务域划分方案，完成炼化企业8个生产核心业务域、44个主题域和174个一级子项的划分工作，初步建立数据资源目录。

（林家旭）

【"零失分"通过公安部网络安全攻防演习】 4月8日至22日，公安部开展网络安全攻防演习，公司与镇海炼化、金陵石化等3家企业参加。公司通过制定"安全分区、网络专用、横向隔离、纵向认证"安防策略，加强信息资产测绘，关停老旧服务器219个，停用问题系统30个，开展漏洞检测和安全加固、钓鱼邮件测试等措施，整体提升公司员工网络安全防护意识和技术防护能力，成功抵御攻击50.53万次、封禁可疑IP地址2.1万个、排查高危告警660例、隔离准入设备4个，是参与的3家单位中唯一"零"失分、"零"通报企业。

（林家旭）

【连续两年获评网络安全A级企业】 2021年，公司被评为集团公司2021年度网络安全水平评价A级企业，是连续两年被评为网络安全A级的炼化企业。

（林家旭）

【衡器集中计量管理系统投用】 2021年，为解决日益繁忙的衡器计量业务与计量人力资源锐减的矛盾，公司从2020年8月起建设投用衡器集中计量管理系统，通过对分散在各个单位的汽车衡、轨道衡进行集中监控，推进自动称重、智能营销、状态监测等系统集成建设，实现产品进出厂从营销预约到自动过磅、数据采集及上传、生成报表，24小时全天候全流程信息自动采集并传送，衡器计量业务由人工操作实现全自动和无人值守。车辆过磅时间由原平均6分钟/车缩减至2分钟/车，现场计量岗位人员减少50%，同时，减少计量数据人为干预，提升对外窗口的抗风险能力。

（林家旭）

法律事务工作

【概况】 茂名石化法律事务工作由中国石油化工股份有限公司茂名分公司企业管理部/法律事务部（简称法律事务部）负责。1月，公司法律事务管理业务由综合管理部成建制划转至企业管理部，法律事务部与企业管理部合署办公，并新增合规管理职责。2021年公司获得集团公司法治工作先进单位称号，连续第12年获得“广东省守合同重信用企业”称号；3人获得集团公司“优秀法律工作者”“七五普法先进个人”荣誉称号。

（莫瑞钦）

【法治建设】 2021年，根据公司领导班子调整，更新公司依法治企、合规管理委员会、普法领导小组人员；公司主要负责人及各单位主要负责人通过月度经济活动分析会、领导班子会、年度职代会述职等履行法治建设职责。公司组织召开年度法治工作会议2次，总法律顾问向依法治企领导小组、合规管理委员会汇报法治建设、合规管理情况；并通过参与涉法重大事项审核及进行年终述职等形式开展法治建设工作。全年共审核“三重一大”涉法决策事项39项。

（莫瑞钦）

【合规管理】 2021年，建立合规运行管控机制，公司制定下发合规管理工作方案、法律法规和其他要求管理程序、HSE管理体系5项监控指标，宣贯总部系列合规管理指引，制定下发公司法律合规风险清单；强化队伍建设，合并普法、法律风险联络员，组建为公司合规管理员队伍；召开合规管理类会议或培训4次，培训合规管理员400人次；组织各单位开展法律法规识别更新65项，转化制度9项，制度合法审核340项，不定期召开合规管理员例会，研究解决合规管理问题20项。

（莫瑞钦）

【合同管理】 ①按季度办班，培训专兼职合同员、经办人1200人次。②结合监督、内外部审计、内控检查、一体化内审、总部专项倒补签检查，开展全方位、多角度、高频率合同专项检查，建立每月抽查考核合同问题机制，提高合同风险隐患排查精准性。③参与合同系统销售业务合同与石化E贸系统集成提升，结合公司领导班子分工调整及时调整合同审批流程，结合《安全生产“第1号”

工作令》实施，修订标准合同模板30余个。

（莫瑞钦）

【法律风险管理】 2021年制定发布法律合规风险清单指引，发布风险提示6期，其中，重点针对特种设备超检、环境法律风险提示4期；制定发布环保法律风险清单及应急预案。

（莫瑞钦）

【法律纠纷管理】 法律诉讼工作实现从“被动应诉减损”向“主动维权创效”转变，凸显在法律风险救济上“啃硬骨头”的专业价值。2021年公司诉讼案件6宗，往年结转案件3宗，新发3宗,结案并胜诉5宗，在办新发小案件1宗。其中，深圳房产租赁合同纠纷案、深圳景贝南所有权确认纠纷案二审胜诉，标志着与深工贸公司系列房产纠纷案件历时4年取得全部案件终审胜诉。新发3案件全部属公司主动依法维权提起诉讼，维护了公司合法权益。

（莫瑞钦）

【公司事务管理】 2021年，①对公司生产经营性重组、土地房产历史遗留问题处置、广州市茂名石化宾馆“两非”剥离处置、5万吨/年聚烯烃弹性体（POE）项目、化工装卸工劳务管理等20个重大项目进行合法审核。②完成公司深圳办、印刷厂注销及公司章程修订、湛江新中美公司章程及股东协议起草、新金明公司加强董事会建设方案拟定、公司经营范围变更等工作。③主动跟进假冒中国石化商标及公司熔喷料的卿某刑事案件听证及行政处罚。④对恶意注册近似“茂名石化”的10个商标向国家商标总局提出无效异议申请，通过对使用“茂名石化”字样6家企业发出律师函或告知函或中止续签租赁合同等方式，推进1家企业完成更名，依法维护公司合法权益。

（莫瑞钦）

【普法宣传】 2021年，①公司制定发布“八五”普法规划、年度法治宣传要点、普法责任与学法清单；组织各单位结合业务实际开展普法活动，压实“谁的业务谁普法”责任制。②强化三类人员学法，持续开展党委理论中心组主题学法、月度普法讲堂、央企法治讲堂和学法考试，组织全员学习中国石化诚信合规手册并签署合规承诺。③编制发放安全生产法挂图300张，强化安全生产法、集团公司总经理“2号令”、公司“1号令”宣贯。④开展全员学法用法培训和主题宣传活动，举办青工专题学法培训班，结合消费者权益保护日、质量月、环境日、124国家宪法日等法制纪念日，开展专题微信报道、读书学法；会同群众工作部、安全环保部开展有奖法律知识答题。⑤发放民法典评析案例，加强“美好生活 民法典相伴”以案释法宣贯。

（莫瑞钦）

人力资源管理

【概况】 公司人力资源管理工作由党委组织部/人力资源部（以下简称人力资源部）负责。党委组织部/人力资源部主要负责公司党组织建设和党员管理；负责领导班子和干部管理；负责公司三支队伍人才培养与开发；负责公司员工人事调配、劳动关系管理、劳务工管理及协解困难群体帮扶；负责公司定员管理和用工总量控制；负责公司工资总量及人工成本控制和管理；负责各类人员培训规划制定、培训工作的管理、培训经费预算和使用计划的编制、培训项目实施；负责公司职工的社会保险管理、补充医疗管理、企业年金管理、住房公积金管理、职工退休和内退待遇审核及退休报批；负责公司人事档案管理等工作。人力资源下设组织管理室、干部管理室、人才开发室、劳动人事室、薪酬激励室（社保管理室）5个管理室。截至2021年底，在岗20人，其中，具有正高级职称的1人、高级职称的7人，中级职称的11人。

（赖诗卉）

干部队伍建设

【公司领导干部调整】 2021年，公司有2名干部被集团公司党组提拔重用，李雪梅同志被提拔为中共茂名石油化工有限公司委员会常务副书记，李建峰同志被提拔为中共长岭炼油化工有限责任公司委员会副书记、纪委书记、工会主席。

（张奇宇）

【公司领导班子召开2020年度民主生活会】 根据党中央、集团公司党组关于认真开好2020年度党员领导干部民主生活会通知要求和集团公司党组巡视反馈专题视频会工作部署，2月9日，公司领导班子召开2020年度民主生活会暨集团公司党组巡视反馈问题整改专题民主生活会，公司党委书记、执行董事、分公司代表尹兆林代表公司领导班子作对照检查。

（张奇宇）

【做好公司领导班子职代会民主评议】 1月28—29日，公司召开党委扩大会、第十四届三次职代会暨十三届三次工代会，对公司领导班子成员全年工作进行民主评议。经评议，公司领导班子好评率为100%，公司党政主要领导和公司副职领导优秀率均为100%，均创历史最好水平。

（张奇宇）

【公司经理层成员实施任期制和契约化管理】 2021年，按照集团公司《关于推进经理层成员任期制和契约化管理有关工作的通知》（党组工单组领〔2021〕50号）要求，结合公司“已实行新体制未建立董事会”的工作实际及领导班子最新分工安排，完成公司经理层成员、子公司经理层成员岗位聘任协议、任期和年度经营业绩考核责任书以及配套考核办法、薪酬管理办法的编制和签订工作，领导班子正式启动任期制和契约化管理。

（张奇宇）

【中基层干部选拔和骨干人才交流】 2021年，公司分别提拔中、基层领导人员27人、62人，调整交流中、基层领导人员36名、106名，公司40岁及以下中层干部比例、35岁及以下基层干部比例分别提高2.58个、2.9个百分点；完成6名挂职干部的培养锻炼工作，组织华南地区12家单位21名挂职干部参加集团公司“三百三千”计划党史学习教育专题活动，公司“三百三千”挂职干部培养经验在集团公司区域座谈会上受到表扬。

（张奇宇）

【专业技术人才队伍建设】 2021年，公司获聘集团公司高级专家2人，新聘公司高级专家

1人、专家6人、主任师（高级主管）14人、副主任师（主管）27人。截至2021年底，公司在聘集团公司首席专家1人、集团公司高级专家2人，公司高级专家10人、专家18人、主任师（高级主管）42人、副主任师（主管）66人。

（张奇宇）

【地方人大政协委员换届选举】 9月15日，公司组织25876名选民完成茂名市茂南区第十届人大代表换届选举投票工作，共选举出人大代表22名，投票率达84.31%。尹兆林、陆建明、毛远洪、关志鹏、黄武飞、吴翠霞6名同志被选举为茂名市第十三届人民代表大会代表；古才荣、杨庆伟、黄启权、刘振宇、王大庆5名同志被选举为政协第十届茂名市委员会委员。

（张奇宇）

【强化中基层领导人员末等调整不胜任退出】 2021年，按照《关于进一步落实中基层领导人员末等调整不胜任退出制度的通知》（中国石化组监〔2021〕184号）有关规定，2021年度中基层领导人员末等调整、不胜任退出比例原则上不低于3%，2021年，公司中基层领导人员末等调整、不胜任退出比例达到3.35%。

（张奇宇）

【完善干部人才管理制度】 2021年，公司①新修订《茂名石化领导人员退出现职和退休管理实施细则》，规范干部退出、退休工作流程，推动退出现职干部作用发挥；②修订完善《茂名石化推进领导人员能上能下管理规定》，明晰干部“免职、辞职、降职、调整”条件和要求；③修订完善《茂名石化中层领导人员绩效考核管理细则》，完善干部年度绩效考核个人素质能力计分方法；④修订完善《茂名石化专业技术和技能操作人才管理实施细则》，不断完善三支人才队伍横向贯通渠道。

（张奇宇）

【干部教育培训】 2021年，公司突出政治“三力”，聚焦增强“八种本领”，组织中基层干部开展学习“七一”重要讲话专题研讨班、党史学习教育培训班、“安环是第一工作”主题考试，以“两周一主题+分组研讨+点评分析”的方式搭建“夜校课堂”，开展6期培训，1100多人次参加。

（张奇宇）

人才培训开发

【人才强企】 2021年，为贯彻集团公司人才强企工作精神，公司制定人才强企工作方案，建设各单位“三鹰人才”年度储备指标和人才交流培养锻炼指标体系，开展公司人才盘点，对公司58个专业、40个工种近2500人的“三鹰”梯队人才库进行重新分析、梳理和规划，完善人才梯队建设，修订《人才培养与梯队建设管理办法》，进一步夯实人才基础工作。首次制定人力资源强度指数评价标准，推动高素质人才积分评价，分管理、专业、技能三个序列制定评价要素和评价标准，提高人才评价的客观性和准确性，明确高素质人才导向和激励作用。

（温景成　郑　业）

【人才招聘工作】 2021年，公司引进2名社会化成熟人才，弥补公司社会高层次人才引进的空白；组建7个宣讲组在全国985、211重点院校宣讲，累计与101所高校建立常态沟通联系机制，其中，24所为新建立常态沟通联系机制高校；引进博士31名、高校优秀毕业生150人；集团公司人力资源部在全集团公司范围内推广公司博士后管理经验。

（李国东　温景成）

【能力等级认定】 2021年，①公司对职工能力等级进行重新认定，能力等级薪酬实现能上能下，公司共有6343人通过评审获得初级以上能力等级薪酬，608人降低能力等级薪酬。②首次开发能力等级认定信息化业务模块，实现数据集成、履职能力要素联动、智能审核等核心功能，基层录入数据工作量减轻90%，缩减70%以上录入时间。

（温景成　彭金海）

【职位选聘工作】 2021年，公司选聘中基层级职位1365人，其中，主管师/主办聘任654人、主管技师聘任199人、技师聘任512人；落聘119人，其中，落聘主管师/主办69人、主管技师7人、技师43人。

（温景成　彭金海）

【人才评先推优】 2021年，公司有2人获国务院政府特殊津贴，4人获全国技术能手称号，1人获石油石化系统“大国工匠”称号，1人获“广东省网络安全等级保护专家”称号，10名优秀骨干进入中国石化安全生产专家库，4人入选茂名市优秀专家和拔尖人才库，1人获集团公司“突出贡献专家”称号，2人获“闵恩泽青年科技人才奖”，1人获集团公司“石化名匠”称号，6人获集团公司“技术能手”称号，拔尖人才进一步集聚。

（温景成　郑　业）

【职称评审】 2021年，公司5人取得正高级职称、41人取得副高级职称、95人取得中级职称、165人取得初级职称。①公司持续推进职称评审无纸化工作，职称评审效率提高近50%；实行职称申报提醒，及时提醒、协助各类人员申报职称超过1000人次，职称申报率较2020年提高9.81%。②全面修订健全职称评审制度，组织制度宣贯培训，职称制度更符合经济专业特点，适时提高经济系列评审通过率，进一步完善人才评审机制。③新增职称破格评审内容，增强公司引进成熟人才、留住高精尖人才的吸引力；调整优化量化评审手段，提高职称评价的科学性、针对性和公信力。

（温景成　郑　业）

【学习专班管理】 2021年，公司累计编制专班计划5057项，实施率100%，53个车间级单位4.98万人次参加学习，总学习时长24.77万小时，月平均参加专班4149人次，月人均学习时长4.98小时。①创新开发专班信息化管理系统，实现学习专班计划“网页+钉钉”终端推送；②深入践行“1+1=0”，以落实“五懂五会五能”为重点，以“应知应会内容无缺陷，生产操作要领烂熟于心，把安全生产要求固化成为员工的行为习惯”为目标，把学习重点前置，实行“分部+车间”级推送，构建“时”有专用、“师”有专推、“课”有专设、“学”有专指的多维度专班架构；③制定专班管理考评办法，常态化公司级“查班”、分部级“巡班”、车间级“坐班”，专班成为培训“手指口述”（唱票）操作法、

"135"应急演练等技能的主阵地。

（李国东　彭金海）

【业务竞赛】 2021年，公司强化选手集中培训管理与服务，科学制定个性化培训方案，实行挂图作战，集中优势资源打造"乐教"教练团队、"善学"参赛团队。公司参加的聚乙烯、加氢裂化等国家行业技能竞赛，获团体冠军2个、个人"7金7银3铜"，公司参赛项目实现"个人第一、团体第一、金牌第一、奖牌第一""四个第一"，再破历史纪录。

（李国东　彭金海）

【"三鹰"人才实现精准送培】 2021年，公司依托"三鹰"梯队人才库，实行专业人才针对性点名指定送培，全年选送682人参加322项培训，全力打造高素质专业人才队伍。举办"工匠论坛"、"头雁讲坛"、班组长轮训班等各类培训215期次、培训13896人次。落实集团公司石化名匠塑造计划，充分发挥技能大师工作室技艺传承、团队诊断和示范引领作用。

（温景成　彭金海）

劳动用工管理

【组织机构"瘦身健体"】 2021年，人力资源部推动炼油运输性质业务划转铁运分部、公司党校（培训中心）整合优化、退服中心内设机构整合优化、水务运行部提级管理等机构优化整合，完成炼油分部润滑油联合车间、储运车间的"大联合车间"改革，成立炼油五部、炼油储运部、合成橡胶部，全年减少基层机构15个、班组16个、岗位125个，转岗人员158人。

（倪　晶　林泽楷　赖诗卉）

【人力资源优化】 2021年，人力资源部按照"少安置、多盘活、少养人"要求，推动用工余缺向余缺互补转变，新建高端碳材料、合成润滑油基础油、新苯乙烯3套装置200名用工及支援海南炼化6个指标全部实现内部优化配置。截至2021年底，公司2021年实现净减员179人，用工总量降至7942人，创历史最低。公司优化用工排名进入集团公司前四，获历史最好成绩，被评为"人均劳效优胜单位"。

（倪　晶　林泽楷　赖诗卉）

【协解人员困难帮扶】 2021年，①做好困难退休协解人员的生活资助工作。2021年公司符合资助条件的困难退休协解人员共2596人，全年发放生活资助费用1169.52万元。②做好华达公司协管员每月就业帮扶费用审核结算工作，2021年公司支付华达公司协管员就业帮扶费用共1641.13万元。③抓好协管员管理，继续加大对协管员考勤管理工作力度，严格按实际出勤率支付协管员工资，2021年共节约费用131.3万元。④根据《茂名石化特别困难协解人员帮扶救助管理办法》，按照"真困难、真帮助，有标准、按程序，规范管理"原则，有序开展困难协解人员帮扶救助工作，确保协解人员队伍总体稳定。

（倪　晶　赖诗卉）

【首次建立人才池机制】 2021年，聚焦公司战略发展需要，首次创新建立人才池机制，组建覆盖全公司的"三大员"储备人才池，对8个单位128个"三大员"岗位进行公开选聘，持证上岗"三大员"总人数达359人，33名原"三大员"落聘，实现人员能上能下；43名技能操作岗位人员通过竞聘上岗，畅通技能操作岗位人员的晋升通道；跨单位交流人员5人，促进人才有序流动。

（倪　晶　赖诗卉）

【推进市场化用工】 2021年，公司引进2名社会成熟人才，弥补公司社会高层次人才引进的空白；推动湛江新中美化工有限公司8名门卫由劳务派遣用工改为业务外包用工，为公司降低用工总量找到战略新支点；全面对标行业标准、市场规范，牵头编制《中国石化炼油生产装置劳动定员标准》，得到集团公司人力资源部和炼油事业部充分肯定，新标准较原标准提高23.9%；对劳动合同期满考核不合格的一名职工实行期满终止劳动合同，首次实现职工合同期满退出。

（倪　晶　赖诗卉）

薪酬激励管理

【“三挂钩”薪酬体系】 2021年，公司构建与动态岗位评价、定期能力评价和适时绩效评价紧密结合的“三挂钩”宽带薪酬分配体系，公司《特大型炼化企业“三挂钩”宽带薪酬分配体系的构建与实施》获集团公司创新成果一等奖，并在总部对标提升暨管理创新成果发布会上作经验交流，得到国资委有关领导的充分认可。

（张晓梅　邓贵元　王璐琪）

【市场化薪酬对标】 2021年，公司积极开展市场化薪酬对标，出台《茂名石化工程项目经理负责制实施办法》，推动企业项目管理水平迈上新台阶。

（张晓梅）

【试行年度“浮动”奖励】 2021年，公司创新工资总额分配方式，增加各单位年度奖励分配自主权，年中奖励试行抽取奖励总额的10%～20%，对在安全生产、攻坚创效、深化改革、提高人均劳效等方面做出突出贡献的团体和个人进行奖励；年终奖励试行设立“单位年终绩效考核奖（浮动部分）”，根据工作实际情况，对照年度绩效考核指标完成情况和贡献大小进行差异化奖励，强化薪酬激励约束作用。

（张晓梅　王璐琪）

【基本薪酬挂钩年度绩效考核】 2021年，公司严格落实基本薪酬晋档挂钩年度全员绩效考核结果政策，498名连续两年考核为合格及以上的员工晋升1档基本薪酬，147名连续4年考核为优秀的员工再奖励晋升1档基本薪酬，183名连续2年考核为B3的员工不晋升基本薪酬，24名考核为C的员工下降1档基本薪酬。

（张晓梅　王璐琪）

【调整高温津贴标准】 2021年，公司按照《关于调整我省高温津贴标准的通知》（粤人社规〔2021〕19号）要求，从6月1日起，将高温津贴发放标准统一调整为300元/人·月。

（张晓梅）

【提高超医疗期人员救助标准】 7月1日起，根据茂名市社平工资水平，将公司超医疗期人员帮扶救助标准提高18.5%。2021年，公司办理超医疗期人员帮扶救助813人次、190万元。

（张晓梅　王璐琪）

【员工住院陪护费管理】 2021年，人力资源部指导协助各单位大病和工伤员工申报住院陪护费232人次、44.3万元。

（张晓梅　王璐琪）

【构建KGB全员绩效考核模型】 2021年，建立由KPI关键指标、GS关键任务和KBI关键行为构成的KGB全员绩效考核模型，同步搭建月度考核信息化流程和年度考核信息化模块，考核效率大幅提升。

（张晓梅　邓贵元　王璐琪）

内部审计工作

【概况】 茂名石化内部审计工作由中国石油化工股份有限公司茂名分公司审计部（简称审计部）负责。审计部主要负责公司内部审计工作，下设审计管理室、经营管理审计室、工程审计室3个管理室。截至2021年底，审计部在岗职工17人，其中，中基层领导干部13人，科员4人；具有高级职称的7人，中级职称的10人。

（凌奕任）

【审计监督工作总体情况】 2021年，公司内部审计工作牢牢把握经济监督定位，聚焦主责主业，全面履行审计监督职责，发挥揭示风险、发现问题、推动问题整改作用，为公司依法依规治企、防控化解重大经营管理风险保驾护航。①开展专项审计52项，包括经济责任审计2项、固定资产投资项目审计41项、专项审计或审计调查9项，工程结算审计580项。②提出并被采纳意见建议235条，推动修订完善制度3项，促进增收节支或挽回损失1271.37万元。③向纪委监督部移送问题线索1项。④对公司投资项目工程施工合同、空调维修、监理合同、PSA装置包超概、工程项目和检维修费用结算、研发投入审计有关问题等进行通报。

（凌奕任）

【空调维修管理情况专项审计调查】 1月，审计部成立调查小组，组织对2018—2020年公司空调维修管理情况进行专项审计调查。督促公司建立检维修费用管理信息系统签证单查询机制，强化职工群众对工程签证内容真实性的监督；建立防控账外空调长效机制，促进列支渠道规范和加强实物管理。

（苏彦璋）

【经济责任审计】 2021年，公司紧盯资金使用和权力运行的关键环节，3月、11月组织开展炼油分部原经理许楚荣、离退休人员服务中心原经理詹文海离任经济责任审计，对近年公司重点关注的制度建设、合同管理、资金管控、安全管理等问题深入剖析原因，并提出审计意见和建议。

（张艺译）

【清理拖欠民营企业中小企业账款专项审计】 3月，组织对2020年4月至2021年2月公司民企清欠情况进行全面自查，进一步夯实巩固防范拖欠长效机制，避免发生新拖欠。

（唐茂荣）

【工程签证和设计变更管理专项审计】 3月，组织开展2020年已结算投资项目工程签证及设计变更管理情况审计，对审计签证的合理性、准确性、真实性、规范性，以及变更程序执行情况进行审计，揭示问题及风险19项，从制度体系建设、合同条款完善、工程现场管理、权限审批等方面提出审计意见和建议，助推签证管理系统升级，确保签证按权限及管理要求审批，同时，为结算审计前移提供了着力点。

（唐茂荣）

【装置保运管理情况专项审计】 6月，审计部成立审计组，对2018年1月至2021年6月公司装置保运管理情况进行专项审计，揭示存在问题及风险7项，发现1起在职职工违规组建施工队、承揽公司工程项目的违规违纪问题，并将线索移交纪委监督部。公司组织专题会对审计问题进行讨论，制定整改措施，促进装置保运业务进一步加强合同执行、工程签证管理，完善合同条款。

（苏彦璋）

【金融衍生品风险内控审计】 7月，审计部牵头组织对2020年的商品类金融衍生品业务开展情况及以前内审外查提出问题的整改情况进行全面自查，切实防控敞口风险、交易操作风险等，进一步加大对高风险金融业务的监督力度。

（张艺译）

【研发投入管理情况专项审计】 8月，审计部会同科技发展部、财务部、研究院组成联合审计组，对公司“十三五”期间研发投入情况进行专项审计，揭示问题及风险6项，逐项剖析问题产生原因，制定解决措施，促进公司依法合规组织技术研发。

（温云波）

【规范与改制企业往来专项审计调查】 9月，审计部联合财务部，组织开展规范与改制企业往来专项审计调查，对2019年以来签订合同中选商合规性、定价合理性进行检查，全面排查“靠企吃企”风险，助推公司加强煤炭采购和销售管理。

（苏彦璋）

【资金管理专项审计】 10月，审计部组织财务部、新中美公司、新金明公司对2020年至2021年6月资金管理和使用情况进行自查，进一步梳理了资金管理、使用中存在问题及风险，规范了资金管理行为。

（张艺译）

【40万吨/年苯乙烯项目PSA装置包超概问题联合调查】 10月，审计部与纪委监督部组成联合调查组，对苯乙烯项目PSA装置包超概情况进行联合调查。从概算批复、采购招标、实际采购、施工费用等4个方面全流程剖析PSA装置包超概原因，审计结果得到公司领导班子高度重视，推动公司编制设计审查手册，修订固定资产管理程序等相关制度，完善设计变更管理细则，规范招标管理流程。

（廖菊伟）

【会议费和接待费审计调查】 2021年，对公司会议费和接待费支出情况进行审计检查，促进中央八项规定精神落实落地。

（张艺译）

【内控审计检查评价】 12月，组织对物资采购、库存管理、信息管理、资金管理、金融衍生品等10个重点业务流程设计有效性、执行有效性进行审计检查评价，重点审计重大漏洞与风险隐患关键环节。

（黄扬泰）

【工程结算审计】 2021年，组织开展工程结算审计580项，审计金额6.72亿元，审减工程造价1106.78万元，审减率1.65%。同时，对工程结算审计发现问题进行季度通报，进一步强化工程结算管理监督，规范计价行为，促进公司降本减费。

（唐茂荣）

【中国石化审计迎审工作】 2021年，①根据集团公司党组要求，5月，集团公司派出审计组一行5人，对公司扶贫资金管理情况开展专项审计。②8月，集团公司审计部（党组审计办）副总经理吕红兵带领审计组一行7人，对公司化工品购销情况、金融衍生品业务风险内控、原油采购及使用情况进行专项审计检查。公司全过程配合审计组及协调指导各单位、部门做好迎审工作得到肯定。

（黄扬泰）

【其他审计监督】 ①2021年，审计部派出2人加入公司土地房产历史遗留问题督办专班，推动官渡邨收回、长租合同、闲置土地问题整改。②派出1人对公司公房、单身楼的租金收取和管理情况进行调查，为公司规范管理公房、单身楼提供依据。③委派2人对广州市茂名石化宾馆有限公司“两非”剥离工作相关数据进行专项核实，进一步规范“两非”剥离工作。④派出4人配合公司开展“设租寻租”专项治理工作。⑤常态化开展合同、招标投标、业务外包、物资采购、资产处置和租赁业务等监督工作。

（黄扬泰）

【积极配合总部开展审计工作】 2021年，审计部派出专家9人次协助中国石化开展经济责任审计、专项审计，2人次开展业审融合平台审计模型逻辑梳理，1人协助中国石化做好项目综合协调，1人参加中国石化审计论文评审。

（廖菊伟）

【企业年度工作报告】 5月，审计部牵头完成公司2020年企业年度工作报告，新增贯彻落实《国企改革三年行动方案》情况及存在问题、重点防控物资供应保障和调度情况、统筹推进疫情防控和经济发展情况等内容，共310页、19.53万字。

（黄扬泰）

【审计成果运用】 2021年，审计发现问题232项，其中，工程造价158项、工程管理27项、合同管理13项、采购管理7项、资产资金内控和安全环保等其他管理问题27项。全年扣罚责任单位8个、5.5万元，促进问题整改闭环形成和审计结果转化，审计发现问题整改率100%；建立健全公司管理制度3项，会议通报审计发现问题6次，书面通报问题4项，公司采纳合规性案例3篇，向中国石化审计部报送审计案例5项。

（凌奕任）

【审计理论研讨】 2021年，审计人员围绕工程审计增加价值理念，撰写题为《大型炼化企业工程审计的转型探索》审计论文，荣获中国石化优秀论文二等奖、中国内审协会理论研讨三等奖。

（黄扬泰）

【业审融合大数据平台建设】 2021年，公司被确定为中国石化审计大数据平台建设14家试点企业之一。①公司成立大数据审计工作小组，配合总部搭建数据专区和逻辑专区。②配合建设总部级大数据审计平台，组织梳理自销产品销售、化工产品销售和工程招投标3个业务流程的审计关注点、审计场景，以及审计模型需求，同时，派出2名审计人员参与总部审计模型需求的梳理，对9个审计模型提出具体建设思路，配合IT团队进行模型的建设和验证工作。③推进企业级大数据审计平台立项工作，提出了针对59个公司自建信息化系统搭建审计模型的大数据审计平台建设需求，明确了技术路径，初步梳理了审计模型需求，形成了项目可行性研究报告。

（苏彦璋）

【审计人才培养】 2021年，审计部举办审计培训7次，参加中国石化审计部“以审代培”培训4人次，选送1人参加中国石化党组巡视、2人参加公司巡察、2人赴兄弟单位或参与市场调研。1名审计骨干被提拔为基层副职，从信息中心引进1名信息化高级主管，1人被批准吸收为正式党员；委派冯辉担任茂名石化巴斯夫公司财务经理，委派盖永昕担任湛江新中美公司财务副经理。

（黄扬泰）

【审计专业荣誉】 ①2021年，公司被授予“2019—2021年中国石化审计工作先进单位”称号。②朱月华被授予“集团公司审计工作先进个人”称号。③2018—2020年度中国石化优秀审计项目评选中，公司计量管理情况专项审计项目——中国石化股权投资管理专项审计、销售华中分公司江西成品油管道二期工程竣工决算审计等2个受总部委托开展项目均获一等奖，产品结构优化在建跟踪审计、电信常青树和围油栏业务合同专项审计调查等2个项目获二等奖，创历史最好水平。④1篇审计论文获中国石化优秀论文二等奖、中国内审协会理论研讨三等奖。

（凌奕任）

【领导班子调整】 2021年，因工作需要，聘任凌奕任同志为审计部经理、陈岳然同志为副经理。

（凌奕任）

综合管理

【概况】 茂名石化综合管理工作由中国石油化工股份有限公司茂名分公司综合管理部/党委办公室/信访维稳办/党委防范办/武装部（以下简称综合管理部）负责。综合管理部是公司和公司党委的政治部、参谋部、服务部、督战部、“不管部”，履行“参谋助手、统筹协调、督查催办、中枢运转、服务保障”五项职能，做好“办文、办会、办事”各项工作，服务好公司领导、服务好机关部门、服务好基层职工。综合管理部下设社会责任管理室（机要保密室）、秘书室、调研室、接待室（外事室）、信访维稳室（武装室）等5个管理室，原所属单位广州市茂名石化宾馆8月12日完成工商注销。截至2021年底，综合管理部有职工45人(包含公司领导及副总师)，其中，具有教授级高级职称的3人，高级职称的20人，中级职称的17人，初级职称的1人。

（梁　虹）

【政务信息工作】 2021年，编发《信息动态》72期、《信息专报》14期，共享信息写作经验26期；上报集团公司信息233条，其中，被国务院国资委采用1篇，被集团公司《石化信息》专报采用5篇、《石化信息》普刊采用35条，被评为集团公司优秀信息1条，得分排名集团公司炼化企业前列。

（梁　虹）

【调研工作】 2021年，①牵头组织“提高思想素质，强化管理提升”“三个主义”问题专题调研共2次，撰写调研报告2份。②在公司门户网站首页设置总部“互联网+督查”留言平台，在公司机关办公区和炼油、化工厂区设置4个“公司领导实体信箱”，开通“职工诉求”电子邮箱，并深入生产厂区查看42次，保证员工反映问题渠道畅通。

（梁　虹）

【督办工作】 2021年，①归口管理集团公司对公司督办事项2项（其中1项已完结），督促牵头单位抓好工作落实及反馈，督办工作在总部绩效考核中“零失分”。②公司行政、党委工作督办的统一管理，强化对公司领导批示重要事项的跟踪督办。累计对公司255项重点工作立项督办，编发《督办通报》12期、公司领导批示督办15期，对37项次整体滞后、55项次部分滞后、6项次无进展事项及时督促提醒，向9个牵头工作滞后、主体责任落实不够到位、工作推进不够有力的单位发送督办提醒函。③协调跟踪茂名市委市政府对公司督办事项17项次，实现反馈“零耽误”。④公司督办工作管理成果《特大型炼化企业穿透式管理背景下“四式一化三结合”督办体系的构建与实施》，被评为集团公司管理现代化创新成果二等奖、公司首届管理现代化创新成果一等奖，并在中国石化2021年办公室主任会议上得到肯定和推介。

（梁　虹）

【办文办会】 2021年，①起草、修改、审核和复核文稿1600多份。抓好OA综合办公系统的优化和应用，深入践行“马上就办”，推进总部新公文系统建设，“马上就办”文件办理无超时。②筹办协办大中型会议70多个，实现“高标准、零失误”目标；完善《茂名石化会议管理细则》，实行会议分级分类管理，制定会议周计划、月计划；推行会议管理记分考核机制，改善会风会纪。

（梁　虹）

【志鉴编纂】 10月，《茂名石化年鉴2021》出版发行；《茂名石化年鉴2020》获广东省优秀年鉴三等奖、茂名市优秀年鉴二等奖。

（梁　虹）

【社会责任管理】 2021年，①公司代表中国石化介绍驻粤企业履行社会责任情况，发布茂名石化第8部社会责任报告。②《茂名日报》、南方网、金羊网等多家主流媒体对公司重要工作和成果进行报道，全面展示公司履行社会责任的情况。③完成古张村定点扶贫任务，助力袂花镇乡村振兴，采购消费帮扶产品，参与广东“扶贫济困日”等公益活动，获广东省扶贫济困“红棉杯”。④10月，集团公司HSE管理体系审核中，社会责任要素审核结论为“整体运行卓越”。

（梁　虹）

【接待工作】 2021年，完成接待任务515批共计6186人次，其中省部级领导1人，厅级干部286人次，各种大中型会议45个676人次，出色完成炼化企业HSE管理体系审核、“十条龙”项目协调会、一体化体系外审等接待任务，受到各级领导和各界来宾一致好评。

（梁　虹）

【队伍建设】 2021年，综合管理部在公司年度党建考核工作中综合评分第一，实现上级考核评比的工作全部获得先进的目标。①4月23日，综合管理部落实公司和公司党委“大学习”要求，启动“人人上讲台，全员大学习”培训班。②6月27日，组织全体党员和干部职工到广东省南路革命化州教育基地开展“学党史、悟思想、守初心、担使命”主题党日活动，以缅怀革命先烈，传承红色基因，增强责任担当。③8月19日，公司党委书记、执行董事、分公司代表尹兆林以普通党员身份参加所在的综合管理部党支部党史学习教育专题组织生活会，提出综合管理部（党委办公室）是公司和公司党委的政治部、参谋部、服务部、督战部、“不管部”的“五部”定位要求。④10月26日上午，公司综合管理部党支部与化工分部乙二醇车间党支部以“整治‘低老坏’问题，实现‘安稳长满优’生产”为主题，联合开展主题党日活动，共同开展现场HSE观察，共发现46项问题，推动党建工作与中心工作深度融合。

（梁　虹）

保密工作

【概况】 公司保密工作由公司党委保密委员会统一领导，按照属地管理原则，在集团公司保密委员会、广东省委保密委员会和茂名市委保密委员会指导下开展工作。公司党委保密委员会主任由公司党委书记兼任，公司党政领导和公司保密重点部门负责人任保密委成员。公司保密重点部门包括公司综合管理部/信访维稳办/武装部、科技发展部、信息中心、党委组织部/人力资源部、计划管理部、生产管理部/质量管理部、企业管理部/法律事务部（选商交易中心）、财务部（工程预结算中心）、工程管理部、审计部、党委宣传部/企业文化部/品牌部、纪委监督部、炼油分部、化工分部、研究院、仪控计量部、营销中心、行政事务中心。保密委员会下设办公室（简称公司保密办，挂靠在公司综合管理部/党委办公室/武装部），综合管理部社会责任管理室/机要保密室负责保密日常工作。

（谭　耘）

【保密责任全面落实】 ①加强保密组织领导。2021年初，公司根据人员变动及时调整保密委成员，公司党委书记、执行董事、分公司代表尹兆林担任保密委主任，其余公司党政领导班子成员以及综合管理部、企业管理部、科技发展部、党委组织部/人力资源部、炼油分部、化工分部等重点单位、部门主要负责人担任保密委成员，同时将保密工作列入公司党委重要议事日程，公司党委常委会4次研究保密工作，公司党委监督委员会3次听取公司保密检查情况汇报。②压实保密工作责任。公司党委保密委主要领导与公司29个二级单位、机关部门保密分管领导签订《2021—2022年度保密工作责任书》，并将保密工作列入党建考核和绩效考核范畴，实行每月考核与年底综合考评。公司保密办2月、8月两次在公司月度经济活动分析暨工作安排会上通报保密工作情况，公司主要领导对保密工作提出具体要求，推动保密工作责任制落实。③召开保密专题会议。4月20日召开2021年公司党委保密委扩大会，公司保密委成员、保密办成员、各二级单位（中心）保密委成员和保密办成员等共100多人参加了会议。会议传达了中央保密委会议、全国保密工作会议、集团公司保密委会议和广东省保密工作会议精神，总结了2020年保密工作，对2021年保密工作作出部署，生产管理部、炼油分部等7个部门、单位作了保密工作汇报和表态发言。公司各单位认真贯彻落实会议精神，保密工作得到全面加强。

（谭　耘）

【开展保密宣传教育】①开展保密教育。4月，公司开展国家安全和保密宣传教育月活动。共组织保密法规学习108场次，3691多人参加保密网上答题活动。组织的重温保密承诺书、征集保密宣传作品活动，收到良好的教育效果，受到集团公司保密办通报表扬。②开展新员工保密教育。对新入职的150名员工进行保密形势和保密知识教育，并签订保密承诺书。③开展保密培训。10月举办保密管理业务培训班，公司保密专兼职干部、涉密人员、商业秘密知悉人员、文秘管理人员等70多人参加培训。同时，安排8名专兼职保密干部参加集团和地方举办的保密干部培训班。炼油分部专题举办商密知悉人员保密培训班，化工分部利用学习专班，安排保密培训内容，帮助干部员工增强保密意识，提高保密技能。

（谭　耘）

【保密管理】①商业秘密管理。开展商业秘密清查工作，变更和解密商密事项13项，重新确定商密事项76项；制定加强商业秘密管理16项措施，颁布《茂名石化科技类核心商业秘密项目保密管理细则》，实现了项目从施工建设到装置投产全过程保密管理；加强与兄弟单位保密工作协调，组织召开化销华南公司、燃料油公司、炼销公司等兄弟企业座谈会，对加强商业管理进行探索；加强合作方保密管理，对合作单位涉嫌泄露商业秘密信息进行警示提醒；加强外来人员保密管理，组织到公司参加“三百三千”实践锻炼的6名干部签订了保密承诺书并督促落实；加强对内部员工论文发表、新闻稿件、展板展览、技术交流等进行保密审查，公司保密办全年审查经营管理和技术性材料25份、新闻稿件22篇（不含宣传部和各单位保密办自审数量）。②信息权限管理。严格控制互联网、微信/QQ和钉钉使用范围，清查各类微信群、钉钉群2273个。对MES系统进行权限审查，取消与业务关系不大人员的登录权限，MES登录人员由4200余人降至1800余人，防止生产经营信息因知悉人员范围过大而泄密。持续开展离职离岗人员信息系统账户清理，全年共清理离职人员账户405个，杜绝出现离职人员泄密事件。③完善电子公文保密功能。完善OA系统，设置密级确定项，增加保密审核环节，全年纠正定密不规范文件67份。针对工艺技术、操作规程等电子技术文档容易被下载转发却无法溯源问题，完善添加水印、限制下载、日志审计等功能。④保密监督检查。编制保密检查指引清单，指导各单位常态化开展保密自查自改；坚持每月实施专项检查，全年累计检查考核部门、单位41个，给予专业扣奖71人次、党建考核扣分23次，共给予个人经济处罚2.35万元。推广“石化通”应用，对不安装“石化通”的管理干部进行通报批评，“石化通”安装使用率达到93%。年末对使用钉钉、微信和外部邮箱传递工作信息情况进行专项整治，及时删除外部通信工具云盘的敏感信息文件。

（谭 耘）

外事工作

【概况】 茂名石化外事工作由茂名石化外事处（外事室）负责，由综合管理部接待室（外事室）管辖。茂名石化外事工作主要包括：党和国家外事工作的方针政策和集团公司相关制度及管理规定的宣贯落实，建立健全公司外事管理办法和管理机制；公司因公出国（境）团组管理和手续办理；公司外宾来访接待、外国专家来华服务管理；组织对外技术交流和协调联络；组织协调引进项目商谈和技术引进项目涉外合同管理；公司（含合资合作）日常翻译。截至2021年底，外事处（外事室）有专职外事员工4人（含兼职专办员），其中，有英语翻译3人、日语翻译1人。

（黄勇胜）

【进出国（境）人员疫情防控】 2021年，①按照总部和公司应对新冠肺炎疫情的统一部署和要求，做好职工和职工家属回国人员统计上报、回国人员隔离情况和健康状况跟踪工作。公司全年共有7位职工家属回国，回国人员全部按要求隔离，隔离后健康状态良好。②按照总部和广东省、茂名市防疫办公室要求，完成炼油分部浆态床渣油加氢项目专利商性能考核团队、化工2系列装置大修、港口小口径油品管线检测现场服务外国专家来华防疫预案的编制及报备工作，外国专家进入现场服务前均按照地方政府防疫政策（14+7）要求完成隔离，没有出现异常情况。

（黄勇胜）

【现场外事工作】 2021年，①关于260万吨/年浆态床渣油加氢装置。2021年初该装置开车成功后，意大利专利商ENI公司一名工艺工程师继续在现场服务至6月；6月ENI公司派6名工程师到现场进行了性能考核前的对接和技术澄清；10月ENI公司4名工程师到茂，开展该装置性能考核工作。②关于化工2系列装置大修。4—5月化工2系列装置大修期间，现场有瑞士布克哈德、德国Renk、ABB等公司10名专家（其中，有中国籍雇员8人）进行现场服务。③关于港口小口径油品管线检测。荷兰INTERO INTEGRITY SERVICES公司2名检测工程师10月下旬至12月中旬到公司开展现场服务。

（黄勇胜）

【对外交流】 2021年，受国内外新冠肺炎疫情影响，对外交流与联络工作继续在线上完成，线上大型技术交流活动主要集中在公司“十四五”化工提质增效项目上，与日本聚乙烯公司（JPP）、德国巴塞尔公司就新建聚丙烯工艺技术引进工作进行了技术谈判，与沙特沙比克、台湾丰宏公司就ABS工艺技术引进工作进行了技术谈判。

（黄勇胜）

【因公出国（境）】 2021年，受国内外新冠疫情影响，全年无因公出国（境）团组派出。

（黄勇胜）

【外事制度修订】 根据《中国石化因公出国（境）管理实施细则》，6月完成了《茂名石化外事工作管理细则》修订承接工作。

（黄勇胜）

党群工作

MAOMINGSHIHUA

MAOMINGSHIHUANIANJIAN

- 党组织建设
- 企业文化与宣传
- 纪检监督工作
- 群众工作

党 群 工 作

党组织建设

【概况】 公司党组织建设工作由党委组织部/人力资源部（以下简称党委组织部）组织管理室负责。党委组织部/人力资源部主要负责公司党组织建设和党员管理；负责领导班子和干部管理；负责公司三支队伍人才培养与开发；负责公司员工人事调配、劳动关系管理、劳务工管理及协解困难群体帮扶；负责公司定员管理和用工总量控制；负责公司工资总量及人工成本控制和管理；负责各类人员培训规划制定、培训工作的管理、培训经费预算和使用计划的编制、培训项目实施；负责公司职工的社会保险管理、补充医疗管理、企业年金管理、住房公积金管理、退休和内退待遇审核及退休报批；负责公司人事档案管理等工作。党委组织部/人力资源部下设组织管理室、干部管理室、人才开发室、劳动人事室、薪酬激励室（社保管理室）。截至2021年底，有在岗合同制员工20人，其中，具有正高级职称的1人，高级职称的7人，中级职称的11人。

（赖诗卉）

【2020年党建考核被评为A档】 根据集团公司《2020年党建考核反馈意见》，公司2020年度党建考核结果被定为A档，集团公司党建考核组认为公司党委发挥“把管促”领导作用，研究确定“两步走”思路，推动企业高质量发展，团结带领干部员工在非常时期创造超常效益，居集团公司炼化板块首位，各项工作得到职工群众高度认可。①坚持务实创新融合抓党建，发挥党小组“前沿阵地”作用，深入开展“深查思想、严查纪律、细查隐患”工作，推进党小组竞赛与班组竞赛挂钩，解决员工“小诉求”，增强员工队伍干事创业的凝聚力和战斗力。②多种措施推动年轻干部队伍建设，创新载体做实宣传思想工作，紧密结合重大事件节点持续不断开展典型宣传。2021年，公司6人被评为全国、省、市级劳动模范，7个先进集体和个人获得省部级奖励。

（韩权秀）

【开展2021年党建考核工作】 11月22—26日，公司党委常委带领4个考评组通过现场述职、现场测评、现场检查、个别访谈、检查验证等多种方式对全公司29个直属党组织、新中美公司开展为期4天的党建工作考核。本次考评突出融合、精减、从严的要求，重点查验各单位、部门贯彻落实集团公司“十四五”时期“1355”党建工作总体思路和公司党委“1136”党建工作方略情况，通过听述职、访干群、查资料、下沉支部检验等方式，先后检查党支部42个，访谈中层干部89人次，党群部门负责人和各相关专业人员118人次，党支部书记、基层干部和支部委员211人次，党小组长37人次，普通党员及一般员工390人次。12月16日，公司召开党委常委会审议直属党组织2021年党建综合考评结果。生产单位排序依次为：水务运行部、港口分部、仪控计量部、铁运分部、热电分部、化工分部、炼油分部；专业中心排序依次为：营销中心、物资供应中心、党校（培训中心）、质检中心、信息中心、研究院、应急救援中心、行政事务中心；机关部室排序依次为：综合管理部、组织人力资源部、纪委监督部、宣传部、群众工作部、计划管理部、财务部、企业管理部、审计部、科技发展部、机动部、生产管理部、安全环保部、工程管理部。随后对各单位党建考核具体情况进行了“点对点”通报。

（韩权秀）

【公司第十一次党代会胜利召开】 6月15日，公司第十一次党代会在职工文化中心召开，集团公司党组向大会发来贺电，茂名市委书记、市人大常委会主任袁古洁到会致辞，公司党委书记、执行董事、分公司代表尹兆林作题为《发挥领导作用　凝聚智慧力量　为实现茂名石化第四次跨越式发展而努力奋斗》的报告。大会选举产生中共中国石化集团茂名石油化工有限公司第十一届委员会和纪律检查委员会。毛远洪、尹兆林、龙泰良、刘方舟、关志鹏、许先焜、许楚荣、李灿荣、李雪梅（女）、张恒珍（女）、陆建明、柯玉芸（女）、栗雪勇、高学辉、黄启权、梁郁超等16名同志当选为中国共产党中国石化集团茂名石油化工有限公司第十一届委员会委员（以姓氏笔画为序排列），王新舟、许军、李建峰、余建东、林奕端、赵小飞、柯玉芸（女）、黄亮、彭爱蓉（女）等9名同志当选为中国共产党中国石化集团茂名石油化工有限公司纪律检查委员会委员（以姓氏笔画为序排列）。在随即召开的公司党委、纪委第一次全体会议上，选举尹兆林为党委书记，陆建明、柯玉芸为党委副书记；选举柯玉芸为纪委书记、李建峰为纪委副书记。会议选举尹兆林、陆建明、柯玉芸、李雪梅、毛远洪、许楚荣、关志鹏、栗雪勇等8名同志为新一届党委常务委员会委员。公司老领导代表，集团公司首席专家，茂名市委秘书长，集团公司技能大师，公司副总师，下属单位、机关部室、中心、合资企业、关工委的主要负责人，以及6名民主党派和侨眷代表应邀出席开幕和闭幕会。大会通过了《中共茂名石油化工公司第十一次代表大会关于中共茂名石油化工公司第十届委员会报告的决议》《中共茂名石油化工公司第十一次代表大会关于公司纪律检查委员会工作报告的决议》。

（韩权秀）

【召开庆祝中国共产党成立100周年大会】 6月29日，公司在职工文化中心召开庆祝中国共产党成立100周年大会。公司党委书记、执行董事、分公司代表尹兆林代表公司党委，向为公司安全生产、增效发展作出突出贡献的共产党员和干部员工，表示衷心的感谢；向受表彰的集体和个人，表示热烈的祝贺；向全体共产党员和干部员工致以节日的问候。会议强调，作为中央企业、国有骨干企业，我们茂名石化要坚持党的领导，以习近平新时代中国特色社会主义思想为指导，认真学习贯彻习近平总书记在庆祝中国共产党成立100周年大会上的重要讲话精神，坚决落实党的路线方针政策、集团公司党组的决策部署，咬定率先建成世界领先炼化企业目标不放松，扎实践行“六大”发展理念，持续实施“六化”发展战略，切实遵循“强化党建+‘七个第一’”发展逻辑，全力落实“六个坚持”基本发展方略，加快高质量发展步伐，争当党的经济部队的突击队。①做政治坚定的表率，努力把茂名石化打造成为践行习近平新时代中国特色社会主义思想的坚强阵地，肩负起我们的政治责任。②做安环诚信的表率，努力把茂名石化打造成为我党放心、人民满意、社会尊敬，永远走在美丽中国建设前列的现代化企业。③做转型升级的表率，努力加快转型升级，抢占高质量发展先机，为我们党代表先进生产力的发展要求争光添彩。④做深化改革的表率，努力提升企业治理体系和能力现代化水平，展现党的经济部队的科学性、先进性和时代性。⑤做和谐幸福的表率，努力让全体干部员工和周边群众增强获得感和幸福感，真切感受到共产党好、中国特色社会主义好。会上，宣读了获得上级党组织表彰名单和公司党委表彰决定，8名先模党员围绕“落实责任保安全”主题作了事迹报告。

（韩权秀）

【召开党代表会议】 11月15日，公司党委主持召开中国共产党中国石化集团茂名石油化工有限公司代表会议，选举公司出席中国共产党茂名市第十二次代表大会代表。会议共有110名代表参加，公司共有14名代表候选人参加选举。其中，公司党委书记、执行董事、分公司代表尹兆林作为市委直接提名代表候选人参加公司选举，另外13名代表候选人分别是来自公司各条战线上的优秀领导干部、专业技术和技能操作人员代表。根据《中国共产党章程》和《中共茂名市关于中国共产党茂名市第十二次代表大会选举工作的通知》要求，在充分发扬民主、广泛酝酿讨论的基础上，会议以无记名投票方式选举出王骞、尹兆林、刘方舟、李雪梅（女）、张恒珍（女）、陆建明、陈湛辉、柯玉芸（女）、梁郁超、湛贞（女）、赖晓军（按姓氏笔画排序）等11名党员代表。

（韩权秀）

【获石油石化企业基层党建创新优秀案例二等奖】 7月13日，公司基层党建创新案例《解决小诉求，凝聚大力量》在第一届全国石油石化企业基层党建创新论坛上获二等奖。

（韩权秀）

【25名老党员被授予“光荣在党50年”纪念章】 7月1日前，公司党委为25名老党员颁发“光荣在党50年”纪念章。这是首次颁发“光荣在党50年”纪念章，颁发给健在的、截至2021年7月1日党龄达到50周年、一贯表现良好的党员。

（韩权秀）

【举办党员发展对象培训班】 5月19—21日、8月4—6日，公司分别举办为期3天两批次的2021年党员发展对象培训班，参加培训的107名学员均考试合格，具备发展入党的前提条件。

（韩权秀）

【主题党日实践活动】 2021年，为贯彻落实集团公司总经理“2号令”和《中国石化“党旗在基层一线高高飘扬”活动工作方案》要求，围绕“抓思想政治，树牢安全意识；抓教育培训，提升安全素养；抓安全监管，织密安全保障；抓纪律作风，夯实安全根基”，在各党支部中开展“支部有作为,安全有保证”主题党日活动。

（韩权秀）

【党员自愿一次性多交纳党费10000元】“七一”前夕，公司离休党员赖玉莲同志，向党组织自愿一次性多交纳党费10000元整。赖玉莲同志已有74年党龄。

（韩权秀）

【入选集团公司基层党建创新实践100例】 6月，由集团公司党建工作领导小组办公室编印的《中国石化基层党建创新实践100例》出版发行，公司炼油分部联合六车间党支部《“点、线、面”提高党员力量覆盖》、热电分部动力二车间党支部《用好“三字诀”解决员工诉求》入选。

（韩权秀）

【做好先进基层党组织及先进个人评选推荐工作】“七一”期间，为表彰先进、树立榜样，激励公司各级党组织和广大党员在安环生产、优化创效、转型发展、和谐稳定等中心工作中继续当先锋做表率，公司党委决定，授予炼油分部联合六车间党支部等10个党（总）支部“先进党（总）支部”称号；授予化工分部裂解车间第一党小组等20个党小组“先进党小组”称号；授予王越等50名同志“优秀共产党员”称号；授予龙泰良等20名同志“优秀党务工作者”称号。

（韩权秀）

【推基层党组织优秀工作法】 2021年，为推动公司党建工作“既要出成绩，又要创品牌”，公司党委汇编《基层党组织优秀工作法》，总结提炼公司35个党支部、28个党小组优秀工作法，为中国石化党建工作在中央企业“站排头、争第一”提供茂名石化案例。

（韩权秀）

【开展党内关爱慰问活动】 2021年元旦、春节、“七一”等重大节日期间，组织开展慰问老党员、老干部、生活困难党员、先模党员及生产工作一线党员代表活动,为9名建国前入党的老党员每人发放固定补助5000元。

（韩权秀）

【严格开展民主评议党员工作】 公司2020年度民主评议党员工作中，共有2693名党员参加评议，其中，875人被评为优秀党员，1815人被评为合格党员，3人被评为基本合格党员，合格和优秀党员率为99.9%。

（韩权秀）

【做好2021年度党内统计工作】 按照上级党委统一部署，公司完成2021年度党内统计工作。截至2021年底，公司共有党员2765人，其中，女党员486人、离退休党员25人；基层党组织122个，其中，党委12个（含公司党委）、党总支3个、党支部107个；本年度发展党员116人，出党1人，死亡11人。

（韩权秀）

企业文化与宣传

【概况】 茂名石化企业文化与宣传工作由中共中国石化集团茂名石油化工公司委员会宣传部（简称党委宣传部）、中国石油化工股份有限公司茂名分公司企业文化部（简称企业文化部）、中国石化集团茂名石油化工公司品牌部（简称品牌部）负责。党委宣传部/企业文化部/品牌部下设文化品牌室、宣教统战室、新闻宣传室（报社、电视台）3个管理室。党委宣传部、企业文化部、品牌部是“一套机构，三块牌子”管理。截至2021年底，有在册职工24人，其中，具有高级职称的15人，中级职称的5人。

（黄国茹　李林秋）

【党史学习教育】 2021年，按照党中央和中国石化党组、公司和公司党委部署，遵循“学党史、悟思想、办实事、开新局”的总体要求，紧紧围绕“学史明理、学史增信、学史崇德、学史力行”4个目标任务，扎实开展党史学习教育。①公司党史学习教育领导小组及办公室开展12次专题研究，6个督导巡查组开展75次现场督导和服务，推动学习教育务实高效开展。②公司党委领导班子带头认真学习“4+3”读本、习近平总书记关于党史学习教育的重要指示与要求、“七一”重要讲话精神与党的十九届六中全会精神等，带头开展党课宣讲，积极参加党史学习教育专题组织生活会，认真开展批评与自我批评；各级党组织创新方式方法，先后开展党史学习研讨2000多场次，利用周边资源开展红色教育150多场次，3300多人次接受教育。③深入推进“我为群众办实事”实践活动，公司为员工群众办的18件实事好事全部落地，各基层党组织累计办结实事1148件，完成率100%。《欠薪无小事 解忧见真情》案例入选中国石化党史学习教育首批“我为群众办实事”实践活动企业优秀案例。④全年利用简报、微信、报纸、电视、公司门户、基层风采、奋进茂名石化平台等公司各类自有媒体，刊发公司和各单位党史学习教育先进典型报道及信息800多篇次，在集团公司党史学习教育简报刊登信息16次，在《人民日报》、学习强国、《工人日报》、总部各媒体和地方媒体等上稿300多篇次。通过“奋进石化”平台，公司编制的“100个党史小故事”在中国石化系统内推介。

（黄国茹　李林秋）

【理论学习教育】 2021年，公司①严格落实“第一议题”制度要求，坚持不懈把学习贯彻习近平新时代中国特色社会主义思想作为中心组学习的主题主线，深入跟进学习习近平总书记“七一”重要讲话精神、视察胜利油田时的重要指示精神、对党史学习教育的重要论述与指示精神以及党的十九届六中全会精神等116篇次，学习中国石化重要会议精神和要求、党组署名文章等86篇次。②组织公司党委中心组集体学习26次，两级党委中心组开展学习研讨160多场次。③组织汇编《学“习”思齐——公司两级党委中心组成员理论学习体会汇编》文集，增强各级干部员工学理论、用理论的主动性。公司主要领导撰写的9篇次学习体会、署名文章在《石化政工研究》《中国石化报》《中国石化》杂志、总部简报、奋进石化平台等多个媒体阵地刊登。

（黄国茹　李林秋）

【意识形态工作】 2021年，党委宣传部①坚持与各直属党组织签订意识形态工作责任书，完善意识形态工作信息员队伍，健全“一支部一安全员”管理机制，组织修订《茂名石化党委意识形态工作责任制实施细则》，进一步明确网络意识形态工作责任。②修订《茂名石化新闻媒体管理细则》，全面落实媒体和新闻从业人员管理“两个所有”原则，认真管好新闻媒体、讲座论坛、互联网等“三类阵地”，派专员和部门骨干不定期对各单位意识形态阵地、余毒等进行巡查清查。③在全国“两会”、“七一”、党的十九届六中全会等特殊时期，安排专人到各厂区检查宣传栏、电子屏、围墙、横幅标语、进出车辆等，同时，对各单位党史学习宣讲辅导讲座等进行监督检查，确保意识形态安全。公司党委全年2次专题研究意识形态工作，牢牢把握意识形态领导权、主动权。

（黄国茹　李林秋）

【形势任务教育】 2021年，党委宣传部①聚焦国企深化改革三年行动和对标世界一流管理提升行动，组织开展“开好头，起好步，实现‘开门红’，向第十一次党代会献礼”“大干第四季度，决胜全年目标任务”等专题宣传教育。②开展“四对照、三查找、五提升”反思实践活动300多场次，举办公司“落实责任保安全”先模党员事迹报告会及巡回宣讲21场次，编发宣传深化改革案例5期，完成7项对标世界一流任务。③围绕狠抓安全环保生产、持续攻坚创效、装置大修及新装置建设、疫情防控等工作，全媒体推出相关报道、小言论2000多篇，编发《班前班后五分钟》学习材料及宣传工作简报47期，运用“奋进茂名石化”平台等载体进行宣传，做深做实形势任务教育，引导全员明确任务、自觉苦干实干。

（黄国茹　李林秋）

【思想政治工作】 2021年，公司①结合开展党史学习教育，创新开办“学党史 悟思想 基层车间政工思想论坛”6期，以“案例+讨论+点评”互动式开展的方式，推动各单位干部员工小情绪小矛盾及时解决，提升基层管理人员的群众工作能力。②以简报、文集汇编、沙龙交流等形式，全面推广基层车间开展思想政治工作的好经验好案例19个。公司《“三个零”工作法 凝聚强大力量》入选《从“心”出发——中国石化基层思想政治工作案例集（2020年）》。③专题研究报告思想动态调研情况，帮助解决诉求难题；收集分析99名基层车间党政主要领导思想政治工作能力和成效评价，评选表彰2020年度优秀思想政治成果19篇。

（黄国茹　李林秋）

【企业文化建设】 2021年，企业文化部①细化公司责任文化建设第二年规划，举办责任文化建设推进会，坚持在早调会表扬选树责任典型120多个，践行责任理念故事57个，在报纸、“奋进茂名石化”平台刊发曝光案例50多个，完成公司责任文化故事集（第二辑），营造“履职光荣、失责可耻”氛围。利用文化路、文化墙、文化海报以及全媒体发力，持续宣贯中国石化核心价值理念和公司核心管理理念。②精选编发66个优化案例，设立尽职尽责典型“星光大道”，让责任典型走进公司各大工作场所，引导全员树牢“1+1=0”理念，自觉落实责任保安全、创效益、促发展。2021年，公司做好工业文化遗产宣传工作得到中国石化党组宣传部表扬，公司获评为广东省“企业文化建设十佳示范单位”，在广东省企业文化会上作经验交流。

（黄国茹　李林秋）

【**石油精神石化传统教育**】 2021年，①持续深入宣贯石油精神石化传统内涵，将专题教育列入公司各类培训班课程。②印发《进一步建立完善“七有机制”大力传承石油精神、弘扬石化传统实施方案》，进一步明确“七有机制”内容，并加强对各单位落实情况的“回头看”。③大力宣传践行石油精神石化传统的责任典型，组织21场先模党员事迹巡回报告会，用身边榜样教育职工；开展建厂纪念日传统教育，邀请老同志讲授老一辈石油人的艰辛历程，引导干部员工对标传统精神深入反思，提升自我。④选树公司厂史馆、露天矿遗址、1#常减压蒸馏装置、裂解装置、净化水装置、港口码头等6个点作为公司优良传统和企业文化教育基地。

（黄国茹　李林秋）

【**专项宣传**】 2021年，党委宣传部策划公司建厂66周年全媒体宣传，微信阅读量超万，短视频《因为梦想 我们坚持》被中国石化视频号、石油化工人视频号、学习强国平台转播，《工人日报》、学习强国、《中国化工报》《茂名日报》、中新网等30多家媒体宣传了公司建厂66年成绩。举全媒体之力抓好高端碳新装置建设、化工2系列装置大修等专项宣传。

（黄国茹　李林秋）

【**对外宣传**】 2021年，①以庆祝中国共产党成立100周年、公司召开第十一次党代会为契机，宣传公司履行社会责任、加快绿色发展、着力优化创效等成效。2021年，在中央和地方等各媒体上稿2900多篇，实现4次在中央电视台播出，13次在学习强国平台刊登，3次在《人民日报》、新华社上刊登，6次在《工人日报》刊登，《中国石化报》先后6次刊出专版宣传公司业绩。②公司全国人大代表，公司执行董事、分公司代表、党委书记，茂湛炼化一体化领导小组组长尹兆林，和全国政协委员、中国石化集团公司技能大师、公司首席技师张恒珍在全国“两会”期间的发言、建议和提案被中央电视台、央广网、人民网、央视网、学习强国、《工人日报》《人民政协报》等70多家主流媒体宣传报道。③公司被评为中国石化宣传思想工作先进单位，记者站以中国石化炼化企业第一的成绩保持优秀记者站称号，电视台再获中国石化报社优秀电视新闻报道单位，杨越获评感动石化人物。

（黄国茹　李林秋）

【**党史学习教育经验做法在《人民日报》刊登**】《人民日报》5月30日第4版“奋斗百年路 启航新征程·学党史 悟思想 办实事 开新局”专栏刊发《中管企业、中管金融企业扎实开展党史学习教育——凝聚起干事创业的强大力量》，其中指出“茂名石化注重学以致用，将学习党史与茂名石化发展目标相结合，激励广大党员干部职工在推进高质量发展上当先锋、作表率”。

（黄国茹　李林秋）

【**企业开放日和“云开放”活动**】 2021年，公司①在世界地球日、世界环境日、安全生产月期间举办云开放4场。②结合党史学习教育，发挥广东省爱国主义教育基地作用，线下接待50多批2000多人次社会公众参观厂区。③公司厂史馆入选茂名市职工思想教育基地；举办公司企业文化宣讲员培训班，首批10名红色宣讲员上岗。

（黄国茹　李林秋）

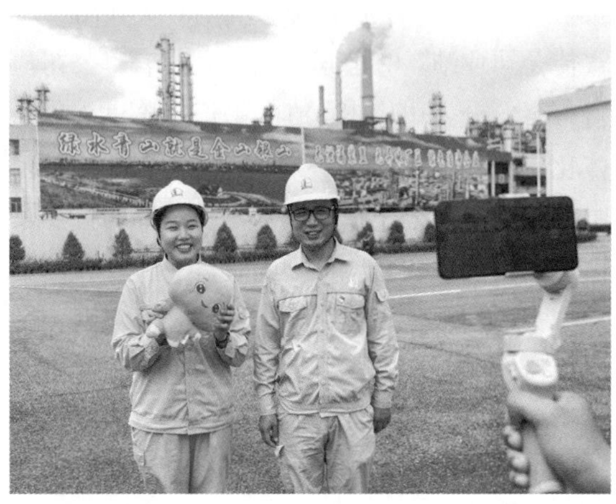

企业“云开放”活动，社会公众“云”参观茂名石化

【**文明创建**】 2021年，全面宣传贯彻《员工守则》实施细则，举办新年升旗仪式，积极组织1000多名干部员工参加公司“为民服务创先争优”志愿服务活动，联合包联社区开展170多次创文专项活动、文明劝导志愿服务，公司负责的街道和交通岗网络投票排名前列，收到茂名市创文巩卫办发来的感谢信。阮阳越、孙铁获被评为广东好人，2人获评茂名市道德模范。

（黄国茹　李林秋）

【**宣传队伍建设**】 2021年，针对人员老化、未来几年退出人员较多等实际，制定全体员工职业生涯规划与青年骨干两年培训提升方案，组织经验材料、对外宣传、编校排版和新闻基础写作等培训小班23期，邀请中国石化舆情处专家到公司讲授企业形象管理知识，外送7名骨干参加总部和茂名市培训，轮岗锻炼3名青年骨干，常态化开展微信、报纸策划与报纸电视评报评片会，促进专兼职宣传队伍素质提升。公司6名员工分获《中国石化报》首席文字记者、优秀记者、优秀通讯员，1人获评《南方日报》优秀通讯员，1人获聘中国石化新媒体平台特约技术员，1人获评中国石化优秀DJ，1人获得茂名市首届讲解员大赛银奖。

（黄国茹　李林秋）

【**统战工作**】 2021年，邀请公司各界人士代表参加公司召开的全国两会精神、党的十九届六中全会精神传达学习会及党史学习座谈会等。指导做好九三学社茂名石化支社成立工作，公司2篇统战成员征文入选《共筑同心圆 奋进新征程》——中国石化“庆百年、爱企业、献良策、做贡献”主题活动征文选编，1名员工当选民盟茂名市委委员，多名统战成员得到提拔重用。此外，组建好统战工作联络员队伍，维护更新公司2000多名统战成员信息。

（黄国茹　李林秋）

【**新闻应急工作**】 2021年，党委宣传部落实《茂名石化宣传工作管理细则》《茂名石化突发事件新闻应急处置预案》，常态化抓好重点时期、特殊人群的跟踪及舆情监控，启动9次、190多天的24小时值班制监控，及时发布相关微信，为公众科普释惑，化解舆情扩散风险，维护企业声誉。首次尝试用陌生人沟通技巧化解负面舆情的方法，得到中国石化表扬。

（黄国茹　李林秋）

【**品牌建设**】 2021年，品牌部及时宣传、更新、使用品牌口号、标识、PPT等，采写推出7个品牌故事，组织5000多人学习品牌建设培训课程，开展品牌标识专项巡查。

（黄国茹　李林秋）

【宣传服务】 2021年，协助各部门制作“一把手”连线、节能宣传等视频片16个。5次送培训到炼油、化工片区以及铁运分部等单位，为通讯员讲授新闻宣传、短视频制作知识等。派专员到基层巡查宣传专业工作7次，13名宣传骨干不定期下基层了解挂钩单位工作需求，提出改进建议。

（黄国茹　李林秋）

【基层宣传先进个人评选】 2021年，根据基层员工在公司新闻通讯、视频图片、企业宣讲、形象维护等工作中的业绩表现，评选出10名“公司金笔”、10名“公司金像”、10名“公司金话筒”、8名“公司金睛”及5名“公司优秀通讯员”。

（黄国茹　李林秋）

【新媒体宣传】 ①2021年，公司官方微博发布微博84篇，总阅读量突破85万次，有“粉丝”1万多个。②公司微信公众号全年发布微信224条，阅读量超过90万次，微信传播力指数每月均保持A级，考核居中国石化炼化企业前列，粉丝5.4万人，同比增长1.3万人。③加大“奋进茂名石化”平台运营力度，适时组织选题策划，引导各专兼职宣传员用好、用活平台。

（张　博）

【《茂名石化报》】 截至2021年底，《茂名石化报》创刊37年，累计出版2385期。2021年，坚持“政治家办报”“专家办报”“精细办报”等理念，做到精耕细作，努力做到“重大事件不失声、重要场合不缺位、每逢大事必出彩”，发挥报纸作为公司主要宣传阵地的作用。

（陈汝雄）

【茂名石化电视台】 2021年，共播发新闻566篇，制作短视频180个、专题片25部、课件10部，在《中国石化新闻联播》上稿103篇，在中国石化视频号播出短视频9个，在中央、省、市电视媒体上稿30多篇。3篇新闻作品分获中国石化电视新闻节目二、三等奖，1部专题片获中国石化电视专题节目一等奖，1部短视频获广东省企业民主管理微视频大赛三等奖，1名记者获中国石化报社优秀记者称号，电视台再获中国石化报社优秀电视新闻报道单位称号。公司电视信号于2022年1月1日起暂时停止在茂名市广播电视网络65频道播出。

（马春光）

【《茂名石化》杂志】 2021年，《茂名石化》杂志秉承“立足企业、服务职工、贴近一线、服务生产”的宗旨，凸显“谈茂名石化事，说茂名石化人”的办刊特色，有卷首、特稿、关注、热点、聚焦、展台、人物、图说、学习论坛、政工研究、管理经纬、科技等10多个常设栏目，对公司各项中心工作进行专题宣传报道。全年共编辑出版6期，编发各类文稿160篇，各类图片154幅，总字数50多万字。《茂名石化》杂志于2022年1月停刊。

（文　慧）

纪检监督工作

【概况】 中共中国石化集团茂名石油化工有

限公司纪律检查委员会（简称公司纪委）、中国石油化工股份有限公司茂名分公司监督部（简称监督部）、中共中国石化集团茂名石油化工有限公司委员会巡察工作领导小组办公室（简称巡察办）合署办公，下设二级纪委11个，内设综合室（审理教育室）、监督检查室（巡察室）。截至2021年底，有在职人员7人（不含纪委书记）。2021年2月7日，公司党委和公司发文设置巡察办，并作为机关部门管理，与纪委/监督部合署办公。2021年8月29日，公司党委和公司发文对纪委/监督部/巡察办内设机构进行整合优化，由原来的综合室（巡察室）、监督检查室、审理教育室3个管理室整合为综合室（审理教育室）、监督检查室（巡察室）2个管理室，原综合室（巡察室）的综合业务划入综合室（审理教育室），原综合室（巡察室）的巡察业务划入监督检查室（巡察室）。

（招文忠）

【公司纪委换届】 6月15日，中国共产党中国石化集团茂名石油化工有限公司第十一次代表大会召开，选举产生了公司新一届纪律检查委员会，王新舟、许军、李建峰、余建东、林奕端、赵小飞、柯玉芸（女）、黄亮、彭爱蓉（女）等9位同志（以姓氏笔画为序）当选。中国共产党中国石化集团茂名石油化工有限公司纪律检查委员会第一次全体会议，选举柯玉芸同志为公司纪委书记、李建峰同志为公司纪委副书记。

（招文忠）

【管党治党】 2021年，公司把深入学习贯彻习近平新时代中国特色社会主义思想作为首要政治任务，健全党委常委会、纪委会等党内重要会议落实“第一议题”制度，分别50次、12次及时跟进学习习近平总书记重要讲话、指示精神162篇。扎实开展党史学习教育，党委常委、中层领导干部讲党课250余场，公司层面“我为群众办实事”18个项目全部落实。公司党委（常委）会34次审议研究议题201项，其中21次审议全面从严治党、党风廉政建设和反腐败工作议题33项，前置审议重大事项51项，向党组请示报告18项。公司纪委召开全委会8次，审议研究党风廉政建设和反腐败工作、监督执纪问责等议题13项。公司党委领导班子规范召开民主生活会2次，落实双重组织生活制度，指导挂钩联系“双示范”党支部建设，参加中（基）层民主（组织）生活会41次。公司党政主要领导、纪委书记对新提任、调整中层干部进行任前廉洁谈话。公司纪委书记专题听取公司纪委委员、各直属单位纪委书记履职述责，层层压实全面从严治党责任。

（招文忠）

【政治监督】 2021年，公司纪检监督部门围绕贯彻新发展理念、落实集团公司工作会议精神、深化国企改革三年行动、新冠疫情防控等重大决策部署，突出对“一把手”和班子成员的监督，加强对选人用人的监督，制定监督清单、压实监督责任、落实监督措施，动态更新领导人员廉洁情况“活页夹”358份，廉政审核把关213人次，选人用人满意度保持高位，公司风清气正、干净干事的良好政治生态持续巩固发展，有效推动公司重点任务落实落地，原油商储二期项目提前中交投用，合成润滑油基础油等装置投产运行。

（招文忠）

【巡视整改】 2021年，公司纪委协助公司党委针对集团公司党组第七巡视组反馈的4方面12个问题，研究制定整改方案，明确问题清单、任务清单、责任清单，细化25个问题，制定86条整改措施，公司党委常委落实“一岗双责”，指导督促责任部门抓实问题整改。公司纪委统筹召开整改推进会4次，严格审验交账机制，逐条审验整改措施完成情况，确保整改质量。公司党委常委会专题研究6次，按要求向党组及巡视办报送巡视整改“一方案”“两报告”和季度进展报告，及时向党内外公开整改情况，自觉接受党员群众监督。截至2021年底，细化问题、整改措施完成率分别为92%、96%。

（招文忠）

【党委巡察】 2021年，公司党委巡察办协助公司党委组织开展党委巡察工作，对行政事务中心、热电分部、港口分部等3个直属党组织开展常规巡察，发现问题41个。跟踪督促2020年度党委巡察问题有效整改，水务运行部、营销中心、新中美公司党委巡察反馈整改率分别为100%、100%、94%。

（招文忠）

【大监督体系】 ①公司党委加强对监督工作的领导，修订监督委员会工作规则，监督委员会统筹审定下达年度监督计划62项，其中公司级34项、二级单位级28项。②公司纪委加强对基层纪委的领导和指导，专题听取基层纪委书记述责汇报，对基层纪委书记履职情况开展专项检查，指导督促基层纪委开展专项监督，监督质量效果明显提高。③研究制定“靠企吃企”专项整治方案，明确各相关部门责任，督促深化治理。④公司纪委监督部、工程管理部、法律事务部等部门联合开展原油商储二期项目专项督查，集中“会诊”、共同“把脉”，对发现的突出问题，组织立行立改，为集团公司重点工程项目专项督查奠定良好基础。⑤紧盯权力集中、资金密集、资源富集部门和关键环节选题立项监督，开展“三剂”采购和使用管理、外包业务和辅助业务独家采购管理、自销产品销售管理和退现中层领导人员及专家作用发挥等专项检查，下达纪律检查（监督）建议书23份。

（招文忠）

【廉洁风险防控】 2021年，公司扎紧扎牢不能腐的笼子，从源头规范权力运行，对修订“三重一大”决策事项、议事决策规则等重要制度进行审核把关，紧盯重要领域、关键少数进行监督，推动落实轮岗交流，督促“两重一高”岗位交流调整64人，防范以权谋私、权力寻租风险。公司两级党委、纪委常态化廉洁谈话1469人次，覆盖全体基层以上领导和部分关键岗位人员。每季度召开监督委员会例会，每半年召开反腐败协调小组会议，加强各成员单位沟通交流，研究深化监督工作和抓好反腐败工作措施。全年召开警示教育大会3次，通报典型案例11个，以案明纪，用身边事教育身边人。深化廉洁共建，约谈承包商、供应商230人次，防范“围猎”风险。组织开展年度廉情测评，对热电分部、仪控计量部发出廉洁风险“蓝色”预警，对炼油分部发出廉洁风险“黄色”预警，督促落实“两个责任”，防范、化解廉洁风险。

（宋志成）

【执纪问责】 2021年，公司纪委共受理信访件10件，其中纪检内信访举报5件，同比下降44%；处置问题线索8件，立案20件，给予党政纪处分38人，其中，违规违纪6人，违法犯罪4人，生产安全事故责任追究28人。①坚持受贿行贿一起查，加大对违规供应商的惩治力度，对涉案5家供应商给予暂停交易1年或警告处理。②开展酒驾醉驾专项治理，做好纪法衔接，办理司法机关移交案件。综合运用监督执纪“四种形态”教育处理117人次，其中用第一种形态批评教育107人次。③深入贯彻落实《中国共产党问责条例》，坚决纠正不担当、不作为、慢作为。④对严重违规违纪、违法犯罪等问题进行“一案双查”，22名党员领导干部被问责。⑤因项目管理不善、履职不到位，6名干部受到问责、4个部门被考核。

（宋志成）

【纠治“四风”】 2021年，公司纪检监督部门深入开展安全生产领域形式主义官僚主义小人主义集中整治。上半年，纪检系统“四不两直”、随机抽查7个生产主体单位20余次，发现各类问题236个。公司党委召开严明纪律暨警示教育专题会，通报曝光安全生产领域纪律作风问题，督促党组织严抓纪律，推动安全责任制、安全制度有效执行。下半年，围绕集团公司总经理“2号令”、工作票制度、“手指口述”(唱票）操作法等落实情况，纪检系统集中开展干部安全履职重点检查，发现问题289个，印发通报4期，会议通报问题2次。紧盯春节、端午节、中秋节、国庆节等重大节日，开展反“四风”监督检查3次，并将制止餐饮浪费纳入反“四风”重要内容。严肃查处1名基层干部违规收受礼品礼金问题，党纪处分1人、提醒谈话并考核扣薪2人；在机动工程领域部署开展专项整治，召开警示教育大会，做到查办一案、警示一片、治理一域。持续推动为基层减负，大力精文减会，加大会风会纪监督检查力度。

（招文忠）

【廉洁教育】 2021年，①公司纪委常态化开展廉洁教育，编发《茂名石化反腐倡廉学习材料》22期、《每周一纪》42期，发送廉洁短信542条，推送廉洁教育专刊《党员干部请注意，这些围猎手段须警惕》6期。②开展纪律教育学习月活动和反腐倡廉教育月活动，组织各直属党组织召开反思严重违纪违法案例教训专题民主生活会和直属党组织书记上纪律专题党课，组织观看《正风反腐就在身边》专题片5342人次，利用公司电视台连续5个月每天滚动播放“廉润南粤”“廉润好心”系列公益广告。③汇编酒驾醉驾专题学习材料，会同宣传部开展《员工守则》宣贯，推送典型案例。

（宋志成）

【纪检干部培训】 ①公司纪委坚持每月纪委中心组（扩大）集中学习，及时跟进学习习近平总书记重要讲话和指示批示精神，认真贯彻落实党组、纪检监察组工作部署。深入开展党史学习教育，领导带头上专题辅导党课3次。②注重“实战化”培养，推荐3名干部参加党组巡视，选派6名干部参加集团公司审查调查、巡视巡察业务培训，抽借专兼职纪检干部20人次参与专项检查。③10月22—23日，公司纪委在公司党校举办监督执纪问责业务培训班，通过监督执纪问责工作实务讲授、视频讲座、案例研讨、答疑等形式，提升公司纪检干部政治素养和业务能力。

（宋志成）

群众工作

【**概况**】 茂名石化群团工作由茂名石化群众工作部负责。中国石化集团茂名石油化工有限公司工会委员会（简称公司工会）、共青团茂名石油化工有限公司委员会（简称公司团委）职能机构自2014年4月24日起合署办公，设立群众工作部。群众工作部下设宣教民管室（女工室）、生产生活室（调解办）、青年工作室3个管理室。截至2021年底，有在岗干部8人，其中，具有高级职称的3人，中级职称的3人，助理职称的2人。

群众工作部主要职责是①落实公司和公司党委的部署以及上级群团组织的要求，对口联系上级组织和有关部门；负责群团组织自身建设；负责公司机关部室和相关中心的工会工作；负责公司职责界定手册及管理制度规定的其他工作。②开展思想政治教育，以习近平新时代中国特色社会主义思想、社会主义核心价值观和企业精神引领工会会员和团员青年，推动形成共同的价值取向。③推动以职代会为基本形式的厂务公开民主管理，对涉及职工切身利益的公司重要规章制度和改革方案推动履行民主程序。④开展推优入党和推优举才工作，评选或推荐优秀青年集体和个人，推广基层团青组织先进工作经验。⑤开展劳动竞赛与合理化建议活动，做好劳模等先模人物的服务和事迹宣传工作，发挥先进典型的引领作用。⑥开展群众性文体活动，繁荣企业文化和职工文化；组织团员青年开展各项生产实践、团青工作调研、青年素质提升、“双关爱”及相关联谊活动。⑦开展“员工关爱计划”、维权保障、探访救助、劳动争议协商和人民调解工作，促进企业劳动关系和谐、职工队伍稳定；依法维护女职工合法权益和特殊利益。⑧收好、管好、用好工会经费和会员费、团费，管好工会固定资产。

（王　伟）

工会工作

【**概况**】 茂名石化公司工会机关下设宣教民管室（女工室）、生产生活室（调解办）两个管理室，现有在岗工会干部6人。其中，具有高级职称的3人、中级职称的2人、助理职称的1人。

（王　伟）

【**公司召开党委扩大会、十四届三次职代会暨十三届三次工代会**】 1月28日和29日上午，公司党委扩大会、十四届三次职代会暨十三届三次工代会在职工文化中心召开。公司党委委员、纪委委员，集团公司首席专家和职代会（工代会）正式代表、特邀代表、列席代表参加会议。其中，应到会职工代表363名，实到代表353名。大会听取了公司党委书记、执行董事、分公司代表尹兆林代表公司党委和公司作的题为《瞄准世界领先 加快转型升级 为实现第四次跨越式发展良好开局努力奋斗》的工作报告。

报告全面总结了公司2020年及“十三五”期间主要工作成绩，指出2020年公司党政领导班子团结带领全体干部员工，超常发挥智慧，超常苦干实干，取得疫情防控和创效发展“双战双胜”，向建设世界领先炼化企业目标，迈出坚实的一大步；“十三五”期间，公司的管理由“精细化”转变为“精益化”，发展由“高速度”转变为“高质量”，动力由“重旧能”转变为“靠创新”，队伍由“大却弱”转变为“精而强”，文化由“共性强”转变为“特色明”，和谐由“有侧重”转变为“全方位”，党建由“重围绕”转变为“深融合”。报告作出了“十四五”及中长期发展总体部署。公司和公司党委提出，实施率先达到世界领先发展方略，加快落实“炼油向化工转型，油品迈向洁净，化工迈向高端、迈向精细，发展新能源、新材料”的“一转三迈两新”发展策略，分三步走率先建成世界领先炼化企业。报告提出了2021年工作总体要求、主要目标任务和重点工作，要求以习近平新时代中国特色社会主义思想为指导，全面贯彻党的十九大和十九届二中、三中、四中、五中全会精神，坚决落实集团公司党组决策部署，紧扣高质量发展主题，以“让茂名石化更好、让全体员工更幸福”为己任，弘扬“责任至上、事争第一、追求卓越”企业精神，以“开局就是决战”的精神状态，践行价值引领、创新驱动、绿色洁净、开放合作、人才强企、文化支撑“六大”发展理念，实施市场化、差异化、高端化、精益化、智能化、人本化“六大”发展战略，遵循“强化党建+‘七个第一’”发展逻辑，突出加强安全环保、攻坚创效，突出加快转型升级、科技创新，突出深化企业改革、管理提升，突出做实队伍、和谐构建，突出推进党建务实创新融合，确保公司第四次跨越式发展实现良好开局，向率先建成世界领先炼化企业目标迈出新步伐，以业绩、新贡献庆祝中国共产党成立100周年。重点落实六个方面工作：坚持底线思维，大力提升本质安环水平；坚持攻坚创效，挖掘存量资产最大价值；加快转型升级，奋力增强核心竞争实力；深化改革创新，激发推动发展根本动力；强化共建共享，营造内外和谐发展环境；加强党的建设，筑牢企业的根本和灵魂。

各代表团组织党委委员、职工代表认真审议了公司年度工作报告、工会工作报告等15份报告。会议表决通过了公司第十四届职工代表大会第三次会议决议（草案）、关于涉及职工切身利益的重大事项和确认职代会联席会审议通过事项的决议（草案）、公司工会第十三届会员代表大会第三次会议决议（草案）。会上，表彰了公司2020年度先进集体和先进个人，为参加公司建设满30周年（女职工25周年）的职工代表颁发了荣誉证书。

（王　伟）

【公司召开第十四届职工代表大会第八次联席会议】 3月2日，公司召开第十四届职工代表大会第八次联席会议，公司职代会主席团成员、各代表团团长、职代会专门委员会负责人、公司工会委员共27人参加会议。会议审议通过2021年“全国工人先锋号”候选班组和“广东省五一劳动奖章”推荐对象。

（王　伟）

【《茂名石化安全生产“第1号”工作令》专项考核办法审议通过】 3月31日，公司第十四届职工代表大会第九次联席会议审议通过了《茂名石化安全生产“第1号”工作令》专项考核办法。为迅速推动《茂名石化安全生产“第1号”工作令》坚决、彻底、全面落实，实现“零违章”，特制定办法。

（王　伟）

【《茂名石化安全环保尽职保证金管理办法》审议通过】 4月16日，公司召开茂名石化第十四届职工代表大会第十一次联席会议，审议通过《茂名石化安全环保尽职保证金管理办法》。为贯彻落实“安全先于一切、高于一切、重于一切”“安环是第一工作”的管理理念，进一步强化全员“随意就是危险，违章就是犯罪”的安全意识，推动安全环保责任制、安全管理制度和操作规程全面执行到位，杜绝各类事故事件发生，特制定管理办法。

（王　伟）

【工会工作成绩显著】 2021年，①公司继续保持全国“安康杯”竞赛优胜单位荣誉称号，公司工会女职委被评为广东省工会女职工工作先进集体，1个班组被授予“全国工人先锋号”称号，公司和公司体协被评为2017—2020年度茂名市群众体育先进单位；1人被评为中国能源化学地质系统“大国工匠”、1人获得“广东省五一劳动奖章”、1个职工家庭荣获全国最美家庭称号。②公司开展“小指标创优”劳动竞赛、EAP工作做法，分别在集团公司“十四五”劳动竞赛启动暨镇海基地项目立功竞赛推进会、广东省工会职工服务工作会上作书面交流。

（王　伟）

【“智慧工会”建成投用】 2021年，按照三年改革行动方案，加强工会组织建设，建成投用“智慧工会”，实现经费管理、生产劳动、民主管理、帮扶救助、职工服务、健康管理、文化体育、组织建设等主要业务在线上完成，提高服务员工、服务基层质量和效率。

（王　伟）

【工会政治生活】 2021年，①坚持常委会议事制度，公司工会重大事项均经常委会研究决定，全年共专题研究18项重要工作。②聚焦集团公司党组和公司党委重要工作安排抓落实，团结带领广大工会干部听党话、跟党走。③常态化开展“大学习、深调研、真落实”，深入基层一线调查研究，努力为基层和员工群众解决实际问题。

（王　伟）

【党史学习教育】 2021年，①各级工会组织认真落实公司党委部署，通过专题学习、“三会一课”、主题党日实践活动等方式开展学习教育。②公司工会主席亲自讲党课，每月领学党的最新理论成果，各级工会干部和广大会员学党史、悟思想，读原著、悟原理，做到“学史明理、学史增信、学史崇德、学史力行”。③组织137名劳模工匠、先进职工、先进集体负责人到井冈山等红色革命圣地参加党史学习教育，传承红色基因，赓续红色血脉。④抓住“我为群众办实事”这个重点，高标准落实公司党委部署的各件实事，积极拓展工会职责赋予的办实事平台渠道，其中，重大节日慰问全体会员实际开支达1957.7元/人，同比提高103.93%，员工群众的幸福指数进一步增强。

（王　伟）

【思想文化引领】 2021年，公司工会①抓好“劳动创造幸福”“中国梦・劳动美”主题宣传教育，宣传以全国劳模李坤为代表的劳模、工匠、省五一劳动奖章获得者等先进事迹，弘扬劳模精神、劳动精神、工匠精神，引导员工群众向先模学习，将辛勤劳动、诚实劳动、创造性劳动转化为站排头、争第一的自觉行动。②各级工会组织常态化开展“履责反思”活动，发挥工会网站、职工书屋、新媒体平台、《工人作品》等阵地作用，引导广大员工践行“1+1=0”理念，传承石油石化优良传统和新时代茂名石化精神，提升责任心和工作技能。③公司厂史馆被命名为“茂名市职工思想教育基地”。

（王　伟）

【公司厂史馆命名为“茂名市职工思想教育基地”】 12月14日，广东省总工会基层组织建设部部长、一级调研员周驷耕，在茂名市总工会常务副主席柯周梅等陪同下，为茂名石化厂史馆命名为“茂名市职工思想教育基地”揭牌，茂名石化厂史馆成为茂名市十大职工思想教育基地之一。群众工作部、公司宣传部领导和职工代表40多人参加揭牌仪式。

（王　伟）

【汇聚搞好安全生产的合力】 2021年，公司工会①围绕落实集团公司总经理“2号令”、公司安全生产“1号令”、《茂名石化HSE管理体系》以及“手指口述”（唱票）操作法等，积极开展制度宣贯、知识竞答、现场监督检查等工作，其中，利用“奋进茂名石化”平台举办安全法规、疫情防控、工作票制度等知识竞答5次，参与员工16000多人次。②落实《茂名石化工会安全监督作用管理细则》，完善两级劳动保护监督检查组织，组织专兼职工会干部和劳动保护监督员围绕重点项目建设和装置检修开展“安全红袖章”行动，督促整改新装置建设中安全隐患、劳保穿戴、使用工具、安全知识等方面问题15项，强化全体会员“随意就是危险、违章就是犯罪”意识，让“安全先于一切、高于一切、重于一切”理念在员工心里落地生根。

（王　伟）

【发挥劳模工匠作用】 2021年，公司①组织评选出一批包括10名公司劳模、50名先进职工在内的叫得响、过得硬的先进人物。②组织9个劳模工匠创新工作室领衔人围绕专业管理保安全、持续攻坚创效、重点项目开工、炼油化工装置大修、化工大中控搬迁等工作，积极开展“揭榜问诊、项目攻关”等活动，张恒珍、李坤、刘振宇等创新工作室共确立62项攻关课题，促进了公司十二大优化攻关项目顺利完成，带动了广大员工积极投身“创新创效创一流”活动中，公司工会全年共评比表彰基层员工在实践中创造的优秀操作法10项、“五小”创新成果100项，调动了员工创新精神、激发了员工创造动力。

（王　伟）

【劳动和技能竞赛】 2021年，公司落实中华全国总工会及集团公司党组关于开展“当好主人翁、建功新时代、岗位创一流”主题劳动竞赛部署，围绕“五个聚焦”要求，在优化竞赛设计、抓好过程管控、激发创新活力、完善评估机制方面下功夫，修订“安康杯”竞赛考核评估标准，注重安全生产实效。各级工会围绕重点项目建设和开工、持续攻坚创效、装置大修、优化运行、工艺报警、职工素质提升和企业管理提升等重点工作，开展67项主题劳动和技能竞赛，17000多人次员工参赛，表扬奖励6000多人次，其中，商储库（二期）工程建设党建共建及劳动竞赛助力项目征拆地工作，创茂名市大型征拆地现场征拆的“茂名速度”；评审表彰“安康杯”竞赛优胜车间9个、优秀操作法10个、优秀劳动竞赛案例4个。

（王 伟）

【民主管理】 2021年，职工代表对公司民主管理厂务公开工作综合满意率为100%。①规范两级职代会运作，职工代表认真听取和审议行政工作报告和其他涉及员工切身利益的报告，积极为公司经营管理、发展建设、员工利益建言献策。②抓好职代会提案的征集办理，15项提案全部办结。③抓好职代会闭会期间民主管理工作，组织各专门委员会开展季度调研，围绕“改善基层工作环境”开展职工代表巡视活动，提出整改建议和下达督办函；公司安全生产“1号令”专项考核办法、安全环保尽职保证金管理办法、推荐上级表彰的先进等涉及员工切身利益的重大问题，提交职代会联席会后审议通过，落实了职工知情权、参与权、表达权、监督权。

（王 伟）

【员工关爱】 2021年，公司工会①把造福员工作为工会工作的主要出发点和落脚点，每月督办，促进6件“员工关爱计划”实事如期完成。其中，公司工会向三级互助会注资127.47万元，为符合条件的7136名职工投保（续保）广东省互助保障计划（甲种版）；公司累计投入资金2431.89万元，完成了58项改善基层工作环境项目。②为基层员工办理“小诉求”630项，为基层车间和机关部室配备“小药箱”实现100%全覆盖。③开展“争做职业健康达人”活动，举办健康专题讲座和咨询活动22场次，910人次员工参与；在机关人员中开展“争做健步走达人”活动，每月表彰47名健步走达人。④制定《关于员工帮助计划（EAP工作）三年行动计划（2021—2023年）的实施意见》，明确组织体系、工作目标、责任单位，探索实践“EAP+”服务方式，加强人文关怀和情绪疏导，第一时间做好相关事故后的心理应急处理和危机干预，最大限度减缓和消除员工压力；邀请5名国家心理学会专家为250名管理人员、党支部书记、EAP骨干队伍进行培训，建成投用2个EAP示范工作室，打造“健康石化、健康心态”。⑤举办职工徒步节、羽毛球团体赛、庆“三八”系列活动和参加市运会等丰富多彩的群众性文体活动，丰富员工工余生活。

（王 伟）

【帮扶救助】 2021年，公司工会切实解决员工群众急难愁盼问题，履行维权服务基本职责。①精心开展“情暖外来工·留粤过大年”新春行动，为参加公司重点项目建设的外地施工人员送上节日的温暖和祝福。为重点项目建设、化工2系列装置大修、炼油装置大修的生产一线员工“送清凉”“送温暖”14场，慰问2万多人次。②提高参加公司建设满30周年（女职工25周年）员工纪念品发放标准，组织34名长工龄职工进行保健疗养。③办理公司级帮扶救助1551人次、发放帮扶金737.56万元，探访慰问1500人次、慰问金额178.29万元；办理协解人员两险帮扶和生活资助1922.47万元、6744人次。④落实中国石化“十四五”助力乡村振兴计划，制定《茂名石化教育帮扶工作实施方案》，为上垌希望小学捐赠图书357册，为甘肃东乡石化中学捐赠图书3558册；组织开展广东扶贫济困日活动捐款，共捐款54.2万元，公司在岗职工捐款率100%；用足用好省总消费帮扶政策，采购中国石化对口帮扶县和广东东西部协作农产品461.5万元。

（王　伟）

【EAP工作】①举办EAP工作培训班。4月1日邀请集团公司党组宣传部EAP工作专家胡学美和中国石油职业心理健康首席专家檀培芳，为近70名EAP骨干进行专业培训辅导，重点讲授管理中情绪的识别与应对，解决员工心理健康问题。②举办讲座。9月23日邀请国家注册心理师、国家二级心理咨询师、中国心理学会学校心理专业委员会副秘书长、心理学博士徐亮副教授，以如何察觉、梳理、缓解自身或员工的压力为主要内容，举办“压力应对策略”心理健康专题讲座。公司各单位、中心部分车间党支部书记和EAP志愿者、机关部门相关人员共70人参加。12月3日，邀请中国石化监事、新闻发言人，党组宣传部部长、企业文化部主任吕大鹏和中央财经大学企业与社会心理应用研究所所长、硕士研究生导师赵然教授，分别以视频形式为公司中层干部作EAP工作专题辅导。公司领导班子成员，各单位、部门中层副职及以上领导人员、高级专家、专家共140多人参加辅导讲座。③开展EAP工作经验交流。10月28日，广东省工会职工服务工作会议在深圳召开，会上茂名石化公司工会作为11个书面发言单位之一，作《以“EAP+”为服务抓手让企业更好员工更幸福》交流。

（王　伟）

【建强基层工会组织】2021年，公司工会①树立“落实到基层、落实靠基层”理念，坚持重心下移、大抓基层，把工会经费向基层倾斜，确保基层工会有钱办事、保障有力。②加强劳动竞赛等工作交流，总结推广做法经验、特色工作案例、优秀操作法，促进工作有亮点、创品牌。③做实“职工之家”品牌，加强基层工会规范化建设，新建10个基层职工小家，为一线员工提供良好的工作和活动场所，促进工会工作向基层延伸、向纵深发展。④着力打造忠诚干净担当的工会干部队伍，通过多种方式加强对工会干部的教育、培训、管理、监督、考核，持续整治工会干部存在的形式主义、官僚主义、小人主义问题和推诿扯皮现象，促进了工会干部转作风、守纪律、懂规矩。经会员测评，328名公司工代会代表对公司工会建家工作综合评价满意率100%；中国能源化学地质工会内部刊物《能源化学地质工会工作》登载公司工会以政治建设为统领建强工会组织的经验。

（王　伟）

【女职工工作】2021年，公司涌现出31名女职工建功立业先进者。①抓好女职工政治思想引领，发动女职工为持续攻坚创效、生产装置大修贡献力量、提升素质、建功立业。②强化责任意识，举办庆“三八”女职工责任故事会，充分展示公司各条战线女职工履职尽责、担当作为的精神风貌。③精心组织开展丰富多彩的“三八”妇女节等系列活动，进行生育、大病困难女职工慰问，做实女工人文关怀。

（王　伟）

【开展“情暖农民工·留粤过大年”新春行动】2月1日，广东省总工会开展“情暖农民工·留粤过大年”新春行动现场慰问活动，茂名分会场活动在公司10万吨/年高端碳材料项目建设现场举行，广东省总工会党组成员、副主席谢炳生，市人大常委会副主任、市总工会主席黄奕奕等领导参加。公司工会也对外来施工人员进行了现场慰问。

（王　伟）

【庆“三八”系列纪念活动】 ①3月8日，正在参加全国人大会议的公司执行董事、分公司代表、党委书记尹兆林给全体女员工致信，代表公司和公司党委向她们致以节日的问候和美好的祝福。信中充分肯定了公司女员工一直以来以辛勤和智慧建功立业，以担当和贡献彰显风采，为茂名石化撑起“半边天”，勉励全体女工做伟大事业的建设者、文明风尚的倡导者、幸福家庭的维护者、敢于追梦的奋斗者，为公司第四次跨越式发展开好局、起好步贡献更多巾帼智慧和力量。②组织举办女职工责任故事会，讲述公司10位不同岗位女工的责任故事，反映出公司各条战线上女工履职尽责、积极践行“1+1=0”理念的精神风貌，表彰公司31名“女职工建功立业先进个人”和8户“五好文明家庭”。③机关工会为机关女工赠送一束鲜花、一箱牛奶、一本书作为节日礼物。

（王　伟）

【举办“我心向党”主题职工书法美术摄影展】 2021年，公司举办“我心向党”庆祝中国共产党成立100周年职工美术书法摄影展，展出美术作品15幅、书法作品16幅、摄影作品23幅（组）。“我心向党”主题文艺作品创作征集活动共征集到30幅美术作品、32幅书法作品、68幅（组）摄影作品。作品主题突出、内容鲜活，以画寄情、以书言志、以影抒怀，从不同角度讴歌党的丰功伟绩，弘扬石油精神石化传统，展现“1+1=0”理念和“责任至上、事争第一、追求卓越”的新时代茂名石化精神。

（王　伟）

【举办庆祝建党100周年“我心向党”诗歌朗诵会】 7月3日，公司文学协会、朗诵协会举办庆祝建党100周年“我心向党”诗歌朗诵会，公司文学、朗诵爱好者40多人参加活动，10篇职工写的诗歌由公司职工在朗诵会上朗诵。

（王　伟）

【组织开展先模党史学习教育暨疗休养活动】 10月29日—12月17日，群众工作部会同组织人力资源部、企业管理部，精心优化学习疗养安排，严格疫情防控要求，分五批组织137名2020年度公司劳模（工匠）、先进个人和先进集体负责人，前往井冈山干部教育学院、广州市工人疗养院，采取集中授课、体验教学、沉浸式学习、红色景点参观、康体养生运动等方式开展党史学习教育暨短期疗休养活动。

（王　伟）

【举办第四届职工徒步节活动】 11月20—25日，公司在露天矿生态公园分6期举办第四届职工徒步节，公司4000多名职工参加。该活动旨在希望全体干部员工认真践行“每天锻炼一小时、快乐工作一整天、健康生活一辈子”理念，通过徒步节活动休整身心激发活力，全力打好生产经营收官之战，实现“七战七胜”，更好地实现“让茂名石化更好、让全体员工更幸福”。

（王　伟）

表 1 2021 年茂名石化获市级以上工会系统先进集体和个人一览表

序号	荣誉称号	授予单位	获奖单位 / 个人
1	全国工人先锋号	中华全国总工会	炼油分部联合八车间汽煤柴四班
2	2020 年度广东扶贫济困红棉杯铜杯	中共广东省委农村工作领导小组	中国石化集团茂名石油化工有限公司
3	全省企业民主管理微视频大赛三等奖（《小提案发挥大作用》）	广东省总工会办公室	茂名石化公司工会
4	茂名市职工思想教育基地	茂名市总工会	茂名石化厂史馆
5	茂名市三八红旗集体	茂名市妇女联合会	化工分部成品车间聚丙高压库
6	茂名市巾帼文明岗	茂名市妇女联合会	炼油分部重油加氢车间一班内操岗
7	2020 年度茂名市扶贫济困日爱心企业	茂名市扶贫开发领导小组	中国石油化工股份公司茂名分公司
8	2017—2020 年度茂名市群众体育先进单位	茂名市第十四届运动会组织委员会	茂名石化公司
9	2017—2020 年度茂名市群众体育先进单位	茂名市第十四届运动会组织委员会	茂名石化公司体育协会
10	全国巾帼建功标兵	中华全国妇女联合会	李雪梅
11	“大国工匠”	中国能源化学地质工会	吴金源
12	广东省五一劳动奖章	广东省总工会	董军飞
13	全国最美家庭	中央宣传部、中央文明办、全国妇联	熊斌、唐胜颖家庭
14	茂名市三八红旗手	茂名市妇女联合会	吴余明

表 2 2021 年茂名石化获市级以上文体活动荣誉一览表

序号	荣誉称号	授予单位	获奖单位 / 个人 / 作品
1	2020 年“京能杯”第三届微电影微视频创作大赛二等奖	中国能源化学地质工会全国委员会	《紧跟共和国的脚步》（龙泰良、黄颢珩、马春光）
2	庆祝中国共产党成立 100 周年主题征文活动三等奖(《茂名石化实施“员工关爱”计划的探索与实践》）	中国能源化学地质工会全国委员会	王伟
3	中国石化第十四届职工文艺录像调演晚会类一等奖	中国石化文联	《茂名石化庆祝中国共产党成立 100 周年歌诗舞晚会》
4	中国石化第十四届职工文艺录像调演声乐类二等奖	中国石化文联	《奋勇争先炼油人》
5	中国石化第十四届职工文艺录像调演优秀创作奖	中国石化文联	《奋勇争先炼油人》

续表

序号	荣誉称号	授予单位	获奖单位 / 个人 / 作品
6	中国石化第十四届职工文艺录像调演综合类二等奖	中国石化文联	《我把最小的娃送上战场》
7	中国石化第十四届职工文艺录像调演优秀创作奖	中国石化文联	《我把最小的娃送上战场》
8	中国石化第十四届职工文艺录像调演优秀组织单位	中国石化文联	茂名石化
9	中国石化庆祝建党 100 周年职工美术书法摄影作品创作征集活动书法类作品一等奖（《行书中堂》）	中国石油化工集团有限公司文学艺术界联合会	易成风
10	中国石化庆祝建党 100 周年职工美术书法摄影作品创作征集活动书法类作品一等奖（《篆刻条屏》）	中国石油化工集团有限公司文学艺术界联合会	黄剑飞
11	中国石化庆祝建党 100 周年职工美术书法摄影作品创作征集活动书法类作品二等奖（《草书对联》）	中国石油化工集团有限公司文学艺术界联合会	林彬彬
12	中国石化庆祝建党 100 周年职工美术书法摄影作品创作征集活动书法类作品二等奖（《草书条幅》）	中国石油化工集团有限公司文学艺术界联合会	郑玉华
13	中国石化庆祝建党 100 周年职工美术书法摄影作品创作征集活动书法类作品三等奖（《草书条幅》）	中国石油化工集团有限公司文学艺术界联合会	陈志光
14	中国石化庆祝建党 100 周年职工美术书法摄影作品创作征集活动书法类作品三等奖（《行书条幅》）	中国石油化工集团有限公司文学艺术界联合会	张慧渊
15	中国石化庆祝建党 100 周年职工美术书法摄影作品创作征集活动书法类作品三等奖（《隶书条幅》）	中国石油化工集团有限公司文学艺术界联合会	罗璐
16	中国石化庆祝建党 100 周年职工美术书法摄影作品创作征集活动摄影类作品三等奖（《大美化工》）	中国石油化工集团有限公司文学艺术界联合会	柯裕清
17	第四届中国石化散文创作大赛优秀奖（《如若不相见，便可不相恋》）	中国石油化工集团公司作家协会	张博
18	第四届中国石化散文创作大赛优秀奖（《师父的“大手”》）	中国石油化工集团公司作家协会	马春光
19	第四届中国石化散文创作大赛优秀奖（《一辈子一生情一件事》）	中国石油化工集团公司作家协会	张亚培
20	中国石化首届篆刻作品展精品奖	中国石油化工集团公司文联书法家协会	仪控计量部

续表

序号	荣誉称号	授予单位	获奖单位 / 个人 / 作品
21	“我心向党”庆祝中国共产党成立100周年主题文艺创作作品诗歌类三等奖（《七月的风》）	中国石油化工集团公司作家协会	张亚培
22	“我心向党”庆祝中国共产党成立100周年主题文艺创作作品短篇小说类三等奖（《摘星的夜晚》）	中国石油化工集团公司作家协会	张亚培
23	“我心向党”庆祝中国共产党成立100周年主题文艺创作作品纪实散文类三等奖（《三十年河东三十年河西》）	中国石油化工集团公司作家协会	徐红
24	“我心向党”庆祝中国共产党成立100周年主题文艺创作作品纪实散文类三等奖（《油灯，伴我成长》）	中国石油化工集团公司作家协会	黄春泽
25	“我心向党”庆祝中国共产党成立100周年主题文艺创作作品纪实散文类优秀奖（《南海上飘扬的旗帜》）	中国石油化工集团公司作家协会	张博、李悦
26	“我心向党”庆祝中国共产党成立100周年主题文艺创作作品纪实散文类优秀奖（《弄潮水东湾》）	中国石油化工集团公司作家协会	许荣波
27	茂名市职工书画摄影艺术比赛书法类一等奖	茂名市总工会	易成风
28	茂名市职工书画摄影艺术比赛书法类二等奖	茂名市总工会	林彬彬
29	茂名市职工书画摄影艺术比赛书法类三等奖	茂名市总工会	黄剑飞
30	茂名市职工书画摄影艺术比赛书法类优秀奖	茂名市总工会	罗璐、潘为军
31	茂名市职工书画摄影艺术比赛优秀组织奖	茂名市总工会	茂名石化公司工会
32	2017—2020年度茂名市群众体育先进个人	茂名市第十四届运动会组织委员会	周永东、卢艳、李文骥、龙家均、柯慧忠

共青团工作

【概况】 共青团茂名石油化工有限公司委员会（以下简称公司团委）成立于1958年12月22日，2014年4月起与公司工会合署办公，成立群众工作部。截至2021年底，公司团委下属二级单位团组织10个（其中，团委2个、团总支1个、直属团支部6个、青年工作小组1个）、直属公寓团委3个、基层团（总）支部31个、基层青年工作小组5个；公司有专职团干部4人、35岁以下青年1536名、团员609名。2021年，公司有10个先进团青组织和个人获得省部级以上荣誉,其中，公司团委被评为“中央企业五四红旗团委”，化工分部聚烯烃运行部一横班团支部荣获“全国五四红旗团支部”称号，公司团委参与的政研课题《国有企业共青团组织作用发挥研究与探索》获2021年度中央企业党建政研成果三等奖。

（林晓明）

【青工思想政治教育】 2021年，公司团委①组织青年活动。组织团员青年参观红色教育基地、观看红色电影、合唱红色歌曲，传承革命传统和优良作风，引导青工牢固树立“四个意识”，坚定“四个自信”，捍卫“两个确立”，坚决做到“两个维护”，团员青年听党话跟党走更加自觉。②开展青工政治轮训。采取“集中授课+主题研讨+红色教育+个人自学”模式举办3期青工政治轮训，共轮训青工280余人，实现40周岁以下青工政治轮训全覆盖。公司全年共有11名群众青工递交入团申请书、77名青工递交入党申请书。

（林晓明）

【青工党史学习教育】 2021年，公司团委通过多种方式组织开展学习习近平总书记“七一”重要讲话精神主题宣讲、学习贯彻党的十九届六中全会精神，推动新思想在青年中大学习大普及大落实。全年开展“传承红色基因”系列主题团日51期，邀请“五老”讲党史、讲石化故事72场次，覆盖青工3300多人次，智慧团建共青团组织党史学习教育规定动作实现十个100%,网上“青年大学习”主题团课参学率排名茂名地区前列。

（林晓明）

【加强团员和团员干部培训】 2021年，公司团委①为33个团支部配发《中国石化团青组织标准化规范化建设工作手册》。②组织开展团干部“政治理论+HSE管理体系手册+团务知识”综合竞赛，实现团支部书记全覆盖。③在“青春茂石化”微信公众号增设“青风采”“青动态”栏目，发送推文数量同比提升53%，积极引导各团组织互相借鉴、取长补短。

（林晓明）

【进行青工思想动态调研】 2021年，公司团委组织开展青年座谈会44场次，进行现场访谈457人、宿舍走访381人，及时了解青工所思所想，并围绕调研发现的问题，形成专题思想动态调研报告，研究制定落实7项加强青年思想政治引导实效的具体措施。

（林晓明）

【“双关爱”工作】 2021年，公司团委通过安全大研讨、讲石化故事、讲成长故事等方式，开展“老同志关心青年员工成长进步，青年员工关心老同志晚年幸福”的“双关爱”工作。“五老”（老干部、老战士、老专家、老教师、老模范）带思想、带作风、带技能、带幸福，帮助青工建立正确的世界观、人生观、价值观；青工常态化上门走访探望，积极帮助解决工作、生活难题，老青合力助推公司高质量发展。“双关爱”工作已成为公司的品牌，工作经验在中国石化系统内和广东省推广。

（林晓明）

【开展团员青年保安全“四个一”专项行动】 2021年，公司团委组织开展团员青年保安全“四个一”专项行动，通过竞赛、团课、征文、研讨方式，线上线下开展安全生产知识竞赛17期、覆盖青工2300多人次，组织团干部带头讲安全主题团课、团员青年开展安全主题征文活动、“五老”与青工进行安全大讨论，提升青工安全意识和能力。

（林晓明）

【围绕中心开展“青”字号活动】 2021年，公司团委始终将生产经营工作的难点作为共青团工作的重点，以“青”字号为抓手推动共青团工作与中心工作有机结合，围绕装置大修、新装置建设等急难险重工作开展青年攻关小组、青年擂台赛、青年突击队等“青”字号活动210项，急难险重工作的“青”字号活动覆盖率达到100%。

（林晓明）

【组建公司青年志愿服务队】 2021年，公司团委在“i志愿”和“志愿中国”两个系统组建茂名石化青年志愿服务队，建立“总—分”二级志愿服务组织体系，推动各二级单位成立分队，累计注册11个青年志愿服务组织。广大石化青年志愿者弘扬“奉献、友爱、互助、进步”志愿服务精神，活跃在茂名市创文创卫、企业生产经营等领域，推动“爱渠护民”“爱民护管护线”等青年志愿服务品牌更加亮眼。

（林晓明）

【探访厂区周边结对儿童】 2021年，公司团委组织青年志愿者开展“六一”“手拉手”主题探访，深入厂区周围学校、农村了解28户结对儿童学习和生活情况，为儿童送去书包、文具等学习用品，及时帮助他们解决难题，勉励他们刻苦学习、乐观生活。同时，还围绕安全生产开展普法宣传教育，动员厂区周边村民共同保障公司安全生产。

（林晓明）

【“师带徒”工作】 2021年，公司团委按照《茂名石化深化“师带徒”工作实施方案》，配合人力资源部为团员青年选优配齐导师，通过师徒签约、拜师仪式等方式，促进师傅和徒弟增强责任心，练就过硬技能。2020年入职员工师带徒100%签约结对，2021年度公司评选表彰了20对“优秀师徒”。

（林晓明）

【完善“一团一品”竞赛评比标准】 2021年，公司团委制定“一团一品”竞赛四大类评审标准，设置案例初评、决赛答辩双重环节，采取“70%评委打分+30%选手互评”方式进行竞赛评比。共青团茂名市委员会书记魏鹏程参加公司“一团一品”竞赛评比，并对参赛作品逐一点评打分。魏鹏程书记对公司基层团组织围绕中心抓好团工作的好经验好做法给予充分肯定和高度评价，并表示要将该做法在茂名地区推广。

（林晓明）

【为青工营造良好学习环境】 2021年，①完成“升级改造青工业余学习环境”项目，投用公司文明、红旗公寓两个青年阅览室，配备1000多册涵盖政治理论、管理、哲学等方面的经典书籍。②成立团员青年“青锋”读书会，制定《茂名石化青年读书方案》，通过积分打卡、交流分享等方式，引导团员青年爱读书、读好书。

（林晓明）

【助力青工成长成才】2021年，公司团委①组织开展“星火传承”计划，为每名新入职员工配备辅导员。②首次采取“线上投票+线下评审”方式做好公司青年岗位能手评选，线上评选的微信推文阅读量超4万人次。③组织金牌选手分享学习体会和成长心得，引导青工见贤思齐、践行公司“1+1=0”理念。

（林晓明）

【真心服务关爱青工】①开展“我为青年办件事”主题实践活动，为青工办理实事67件。针对青工反映的公寓维护问题处理慢的实际，联合行政事务中心、物业公司到单身公寓现场办公，明确相关负责人和维修程序，维修效率同比提升50%,得到青工广泛点赞。②更加关注团员青年身心健康，在工作之余组织开展“周六篮球赛”活动，提升青工健康水平。③关注青工情感需求，开展4次线上线下联谊交友活动，持续扩宽青工“朋友圈”“交际网”。

（林晓明）

【完善共青团工作考评机制】2021年，公司团委①实行共青团工作每月量化考核，并将考核结果与各单位月度党建工作分类考核情况、年度评先评优挂钩，进一步调动各团组织工作的积极性。②发扬斗争精神，狠反“小人主义”，与阻碍共青团工作提质增效的行为作斗争，2021年共约谈3个团组织负责人、考核3个团组织、奖励4个团组织，提升了团组织抓好工作的危机感紧迫感。

（林晓明）

【规范团组织建设】①按照“应建必建”要求，成立质量检验中心团支部。②持续强化公寓团委作用发挥，制定公寓团委职责清单。③做好石化党建团青子系统平台维护使用，组织召开3次线上培训答疑，完成37个团青组织和1250名团青人员的信息维护。

（林晓明）

表3 2021年公司共青团先进集体名册

序号	奖 项	获奖单位
1	全国五四红旗团支部	化工分部聚烯烃运行部一横班团支部
2	中央企业五四红旗团委	公司团委
3	广东省五四红旗团支部	水务运行部团支部
4	中国石化青年文明号	炼油分部煤制氢装置
5	中国石化五四红旗团支部	铁运分部团支部
6	茂名市五四红旗团委	公司团委
7	茂名市五四红旗团支部	港口分部团支部

2021 年公司共青团先进个人名册

序号	荣　誉	获奖人	工作单位
1	中央企业青年岗位能手	虞清	化工分部
2	中国石化青年岗位能手	王越	化工分部
3	中国石化优秀团干部	卢瑞真	研究院
4	中国石化优秀共青团员	李子凡	炼油分部
5	广东省优秀共青团员	林晓明	群众工作部
6	茂名市优秀团干部	黄启权	群众工作部
7	茂名市优秀共青团员	阮奇涵	炼油分部
8	茂名市优秀共青团员	张华超	热电分部

公共事务管理

MAOMINGSHIHUA

- 社会保险管理
- 信访维稳工作
- 武装工作
- 计划生育管理
- 离退休人员管理

公 共 事 务 管 理

社会保险管理

【概况】 公司社会保险管理工作由中国石油化工股份有限公司茂名分公司党委组织部/人力资源部薪酬激励室（社保管理室）负责。社会保险管理工作主要包括公司社会保险管理、补充医疗保险管理、企业年金管理、住房公积金管理、员工退休报批和内退待遇审核、员工工伤认定申请及待遇报批、员工安全保障保险合同签订及申请审核等工作。截至2021年底，薪酬激励室（社保管理室）有正式职工5人，其中专职负责社会保险业务人员2人。

（张晓梅　阮琼玉）

【激励性年金评选】 根据集团公司和公司有关规定，2021年，公司对1050名三支队伍优秀人才和获政府特殊津贴、劳动模范、省部级以上科技进步奖等荣誉及长期在生产一线倒值班员工实施激励性年金奖励，共奖励金额1694.20万元，较2020年增加144.35万元。

（张晓梅　阮琼玉）

【稳岗补贴申领】 贯彻落实广东省和茂名市文件精神，积极与地方政府部门对接，2021年，公司共申领稳岗返还367.75万元。

（张晓梅　阮琼玉）

【社会保险管理】 2021年，贯彻执行国家、广东省和茂名市社会保险政策规定，做好社会保险各项管理工作。①缴费基数调整。7月起，基本养老、基本医疗（含生育）、失业、工伤保险缴费上限封顶值分别调整为22941元/月、21645元/月、21648元/月、22941元/月。②年度缴费情况。2021年，公司累计为所有员工缴纳社会保险费用45370万元，其中，单位部分缴纳30723万元，个人部分缴纳14647万元。

（张晓梅　阮琼玉）

【住房公积金管理】 2021年，贯彻执行国家、广东省和茂名市住房公积金政策规定，做好住房公积金各项管理工作。①缴费基数调整。7月起，住房公积金缴费上线封顶值调整为21648元/月。②年度缴费情况。2021年，公司累计为所有员工缴纳住房公积金费用35114万元其中，单位部分缴纳17557万元，个人部分缴纳17557万元。

（张晓梅　蔡小云）

【企业年金管理】 2021年，贯彻执行集团公司企业年金制度规定，做好企业年金各项管理工作。①缴费比例调整。2021年12月，公司贯彻落实集团公司关于企业年金个人缴费比例调整“自2021年1月起企业年金个人扣缴比例调整为3%”等相关要求，统一对职工在2021年1—12月期间个人缴费差额部分进行补缴，切实维护职工利益。②缴费基数调整。7月起，企业年金缴费上线封顶值调整为61250元/月。③2021年，公司共计提企业年金12917万元，个人缴费4650万元。④待遇支付情况。2021年，公司办理企业年金支付281人、2496万元。

（张晓梅　阮琼玉）

【补充医疗保险管理】 2021年，公司共计提补充医疗保险6876万元，全年累计向公司员工补充医疗卡拨付补充医疗门诊补贴费用1513万元。

（张晓梅　阮琼玉）

【员工退休和内退办理】 严格执行各级有关规定，组织做好员工退休和内退办理工作，2021年，累计办理员工退休260人，内退3人。

（张晓梅　蔡小云）

【困难协解人员两险帮扶】 严格做好2021年困难协解人员缴纳“两险”帮扶费用审核工作，2021年上半年发放帮扶救助金911人、457.4万元，2021年下半年发放帮扶救助金812人、382.5万元。

（张晓梅　蔡小云）

【员工安全保障保险管理】 9月，公司与中国人寿保险股份有限公司续签服务合同，为7299名在册合同制员工购买员工安全保障保险，新合同保险期限为2021年9月29日零时起到2022年9月28日24时止。2021年，公司累计协助员工办理安全保障保险理赔18人、56.7万元，安全保障保险理赔金额较2020年增加22.9万元。

（张晓梅　阮琼玉）

信访维稳工作

【概况】 茂名石化公司信访维稳工作由信访维稳办公室（简称信访维稳办）负责，信访维稳办是公司信访与稳定工作的管理、协调单位，负责统筹协调、牵头组织、指导推动、督导考核信访稳定工作开展。信访维稳办负责贯彻执行上级机关及公司有关信访稳定工作部署，制定公司信访与稳定工作意见并组织实施；受理职工群众来信来访，协调处理对内对外重要信访问题；组织开展矛盾纠纷排查，定期分析职工群众来信来访中反映的重要情况和带有倾向性的问题，提出信访工作建议；协调、指导各单位的信访与稳定工作，督查公司领导指示件和重要信访事项落实；牵头研究制订重大信访稳定事件应急预案，协调处理各类信访稳定事件；负责与地方信访、维稳等部门联系、沟通、协调，强化企地联动，共同维护稳定；负责公司防范和处理邪教工作的日常管理；负责公司信访与稳定工作目标管理考核工作。信访维稳办下设信访维稳室，截至2021年底，有在册员工6人。

（阮冠鸿）

【信访维稳总体情况】 2021年，公司信访维稳办共受理职工群众信访81批（件）150人次，信访总量持续保持平稳下降，没有发生群体性上访、公共场所聚集、到省进京滋事扰序事件，实现“全国两会”“建党100周年”“十九届六中全会”等重要政治敏感期和敏感节点“进京零上访”。

（阮冠鸿）

【领导包案化解信访积案】 2021年，公司主要领导包案化解了被列入国资委信访积案范围的郭某明、阮某某等2件信访积案，为公司安全生产营造和谐稳定环境。

（阮冠鸿）

【我为群众办实事典型案例】 2021年，公司编写的《欠薪无小事 解忧见真情》选入中国石化党史学习教育“我为群众办实事”实践活动企业优秀案例。

（阮冠鸿）

【初信初访】 2021年，共受理初信初访4件，全部按规定办结，办结率达100%，没有产生新的信访积案。

（阮冠鸿）

【信访制度机制】 2021年，承接总部制度制（修）订《茂名石化群体性上访专项应急预案》和《茂名石化信访稳定工作责任制》，编制印发《茂名石化推进信访稳定长治久安的具体措施》，推动工程项目部和机动部分别编制下发《解决工人欠薪讨薪问题长效机制》和《建立检维修承包商维稳工作长效机制》。

（阮冠鸿）

【矛盾纠纷排查化解】 2021年，有针对性对劳动关系、土地房产、工人工资、退役军人等7大类群体突出问题，梳理排查出25项不稳定因素，以督办的形式落实到相关单位和部门，全面压实化解与稳控责任，切实将各类矛盾和不稳定因素化解在萌芽、解决在事前。

（阮冠鸿）

【信访稳定工作考核】 2021年，坚持专业管理考核和党建工作分类考核相结合，将信访稳定工作纳入公司月度绩效考核和党建工作分类考核内容，严格考核，严肃问责，促使各单位、部门主动抓信访稳定问题，主动靠前化解矛盾。

（阮冠鸿）

【信访维稳培训工作】 2021年，①公司信访维稳办公室组织举办一期信访维稳工作专题培训班，公司机关部门、二级单位从事信访稳定工作的干部职工共50人参加培训。②经集团公司维稳办推荐，公司信访干部阮冠鸿受邀在河南油田、上海石化及九江石化举办的信访干部培训班上作经验交流。

（阮冠鸿）

【视频接访】 2021年，公司成为首批视频接访系统配建应用单位，最大限度方便群众反映诉求，最大限度减少“信访上行”。

（阮冠鸿）

【获得荣誉】 2021年，化工分部荣获集团公司维护稳定工作先进集体称号、阮冠鸿荣获集团公司维护稳定工作先进个人称号。

（阮冠鸿）

武装工作

【概况】 茂名石化武装工作由茂名石化武装部负责。茂名石化武装部位于广东省茂名市双山四路9号大院，设立于1961年，受公司党委和上级军事机关双重领导，主要职责是做好民兵工作、兵役管理、人防设施维护、退役军人管理、国防教育等工作。2017年5月，武装部与综合管理部合署办公，下设武装室与信访维稳办、610办合署办公。截至2021年底，武装部有在册人员5人。

（王淦文）

【兵役管理】 配合地方兵役机关开展春季和秋季征兵宣传工作，2021年有8名公司员工子女应征入伍，并与公司签订了《茂名石化公司退役士兵自谋职业协议》。

（王淦文）

【退役军人管理】 2021年，做好公司173名企业退休军转干部的生活补助调整工作，落实2名伤残军人医疗费用报销，退役军人队伍稳定。

（缪子平）

【民兵工作】 2021年，公司根据茂名军分区年度军事工作部署，开展年度民兵组织整顿工作，公司组建225人的应急救援分队和防空民兵分队。8月5—20日，公司抽调120余名基干民兵，以炼油厂原油罐区遭受空袭为背景进行了“重要经济目标防护”演练。该演练受到广东省军区、南部战区通报表扬。

（缪子平）

【民兵仓库移交】 3月16日，武装部将民兵仓库固定资产整体移交至行政事务中心管理，有关库区维护、治安、消防、安全、环保、水电、卫生等责任全部转由行政事务中心负责。

（缪子平）

【双拥工作】 2021年，①继承和发扬“拥军优属，拥政爱民”光荣传统，做好双拥优抚工作，开展春节慰问、主题探访和八一慰问驻茂部队活动。春节前夕，对公司44名抗美援朝志愿军老战士和老同志、65户优抚对象进行慰问。②7月，公司领导尹兆林、陆建明上门慰问6名退役军人代表，感谢他们为公司发展作出的积极贡献，鼓励他们传承军队优良传统，不忘初心，牢记使命，为公司的发展续写新篇章；“八一”前夕，公司副总经理许楚荣带队慰问武警茂名支队，感谢驻茂部队一直以来对公司发展的大力支持。

（王淦文）

计划生育管理

【概况】 公司计划生育工作由综合管理部/信访维稳办/武装部下设社会责任管理室（机要保密室）负责。2021年，在公司计划生育领导小组、茂名市和茂南区卫生健康局指导下，加强管理，强化服务，完成计生工作各项任务，公司再度被评为茂名市计划生育目标管理责任制综合评价先进单位、茂名市挂钩帮扶计划生育工作先进单位。

（谭　耘）

【完善计生组织机构】 8月，公司各单位根据人员变动情况，及时调整计生领导小组成员，完善计生管理组织机构，健全队伍建设，确保计生工作有人管、不脱节。

（谭　耘）

【计生服务】 2021年，①严格落实政策，对符合政策婚育的有关职工，发放独生子女保健费8.9万元，为130名职工办理独生子女父母奖励金申领手续；对符合生育政策生育的有关职工，落实职工生育休假待遇174人次，茂名市人力资源和社会保障局返还公司生育津贴203万元,发放职工生育津贴25人、22.67万元；对失独和子女大病的有关职工，慰问帮扶17户失独职工家庭，为4户因子女大病而家庭困难的职工办理帮扶救助金共计3万元。②举办健康讲座。各级计生组织共举办健康讲座22场次，引导职工建立健康生活方式。③开展多样化幸福家庭活动。将创建幸福家庭与企业安全环保相结合，组织开展家企开放日活动7场次，促进家企共同创建幸福和谐家庭。④投保计生家庭保险，7206名职工投保费共计21.62万元，年度保险出险理赔117件、理赔11.5万元。⑤开展计生探访服务活动。做到对职工生育子女必访、职工子女大病必访、失独职工家庭必访，全年各级计生组织开展计生慰问探访活动191人次。

（谭　耘）

【计生信息系统应用】 ①全面加强员工婚育信息系统管理，全年公司各单位维护公司计生信息3969条，确保员工计生信息完整、准确。②加强信息系统运用，及时督促职工按政策要求落实生育登记、奖励扶助等各项服务。

（谭　耘）

离退休人员管理

【概况】 公司离退休人员管理工作由行政事务中心/离退休人员服务中心负责。茂名石化公司离退休人员服务中心位于茂名市官渡桥南中区。其前身是茂名石油化工公司离退休职工管理处，成立于1986年。2004年10月，茂名石化公司将华达企业公司下属的7个社区居委会与离退休职工管理部下属的10个离退休职工管理委员会重组整合，成立茂名石油化工公司社区服务中心（老干处、退管处），负责公司离退休、内退人员和社区的管理服务工作，2007年10月，离退休管理机构更名为离退休人员管理处，同时保留社区服务中心称谓。2010年12月，公司调整完善公司机关组织机构设置及定员编制，改名为离退休人员管理部，设党委办（关工委办公室）、办公室、老干科、退管科、财务科5个科室，基层下设12个社区服务站。2012年11月，退休人员管理部财务科业务和人员划归公司财务处管理。2014年12月，公司调整退管部机构，原4个科室整合为办公室(党委办)、老干科、退管科3个科室，原12个服务站整合为河东服务站、乙烯服务站、官山服务站、桥南服务站、桥北服务站、河西服务站、矿区服务站7个服务站。2017年12月，离退休人员管理部更名为离退休人员服务中心（简称退服中心）。2020年3月，根据茂名石化〔2020〕10号文，离退休人员服务中心下设的办公室与老干科合并更名为综合管理室（党群工作室），退管科更名为退休管理室。

2021年5月，公司将离退休人员服务中心与行政事务中心合并，实行“一套人马，两块牌子”优化整合管理，下设的综合管理室（党群工作室）与老干管理室优化整合为综合管理室（老干管理室/党群工作室），现退休管理室不变；7个基层服务站整合为3个，河西服务站、矿区服务站整合为河西片区服务站，桥北服务站、桥南服务站、官山服务站整合为官渡片区服务站，河东服务站、乙烯服务站整合为河东片区服务站，人员按“人随业务走”原则划转。离退休人员服务中心党委和纪委撤销，中心原机关党支部、服务站联合党支部、离休干部党支部、内退和退出现职党支部归并到行政事务中心党总支管理。

（吴少兰）

【荣誉称号】 6月15日，詹文海同志获公司“优秀党员”称号，乙烯服务站刘萍同志获公司“优秀党务工作者”称号。

（吴少兰）

【落实各类人员待遇和服务管理工作】 2021年，退服中心践行“1+1=0”的理念，做好服务工作。①按时足额发放离退休、内退人员慰问金和节日补贴8290万元，发放离退休人员企业补贴和内退人员生活费10055.8万元，发放军转干部补贴534.66万元。②办理退休手续260人，其中，接收岗位直退246人，办理内退转退休14人。③开展元旦、春节、五一等主题探访活动，慰问困难退休职工、老劳模、老党员和困难党员、离休干部遗孀和困难遗属以及抗美援朝志愿军和军烈属等14类人员1867人次，发放慰问金167.5万元，慰问品28.7万元。④办理离休干部及建国前参加工作的老工人医疗费报销250人次，费用673.5万元。⑤做好老领导、离休干部、退休劳动模范和退休处级干部的生日祝寿工作，全年共送生日蛋糕516个。⑥组织离退休人员健康体检，6829人参加体检，费用653.54万元。⑦协助家属为去世的离退休、内退人员办理后事405宗，发放慰问金40.5万元。

（吴少兰）

【帮困救助工作】 2021年，退服中心落实公司和公司党委对离退休人员的关心关爱，充分利用“红、黄、绿”台账做好精准帮扶，落实公司“四不让”帮困救助政策。①为重病住院的离退休、内退人员办理陪护费1791人次，发放陪护费485万元。②为退休人员办理一次性大病救助、住院超付救助、定期救助、互助会救助、困难职工子女助学831人次，发放救助金502.69万元。③办理协解人员救助67人次，救助金额70.67万元。④为协解人员办理“两险帮扶”补助343人次，发放帮扶金119.62万元；为退休协解人员办理生活资助2563人次，发放金额600.38万元。⑤办理离退休人员供养的6名直系亲属死亡丧葬费共7.31万元。

（吴少兰）

【建立社会化管理“三项工作机制”】 2021年，退服中心与街道社区建立“沟通协调、党建共建、活动联办”三项工作机制。①先后与茂名市社保局、茂南区相关街道办、茂南区组织部、茂南区委领导等沟通对接，4月19日起“沟通协调”“党建共建”“活动联办”三个工作机制实施方案发布实施。②建立“沟通协调”机制。编印通讯录，建立微信工作群，建立服务站和街道党工委定期工作交流会制度；组织社区联络员定期召开座谈会，收集退休人员的意见和建议，做好解疑释惑工作。③建立“党建共建”机制。将宣传舆论阵地、主题教育、帮扶救助、党建信息、关心下一代等工作研讨确定为党建共建内容，加强与街道党工委党建工作联系，聘用退休党支部书记和党员骨干为社区联络员，共同做好社区和谐稳定工作。④建立“活动联办”机制。联合举办书法、美术、摄影展，乒乓球比赛等文体活动。以及“我心向党”百米长卷书法挥毫活动，举办近千人参加的庆祝建党100周年七一“歌诗舞”晚会和500多人参加的广场舞展演等。与社区联办公益活动，联合组织召开了文体骨干座谈会和宣传骨干座谈会等。

（吴少兰）

【开展庆祝中国共产党成立100周年系列活动】 ①为25名健在的离休干部颁发“光荣在党50年”纪念章并送上果篮；协助茂南区各街道办党工委为1446名公司退休老党员颁发“光荣在党50年”纪念章。②组织上门、到医院探访慰问212名离退休老党员、困难党员。③6月30日，举办庆祝中国共产党成立100周年“歌诗舞”晚会，设计编排13个节目，共950多名退休人员、群众参加演出。晚会还组织100名有50年以上党龄的老党员重温入党誓词。④6月30日举办建党100周年“我心向党”主题书法、美术、摄影展览，展出作品207幅。⑤举办“我心向党”征文，收到投稿66篇，有8名老同志征文获奖。

（吴少兰）

2021年6月17日，公司党委书记、执行董事、分公司代表尹兆林为离休干部黄鹤送“光荣在党50年”纪念章（农春勇 摄）

【开展党史学习教育工作】 2021年，退服中心认真抓好党史学习教育工作。①3月召开党史学习教育动员大会，解读《退服中心开展党史学习教育实施方案》及《退服中心党史学习教育责任分工和统筹安排表》。以“抓实专题学习教育、抓实专题党课讲授、抓实阐释解读辅导、抓实专题培训反思、抓实专题实践活动、抓实‘党建共建’、抓实组织生活会”七个抓实开展好党史学习教育。组织党员员工通过多种渠道和形式进行党史学习，积极参与党史答题活动，公布成绩，对排名靠前的进行奖励。对于离休干部党员，以“送学上门”的形式开展，邀请离休干部讲述自己当年的红色革命故事。②5月，组织党员参观朱也赤烈士纪念馆。6月与茂南区委、各街道党工委、居委联合举办庆“七一”活动和志愿者服务活动。③7月1日组织中心基层副职以上人员集中观看庆祝中国共产党成立100周年大会，发动离退休人员收看收听大会盛况。利用“三会一课”开展学习习近平总书记“七一”重要讲话精神以及张玉卓党组书记在学习建党100周年暨高质量党建促进会上讲话精神和公司学习贯彻习近平总书记在庆祝中国共产党成立100周年大会上重要讲话精神动员部署大会精神。7月，中心领导和支部书记带头讲党课。8月召开党史学习教育专题组织生活会和组织广大党员干部撰写学习心得体会。9月开展党史学习教育主题党日活动。10月组织学习习近平总书记视察胜利油田时的重要指示精神。11月组织学习党的十九届六中全会精神。

（吴少兰）

【重阳节“敬老月”系列活动】 2021年，①以部门、车间为单位分期分批组织离退休、内退人员召开重阳节茶话会，向他们表达节日的问候和祝福，共8300名离退休、内退人员参加茶话会。②上门慰问90岁以上离退休老同志196人。③以服务站为单位组织慰问新患大病退休人员89人、生活不能自理的离退休人员146人、困难退休人员73人、老工伤人员45人、孤寡独居老人23人、困难遗属162人。④举办金婚纪念活动，为243对金婚夫妻发放金婚纪念品和为76对报名参加金婚照的夫妻免费拍摄金婚照。⑤以服务站为单位举办高龄老人集体祝寿活动，为本年度年满85、90、95岁的高龄老人321人集体过生日并送上生日礼物。⑥组织开展门球、乒乓球、羽毛球、钓鱼比赛；举办书法、美术、摄影作品展。

（吴少兰）

【文体活动】 2021年，①举办中国共产党成立100周年“歌诗舞”晚会。②5月13—14日举办老年乒乓球协会庆“五一”男女混合双打精英赛。③9月27—29日举办约400人参加的第十一届茂名石化“华达安康杯”老年门球赛决赛。④9月30日举办“庆国庆”美术书法摄影作品展，有美术书法作品100幅，摄影作品40幅展出。⑤10月27日，举办80人参加的老年羽协羽毛球比赛。⑥10月27日，举办钓鱼活动。⑦11月25日，举办500人参加的2021年离退休人员广场舞比赛。⑧12月8—9日举办国际象棋比赛。⑨12月15日举办140人参加的太极比赛。

2021年6月30日，退服中心在公司文化中心举办庆祝中国共产党成立100周年“歌诗舞”晚会（张 琼 摄）

（吴少兰）

【完成重点工作任务】 2021年，①学习宣传贯彻落实集团公司总经理“2号令”和公司安全生产“第1号”工作令。②协助街道办居委会做好退休老同志养老金资格认证工作。③组织参加茂名市庆祝中国共产党成立100周年歌咏比赛，取得银奖、最佳表演奖、优秀组织奖三个奖项。④办好公司老领导、离休干部王杰同志的后事处理工作。⑤做好员工及老同志参加新冠肺炎疫苗接种的宣传发动及接种工作。⑥做好茂南区第十届人大代表选举的宣传发动及选举工作。⑦做好公司公租房合同重新签订以及政策解释工作。⑧抓好新冠肺炎疫情防控工作，实现“零疑似”“零感染”。⑨做好信访维稳工作，为公司打造文明和谐幸福的后花园。

（吴少兰）

【关工委工作】 2021年，公司关工委向广大青年职工积极宣传中国共产党百年奋斗史和石油精神、石化传统，稳步推进“双关爱”工作。①关工委炼油分会被评为广东省关心下一代工作先进集体，吴观海、梁成武被评为全国关心下一代工作先进个人，黄海穗获得广东省关心下一代工作突出贡献奖，刘明秋获得广东省关心下一代工作先进个人表彰。公司关工委工作经验《适应新变化　开创新局面》论文被评为2021年集团公司关工委工作优秀论文一等奖。②公司党委下发《关于调整茂名石油化工有限公司关心下一代工作委员会成员的通知》，明确公司党委常委、总会计师李雪梅同志任关工委主任，公司原副总经理吴观海同志任关工委常务副主任。③6月23日召开2021年度关心下一代工作会议。④7月7日举办“缅怀革命先烈，赓续红色血脉”主题党日活动暨学习习近平总书记“七一”重要讲话座谈会，组织关工委老党员到广东南路革命化州教育基地，并到革命烈士纪念碑前宣誓明志。⑤9月15日，举办纪念公司关工委成立30周年座谈会。集团公司离退休工作部副总经理赵周明，集团公司关工委秘书长崔文生出席会议；12月25日，公司召开“双关爱”工作会。⑥以庆祝中国共产党成立100周年为契机，组织开展以“知党史，颂党恩，跟党走”为主题的第十八次宣传月活动。

（李珍瑜）

【履行乡村振兴帮扶责任】 2021年，公司将巩固脱贫攻坚成果工作同乡村振兴工作有效衔接，践行国企担当，扛起乡村振兴政治责任。①成立乡村振兴工作领导小组，选派2名有责任、有担当的领导干部到乡村振兴点驻点，承担乡村振兴任务，2021年度帮扶建设的古张扶贫光伏电站、百香果产业基地等共获收益9万多元。3月集团公司授予公司驻茂名市茂南区袂花镇古张村工作队脱贫攻坚先进集体称号；6月广东省授予公司驻茂名市茂南区袂花镇古张村扶贫工作队广东省脱贫攻坚先进集体称号；5月茂名市授予驻村工作队队长李亚标2020年度茂名市优秀第一书记称号。公司2021年荣获广东省“6·30扶贫济困日”红棉杯铜杯、茂名市爱心企业称号。②对定点帮扶镇“防止返贫监测重点人群”实施重点帮扶，公司领导带队走访慰问重点户7户，聘请12名村民从事产业基地种植工作，向市政环卫部门推荐2人受聘环卫岗位，帮助1名护理专业毕业的困难家庭子女在县医院就业，同时，投入109万元建立帮扶村村民互助互济会，实现村集体有能力对特殊困难村民实施帮扶。③做好江西瑞金中国石化上墩希望小学教育帮扶工作，10月底，公司职工为学校捐赠图书357册。④全力做实消费帮扶，职工食堂向甘肃东乡、安徽颍上、湖南凤凰、安徽岳西等集团公司定点帮扶县实施采购的农副产品约119万元，全年公司购买帮扶产品合计473万元。⑤12月23日，茂名市委常委、公司党委书记、执行董事、分公司代表尹兆林深入公司定点帮扶袂花镇调研指导乡村振兴工作，彰显企业政治担当和社会责任。

（吴少兰）

直属基层单位

MAOMINGSHIHUA

MAOMINGSHIHUANIANJIAN

- 炼油分部
- 化工分部
- 热电分部
- 港口分部
- 铁运分部
- 水务运行部
- 仪控计量部
- 研究院

直属基层单位

炼油分部

【概况】 中国石油化工股份有限公司茂名分公司炼油分部（简称炼油分部）2005年10月8日成立（其前身茂名石化公司炼油厂建于1958年12月），厂区位于广东省茂名市厂前西路，占地约4.3平方千米。2021年底固定资产原值220.54亿元、净值97.33亿元。截至2021年底，共有职工1890人，其中，男职工1612人、女职工278人，在岗中层领导13人、在岗基层领导83人、退出现职17人，机关专业技术人员90人、车间专业技术人员174人、技能操作人员1512人，具有高级职称的57人，中级职称的273人，党员612人。

2021年，炼油分部实现利润69亿元，创建厂以来历史新高，比奋斗目标多盈利24亿元。10万吨/年高端碳材料装置、LCO中试装置投产，完成浆态床渣油加氢装置标定。将部分罐区操作、油品装车等业务划转至铁运分部，相关管理职能同步划转；将沥青和输油车间整合为储运车间，润滑油一、二车间整合为润滑油联合车间；联合九车间与重油加氢车间整合为炼油五部，储运车间调整为炼油储运部。

（刘泽楷 温燕燕）

【有关领导到炼油分部调研参观】 ①2月27日，中央宣讲团成员、中央政策研究室原副主任施芝鸿一行到炼油分部参观调研。②4月14日下午，中国人民解放军联勤保障部队司令员李勇一行到炼油分部参观调研。③5月12日，广州市海珠区委书记蔡澍率党政代表团到分部中心控制室及厂区参观调研。④11月11日下午，中广核电力股份公司副总裁苏圣兵一行到炼油分部参观考察。⑤11月16日，海关总署副署长、党委委员王令浚一行到炼油分部参观调研。

（刘泽楷）

【原油加工情况】 2021年，加工原油1922.44吨，加工原料油2189.05万吨，其中，高硫原油981.63万吨、含酸原油47.29万吨，分别占原油加工总量的51.06%、2.46%。加工原油性质进一步劣质化，平均硫含量1.83%，同比上升0.04个百分点；平均API指数为29.07,同比下降0.33；平均酸值0.24毫克氢氧化钾/克，同比降低0.02个单位。

（王世梅）

【炼油各类产品产量】 ①2021年，生产汽油、煤油、柴油等成品油1010.86万吨，同比减少7.95万吨，其中，汽油产量415.66万吨，同比增加32.37万吨；煤油产量177.13万吨，同比减少13.06万吨；柴油产量418.07万吨，同比减少27.26万吨；柴汽比1.006，同比下降0.156。②润滑油基础油产量44.61万吨，同比增加13.16万吨；化工轻油产量258.59万吨，同比减少17.79万吨；沥青产量122.01万吨，同比减少57.38万吨；石油焦产量75.53万吨，同比减少3.84万吨。

（王世梅）

【上级抽检合格率100%】 2021年，中国石化总部、地方政府对公司汽油、柴油、3#喷气燃料、石蜡等4类11批次产品进行质量抽检，产品全部合格。

（许国珍）

【炼油主要技术经济指标】 2021年，炼油分部较好完成经济技术指标，加工损失率、综合能耗、可比综合商品率均达到总部指标。其中，加工损失率0.33%，比总部指标（0.38%）低0.05个百分点，与2020年基本持平，继续保持中国石化系统内领先水平；可比综合商品率95.66%，比总部指标（95%）高0.66个百分点，同比降低0.4个百分点。

（王世梅）

【总部装置平稳率竞赛金牌数量排名第一】 2021年，炼油分部狠抓工艺平稳性管理提升工作，开展APC先进控制、仪表自控率和报警联锁“四率”（工艺联锁投用率、工艺参数报警合格率、工艺卡片合格率、工艺参数平稳率）竞赛，在总部6大类装置平稳率竞赛中获119金，在25家企业中排名第一。

（刘跃委）

【2#加氢裂化装置在总部同类装置达标竞赛中排名第一】 截至6月8日，该装置连续安稳运行1487天，创投产以来最长运行纪录，综合指标在总部同类装置达标竞赛中排名第一。

（刘付福千）

【炼油14项动设备KPI指标首次实现达标率100%】 炼油分部可靠性团队通过查找差距开展一类缺陷（故障）根原因分析、规范车间缺陷提报等措施，3月14项动设备KPI指标达标率首次实现100%，其中，动设备检修一次合格率100%，环比提升5.56个百分点；转动设备故障率3.33%，环比下降14.85个百分点，百台机泵重复检修1.82台次，环比下降0.38台次。

（刘泽楷）

【原油加工损失率保持行业领先】 2021年，公司原油加工损失率0.33%，继续保持中国石化系统内领先水平。①加强巡检管理，实现“机电仪管操”五位一体交叉巡检，降低“跑冒滴漏”出现频率。②开展装置安全平稳操作，确保氢气瓦斯系统稳定，做优氢气瓦斯系统平衡，减少火炬燃烧排放损失。③提高装置侧线热联合程度。让常减压石脑油直接进重整装置处理，降低石脑油C_3组分含量，减少半成品输送储存过程挥发损失。④炼油11套油气回收设施均具备在运条件，防止效益损失和大气污染。⑤全面启用成品油流量计，减少计量误差损失。⑥抓好原油储耗管理，加强原油脱水管理，减少原油交接、脱水造成的损失。

（王世梅）

【炼油加热炉加权平均热效率创新高】 2021年加热炉加权平均热效率92.56%，同比提高0.1个百分点，合计节省燃料费用220万元。①强化加热炉操作管理，坚持日常检查和堵漏不松懈。②优化工艺操作，从降低烟气氧含量和排烟温度两个参数入手，查找烟气氧含量不达标原因，改进加热炉运行工况。③深入开展技术攻关，实施加热炉烧嘴失效分析，应用加热炉智能化运行管控系统和磁法富氧助燃节能减排技术，提升加热炉健康水平。④推进“星级炉”“红旗炉”评比活动，按不同装置加热炉实际情况对考核指标进行细化分解，每月奖优罚劣。

（钟远明）

【增产价高利厚产品】 ①分析增产瓶颈，两套丙烷脱沥青装置日处理量达到1200吨，轻脱收率稳定控制在24%以上，基础油综合收率达到51%，10月生产光亮油5600吨，创月度历史新高。②2#催化裂化装置使用重油裂解助剂，液化气和汽油收率增加2.7%，柴油和油浆收率降低2.75%，每月增效440多万元。③优化提高两套重整装置反应深度，三苯总产量由96吨/时提高至108吨/时，每月增效440万元。④优化润滑油加氢异构装置预分馏塔操作，提高乙烯料黏度指标，改进润滑油加氢异构装置脱蜡单元反应系统，进行脱芳、降凝，首次成功试产0#变压器油。⑤利用低成本的巴士拉中、福蒂斯混油加工6cSt三类基础油生产方案，产出6cSt Ⅲ类基础油。⑥用延迟焦化装置做民用液化气，月增产民用液化气3600吨，增效约300万元。

（王世梅）

【增产化工原料】 2021年累计生产石脑油258.59万吨。①4#常减压装置预处理装置轻航煤并做乙烯料，增产化工轻油约600吨/天。②优化焦化石脑油干点，2#焦化装置顶循环油抽出并作石脑油，焦化石脑油收率提高约2.5%，增产石脑油约60吨/天。③优化提高轻油联合加氢深度和装置负荷，增产石脑油约500吨/天。④提高柴油加氢反应深度，控好精柴闪点≮75℃，增产石脑油约250吨/天。⑤拔高常减压装置石脑油终馏点，最大能力增产乙烯料。⑥优化汽油调和，用足汽油成品终馏点，最大限度减少轻石脑油调入量。⑦根据氢气平衡和汽油生产情况，灵活调整重整装置负荷。

（王世梅）

【光亮油产量创历史新高】 2021年，分析原料保供、产品质量控制、产量操作安全等光亮油增产瓶颈，制定配炼减四、提高目的产品收率、保证产品质量的优化措施和激励方案，实现两套丙烷脱沥青装置日处理量达到1200吨，轻脱收率稳定控制在23%以上，基础油综合收率达到51%，全年生产光亮油53215吨，再创历史新高。

（刘跃委　李世烨）

【掺炼蜡膏增产石蜡】 炼油分部优化润滑油装置生产，摸索掺炼蜡膏提高石蜡产量优化方案，2021年掺炼蜡膏2817吨。全年生产石蜡2.9万吨，同比增加6833吨，增效280万元。

（刘跃委　李世烨）

【Ⅰ类基础油产量创近十年来新高】 2021年，在认真分析产量瓶颈和存在问题的基础上，制定从常减压至润滑油“老三套”装置生产激励措施，做大装置负荷，生产Ⅰ类基础油31.46万吨，同比提高4.5万吨，产量创近十年来新高。

（刘跃委　李世烨）

【低硫重质船燃年产能达到100万吨以上】 3月18日，公司低硫重质船燃二期扩能改造项目完成，新建93#、94#罐分别于3月18日、9日投用生产低硫重质船燃，同步增加一条DN200的外送管线。改造完成后，公司低硫重质船燃储罐容积由1.5万立方米增加至3.5万立方米，产能由80万吨/年提升到100万吨/年以上。

（刘泽楷）

【炼油节能降耗】 2021年，炼油综合能耗完成55.44千克标油/吨，比总部下达指标低2.06千克标油/吨，比公司奋斗指标低0.06千克标油/吨，同比上升4.54千克标油/吨；单因耗能完成7.14千克标油/吨·因数，比总部下达指标低0.51千克标油/吨·因数，比公司奋斗指标低0.27千克标油/吨·因数，创年度历史最优。推进全厂节能提效，实施包括2#加裂加热炉余热回收系统节能改造、3套污水汽提氨压机综合利用、炼油厂区7#路南装置LED节能灯改造等14个节能改造项目，实施1300多项节能优化措施，全年节汽19.5万吨、节电1554万千瓦·时、节水145万吨、节氮455万标立、节约燃料5412吨，相当于减少碳排放8.83万吨。

（王世梅）

【炼油油罐清罐】 2021年完成31个油罐的清罐任务。①加强全过程安全管控，强化日常检查，确保措施落实到位，安全环保清罐。②协调清罐单位，严格按统筹计划推进清罐工作，31个油罐均按时完成清罐任务。③通过罐底注水、罐底泵倒空等方法，确保罐底油全部回收，并拉到润滑油联合车间污油回收点处理，减少危废产生。

（王世梅）

【月度柴汽比首次低于0.8】 优化汽油生产方案与调和配方，在3#催化裂化装置检修期间，优化其他催化裂化装置操作，降低汽柴油重叠度、S-Zorb装置辛烷值损失，实现增产汽油、减产柴油，2月柴汽比0.754，首次低于0.8，同比降低0.287，创单月历史新低。

（彭木星）

炼油厂区（柯裕清 摄）

【30万吨/年低温油浆脱固装置投用】 7月8日，外联石化30万吨/年低温油浆脱固装置产出脱固油浆，低温油浆脱固装置投用。该项目采用石科院自主研发的低温柔性材料脱固技术，为国内首套采用该技术的工业化装置，设计脱固油浆收率达到90%以上，投产后能够在130摄氏度、0.6兆帕下，通过柔性过滤，将固含量为百万分之2000—3000的催化油浆脱固至百万分之100以下，作高端碳材料装置优质原料使用。

（刘泽楷　陈渊鸿）

【10万吨/年高端碳材料装置投产】 8月4日，公司10万吨/年高端碳材料装置产出合格锂电池负极材料煅前I级焦，炼油产品结构得到进一步优化，中国石化自主开发组合工艺首次实现工业化，同时为我国石化行业探索劣质油浆生产优质针状焦技术应用提供了经验。

（刘泽楷　张招勤　王世梅）

【炼油优化创效】 ①投用2#轻烃液化气、1#连续重整低硫液化气并民用项目，增产民用液化气。②投用2#、4#催化裂化装置预提升干气线回炼汽油，3#催化裂化装置回炼4#常减压装置航煤，干气凝缩油进4#催化裂化装置增产丙烯。③优化石脑油流向，投用1#、4#常减压装置预处理初顶石脑油至1#、3#轻烃回收项目，提高化工裂解原料整体质量。④催化油浆进CFB锅炉稳定掺烧量达5吨/时，月可增效250多万元。⑤投用丙烷沥青与4#常减压装置预处理装置脱前原油换热项目，有效提高4#常减压装置预处理装置换热终温，减少丙烷跑损125吨/年，年可增效300万元。⑥投用2#航煤加氢装置利用煤制氢装置低压氮气替代中压氮气项目，节约氮气580米^3/时，年可降本150万元。⑦投用3#、4#催化油浆絮凝项目，增加低硫重质船燃油浆调和组分，增效约650万元。

（王世梅）

【降低低硫重质船燃生产降本】 2021年，生产低硫重质船燃59万吨，在没有调入外购低硫渣油的情况下，常渣调入比例降低至87%，基本恢复至高端碳材料装置开工前水平，降低生产成本360万元。①优化蜡油平衡和催化原料保供，创造条件利用蜡油加氢切换EST埃尼公司的悬浮床技术（EST）减三工况，EST减三蜡油调入低硫重质船燃比例达7%，以该工况运行模式5万吨产量计算，调入EST减三约3500吨。②优化利用3#催化裂化装置进行沉降试验，作为低硫船燃调和组分，调入比例约4%，解决低硫重质船燃无油浆调和组分问题，以该工况运行模式4万吨产量计算，调入沉降油浆约1600吨。③优化船燃调和配方，用足黏度指标，调入约2%比例催化柴油，拓宽低硫重质船燃调和组分。

（王世梅）

【全流程优化降低制氢成本】 针对原料煤价格飚涨、制氢成本大幅升高的不利局面，全流程优化，提升3#制氢装置负荷，降低全厂制氢成本。10月下旬，3#制氢装置产氢量由35000米^3/时提高至48000米^3/时，最高达到50000米^3/时，月增效300多万元。

（刘泽楷）

【7#硫黄装置胺液除钠离子】 8月30日—10月22日，7#硫黄回收装置尾气胺液在线除钠，共除掉钠盐21.82吨，胺液钠离子含量由最高时的百万分之52000下降至百万分之20000，

胺液质量恢复正常，消除钠盐结晶风险。装置开工以来，尾气胺液钠离子含量不断增加，甚至有部分钠盐结晶堵塞管线，对装置平稳生产造成影响。

（陈渊鸿　邹国娟　刘跃委）

【首次低成本产出Ⅲ类6cSt基础油】 炼油分部制定低成本巴士拉中、福蒂斯混油加工Ⅲ类6cSt基础油方案，开展原油评价和风险分析，落实2#加氢裂化装置配炼蜡下油40吨/时、提高反应苛刻度、调整加氢异构反应器温度及分馏侧线抽出量的生产方案，4月中旬产出6cSt Ⅲ类基础油950吨，为低成本产出Ⅲ类基础油积累经验。

（李世烨　刘跃委）

【首次低成本产出Ⅲ类4cSt加氢基础油】 公司在总结此前经验的基础上，持续摸索优化原料指标和各项运行参数，制定劣质原油取代特定优质原油作为原料的试产方案，12月10日润滑油加氢异构装置产出合格的Ⅲ类4cSt基础油678吨，与11月份采用的优质原油相比，降低生产成本10%。

（刘泽楷）

【首次利用科威特重油试产70A沥青】 为拓宽沥青生产油种，炼油分部通过科威特重油搭配劣质油种，采取优化调整常减压炉出口温度、减压侧线放量、减压塔底汽提蒸汽及真空度等措施，8月上旬首次在1#常减压装置利用科威特重油生产出70A沥青。8月利用科威特重油生产70A沥青1.69万吨，创效600多万元。

（彭木星）

【2#催化裂化装置首次使用RCA重油化裂化助剂】 为进一步改善2#催化裂化装置产品分布，增加装置裂解能力，实现产出投入比/性价比最大化，炼油4月15日开始在2#催化裂化装置试用湖北赛因化工有限公司RCA重油化裂化助剂，装置使用该助剂后汽油收率平均增加4.53%，液化气收率平均增加3.21%，柴油收率平均降低6.51%，油浆收率平均降低2.44%。

（赵文宇）

【首次回炼茂巴异壬醇装置碳八】 针对茂名石化巴斯夫有限公司C_8组分销路受阻且成品油及液化气价格快速上涨情况，炼油分部成立攻关小组，优化加工途径，10月1日首次在3#催化裂化装置利用LTAG喷嘴回炼茂巴C_8组分，通过研究组分分子结构，调整适当反应苛刻度和平衡剂活性，C_8组分经反应后转化为高价值液化气和汽油，转化率高达95%以上。10月累计回炼C_8组分约1200吨，创效240多万元。

（曾奇才）

【首次加工伊拉谢玛原油】 11月7日，4#常减压装置首次加工伊拉谢玛原油，这是公司建厂以来加工的第200个原油油种。

（彭木星）

【炼油首次在线净化二氧化硫吸收剂】 针对7#硫黄回收装置二氧化硫吸收剂钠盐含量高（5%），容易结盐析出堵塞设备、吸收效果不好影响烟气排放的实际，9月1日，炼油分部首次采用在线净化技术脱除吸收剂内钠盐，1个多月时间内脱除钠盐15.01吨，系统内钠离子含量从5%下降至3%，改善了吸收剂吸收能力，降低了吸收剂损耗。

（许亚碧）

【4#柴油加氢装置升级改造后投产】 8月6日，4#柴油加氢装置新增反应器、新增分馏塔侧线抽出塔等多处流程投用，并产出合格产品，改造后配炼催化柴油能力可由10万吨/年增加至80万吨/年，石脑油收率可由0.8%增加至3.4%，每年可增产8.04万吨石脑油。

（顾　凯）

【123#罐南帕斯凝析油适应性改造项目投用】 该项目2020年12月下旬开始改造，2021年5月29日改造完成投用。改造内容主要包括密封改造、喷淋改造、隔热和热反射防腐漆改造以及增设监测仪表等，配炼量由改造前的29.36万吨提升到41.8万吨。

（刘泽楷）

【300万吨/年柴油加氢新增反应器项目投用】 为提高全厂柴油质量，2021年将300万吨/年柴油加氢装置改造为加氢改质型装置，通过新增1个反应器来加工220万吨/年直馏柴油、80万吨/年催化柴油原料，经过加氢精制改质反应，生产国Ⅵ柴油，汽油收率由改造前的2.2%提升至4.2%，年增效约8814万元。

（邹国娟）

【润滑油加氢异构装置扩能改造项目】 该装置利用停工检修的机会，6月18日开始检修，同步实施扩能改造，至7月23日完成。本次扩能改造总投资996万元，包括更换大功率进料及塔底泵、部分管道扩径、加热炉扩大负荷。改造后一个月，装置处理量由62吨/时提高至70吨/时，每月可增产基础油等产品2880吨。

（刘泽楷）

【1#加氢裂化装置增设液化气脱硫吸附罐投用】 为解决液化气质量问题，12月5日，在1#加氢裂化装置增设的液化气脱硫吸附罐投用，用于吸附脱除液化气中微量硫化氢。经过半个月的优化调整，液化气铜片腐蚀由2c提高至1a，达到民用液化气质量标准，在合并处理1#加氢裂化装置、重整装置液化气的情况下，可稳定增产民用液化气4吨/时，年可增效约880万元。

（刘泽楷　邹国娟）

【煤制氢装置磨煤机改造】 针对煤制氢装置气化单元3台磨煤机每天频繁漏浆、需停机处理的问题，炼油分部通过对比同类型设备泄漏案例，研究磨煤机和密封垫构造，分析泄漏根源，提出延长入口进料管、增加专用焊接型密封底座和改造密封垫结构的创新方案。6月5日开始改造，8月15日完成，密封点实现零泄漏，解决了装置满负荷长周期运行瓶颈，节约备件和煤浆损失等费用约450万元/年。

（张　行）

【1#常减压装置常减压炉烟气余热回收节能改造项目】 1#常减压装置常减压炉烟气余热回收效果差，热效率偏低，影响装置节能降耗。2021年更换新型空气预热器并重新梳理换热流程后，加热炉排烟温度由170℃降至80℃，热效率由91%提高至94.7%。

（邹国娟）

【5#硫黄回收联合装置烟气余热回收节能改造项目投用】 5#硫黄回收联合装置余热回收系统原排出烟气量约35000米^3（标准）/时，烟气温度200℃以上，热量未经充分回收利用，直接排入烟囱，造成浪费。2021年在该装置焚烧炉尾部余热回收系统增设1台烟气省煤器、1台给水预热器及相关配套设施用于回收烟气余热，改造后，中压锅炉水温度由110℃提高至132℃，增产中压蒸汽约1.0吨/时，年增效约174万元。

（邹国娟）

【海和渣油进中间罐区项目】 为持续做大外购渣油进厂量，炼油分部从4月开始启动增加海和渣油进中间罐区项目，该项目在原送沥青罐区的基础上延长管线送到中间罐区，6月20日投用后，每月可增加重油进厂量1.5万吨，月可增效150万元。

（刘泽楷）

【清罐油送焦化回炼项目】 针对常减压装置因配炼清罐油造成电脱盐大幅波动和清罐油回炼困难的瓶颈问题，炼油分部6月中旬组织相关单位开展清罐油送焦化回炼项目，通过新增一条储运车间中间罐区至2#焦化装置的管线，将清罐油送至2#焦化装置放空塔回炼，7月31日完成流程改造并投用，送焦化回炼清罐油最大处理量可达到5吨/时。

（刘泽楷）

【炼油节能降碳“短平快”项目】 ①干气回收富乙烷气装置稳定塔E6308热源由中压蒸汽改为低压蒸汽，每年可降本458万元。②投用干气回收富乙烷气装置循环水二次利用节能降碳项目，每年可降本201万元。③投用煤制氢0.5兆帕蒸汽改至7#硫黄装置节能降碳改造项目，蒸汽压力降低1.0兆帕，减少蒸汽消耗约7吨/时，年可降本455万元。④投用输油中间罐区0.5兆帕蒸汽维温节能降碳改造项目，蒸汽压力降低1.0兆帕，减少蒸汽消耗3吨/时，年可降本342万元。

（邹国娟）

【芳烃抽提装置完成DOT-300新型催化剂技术标定】 1月16日，芳烃抽提装置完成DOT-300新型催化剂技术标定，该催化剂由上海石油化工研究院开发，2020年8月初开始工业试验，具有原料适应性强、使用寿命长、脱烯烃效果好等特点。芳烃抽提装置使用新型催化剂后，二甲苯产品溴指数可由20—30降至5以下；与使用白土催化剂相比，使用寿命可由3个月延长至24个月；节约重整分馏塔蒸汽消耗3—5吨/时。

（匡良斌）

【浆态床渣油加氢装置标定】 为考察浆态床渣油加氢装置高负荷运行可靠性，10月21日至24日，炼油分部联合意大利专利供应商ENI专家、SEI公司，对该装置进行70%负荷标定，记录各项指标与设计值对比情况，采集210多个物料样品。此次标定共发现浆液汽提塔结焦严重、减底泵频繁抽空、催化剂消耗大等高负荷运行制约因素，为装置消缺及下一阶段高负荷平稳运行提供了依据。

（梁志聪）

【2#加氢裂化装置创自身最长运行周期】 6月8日，2#加氢裂化装置停工检修，至此连续安稳运行1479天，创投产以来最长运行纪录。①严格原料管控。细化制定原料管控方案，

与科研院所联合开展在线催化剂运行评估，针对性优化操作，延长了催化剂使用寿命。②严格参数管控。建立反应器压差等影响长周期运行的重要参数台账，实时监控，确保受控。③严格应急管控。在全面识别非停因子、收集相关数据的基础上，编制60多套标准化操作卡，做实网格化隐患排查，提升应急处置能力。

（李潮彬）

【1#焦化装置运行周期创历史最好水平】 5月19日，1#焦化装置按计划停工检修，连续安稳运行555天，比上一周期多190天，创自身最长运行纪录。针对加热炉管频繁结焦、一年左右就得停车清焦的难题，①加强对加热炉氧含量、炉膛温度等重要参数的监控，避免因长时间超温炉管结焦。②及时调整注汽量、生焦周期、装置循环比等参数，降低炉管热负荷，减少渣油在炉管内的停留时间。③实时跟踪原料性质变化，科学调整轻组分比例，有效减缓炉管结焦。

（刘泽楷）

【煤制氢装置运行周期创系统同类装置最好水平】 该装置自2019年6月28日检修后开车以来，到2021年8月17日，已连续安稳运行781天，超自身（755天）长周期纪录，打破系统同类装置777天最长运行周期纪录。

（刘泽楷）

【5#常减压蒸馏装置运行周期创自身最好水平】 截至6月11日，连续安稳运行1869天，5#常减压蒸馏装置创12年投产以来长周期运行纪录，装置各项经济技术指标达到集团公司先进水平。该装置获2020年度集团公司同类装置达标竞赛第一名。

（刘泽楷）

【渣油加氢装置创近10年来最长运行纪录】 11月25日，渣油加氢装置切断进料，进入停工检修阶段，实现平稳运行468天，超催化剂协议运行期78天，创近10年来最长运行纪录。

（刘泽楷）

【1#常减压蒸馏装置创自身最长运行周期】 截至11月25日，1#常减压蒸馏装置连续运行77个月，创出自身长周期运行历史新纪录。

（刘泽楷）

【贯彻落实集团公司总经理“2号令”、公司总经理“1号令”】 ①在公司安全生产“第1号”工作令、集团公司总经理“2号令”颁布当晚，分部对宣贯落实作出具体安排，次日中层领导挂钩各车间宣贯，累计开展学习研讨97次，宣贯覆盖率100%。②采取自下而上再集中讨论的方式，以定目标、定措施、定责任人、定完成时间、定考核办法的“五定”原则，指导各管理室、车间制定落实集团公司总经理“2号令”分工表，累计讨论28场次，5月底形成包括87项具体措施的分工表。③从严培训考试，以熟悉掌握《茂名石化施工作业安全管理程序》等制度规定为目标，建立专项学习题库，累计组织考试15期，对参与率、通过率100%的单位进行奖励，对参与率低于80%的单位进行扣罚。④从严奖励考核，对违反集团公司总经理“2号令”的员工和承包商进行严肃考核，同时，用典型违章案例引导干部员工牢固树立“随意就是危险、违章就是犯罪”意识。2021年，累计考核承包商单位员工44人，列入黑名单8人，扣罚231万元。

（潘丹花）

【宣贯公司安全生产“第1号”工作令】 3月21日，公司总经理陆建明到炼油分部重油加氢车间宣贯公司安全生产“第1号”工作令，剖析“3·15”事故经过和主要原因，阐明公司安全生产“第1号”工作令主要内容、颁布目的及落实方向，指出重油加氢车间要成立安全督察队伍，确保车间生产安全。

（刘泽楷）

【炼油推行“手指口述”操作法】 ①各车间围绕“手指口述”操作法开展全员大讨论82场次，观看视频360多次，编制《炼油分部流程改动无差错管控措施》。②工艺、设备专业对照公司工艺管理细则，完善1.3万多个标识，编制2919条操作清单、1857张标准化操作卡，界定ABC级操作。③建立“班组自查、专业检查、视频抽查”机制，初步实现规范操作、受控操作。

（刘泽楷　刘跃委）

【车间“一把手”HSE履职】 ①明确车间“一把手”HSE履职工作清单，加强基层领导干部月度绩效管理，实施常态化末位约谈机制。②每月排名后位的，由分部分管领导对其进行约谈并考核，连续3个月排名后位的，由分部主要领导对其进行约谈，并将考核结果与年度绩效挂钩。

（潘丹花）

【炼油“三查”工作】 2021年，炼油分部建立分部和车间两级“十大”风险隐患台账，定期召开“三查”工作推进会，深查管理原因，促进各车间深入查思想、查纪律，深挖典型问题背后思想根源，累计查出隐患7022项，整改3566项。

（潘丹花）

【系统管线稳定运行】 ①创造施工条件，推进炼厂干气回收氢气改造项目。②深度介入4#柴油加氢装置增设反应器外系统管线改造项目，实现管线投用无扰动。③参与炼油装置分系列停工检修方案对接，以2个系列分开分停为原则，系统、罐区可割除废旧管线分别为186条、25条。④海和外购重油和华粤外购油浆进厂项目，按统筹计划投用。组织汽油调和升级改造项目尾项整改。⑤确保外联石化低温油浆脱固项目外界区以外关联系统按统筹投用。

（王世梅）

【炼油系统管廊废旧管线割除】 “炼油系统管廊坍塌及管线泄漏火灾爆炸风险”降风险项目，属于集团公司重大安全风险项目，2020年7月开始割除炼油系统管廊废旧管线，2021年9月25日完成烷基化火炬线、轻石脑油线等280多条、208千米废旧管线割除任务，比原计划割除量多22千米。

（潘丹花）

【炼油52座油罐300多个紧急切断阀投用】 炼油分部针对装油罐区无法实现远程操控和自动切断油罐进出料、存在较大安全隐患的实际，2020年5月启动集团公司重大隐患治理项目——炼油装油车间东/西罐区设置紧急切断装置，通过适当延长作业时间和专人专线负责跟踪等措施，4月下旬完成安装投用。

（潘丹花）

【炼油环保管理】①实施环保项目。完成炼油加热炉采样口规范化改造项目，安装15台烟气在线分析仪及相应的采样平台，满足排污许可要求。基本完成硫黄回收降CO、硫黄开停工达标项目，保证硫黄回收烟气CO、开停工期间SO_2达标。②强化危废管理。累计转移各类废催化剂1.22万吨、油泥类危废1978吨，回收利用1.33万吨，节省外委处置费用3000多万元。③创建绿色装置。组织车间进行交叉评分，让车间之间相互学习、取长补短，高质量完成16套绿色装置创建任务。④开展异味整治。应用LDAR技术，检测泄漏修复率同比提高11%，达到91.53%，排名公司各单位第一；组织各车间开展含油污水无油化整治行动，禁止向含油污水系统排放污油，制定现场异味排查整治方案，累计排查、处理异味问题156项。⑤开展噪声治理。实施浆态床减压塔抽真空、2#催化裂化装置开停工放空、轻油装置界区管线振动等3个噪声治理项目，实现岗位噪声强度达标率大于97%。

（欧　云）

【降低污泥处置成本】自浆态床渣油加氢装置开工以来，煤制氢灰水除硬系统产生污泥量增多，需每天连续使用槽车运送至2#焦化装置处理，槽车使用费用较高。炼油分部优化流程，2月21日首次打通煤制氢装置除硬污泥外送至水务运行部SBR装置，再经叠螺机脱水后送至焦化装置或热电分部CFB锅炉处理，避免因污泥去向问题影响装置安全生产，月节约运输成本近15万元。

（刘泽楷）

【4#、5#硫黄装置升级改造】8月和11月，炼油分部分别对4#、5#硫黄回收装置进行装置达标项目和联锁系统改造。改造后，两套装置开停工期间，可通过注碱等手段确保装置不出现烟气排放超标情况。

（陈渊鸿　刘跃委）

【炼油防水体污染】①对12#和3#路边沟、北山原油罐区含油污水道和含油污水主干渠隐患进行封堵、整改，消除雨水窜入含油污水道隐患。②高端碳材料装置地势低洼，极易出现内涝隐患，通过增设事故池应急抽水泵、修建工业园雨水渠溢流设施，降低内涝风险。③1#加氢裂化、3#加氢装置等厂区内低洼区域，通过加高围堰、限制外围雨水等措施，降低内涝风险。

（欧　云）

【炼油应急管理】①落实应急处置“135”原则，修订应急处置卡403个，车间常态化开展桌面演练，班组每月至少进行一次事故应急演练。②举办应急知识培训考试，制定奖惩规定，推动全员参与钉钉云课堂应急题库答题，累计奖励车间3.29万元。③组建队伍参加公司应急业务竞赛，包揽决赛前七。

（潘丹花）

【炼油疫情防控】排查外来人员健康码及行程轨迹，做好场所消杀，严肃防疫工作考核，排查出返（来）茂人员985人次，其中，中高风险地区返茂24人次，进行核酸检测503人次，分部保持“零感染”。

（黄丽凤）

【炼油设备费用控制】强化预算管理，细化指标分解，严控配件加工，严格工程量确认，施工余料回收，修旧利旧利库，加强设备费用控制。修理费年度指标62529万元，其中纯修理费50009.2万元（含安全隐患治理费用11556万元）、安全生产费12519.8万元，实际发生61306.59万元，其中，纯修理费50054.13万元、安全生产费11252.46万元，占年度指标的98.05%；低耗指标120万元，实际发生118.98万元，占年度指标的99.15%；物耗指标954万元，实际发生953.71万元，占年度指标的99.97%；安排设备更新45台、费用1376万元，实际发生1375.45万元，占年度指标的99.96%。

（钟远明）

【炼油设备完整性管理】 ①完善缺陷管理，缺陷提报量从1月280项到12月2646项，全年共提报隐患22906项，闭环率99%。②开展预防性维修，动静设备预防性维修计划814项，月均执行率达到90%以上。③专注风险管理，全年识别风险85项，每月动态跟踪风险管控措施落实情况进行风险再评估。④跟进104项定时事务，执行率99%。⑤强化KPI绩效指标，41个KPI指标不达标数量从年初的10个减少到年末的2个，达标率从75.6%提升至95.1%。

（钟远明）

【炼油设备隐患治理】 制作案例下发车间指导隐患排查工作，开展专项排查30余次。①“四有四必”方面，发现机械伤害、平台梯子、沟井坑等各类隐患问题4730项，列表督办，跟踪整改。②高危泵治理方面，完成303台高危泵增设监测探头和密封改造。③“低老坏”整治方面，组织对原用阀门作隔断措施的管线加装盲板4100块，整改解决管线保温层下腐蚀问题5495项、异种钢焊接问题1500处、装置漏点430处、防雷防静电不合格项150处。

（刘泽楷　钟远明）

【炼油推广应用设备检测新技术】 ①应用脉冲涡流检测完全代替超声波测厚，利用声学成像技术服务装置开工气密，采用精确红外成像测温技术，在常减压、催化裂化等17套装置测厚2868处，查出问题1468处。②联合研发烟机叶片相控阵+DR检测，应用轴流风机叶片柔性阵列脉冲涡流裂纹扫查技术，延长关键机组叶片的使用周期。③引进干冰清洗技术，提高空冷、炉管、机组的检修质量。④在部分加热炉应用磁法富氧助燃节能减排技术、玻璃板式空气预热器等，改善加热炉运行状况。

（钟远明）

【设备管理信息化】 ①完善设备管理移动APP功能，推行设备操作可视化，全厂实现设备二维码全覆盖和设备信息在线查询，开启缺陷提报、日常巡检、电子作业票等日常事务的移动办公模式。②完善机泵监测手段，实时在线监测机泵振动、噪声和温度等指标，判断设备运行状态，2021年新增泵群在线监测303台，占机泵总数的15%。

（钟远明）

【炼油星级机泵评比】 系统推进星级机泵评比常态化，通过改进设备巡检模式，成立维护+维修区域设备服务团队，完善星级机泵验收标准和奖励方案，激励保运单位、设备厂家更好地参与机泵管理，分担维保责任，营造共管共赢、互惠互利的合作氛围。2021年验收通过五星级机泵211台，自2019年下半年以来星级机泵累计验收589台，占机泵总数的12.3%。全年动设备故障维修率12%，机械密封平均寿命44245小时，达到先进企业水平；轴承平均寿命47478小时，超过奋斗值；百台机泵重复检修台次从年初的3.8降至0.57，动设备故障频率由2020年的30台/月下降到3台/月以下，设备运行可靠度有较大提高。

（钟远明）

【重油加氢装置高压进料泵密封实现国产化】 公司与西安永华集团有限公司联合攻关，将密封改用耐高温的波纹管式串联机封结构，2021年3月完成改造并投用，运行状况良好。该项攻关突破了密封技术瓶颈，实现密封价格由80万元/套降至20万元/套，节省更换密封费用360万元。

（刘泽楷）

【特种设备管理】 2021年，炼油分部抓实"三落实、两有证、一检验、一预案"工作，提前半年对即将超检设备预警，对无条件检验设备实施RBI在线检验。①3188台压力容器完成到期检验775台，无超检压力容器。②完成4台烟气余热回收锅炉检验，没有安全隐患。③1.04万条压力管道完成取证，3647条压力管道完成理化检验，无超检压力管道。④在用安全阀2592个，下线检验1900台，其余进行了RBI检验。⑤7台电梯、50台桥吊完成一年一检。⑥利用超声波等先进报术，对管线超过20%的减薄点进行密集测厚，按新检规缩减理化检验无损检测数量，增加金相和光谱分析，确保特种设备合法合规使用。

（钟远明）

【炼油防腐管理】 ①加强在线腐蚀监测系统的管理及维护，强化工艺防腐操作的监控和定点测厚管理，落实周防腐通报制度，建立异常信息及时反馈机制，对存在问题实行重点监控。②组织泄漏隐患排查777人次，检出各类泄漏隐患问题936项。③利用涡流检测等先选技术完善了腐蚀排查手段，跟踪焦化装置配炼催化油浆的腐蚀介质情况，及时调整防腐策略，完成15套装置腐蚀调查和4#常减压预处理装置、4#常减压等8套装置设防值适应原料劣质化RBI评估及浆态床渣油加氢原料高氯影响装置的风险评估。全年原油脱后含盐合格率94.61%，同比提高0.22个百分点；含硫超标113次，同比下降140次；含酸超标23次，同比减少8次。

（钟远明）

【公司首个视频会议交接班试点投用】 6月11日，储运车间输油片视频会议系统投用，炼油分部分别在输油会议室、中间罐区外操室、北山原油罐区外操室和双加罐区外操室安装华为视频会议终端TE20，系统投用后，储运车间可通过手机、移动计算机与车间各视频会议点进行视频交接班。

（刘泽楷）

【炼油两轮20套装置检修】 ①第一轮检修5月26日至8月6日，历时70天，总投资1.02亿元，对1#汽油加氢、1#焦化、3#柴油加氢、4#柴油加氢、2#加氢裂化、润滑油加氢异构、2#连续重整、芳烃抽提、5#常减压、7#硫黄等10套装置进行检修，完成润滑油加氢异构装置扩能改造和2#加氢裂化装置回转蓄热式空预器改造合同能源项目投用。②第二轮检修从2021年11月25日起至2022年1月6日，历时42天，包括1#渣油加氢、5#硫黄、1#常减压、干气回收富乙烷气等4套装置；消缺检修包括蜡油加氢、2#催化裂化、干气提浓、4#硫黄、3#制氢、3#催化裂化等6套装置。

（钟远明）

【改进装置检修管控模式】 ①改进质量管控方式，以设备到货质量检查、施工方案审查及施工过程质量检查、施工人员资质抽查等为抓手，重点抓主要质量控制点、质量监管体系运行情况，并通过外请专家，培养一支成熟的大修质量检查团队。②应用电子作业票，在5#硫黄装置试点电子作业票，为公司全面推进电子作业票提供样板。③强化自主管理,提前制定每日工作清单，每天通报工作完成情况。④改进承包商管控方式，针对二季度大修承包商暴露出来的问题，对承包商由简单粗暴的重扣罚转变为引导性考核。

（钟远明）

【炼油五部和炼油储运部揭牌】 12月26日，炼油五部和炼油储运部揭牌，联合九车间与重油加氢车间整合为炼油五部，储运车间调整为炼油储运部。公司执行董事、分公司代表、党委书记尹兆林指出，炼油五部和炼油储运部的成立是解决未来被动局面、提升干部员工幸福指数、打造世界领先炼化企业的需要，能够为炼油分部接下来的改革开好头、当样板；公司的改革方向是“精干机关，收缩中心，做强基层”，运行部是基层，机关、中心必须精简；要在运行部具体实践中做好首任党政领导和领导集体的任命、业务流程、队伍建设、基础管理、党建工作、总结提升这六个“极为重要”的工作，做到边实践、边发现、边改进、边总结，为公司全面推行改革提供更加丰富的经验。

（刘泽楷）

【召开四届三次职代会暨二届三次工代会】 2月7日，炼油分部召开第四届职工代表大会第三次会议暨分部工会第二届会员代表大会第三次会议，114名职代会（工代会）代表参加会议。分部经理作了题为《乘风破浪，迎难而上，奋力开启创建世界一流炼厂新征程》的工作报告，分部党委书记作了题为《瞄准世界一流目标，抢抓机遇勇挑重担，以“更高更快更强”的奋斗姿态迈向发展新征程》的讲话。会议表彰分部2020年度3个先进车间、7个先进班组、70名先进职工、10名优秀班长和10名优秀专业管理人员。

（段晓晶）

【炼油党史学习教育】 ①通过打造“四个课堂”、抓实“四个专题”、搭建“四个平台”有效促进学习动能转化，开展“四个一”红色教育活动，完成“传承红色基因　争当石化先锋”主题故事会、专题民主（组织）生活会、党史学习教育推进会。开展中心组学习17场次，专题研讨7场次。②各党支部采取“三会一课”、主题党日、专班学习等开展学习235次，专题研讨72次。③开展“我为群众办实事”活动，梳理出13项分部重点民生项目、125项各管理室和车间实事项目，完成率均达100%，分部案例《“三心”服务点燃新装置开工热情》入选公司上报总部实践活动优秀案例。

（刘滢萱　刘泽楷　陈敏章）

【炼油党委与石科院第六研究室党支部进行党建互联共建】 5月26日，炼油分部党委与石科院第六研究室党支部签署党建互联共建协

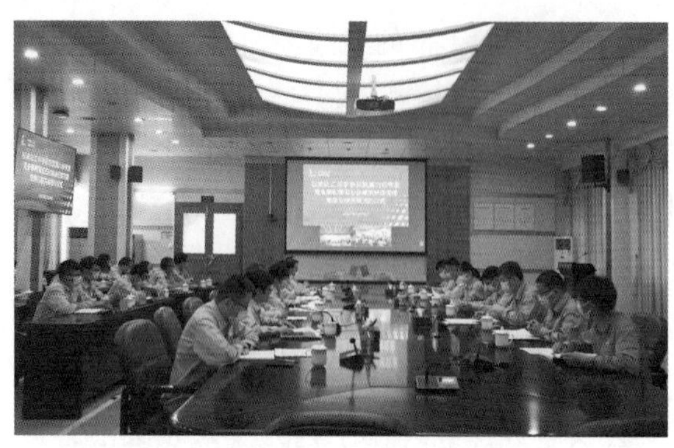

2021年5月26日，炼油分部党委与石科院第六研究室党支部签署党建互联共建协议（刘滢萱 摄）

议，这是炼油分部党委首次跨区域开展党建互联共建工作，双方代表签订《党建互联共建协议书》。公司党委副书记、纪委书记、工会主席柯玉芸和石科院副院长王子军共同出席党建互联共建签约仪式。

（刘泽楷）

【炼油宣传及舆情工作】 ①开设“在线说大修”微视频栏目，制作《箩筐里的秘密》《老大哥的防身术》等3期微视频，通过主播现场采访的形式，讲述大修故事、管理理念，在公司微信、视频号、电视新闻3个平台播放。②2月5日，首次采取线上线下同步直播形式，举办“传承石油魂，建功大炼油”新装置开工故事会，以职工演讲加视频展播模式，讲述浆态床渣油加氢等5套新装置的开工故事，表彰先进个人。③7月1日，举办中国共产党成立100周年表彰大会暨“传承红色基因，争当石化先锋”主题故事会，通过演讲、访谈、视频、诗歌朗诵、歌曲联唱等形式，讲述炼油分部党员用心尽责、攻坚克难、担当奉献的动人故事，表彰分部先进党组织和优秀党员。④7月创新组建分部网评员、舆情监控员队伍，在“两重两特”时期实行24小时网络巡察，完成特殊时期网络舆情监控任务。

（刘滢萱　刘丽婷　叶云斐）

【炼油EAP工作】 ①举办EAP活动。炼油分部工会先后组织女职工、先进集体、新入职员工开展4场次、500余人参加的户外拓展训练，活动中穿插党史知识、安全知识有奖问答环节，增强团队凝聚力，帮助职工缓解压力。②开展EAP幸福讲堂。多次邀请知名专家等讲授常见病辨识知识和中西医防治方法，开展爱心服务活动，举办“三八”妇女节女职工专题讲座和高考填报志愿讲座等；根据职工体检结果，组织160多名高血压员工参加“防治三高、健康心脑”专题讲座。

（段晓晶）

【炼油困难职工帮扶】 2021年，分部工会先后开展春节慰问、关爱女工、关爱劳模、关爱党员等主题探访活动，共上门探访慰问职工265人次，发放慰问金和慰问品35.05万元；为8名家庭困难职工发放帮扶金4.12万元；到医院慰问156名生病住院职工，发放慰问金、慰问品13.45万元；协助16名大病职工办理各项帮扶，累计金额37.60万元。各基层工会也针对重病职工特殊情况开展献血、捐款等活动，帮助重病职工渡过难关。

（罗国霞）

【重点工程专项劳动竞赛】 围绕10万吨/年高端碳材料等新装置建设、1#常减压等装置大修，开展专项竞赛活动，评选表彰5个优秀学习小组、18个检修突击队、18个开工突击队、214名劳动之星、123名优秀党团员HSE监督员、39名服务之星、20名优秀通讯员、20名安保卫士。

（黎　菊）

【举办“学党史 颂党恩 迎国庆”主题朗诵大赛】 9月29日，炼油分部、仪控计量部党委及互联共建单位茂名市公安局高新分局党组，联合举办“学党史 颂党恩 迎国庆”主题朗诵大赛。党委宣传部、炼油分部、仪控计量部、高新分局领导和部分党员代表共90多人参加。

（刘泽楷）

【炼油培训工作】 ①坚持“按图索骥抓专班，按管控关键抓专班，按体系思维抓专班”，2021年炼油分部在公司6个“四班二倒”单位中排名第二，4次取得第1名，3次取得第2名。②2021年，炼油分部组织13期炼油论坛，830名职工参加论坛培训。③4月举办2020年入职员工“活流程”竞赛，75名大学生经过文字流程笔试、画流程图、现场流程考试3轮比武，赛出一、二、三等奖共20名。④首次线上开设“炼油开讲啦”形势任务栏目，结合中心工作，通过MG动画微视频形式，宣贯分部重点形势任务，并在“奋进茂名石化”、茂名石化V视、炼油分部视频系统等平台循环播放。

（封国辉　张梦瑶）

【参加全国加氢裂化（处理）操作工竞赛获“1金2银”】 10月28—30日，炼油分部派出3名职工参加2021年全国行业职业技能竞赛加氢裂化（处理）操作工竞赛，获个人奖牌“1金2银”。其中，蔡秉恒获金牌，郭春南、马禧庆获银牌。

（封国辉）

【炼油操作人员及“三大员”取证上岗】 ①2021年，炼油分部职工新取得装置上岗操作证369个，166人通过技能鉴定，其中，123人通过初、中级工鉴定，30人通过高级工鉴定，12人通过技师鉴定，1人通过高级技师鉴定；3人获得集团公司特级技师称号。②首次完成144名“三大员”上岗培训取证、467名HSE关键岗位人员上岗取证，做好8名落聘“三大员”安置工作；组织“三大员”储备人才入池考试，97人分两批次进入人才池；做好“三大员”补员方案、岗位竞聘工作。③按照体系要求，启动第一次技能岗位职工上岗证复审工作，766名A档/BⅠ档职工免试复审，852名绩效考核为BⅡ、BⅢ、C档职工复审合格776人，合格率为91.1%。

（封国辉　温燕燕　王　媛）

【炼油共青团工作】 ①炼油分部在安全环保、新装置建设、检修开车等重点工作中，组织青年突击队，开展青年擂台赛，表彰优秀青年突击队队员72人，团员青年平均义务奉献120小时。②补充完善《炼油分部共青团团员青年积分管理办法》，每季度评比奖励3名、全年表彰12名优秀青工。③每季度从勤于学习、勇于奋斗、甘于奋斗、岗位表现优、操作技能硬等5个方面，对近3年入职的一线岗位青工进行评比，表彰前3名，2021年共评选出9名“炼油新星”。

（李子凡）

【炼油“双关爱”工作】 ①以建党100周年为契机，邀请“五老”给党团员授课15场次，教育团员240多人次。②联合炼油分部关工委开展进厂参观亲子活动，加深新一代石化子弟对炼厂了解，普及消防法律法规和消防安全知识。③与茂名市教育协会、茂名国旅等单位开展联谊，助力青工成家。④召开“双关爱”工作年会，邀请炼油分会“五老”与各车间团支书一同回顾总结全年工作，研讨次年工作计划。

（李子凡）

【炼油五部】 炼油五部负责管辖260万吨/年浆态床重油加氢、100万吨/年轻油联合加氢、100万吨/年1#连续重整、150万吨/年2#连续重整、22万吨/年2#苯抽提、55万吨/年芳烃抽提等6套生产装置，100万吨/年汽油轻馏分优化利用装置正在建设；下设3个作业区、12个班组。截至2021年底，共有职工210人，其中，集团公司技能大师1人、主管技师8人、主任技师1人、技师8人；高级职称3人、中级职称24人。

①装置运行水平提升。2#重油加氢装置3—4月局部停工消缺，4月18日复产，截至2022年1月7日平稳运行264天，打破世界同类型装置运行时长纪录；10月24日，2#重油加氢装置完成标定工作，装置原油转化率最高达93%，催化剂消耗由开工初期的2.0千克/吨下降至1.4千克/吨。②完成装置检修任务。2#连续重整装置6月11日停工检修，完成189项检修任务，7月21日反应器进油；芳烃抽提装置6月11日停工检修，完成94项检修项目，7月18日装置进油。③推进新装置建设。8月30日，轻石脑油正异构分离装置停工，计划合并改造为汽油轻馏分优化利用装置。该项目建成后，可增加优质汽油调和组分，实现资源优化利用。④队伍素质提升。吴金源获石油石化系统“大国工匠”称号及国家特级技师职业等级，陈康维获“中国石化技术能手”称号，袁兴强被评为集团公司2021年度安全生产先进职工，郭春南、马禧庆获2021年全国行业职业技能竞赛加氢裂化装置操作工竞赛银牌，重油加氢装置一班内操岗获茂名市“女职工建功立业示范岗”称号。

（张小雪）

【炼油储运部】 炼油储运部下设3个区域，其中，一区为北山罐区、中间罐区和生产辅助班，主要负责原油进厂输送及返输，向一、二次加工装置输送原料，全厂“三剂”配置工作；二区为沥青罐区、双加罐区，主要负责沥青、重油生产及装车，氨碱、渣油的输送；三区为系统管廊、气柜、火炬、看火班，主要负责炼油1000多千米系统管网的运行和维护、火炬运行、气柜瓦斯回收、瓦斯脱硫装置的生产和平衡。截至2021年底，共有职工237人，其中，具有初级职称的11人、中级职称的15人、高级职称的1人，技师8人。

2021年，炼油储运部收储原油1923万吨，汽油调和量386万吨，生产70#A级沥青、90#A级沥青共121万多吨；完成汽油管调升级改造配套项目等7个技改项目。

（文　刚）

【联合一车间】 联合一车间负责管辖500万吨/年4#常减压蒸馏、140万吨/年3#催化裂化、150万吨/年2#轻烃回收、60万吨/年1#轻烃回收等4套装置。截至2021年底，有职工88人，其中，具有高级职称的2人、中级职称的10人，主任技师1人、主管技师8人、技师2人。

2021年，①4#常减压蒸馏装置加工原油412.373万吨，负荷率97.11%，轻油收率47.71%，总拔出率68.89%，能耗7.55千克标油/吨；3#催化裂化装置完成加工量127.122万吨，负荷率101.24%，轻油收率67.96%，目的产品收率82.18%，能耗46.09千克标油/吨；2#轻烃回收装置液态烃产量11万吨，能耗11.84千克标油/吨。②3#催化裂化和4#常减压装置在集团公司六大类装置平稳率竞赛中分别得178分、139.5分，两套装置总得分占分部得分总数的38.1%。③提报优化降本项目93项，其中，降低柴油收率项目创效522万元/月、油浆沉降脱灰项目创效600万元/月、回炼C_8项目创效240万元/月，增产液化气项目创效530万元/月。④制作电子操作指令单208项，讨论16场，提出合理化建议9项；推广设备完整性缺陷管理平台应用，排查低老坏问题855项，整改完成610项；排查隐患2605项，其中，A、B类隐患262项，整改率100%，C类隐患2343项，整改率73.11%，其余已列入整改计划。⑤2次获得炼油分部月度先进车间、年度先进车间，3次被评为先进班组，6人次被评为先进个人，2人被评为优秀党员，车间第三党小组被评为先进党小组；3#催化裂化装置大修催大修劳动竞赛中，涌现出先进党员职工13人。

（邹宗洋）

【联合二车间】 联合二车间负责管辖200万吨/年渣油加氢装置、200万吨/年2#柴油加氢装置（自2015年开始改炼航煤）、6万米^3/时3#制氢装置等3套装置。截至2021年底，共有职工79人，其中，有男职工63人、女职工16人；有中级职称的17人（含技师9人）、高级职称的4人（含高级技师3人），获公司模范车间，车间第二党小组被评为公司先进党小组。

2021年，①渣油加氢装置安全运行329天，加工混合渣油原料230.4万吨，单位能耗10.10千克标油/吨，馏出口合格率达99.29%，含油污水合格率100%，单位完全费用61.5元/吨。②2#柴油加氢装置安全运行365天，完成加工量186.9万吨，单位能耗6.82千克标油/吨，馏出口合格率达99.41%，含油污水合格率100%，单位完全费用24.2元/吨。③3#制氢装置安全运行238天，累计产氢量2.0642万吨，单位能耗819.4千克标油/吨，馏出口合格率达98.72%，含油污水合格率100%，单位完全费用1279.34元/吨。

2021年，①渣油加氢装置历时42天完成第15周期停工大修，完成反应器装卸催化剂、825#不锈钢材质空冷更换、高压法兰更换、反应器分配盘改造等工作。②3#制氢装置在停工待料期间，进行转化炉节能改造、中压汽包更换。③班组89%职工达到全流程操作，取得3套及以上装置上岗证职工达到70.3%。

（陈寿坤　肖　涛）

【联合三车间】 联合三车间负责管辖5套硫黄回收联合装置，包含2套6万吨/年装置（3#、4#装置）、2套10万吨/年装置（5#、6#装置）、1套15万吨/年装置；4套溶剂集中再生装置，包含1套250吨/时装置（1#溶剂装置）、3套500吨/时装置（3#、4#、5#溶剂装置）；3套污水汽提装置，包含1套170吨/时装置（3#汽提装置），以及2套200吨/时装置（4#、5#汽提装置）。2021年6月，硫黄包装成型装置划至铁运分部管理。截至2021年底，联合三车间共有班组8个、职工124人，其中，具有高级职称的2人、中级职称的15人。

2021年，硫黄回收装置共处理酸性气30.51万吨，生产硫黄28.71万吨；溶剂再生装置共处理催化、加氢裂化等装置富液1192.94万吨，生产酸性气26.93万吨；污水汽提装置处理污水467.75万吨，酸性水处理率达100%，回收污油4.45万吨，生产酸性气3.61万吨、液氨2.03万吨，净化水、烟气排放合格率100%。

2021年，车间完成6套次装置开停、3套装置检修及各类技改和环保项目施工等；实施板换更新或清洗、节能泵改造、增设汽提氨压机进出口连通线、7#硫黄0.5兆帕蒸汽线、在线净化二氧化硫吸收剂等节能项目，修旧利废、降本减费用212万元。其中，自主处理回用废胺液100多吨，节约购买胺液费用及危废处理费用300多万元，首次成功在线净化二氧化硫吸收剂，节省三剂费用120多万元。

2021年，车间职工在公司应急比赛中获得二等奖，获得公司级、分部级表彰30多人次。李福源被评为公司“先进职工”；硫黄汽提四班被评为分部“先进班组”，何绍武被评为分部“优秀班长”，陈世春、凌观宏、罗亚雪、陈瑞南等4人被评为分部“先进职工”。

（许亚碧）

【联合四车间】 联合四车间组建于2000年12月10日，管辖1#蒸馏、4#常减压装置预处理、1#焦化、2#焦化、气体脱硫、液膜脱硫等装置。截至2021年底，共有职工137人，其中，有男职工114人、女职工23人；具有中级职称的20人（含技师7人）、高级职称的14人（含高级技师11人）。

1#蒸馏装置设计能力300万吨/年，2021年开工329天，处理原油225.65万吨，轻油收率36.96%，总拔出率62.91%，综合能耗8.55千克标油/吨，单位加工费86.52元/吨（包括4#常减压装置预处理装置部分）；4#常减压装置预处理装置设计能力300万吨/年，全年开工365天，处理原油294.7745万吨，轻油收率46.15%，总拔出率68.68%，综合能耗9.83千克标油/吨。1#焦化装置设计能力100万吨/年，全年开工275天，处理量94.3326万吨，液体收率52.49%，焦炭收率33.89%，综合能耗23.67千克标油/吨，装置单位加工费86.52元/吨。2#焦化装置设计能力100万吨/年，全年开工365天，处理量112万吨，液体收率56.51%，焦炭收率34.73%，综合能耗21.20千克标油/吨，装置单位加工费71.82元/吨。气体脱硫装置设计能力30万吨/年，主要处理4#蒸馏装置液态烃、重整液态烃、焦化液态烃、焦化干气、气柜瓦斯等，全年开工365天，处理量22.61万吨，装置单位加工费40.33元/吨。

2021年，①摸索总结油渣进焦化的办法，解决了因配炼浆态床油渣造成焦炭塔晃动问题。通过走“煤油去中间泵房不合格航煤Ⅱ线”经4#常减压装置预处理煤并汽跨线作乙烯出料装置，实现1#常减压装置煤并汽操作。在火车断路维修10天的情况下，实现皮带输送量超过1800吨/日，创历史最好水平。优化调整4#常减压装置预处理装置，加工4万吨利比亚阿姆纳含汞原油。首次利用科威特油试产70A沥青，创效200多万元。②1#常减压蒸馏装置运行77个月，创同类装置最好水平；2#焦化装置、1#蒸馏装置完成停汽大修任务。③做好“手指口述”（唱票）操作、HSE观察、“低老坏”查治、“三查”等工作，坚持做好“夜班培训”“党员技师‘一帮一’”等做法。车间2次被评为分部月度先进车间，获“茂名市优秀基层党组织”荣誉。

（陈耀威）

【联合五车间】 联合五车间负责管辖2#催化裂化、4#催化裂化、1#干气提浓、1#汽油吸附脱硫、2#汽油吸附脱硫和1#气体分馏等6套生产装置。其中，2#催化裂化和4#催化裂化装置是集团公司A类达标装置。截至2021年底，车间有在册职工142人，其中，具有高级职称的13人（含高级技师）、中级职称的30人（含技师）。

2021年，车间获公司2021年度模范车间、HSE优胜车间，实现人为因素非计划停工为零，烟脱环保排放指标稳定达标，危废处置率100%，新增职业噪声聋病例为零。①实现安全环保生产，车间级及以上事故事件为零。每月进行桌面推演，针对企业内外曾经发生案例以及装置危险源点，组织主风自保应急、液态烃泄露应急、顶循泄露应急、加热炉泄露应急等演练。②按装置、类别、专业，责任到人编制标准化操作指令单，将装置操作划分为31个A级、52个B级、147个C级，针对现场日常操作编写480张电子版操作票；工艺卡片合格率为99.63%，装置工艺参数平稳率99.24%，仪表自控率97%，报警合格率99.35%。③优化S-Zorb装置运行，1#S-Zorb装置抢修投用后，辛烷值损失从1.1个单位降低至0.65个单位；使用湖北赛因和上海纳科两家公司重油裂解剂，“液化气+汽油”总体收率上升8%，每月创效约300万元；优化三剂费用，利用催化剂磁分离技术处理催化剂1967吨，分离出低磁剂315吨，投用后节约新鲜催化剂157吨，节约三剂费用约270万元；优化高温油浆过滤器运行，实现其连续运行11个月，创开工以来最长运行周期，处理高温油浆9.71万吨。④发动班组全员查找设备隐患，设备专业落实整改，发现“有轮必有罩”隐患94项，整改92项，落实防护措施2项；发现“有台必有栏”隐患62项，整改62项；发现“有洞必有盖”隐患87项，整改56项，落实防护措施21项。针对动设备故障问题，利用根原因分析，对27台同类型设备采取预防性维修，设备故障率下降20%。采用热成像对技术2#、4#催化裂化装置反应器、再生器温度进行检查，发现温度超高部位，及时包焊处理。采用高精度红外线、涡流检测技术对催化油浆管线、S-Zorb装置吸附剂管线进行检测，发现减薄问题20多项，消除安全隐患。利用机泵在线监测系统，跟踪动设备振动、温度变化情况。⑤组织专班培训，每月三大专业轮流讲课，剖析案例。

（王振华）

【联合六车间】 联合六车间组建于2001年11月1日，负责管辖110万吨/年加氢裂化、180万吨/年蜡油加氢、240万吨/年加氢裂化和40万吨/年润滑油加氢异构、LCO制轻质芳烃与裂解料中试等5套装置。截至2021年底，有职工112人，其中，具有高级职称的1人、中级职称的13人，主管师5人，高级技师4人、技师12人。

2021年，①完成装置检修任务。完成蜡油加氢、2#加氢裂化、润滑油加氢异构等3套装置大修和三条烟囱在线分析仪改造，完成2#加氢裂化反应器R101和R102、异构反应器R601和R602的催化剂无氧卸出工作。②指标排名前列。2#加氢裂化装置在总部24套加氢裂化装置达标竞赛中排名第六，蜡油加氢装置排名第三。1#加氢裂化装置累计能耗32.82千克标油/吨，同比降低0.96千克标油/吨；蜡油加氢装置累计能耗6.64千克标油/吨，同比降低3.12千克标油/吨；润滑油加氢异构装置累计能耗26.72千克标油/吨，同比降低7千克标油/吨。2#加氢裂化装置加工原料油212.29万吨，负荷率100.517%，产出轻石脑油19.30万吨、重石脑油28.96万吨、航煤45.25万吨、柴油44.21万吨、尾油67.99万吨。润滑油加氢异构装置产出2cSt基础油2.15万吨、3cSt基础油1.10万吨、6cSt基础油27.66万吨。③2#加氢裂化装置将空气预热器更换为回转蓄热式空气预热器，排烟温度降至102℃，预热空气由240℃提高至310℃，节能效果达到合同规定和设计要求，折合节能367.57万元/年，超过设计值（350.22万元/年）。④为职工办实事15件。车间党支部获公司“先进党支部”称号，车间获得分部“先进车间”称号，刘付福千获公司“超常贡献奖先进个人”“公司优秀党务工作者”称号，蔡秉恒获2021年全国行业职业技能竞赛加氢裂化装置操作工竞赛金牌，车江涛被评为中国石化青年岗位能手，陈博群获公司“先进职工”称号，伍忠勇获公司“HSE优秀管理者”称号。

（刘付福千　林秀兰）

【联合七车间】 联合七车间负责管辖1000万吨/年5#常减压蒸馏装置、150万吨/年5#常减压预处理装置、6.7万吨/年MTBE装置3套装置。截至2021年底，有在册职工72人，其中，集团公司技能大师1人、主管技师7人、技师7人，具有中级职称的14人。

2021年，联合七车间实现安全环保生产、预处理装置安全绿色环保复产，装置各项经济指标排名前列，完成各项生产检修任务，职工队伍和谐稳定。①抓好职工培训。利用学习专班、安全活动等对职工开展安全技能培训，同时结合实际情况开展应急演练，修订车间现场处置方案和处置卡。开展隐患排查与治理，开展全方位专项隐患排查和个人网格化排查，针对排查问题，落实整改方案、措施、责任人、整改时间。共排查出各类隐患844项，其中，B类隐患1项、C类隐患843项，已整改727项，提前1天完成5#常减压装置检修任务。②强化施工直接作业环节安全管理。规范施工单位安全教育。结合车间装置或罐区特点，制定用火、进设备、破土、一般作业等8个类别专项培训题库，对不同施工人员进行针对性培训，提高直接作业人员操作技能及安全意识。严把票证审批关。在办票过程前一天开展JSA风险识别，作业当天现场签票补充安全措施，严格审核作业人员相关资质，杜绝不具备资质、不具备相关技能人员从事特种作业。狠抓现场安全措施落实。对安全措施达不到要求的，坚决不给办票、不安排施工。强化作业过程监管。根据管理制度对用火、吊装及较大风险的作业实施车间监护，监护过程按“施工作业检查表”不定期抽查确认。狠抓作业环节违章考核，对于违章行为及时制止，严厉考核，做到发现一起、教育一起、考核一起。③精细管理优化操作，加大节能创效奖惩力度、开展“小指标竞赛”获40多次公司、分部节能周奖励。④加强腐蚀节能管理。抓好车间示范泵管理，坚持周检、考核，推进星级机泵评比，完善车间TnPM管理工作。每月对装置设备腐蚀和检测情况进行分析总结，每天对原油超设防值情况、原油脱盐情况、“三顶”水分析情况、在线腐蚀探针的腐蚀速率情况等进行跟踪，发现异常情况及时采取措施进行调整。利用小改造，改善现场环境。

（王美慧）

【联合八车间】 联合八车间负责管辖45万吨/年1#汽油加氢装置、120万吨/年2#航煤加氢装置、260万吨/年3#柴油加氢装置、300万吨/年4#柴油加氢装置、50万吨/年干气回收富乙烷气装置等5套装置及加氢罐区。截至2021年底，有职工121人，其中，具有高级职称的7人（含高级技师6人）、中级职称的20人（含技师7人）。

2021年，1#汽油加氢装置处理焦化汽油28.98万吨，精制汽油收率91.93%，综合能耗15.26千克标油/吨；2#航煤加氢装置处理航煤9.48万吨，精制航煤收率95.05%，综合能耗15.32千克标油/吨；3#柴油加氢装置处理柴油197.05万吨，精制柴油收率88.99%，综合能耗4.39千克标油/吨；4#柴油加氢装置处理柴油196.59万吨，精制柴油收率93.17%，综合能耗6.98千克标油/吨；干气回收富乙烷气装置处理干气33.39万吨，富乙烷气收率30.54%，氢气收率6.40%，综合能耗132.92千克标油/吨。

①2021年，推进50万吨/年重芳烃轻质化装置建设，完成4#柴油加氢新增反应器改造、1#汽油加氢装置检修改造、3#柴油加氢装置检修、干气回收富乙烷气装置检修。②1#汽油加氢装置进行SIS系统隐患改造，消除了A级隐患，做好配炼高硅石脑油、罚没汽油、丁二烯二聚物等组分油攻关。③3#柴油加氢装置首次配炼常减压AGO油并产出合格产品，合计配炼生产AGO油1.4万吨。④4#柴油加氢装置T504增加浆态床渣油加氢二级膜分离非渗透气跨线改造，非渗透气通过T504至三制氢产氢，提高氢气资源利用率。⑤干气回收富乙烷气装置T6302塔底热源使用低压蒸汽代替中压蒸汽改造，月降本39.3万元；复水器循环水二次利用改造，节省循环水800吨/时。⑥多种形式开展学习专班，获得公司和分部表扬，并在分部“十大工种竞赛”汽（煤、柴）油工种包揽前三。汽煤柴四班获得“全国工人先锋号”称号。车间获公司2021年度HSE优胜车间、饶余生获“茂名石化工匠”称号，车间第一党小组被评为公司先进党小组，汽煤柴三班获公司“模范班组”称号。

（熊智波）

【煤制氢车间】 煤制氢车间组建于2011年初，负责管辖20万米^3（标准）/时煤（焦）制氢装置，是公司“十二五”期间油品质量升级的重要组成部分，后续增加异壬醇合成气净化装置以及灰水除硬装置。后续为依托现有装置及华南地区资源，利用廉价催化油浆生产高附加值针状焦产品，建设10万吨/年高端碳材料装置，并于2021年8月4日投产。截至2021年底，有在册职工211人，其中，具有高级职称的3人、中级职称的24人，高级技师2人、技师11人。

高端碳材料装置。车间建立“三查四定”工作组，结合现场情况，围绕工艺流程、塔器等17大专题开展“三查四定”，制定快速销项对接机制，整改问题7990多项；针对未有生产操作经验人员占比62%的情况，结合实际，开展现场流程学习6480个学时，现场推演32个课题，桌面推演8个专题，完成5次高质量应急演练和10余次桌面应急推演，仿真演练3220个学时。引入“简道云-钉钉质量管理”提报及反馈电子化流程，土建工程期间共对216项埋地问题进行督办考核；组织设备骨干建立五大专项小组开展设备质量检验工作，发现到货设备质量隐患问题112项、关键设备安装问题352项；组织开展安全喊话200余场，开展JSA作业分析2500多项；与消泡剂厂家开展攻关，开发出适用于高端碳材料装置的消泡剂，解决装置白色晶体问题；增设三级过滤围堰沉降池，使冷焦水系统焦粉含量大幅减少；通过对皮带机下料口扩径改造，减少堵料；增加现场散料装车点，采用刮板机卸料器，解决脱水仓生焦堵仓问题。

煤制氢装置运行创最长运行周期纪录。组织满负荷运行专题会，识别出满负荷运行风险120余项，并制定管控措施使风险受控；开展针对性“三查”工作，排查并整改问题150多项；应对工艺烧嘴泄漏等装置生产异常问题20余次。2021年试验找到5种可使用的煤源，完成惠宝煤试烧工作，完成优化配煤技术研究攻关课题。完成关键特殊设备标准化操作卡26份、气化炉开停操作14台次，严格执行“手指口述”（唱票）操作法，全年实现操作“零差错”；完成检修5台次气化炉，单台炉检修时间同比减少10天，全年实现检修施工安全质量零事故。完成磨煤机筒体衬板螺栓1400多个密封点改造，降低设备故障频次和开停切换操作强度；完成满负荷工况下工艺烧嘴环氧压差高和寿命短瓶颈攻关改造，满负荷下工艺烧嘴使用寿命由此前的45天增加至75天；甲醇换热器管束更新升级，更换高压换热器管束2台。

2021年，车间党支部获集团公司基层党支部建设示范点及炼油分部先进党支部称号，车间获公司年度HSE优胜车间称号，车间团支部获“中国石化青年文明号”称号，高端碳四班获公司模范班组称号，煤制氢第五党小组获炼油分部先进党小组称号；许凡超获集团公司2020年度安全生产先进职工称号，周波获公司劳动模范称号，邓炳生获茂名石化工匠称号，梁勇获公司模范班组长称号，张冬雪获公司HSE标兵称号。

（李　婷）

【润滑油联合车间】 润滑油联合车间负责管辖丙烷脱沥青、轻质酮苯脱蜡脱油联合、重质糠醛精制、重质酮苯脱蜡、第三套糠醛、石蜡加氢、白土精制和石蜡成型等7类14套装置，以及润滑油基础罐区、润滑油加氢异构原料罐区、石蜡成型罐区和浆态床催化剂罐区，在用储罐共133座，主要产品有石蜡、润滑油基础油、沥青，副产品有糠醛精制抽出油、重酮脱油蜡膏、轻酮脱油蜡等，下设班组20个。截至2021年底，有在册人数237人，其中，具有高级职称的5人、中级职称的23人，高级技师7人、技师40人。

2021年，①共排查各类隐患1856项，完成整改1531项，整改率82.5%；通过开展专业管理人员“1+3”交叉检查、制定条例进行排名奖励等措施，激励班组通过设备完整性平台提报自主维护整改情况，全年共提报整改“低老坏”问题1652项。车间职工任风允、郑培科、林金、杜涛、李翼等5人组成的队伍获2021年公司应急业务竞赛第一名。②通过不断摸索、优化调整轻质酮苯装置212/4的预稀释溶剂比、一次和二次溶剂比，提高溶剂稀释效果降低蜡含油，掺炼蜡膏量达到2853吨，同比增幅7.9%；优化调整轻质酮苯装置冷点温度、脱油一、二段进料温度，实现生产的脱油蜡含油全部达到全精指标，全精蜡产量达到1.67吨。2021年，丙烷脱沥青装置加工渣油43.81万吨，轻脱油产量9.65万吨，创装置投产以来最高纪录，光亮油产量达到5.47万吨，创历史新高。③针对石蜡加氢等6套润滑油轻质系列装置低负荷生产和用能情况，优化装置开停78套次，使各装置达到增产节能效果；优化石蜡加氢装置蜡循环方式，停运氢压机，对高压泵202/2进行减级改造节约用电；通过细化重质酮苯装置降本指标和创新节能措施，实现装置综合能耗33.32千克标油/吨，同比下降4.91千克标油/吨，在集团公司同类型装置中排名第一。

（黄燕玲）

化工分部

【概况】 中国石化股份有限公司茂名分公司

化工分部（简称化工分部）成立于2005年10月7日，其前身茂名石化乙烯工业公司成立于1997年1月1日，厂区位于广东省茂名市高新区七迳镇，占地面积320公顷。一期工程乙烯生产能力30万吨/年，项目总投资156.15亿元，1993年11月开工建设，1996年9月建成投产，1999年2月经扩能改造后乙烯生产能力提高到36万吨／年；二期工程乙烯产能增加64万吨/年，项目投资73.31亿元，2004年12月开工建设，2006年9月建成投产，公司乙烯产能达100万吨/年，成为中国首座百万吨级乙烯生产基地。化工分部下设5个管理室、2个运行部、7个车间，有25套主体生产装置及配套完善的辅助生产系统、公用工程系统，每年可向市场提供合成树脂、合成橡胶、液体有机化工原料等系列产品300多万吨（详见表1）。截至2021年底，有职工1497人，其中，有男职工1209人，女职工288人；经营管理人员107人（含退出现职17人），专业技术人员218人，技能操作人员1172人；党员543人。

（林裕乾）

【有关单位到化工分部调研参观】 ①6月8日，中国石化总部化工事业部橡胶室赫炜经理一行深入化工分部顺丁橡胶装置现场了解装置开车准备工作。7月7日，化工销售华南分公司总经理邵勇青一行到化工分部现场调研指导工作。9月24日，总部炼油事业部总经理俞仁明一行到化工分部调研新建合成油装置情况。②1月12日，广东省常务副省长林克庆一行到化工分部调研，深入了解合成润滑油基础油项目建设情况，听取公司“十四五”发展规划及炼油转型升级、乙烯提质改造项目规划情况汇报。5月11日，广东省人大常委会委员、省人大社会委主任委员许光率领调研组参观调研化工分部新中心控制室及乙烯中队安全救援工作情况。5月18日下午，广东省政协副主席薛晓峰一行到化工分部参观调研化工中心控制室。12月17日，海关总署党委委员、广东分署主任张广志一行到化工分部新中控参观调研。③1月21日，奇瑞汽车公司考察团一行到化工分部高密度包装单元现场、裂解车间中控室参观调研。2月24日，四川石化党委书记、董事长王彬一行6人到聚烯烃运行部、裂解车间就新产品开发生产和乙烯装置生产运行情况进行调研。7月5日，广州工业投资控股集团有限公司周千定董事长一行12人到化工分部参观调研化工中心控制室及高密度产品包装线。11月12日，广东坤银泰铭投资集团有限公司洪汉松董事长一行10人到化工分部参观调研化工中心控制室。④3月6日，海南省政协党组副书记、副主席马勇霞带领考察组一行到化工分部调研。5月11日，伊春市市长隋洪波一行到化工分部参观调研化工中心控制室及3#聚丙烯装置。

（李金德　梁宝文　刘贤光）

【化工安全环保】 2021年，①实施化工2系列装置及苯乙烯装置大修，分部8个重大、较大风险总值降低19.54%。②建成投用3个环保治理项目。③通过减量化、资源化利用，外委处置危险废物1937吨。

（郑伟鹏）

【推动基层单位全面执行“手指口述”（唱票）操作法】 2021年，化工分部全面推动基层单位执行“手指口述”（唱票）操作法，养成良好的手指口述操作习惯，杜绝因误操作引起的装置生产波动、非计划停工和事故事件。

（陆伟财）

【化工完成2#管廊管线抬高碰头隐患治理项目】 7月21日，化工分部完成2#管廊汽油线等29条跨工业大道管线抬高隐患治理项目。该项目是茂名市政府督办项目，旨在降低横跨工业大道2#管廊60#—80#桩管线下过往大型货车碰撞管线风险。化工分部采取脚手架搭设双应急通道、全程使用水刀切割、多台四合一检测仪实时测爆、使用防火布接火兜等管控措施，确保施工过程安全受控。

（刘贤光）

【化工2#管带首次推行"班组+专业公司"双线巡检】 6月30日，化工分部在2#管带1446#桩设置首个外操驻点巡检站，同时引入一家地方安保公司参与管线巡护，建立夜间"班组+专业公司"双线巡检机制，打破化工分部投产以来2#管带没有夜间巡检的历史。该驻点主要负责包括泄漏、占压、反恐、防盗等方面的日常检查。

（李金德）

【化工苯乙烯装置首次试用新型阻聚剂】 苯乙烯装置阻聚剂作用是隔绝和延缓高温下苯乙烯的自聚合，避免管线堵塞。该装置自2021年6月下旬投用新型绿色环保阻聚剂YS-AF2316以来，精馏塔塔釜物料中聚合物含量同比下降100×10^{-6}，与传统阻聚剂相比优势明显，同时消除挥发性组分对环境的污染。

（柯旭权）

【苯乙烯装置改进工艺凝液过滤器后危废减量97.7%】 此前，苯乙烯装置工艺凝液过滤器使用线缠绕过滤芯过滤催化剂粉尘和聚合物，催化剂运行中后期每周要清理过滤器2—3次，每次需更换32根滤棒，产生危废约9吨/年。公司抓住10月装置大修时机，将线缠绕过滤芯更换为不锈钢滤网，1个月的运行情况表明，不锈钢滤网可重复使用，每次清理只产生微量粉尘，危废量下降至0.2吨/年。

（柯旭权）

【化工创新思路实现两套API池外排水量减排超50%】 芳烃车间原两套API池外排水量50—60吨/时，2021年通过①分析进水来源和性质，将高浓度污水改入湿式氧化、残液装置，消除异味；②将火炬回收压缩机喷淋水由外排改为循环利用，节水12—15吨/时；③协调配合上游裂解装置优化，节水7—8吨/时；④把2#加氢装置一条清洁凝液线改排雨水线，减少外排废水量，实现外排水量降低到20—25吨/时，节水减排量超50%，除臭效果显著。

（黄伟蓉）

【公司首次投用可自由拆卸组合式隔声罩】 11月9日，化工分部投用可自由拆卸的组合式隔声罩。此前，化工分部2#高压聚乙烯装置6台风送气压缩机因自带隔声罩罩内无散热措施，导致风机过热跳停；要正常运行需打开隔声罩散热，又造成现场噪声超标，隔声罩的投用，进一步改善了工作环境。该隔声罩为模块拼装结构，可重复拆装，方便检修。

（梁宝文）

【化工乙烯日产量创今年新高】 10月20日，裂解装置生产乙烯3356吨，创2021年日产量新高。2021年，①化工每天召开产量优化例会，对原料重质化后裂解炉、压缩机、回收系统塔系等重点部位加强日常运行监控，优化调整影响乙烯产量参数。②成立裂解优化运行攻关小组，对影响裂解装置高负荷、长周期运行的32项问题列表攻关，限时办结，实现10月上旬1#裂解装置投用三小轻烃的工况下，提升乙烯产量6.94吨/时。③开展乙烯产量竞赛，累计奖励1.35万元。

（粟　婕）

【公司乙烯产量累计突破2000万吨】 10月28日，公司乙烯产量累计突破2000万吨。①2006年，公司在原有乙烯生产能力36万吨/年的基础上，新增1套64万吨/年乙烯装置，建成国内首座百万吨级乙烯生产基地。②利用历年大修对2套乙烯装置进行原料适应性改造，不断提升装置生产能力，2018年乙烯产量为119.06万吨，创造历史最好水平，超出装置设计能力的19%。③成立装置运行攻关组，实时攻关影响装置负荷、高产稳产及装置跑损问题，实现装置平稳高效运行，年累计损失下降至0.4%，在中国石化系统内各大乙烯企业中排名第一。

（梁宝文）

【化工生产经营】 2021年，①优化乙烯、丙烯、C_4链运行，做大乙烯产量，全年乙烯产量累计完成104.8万吨，实现利润31.18亿元，排名总部化工板块第四；乙烯收率32.67%，双烯收率47.86%，创历史最好水平。②2套高压聚乙烯装置稳产高产，三元共聚产品量产稳产。③累计生产新产品和专用料105万吨，优化排产创效1.79亿元。④累计加工中科C_4 1.77万吨，加工外购丙烯1.02万吨，加工外购丙烯量同比增加9516吨。⑤优化丙烯流向，3#聚丙烯装置全年生产三元共聚产品牌号3.5万吨。⑥顺丁橡胶装置复产后，加强装置平稳生产和优化攻关，实现顺丁装置连续高负荷稳定生产，落实预防性维修策略，9月份以来连续4个月实现“8+8”满负荷生产，创造利润近1.2亿。⑦公司连续第3年获“乙烯能效领跑者标杆企业”称号。

（傅成智）

【化工抢抓市场机遇做大高附加值产品】 化工分部采取多种措施，紧盯市场动态，优化装置运行结构，全力做大高附加值产品。①跨装置联动。针对当前异壬醇每吨产品边际效益超8000元，加大与茂名巴斯夫公司合作，将2020年已停用2#MTBE装置的旧脱轻塔投用，增产约4.5吨/时抽余液-2，最后送异壬醇装置，按照公司股权一半分红，增效约450万元/月。②抢市场先机。提前捕捉到无纺布专用料S2040比通用料S1003高约300元/吨，联系计划管理部，将原计划排产通用料S1003改为生产无纺布专用料S2040，产出无纺布专用料S2040产品2104吨，增效60万元。③盯效益流向。根据苯乙烯效益最低、橡胶产品效益较高的产品效益流向，优化调整装置负荷，将苯乙烯装置乙烯进料由3.0吨/时降至2.8吨/时运行，将顺丁橡胶装置2条聚合线进料量由7.5吨/时提高到8吨/时，增产橡胶产品。

（梁宝文）

【化工项目优化】 2021年，推进重大优化项目建设，探索优化产品方案，定好责任人、抓好节点控制，提出化工降本减费项目52项，实施降本措施786项，全年完成2.1亿元降本目标。

（傅成智）

【化工装置平稳运行】 2021年，①化工装置运行平稳率累计为96.84%，8—10月装置运行平稳率分别为97.80%、97.22%、97.74%，连续3个月获得总部“比学赶帮超”红旗。②高密度聚乙烯装置连续安稳运行1325天，创集团公司同类装置最好水平。③1#聚丙烯装置气相共聚单元持续运行超过525天，创国内同类装置最好水平。④橡胶装置检修开车后运行周期突破历史最高纪录。

（傅成智）

【高密度聚乙烯装置运行周期创集团公司同类装置最好水平】 3月24日，高密度聚乙烯装置按计划停工检修，本周期连续安稳运行1322天，打破了其自身创下的651天系统内同类装置最长运行周期纪录，期间能耗、物耗稳居系统内首位，产出大型缠绕管材料TR457M等新产品4个。①强化关键机组攻关，妥善解决劳伦斯泵机械密封冲洗压差高等20多项问题，确保了核心设备安稳运行。②紧盯反应固含量等18个关键参数变化，发现异常及时调整，避免装置运行波动。③建立异常问题高效处理机制，保证了进料腿堵塞等多项问题未影响装置安稳运行。

（李伟彬）

【2#裂解装置长周期运行首破70个月】 截至3月25日2#裂解装置按计划停工检修，2#裂解装置连续安稳运行71个月，比自身此前最长运行周期多10个月，创系统内同规模装置最长运行周期纪录，本周期累计生产乙烯456.5万吨。①实行关键设备预防性维修，攻克裂解气压缩机CB-301中压缸位移高等难题20多项，确保了装置安稳运行。②推行“炉长制”，每台裂解炉由车间领导、技术骨干承包，每日跟踪调整裂解深度等关键参数，有效降低了裂解炉故障率，最长无堵管天数达到116天。③密切跟踪原料质量变化，优化操作减少塔顶物料跑损，及时解决分子筛末期失效影响装置产量等问题10多项。

（陈锦丰）

【1#聚丙烯装置气相单元运行周期创国内同类装置最好水平】 1#聚丙烯装置气相单元自2020年8月25日检修后稳定运行，截至9月9日运行380天，创国内同类装置最长运行周期纪录。①成立长周期优化攻关小组，针对牌号切换频繁，透明抗冲系列产品产量提升易导致气相单元反应器和换热器结垢率大幅提升等情况，制定日常维护、高难度牌号间最优切换方案，采取改进出料口底部刮刀等8项措施，大幅减少细粉粘壁现象。②实施内外联动，紧盯跟踪监控气相反应器料位、系统内细粉含量等关键指标，及时干预消除异常，对关键操作点严格落实“手指口述”（唱票）操作法，并由技术人员带班指导操作，确保装置运行平稳。③严抓关键机组攻关，落实设备每日全面体检，优化调整循环气压缩机齿轮间隙参数，解决循环气压缩机突停、出料阀不畅导致气相单元反应器需停车检修等问题，确保气相单元安稳长周期运行。④强化信息化管理，利用“缺陷平台”将日常排查出的隐患问题利用信息化手段实时督办，解决挂壁器脱落、块料容易堵塞出料口等4项问题。

（梁宝文）

【中国石化首台国产化高温高压发夹式换热器运行良好】 1#高压聚乙烯装置一次压缩机出口高温高压发夹式换热器，由于工艺要求高，且大部分元件为非标件的原因，一直进口。公司与合肥通用机械研究院有限公司等联合攻关，解决这类换热器的技术难点，实际换热效果与进口设备相当，且降本75%。2020年1月投用的一年时间内，保持满负荷平稳运行，进口换热器需要3个月停车清洗一次才能保证换热效果。

（刘　煜）

【化工装置评比指标】 2021年，总部达标竞赛中乙烯装置指标评比累计获得红旗32面，排名第二；综合指标评比获得红旗30面，排名第三，其中，高压聚乙烯装置能耗、乙二醇装置能耗等2个指标排名第一。在化工14套装置参加总部10个类别同类装置竞赛中，指标全部达标，其中，裂解、2#高压聚乙烯、乙二醇、顺丁橡胶4套装置类别排名第一。其他经济指标详见表2。

（崔俊华）

【化工2020年总部对标评价“比学赶帮超”竞赛取得历史最好成绩】 2021年8月，据总部下发《2020年度对标评价指标标准值》，化工分部有乙烯装置投资回报率ROI、乙烯装置生产能力损失率等11项指标在集团公司排名第一和化工板块利润总额、化工板块成本费用利润率等5项指标在集团公司排名第二，占化工板块对标指标总数的47.2%，处于总部对标评价“比学赶帮超”领先位置，是化工分部自总部2007年开展对标评价以来获得的最好水平。

（梁宝文）

【化工技术指标创新】 2021年1—12月，化工产值能耗2.170吨标煤/万元，同比下降0.006吨标煤/万元；化工吨产品综合能耗完成236.02千克标油/吨，同比下降3.76千克标油/吨，实现历史新突破；高附能耗完成268.3千克标油/吨，同比下降4.64千克标油/吨，完成分公司确保指标。

（崔俊华）

【化工蒸汽系统能效管理】 2021年，化工按照多产少用的原则进行跟踪监控，强调蒸汽系统设备设施的附件管理，狠抓保温、疏水器、现场泄漏的快速治理，减少“跑冒滴漏”损失。2021年设立了两套裂解装置产汽率、两套裂解装置急冷系统外补中压蒸汽量、透平机组抽凝比及两套高压装置副产蒸汽外送量等专项考核指标，推动车间加强产用汽设备能效管理，优化化工区域的蒸汽管网，减少热电分部产汽，降低煤炭消耗。同时，加强日常疏水器检查，发现故障及时处理，疏水器投用率达97.8%。

（章登成）

【1—2月化工聚烯烃产品质量稳定性（CPK）总部排名第一】 2021年1—2月，化工分部聚烯烃产品质量稳定性指数累计达1.56，同比提升37.7%，在集团公司合成树脂板块排名第一。化工分部坚持全过程管控产品质量，对标先进单位指标内查薄弱点，精准制定管控措施。①收窄内控指标。针对熔融指数、等规度、灰分等中控指标对标行业内的先进指标进一步收窄调控范围。②强化原料质量控制。利用炼化一体化优势，完善送料、收料质量控制指标，加强上下游沟通协作，避免因原料变化、生产波动造成影响。③用好竞赛指标推动。将每一个产品CPK指标纳入竞赛，制定严格的奖惩指标，每月兑现奖惩，当月未达到确保指标扣2000元，当月及累计值均达到奋斗值奖励2000元。

（梁宝文）

【2月顺丁橡胶产品实现产量质量双提升】 2月，公司顺丁橡胶产品质量稳定指数达到1.86，同比提升97.87%，位居中国石化系统内第一；产量达到9217吨，同比提升30%，日均产量创历史新高。①强化上下游联动，制定实施上游供料装置联动指标管控措施，细化明确下游包装岗位人员的标准化工作流程；②重点监控、及时优化聚合首釜温度、固定溶剂油加料系数、催化剂配方等关键指标，聚合转化率达到84.53%，装置能耗低于奋斗指标5.67%，均创2013年投产以来最好水平；③加大生产过程抽检力度，将产品物性分析频次由每周一次调整为每周两次，发现异常适时调整，确保质量稳定。

（梁宝文）

【化工首次开展冷拉伸膜减薄试验】 1月29日，化工分部组织众和化工包装分公司在化工2#高压单元开展冷拉伸膜减薄试验，将原冷拉伸膜厚度由0.1毫米减薄至0.09毫米，从实验结果看，减薄后冷拉伸膜的保持性、紧贴性、稳定性、抗撕裂性均能满足生产需求，预计降低包装成本约2元/吨。化工分部2020年冷拉伸套膜产品量约20万吨，待旧三聚、立体库2021年底改造完成后，套膜产品量将扩展至约150万吨/年，届时，可降本约300万元/年。

（梁宝文）

【中国石化首次实现高压聚乙烯装置无级气量调节系统在线投用】 2021年，化工分部在没有任何参考资料的情况下，经过逐步摸索，实现该系统在线投用，避免了装置停车带来的效益损失，这在中国石化尚属首次。化工分部2#高压聚乙烯装置无级气量调节系统，每天可节能降本约0.5万元。因在线投用，易引起压缩机系统振动剧烈触发联锁而停车，以往该系统均在装置停车状态下投用。

（梁宝文）

【2#裂解汽油加氢装置标定最高负荷首次达91吨/时】 2月8日，2#裂解汽油加氢装置按87吨/时、88吨/时、89吨/时、90吨/时和最高负荷5个阶段进行爬坡试验，首次挖掘出装置最高负荷为91吨/时，达到设计负荷的111%。

（王　龙）

【首台国产化环氧乙烷装置氧气混合器完成标定】 5月18日，中国石化与国内高校联合研制的首台国产化氧气混合器在化工分部环氧乙烷装置投用。10月21—23日，化工分部联合北化院，对该氧气混合器进行110%负荷爬坡标定，氧气进料量达到19吨/时的历史最高值，与此前相同负荷工况下投用进口氧气混合器相比，标定期间外补蒸汽量降至历史最低值37吨/时，每小时循环水用量、冰机电耗分别减少450吨、50千瓦·时。标定结果表明，该氧气混合器氧气流速、压差、混合分布等运行数据良好，填补了国内空白。

（萧明丽）

【2#裂解装置甲烷氢压缩机润滑油泵首次实现在线切换】 此前，该压缩机CB402润滑油泵因设计原因无法在线切换，需先将CB402停车才能启动备用泵。化工分部在2系列装置大修期间实施改造，7月19日在CB402备用润滑油泵自启动导致双泵运行的情况下，在线将其中一台润滑油泵停运，实现了润滑油系统无扰动切换，验证了改造后润滑油系统的安全可靠性。

（栗　婕）

【化工科技发展】 2021年，国内首套合成润滑油基础油工业化装置建成投产，2个“十条龙”技术攻关项目全部优质“出龙”，环保型高刚高韧聚丙烯树脂开发获得中国石化科技进步二等奖，4项科研成果达到国际先进水平。

（李金德）

【提前3个月完成化工新产品年度生产任务】 2021年，公司建立化工新产品生命力分析模型，针对有拓市增量潜力的新产品牌号，重点组建产销研联合攻关团队，制定落实“一品一策”推价放量措施，并加大客户走访力度，每月召开专题会，及时优化排产，前9个月生产化工新产品11.42万吨，完成总部下达年度任务的105.74%。

（梁宝文）

【提前1个月完成化工新产品和专用料年度生产任务】 2021年，公司在化工2系列11套装置按计划停工检修55天的情况下，提前1个月完成100万吨年度生产任务，产量位居系统内炼化企业首位，新产品和专用料占比累计达83.76%。①做实防非停“一装置一方案”、“一牌号一方案”、“手指口述”（唱票）操作法等工作，规范和持续优化牌号切换操作，减少频繁切换造成生产过程的波动。②成立攻关组，应用新技术，对装置区压缩机、挤压机等关键设备开展长周期运行技术攻关保证设备的最佳运行状态。③密切联系中化分析，迅速将情况反馈装置进行调整，缩短牌号切换时间。

（梁宝文）

【防水卷材用橡胶新产品星型干胶F830开发成功】 2月12日，公司SBS橡胶装置成功产出防水卷材用橡胶新产品星型干胶F830，填补公司在星型防水卷材用橡胶行业的空白。

（梁宝文）

【聚丙烯消光膜改性专用料PPM-AF331开发成功】 5月15日，公司产出首个改性合成树脂新产品聚丙烯消光膜改性专用料PPM-AF331，共生产12.7吨。该产品无须改性，可直接生产流延类聚丙烯消光膜。聚丙烯消光膜多用于高档礼品包装、化妆品包装、礼品袋、购物袋等领域。

（梁宝文）

【高温蒸煮膜用聚丙烯新产品HR2106M开发成功】 5月21日，公司成功试产高温蒸煮膜用聚丙烯新产品HR2106M共200吨。该产品流动性好、透明性高、耐热性能优异，可直接生产高温蒸煮膜，主要用于熟食品包装等领域。2021年国内高温蒸煮膜用聚丙烯产品基本全部依赖进口，且进口产品需共混才能使用。

（梁宝文）

【电缆料新产品TR210开发成功】 8月5日，公司高密度聚乙烯装置产出通信电缆料新产品TR210共300吨。该产品抗环境应力开裂性能优异、氧化稳定性良好，与LDPE和PP料相比，强度、硬度和韧性等均有绝对优势，进一步丰富了公司高密度聚乙烯牌号产品结构。

（钱　程）

【低晶点电子包装膜料2420H开发成功】 8月，公司在中国石化系统内首次产出低晶点电子包装膜料2420H约400吨，并进入国内某龙头电子包装膜企业采购链。低晶点电子包装膜料，属高压聚乙烯产业链高端膜料产品，晶点控制难度大，此前国内主流产品多为进口或来自合资企业。

（梁宝文）

【超柔性无纺布聚丙烯新产品PPD-Y38开发成功】 10月15日，2#聚丙烯装置产出超柔性无纺布聚丙烯新产品PPD-Y38共200吨。该产品具有抗霉抗菌、吸水率低、皮肤友善性和保温性好等优点，主要用于生产高端超柔无纺布。

（叶联英）

【聚丙烯珠粒发泡料新产品PPT-ME08开发成功】 10月20日，公司产出聚丙烯珠粒发泡料新产品PPT-ME08共218吨。该产品具有熔点更低、发泡倍率稳定等特点，适用于外包装材料等高端制品领域。

（湛　贞）

【高密度聚乙烯耐酸变色IBC桶专用料B44G7AR开发成功】 12月5日，公司高密度聚乙烯装置产出高密度聚乙烯耐酸变色IBC桶专用料PE B44G7AR共130吨。该产品具有耐酸性能良好、不易变色等特点。此前，以国产高密度聚乙烯为原料生产的IBC桶，在盛装浓酸时，容易产生桶身变红问题。

（周　播）

【三元流延膜专用料F4908产量过万吨】 2021年，化工分部通过优化工艺参数、控制反应器局部热点等措施，解决了三元流延膜专用料F4908生产过程中存在的凝胶等行业难题，提升了产品性能和质量稳定性。2021年1—5月累计生产1.05万吨，与通用料相比增效1184.35万元，产品客户群从华南市场逐步辐射至华东市场，已逐步取代新加坡TPC、韩国三星等公司同类进口产品。

（梁宝文）

【聚丙烯产品PPB-MT16成为医用注射器龙头生产企业唯一原料】 上海康德莱公司是国内医用穿刺器械领域龙头企业，此前生产的医用注射器，一直因聚丙烯原料问题导致成品破损率较高。4月13日，聚丙烯产品PPB-MT16经康德莱公司试用，完全满足下游客户需求，成为唯一符合该公司医用注射器生产原料指标要求的产品。该产品由公司与北京化工研究院合作开发，是医用高透明抗冲聚丙烯专用料，具有韧性强、跌落不易破损等良好性能。

（梁宝文）

【公司透明聚丙烯系列高端产品首次通过美国UL绿色环保认证】 12月7日，公司透明聚丙烯系列高端产品通过UL认证，打通了透明聚丙烯系列高端产品出口美国等发达国家的通道。UL认证是对产品可持续性、环保、节能、降碳综合性能的一个评估，取得认证后，产品可用于出口，同时，其下游客户相关产业链的制品均可归属于绿色、环保、可持续系列产品。

（梁宝文）

【国内首套“气相聚丙烯产品VOC深度脱除成套技术”通过鉴定】 12月17日，该成套技术通过中国石化成果鉴定。该项目11月15日投用，是中国石化“十条龙”科技项目攻关，由公司与SEI、天华院等单位联合自主研发，总投资1076.91万元，属于国内首个聚丙烯产品VOC深度脱除项目。通过对聚丙烯颗粒采取热氮干燥脱气，深度脱除颗粒中的挥发性有机化合物，使残存VOC值不大于60×10^{-6}。该技术成功投用，可进一步提升聚丙烯产品质量，扩大其在汽车部件等方面的应用。

（叶联英）

【化工2系列装置大修】 3月25日，化工2系列装置大修正式开始，5月19日，2#裂解装置产出合格乙烯，化工2系列装置检修结束。①本次大修涉及2#裂解、2#加氢、芳烃、顺丁橡胶、2#丁二烯、2#MTBE、2#高压聚乙烯、高密度聚乙烯、2#聚丙烯、3#聚丙烯、环氧乙烷等生产装置和1#CFB锅炉等配套系统。②以2系列装置大修中控室搬迁项目、裂解气压缩机CB-301大修、裂解急冷除焦系统改造为主线，实施D火炬定向拆除等公司级重点项目22项。③采取网格化管理、多样化推演、清单化工艺处理、孤岛式系统隔离等措施，并从严培训考试、从严监督检查、从严奖励处罚，确保参与检修的职工和施工人员牢固树立“随意就是危险，违章就是犯罪”意识，严格遵守《茂名石化施工作业安全管理程序》《茂名石化重大作业安全技术要求》等规章制度，实现安全检修。④制定完善了大修两级HSE管理体系，针对参与2系列装置大修的施工人员约3500人是首次进化工分部作业，采取承包商提前自主培训，化工分部再通过钉钉、云课堂等信息化手段模拟考试提高安全教育的有效性。⑤采取清单化工艺处理，列出每日工作清单，首次采用《管线吹扫确认图》加吹扫清单便于快速检查确认不遗漏，吹扫过程采取先液相回收再气相回收，从源头上减少污染物的产生。⑥为裂解装置丁二烯、异戊二烯等易自燃物料系统制定开塔及检修过程防控方案。⑦高风险作业实施“一作业一申请”，编制16类质量控制表和1140项质量确认书，确保全过程质量管控。

（梁宝文　李伟彬）

【化工2#裂解装置产出合格乙烯产品】 5月19日，2#裂解装置大修后一次开车成功，并产出合格乙烯产品，进入新一轮生产周期。本次大修，①攻克装置运行瓶颈，解决关键机组裂解气压缩机CB-301汽轮机V1和V2阀故障、三元制冷压缩机CB-401压缩机低压缸驱动端轴承振动偏大等问题。②实施技术改造，实施急冷系统除焦项目等11项技术改造。③实现DCS控制系统国产化。将进口DCS控制系统全部更换为国产浙江中控，解决核心控制系统无法国产化难题。④消除装置腐蚀隐患问题。完成313项腐蚀隐患、125个夹具消除，其中，整改A类隐患52个、B类隐患191个、较严重隐患70个，更换各类手阀176个。

（粟　婕）

【公司首次应用液压剪方式冷拆除大型设施】 化工厂区旧D火炬高120米，重280吨，采用人工高空拆除方式需要8天时间，耗时长且风险高。经多方研究，应用液压剪冷拆除技术，可大幅压缩工期，且可避免高空和动火作业，安全风险大大降低。4月7日，公司采用液压剪方式冷拆除化工厂区旧D火炬，与人工高空拆除方式相比，节约工期5天，降低费用60.5%。

（黄伟蓉）

【公司首次应用模块化设计制造方法实施裂解装置技改】 公司2#裂解装置急冷除焦系统改造项目，通过提高焦粉脱除效率，有效延长急冷油换热器运行周期，每年可降本增效800万元。4月12日，公司首次应用模块化设计制造方法，将项目新框架和4台设备制造成高22.5米、长21米、宽8米、重279吨的整体模块，并采用车板顶升工艺运输搬移到位，与采用吊装方式相比，节省工期54天、费用450万元，工期和费用均压减70%以上。

（梁宝文）

【公司国内首次实现超高压压缩机曲轴现场更换】 2021年，公司2#高压装置超高压压缩机入口设计压力28.7兆帕，出口设计压力310兆帕，2007年3月投用至2021年已运行14年，出现曲轴损伤现象。对约20吨的曲轴进行现场整体更换，是该装置4—5月按计划停工检修的一项重要内容。公司在没有任何经验可供借鉴的情况下，克服电机移动空间狭窄等困难，提前进行模拟测试，落实周密施工方案，保持新曲轴回装全过程的绝对水平，比统筹提前1.5天完成曲轴现场更换和基础水平调整，5月24日装置一次开车成功且运行良好。

（崔东玲）

【顺丁橡胶装置复产】 6月24日，顺丁橡胶装置产品门尼、物性等全部指标均达到优等品，6月28日两条聚合线负荷均达7.5吨/时。本次复产检修实施增加脱水塔回流罐在线氧分析仪等8项技改项目，开车期间攻关解决了远传液位不准等18项问题。此外，聚合单元投催化剂到反应稳定仅用2小时，产品门尼合格仅用了6小时，创历史最好投产水平。

（黄秀娟）

【化工中心控制室投用】 2021年，化工分部中心控制室投用。该项目总投资9568万元，2020年10月12日建成中交，采用抗爆结构，可防电磁、静电干扰和雷击，占地面积4377平方米，总建筑面积7142平方米。中心控制室可安装352个操作台，实现化工区域生产、热电、水务等43套装置DCS、SIS和CCS操作站的集约化管控，含“十四五”规划的乙烯提质增效项目18套装置，提高了化工区域生产管理信息化程度和自动化水平。12套装置在化工2系列装置DCS控制系统大修期间将搬迁到该中心控制室，其中，2#裂解、2#加氢、芳烃、2#聚丙烯、3#聚丙烯等5套装置控制系统由进口系统更换为国产浙江中控操作系统，DCS控制系统升级维护将更方便。此前，进口控制系统也存在被国外攻击的潜在危险。投用以来，国产化DCS控制系统运行良好。

（梁宝文）

【环氧乙烷装置核心设备氧气混合器实现国产化】 国内环氧乙烷装置氧气混合器，一直被国外垄断。20万吨/年环氧乙烷装置是国内首套采用中国石化自主开发技术的环氧乙烷装置，但其核心设备氧气混合器也是进口设备。中国石化与国内高校联合研发出的国内首台国产化氧气混合器，在2021年该装置大修期间安装投用，装置投产后运行状况良好，填补国产氧气混合器空白。

（萧明丽）

【裂解装置大型压缩机机组首次实现润滑油国产化】 公司抓住4—5月化工2系列装置大修的时机，首次对2#裂解装置乙烯裂解气压缩机、三元制冷压缩机、甲烷氢压缩机试用长城合成润滑油。装置投产后近1个月的运行情况表明，机组各项指标均运行良好，与进口壳牌润滑油相比，国产润滑油降温、抗磨、防水等主要性能基本一致，采购成本降低超35%，保供周期缩短50%。

（陈金龙）

【聚丙烯装置脱砷剂实现国产化】 3#聚丙烯装置2014年8月投产以来，一直使用进口脱砷剂。公司抓住3月检修时机，首次换用国产化脱砷剂，开车以来产品质量指标保持优良，国产脱砷剂性能指标可与进口催化剂媲美，降本超过44%，保供周期缩短50%。

（黄　昶）

【公司首次实现大型进口挤压机国产化改造】 高密度聚乙烯装置挤压机采用德国CWP公司技术，2006年8月投用以来，生产低指数牌号产品时，减速箱输出轴止推轴承平均寿命仅有2年，挤压机负荷只能达到设计值的85%—90%。公司与大连橡胶塑料机械股份有限公司等联合攻关，投资2900万元，通过增配熔融泵等相关设备来提高挤压机运行稳定性，延长减速箱使用寿命。5月23日挤压机改造后一次开车成功，重新投用以来，机组运行良好，生产低指数牌号产品时可实现满负荷运行，装置产能全面释放。

（梁宝文）

【3#聚丙烯装置关键机组首次实现润滑油国产化】 3#聚丙烯装置膜回收单元关键机组螺杆压缩机2014年8月投产以来，一直使用进口润滑油，在装置生产三元共聚聚丙烯产品时，出现润滑油粘度下降、杂质增多等问题，导致该机组无法运行，造成装置部分丙烯和氮气无法回收利用。化工分部主动与长城润滑油公司进行技术攻关，通过对长城压缩机润滑油4513与进口润滑油的对比试验、应用试验，论证国产润滑油代用的可行性，抓住8月排查三元聚丙烯产品时机，首次使用国产润滑油，开车以来机组各项运行参数保持优良，年可回收利用价值200多万元的丙烯、丁烯等原料且国产润滑油性能指标比进口润滑油指标更优，降本约62%，保供周期缩短50%。

（陈金龙）

【氢气提纯项目投用】 6月4日，化工氢气提纯项目投用，将化工分部4.7万（标准）米^3/时、含氢量约91%（v）的裂解粗氢气，引入众和公司新建PSA装置，氢气纯度提升至99%（v）以上后，再经化工氢气管网输送到炼油分部，也可满足新建合成润滑油基础油等装置投产时的高纯氢气需求。该项目满负荷运行时，到炼油分部的高纯氢气输送量可达4.35万米^3（标准）/时，截至6月9日，化工厂区到炼油分部的氢气输送量为3.4万米^3（标准）/时。

（梁宝文）

【环氧乙烷装置投用低温余热项目，提升区域节能水平】 6月13日，化工分部环氧乙烷装置顺利投用低温余热项目。该项目是将水务运行部送热电分部除氧槽的脱盐水与环氧乙烷装置再生塔C203塔顶气进行换热升温至85℃，实现区域节能降耗的目的。此前，环氧乙烷再生塔C203塔顶气需采用空冷器进行冷却，热电分部除氧槽的脱盐水需利用低压蒸汽进行加热，公司职代会提出公用工程系统是公司挖潜增效的“富矿”，生产管理部与化工分部经过多方论证，联合中石化节能技术服务有限公司将环氧乙烷装置再生塔C203塔顶气的余热用于加热热电分部除氧槽的脱盐水，达到减少低压蒸汽用量的目的，预计年可减少13.44万吨低压蒸汽用量，实现降本约2000万元。

（虞 清）

【乙二醇装置实施技改后乙二醇回收量提升45%】 5月2日，乙二醇装置EG排放闪蒸塔提质增效项目投用，通过更换排放闪蒸塔9层塔盘并整体上移、改变塔顶冷却介质、增加回流物流冷却器，提高了环氧乙烷装置乙二醇水溶液返料至乙二醇装置EG排放闪蒸塔的处理能力，减少了塔釜废醇排放量。经过1个多月的优化调整，乙二醇回收量与改造前相比提升0.5吨/时，年可增效1800万元。

（萧明丽）

【2#裂解装置急冷除焦系统改造后实现在线清焦】 该系统因急冷油夹带焦粉，需频繁清理急冷油泵入口滤网、稀释蒸汽发生器，导致循环急冷油量降低、外补中压蒸汽用量增加。化工分部抓住4—5月装置检修时机，实施急冷油泵出入口增上新型滤网、旋液分离器、静置器等改造，实现在线清焦，近4个月的运行情况表明，清焦频次由改造前的2次/月减少至1次/3月，中压蒸汽平均外补量减少5.2吨/时，年可降本800万元。

（梁宝文）

【化工首次掺混航煤作裂解原料】 8月，化工首次掺混航煤作裂解原料，实现日均乙烯产量保持3320吨。化工分部落实总部“油转化”战略，响应公司提出航煤作为裂解原料的优化思路，接收掺兑航煤的石脑油作为裂解原料，在航煤掺兑比例10%～12%情况下，不断优化完善裂解投料方案，采取多种措施调整。①跟踪掺混航煤后的石脑油分析数据，根据分析数据进行SPYRO模拟，作出双烯收率变化曲线，找到最佳裂解深度，根据模拟结果及时调整系统参数。②监控裂解炉废锅出口温度变化情况，及时调整单炉负荷和稀释比，减缓废锅出口温度上升速率，延长裂解炉运行周期。③每日跟踪在线分析仪深度、SPYRO模拟深度和COT的曲线匹配情况，及时发现偏差并校对分析仪，确保分析仪准确度，提高裂解炉深度控制精度，保证裂解炉在最优深度下运行。④投用航煤后，每日进行一次小结，跟踪装置数据，保证裂解装置的安全稳定运行。

（粟 婕）

【中国石化“十条龙”科技攻关项目POE中试装置开工】 7月8日，公司1000吨/年聚烯烃弹性体（POE）中试装置开工建设，计划2022年2月投产。该项目是中国石化“十条龙”科技攻关项目“乙烯基弹性体制备关键技术开发及示范”的中试装置，利用现有裂解装置和在建LAO装置自产的乙烯、氢气、α-烯烃等原料，生产1000吨/年POE。POE产品广泛应用于汽车零部件、电线电缆等领域，具有良好市场前景。目前，国内尚无POE工业化生产装置。

（崔东玲）

【化工火炬系统完善改造项目投用】 5月6日，化工火炬系统完善改造项目投用。该项目批复投资9012万元，包括新建一座高架捆绑式火炬塔架和旧D火炬的移位扩能，其中新建D火炬高160米，排放气设计处理量为1200吨/时，与旧D火炬相比提高31.87%，满足了化工“十四五”规划新建装置的需要。该项目拥有卷扬机翻转和提升系统，可实现高空火炬套筒逐节退至地面检修，避免了高空作业，且单台火炬检修时不影响其他火炬正常运行，与传统火炬各自单独使用塔架相比，节省用地约22万平方米。

（梁宝文）

【公司实现聚合级1-己烯自产自用】 此前，高密度聚乙烯装置需外购聚合级己烯-1作共聚单体，采购成本较高。12月22日开始，公司把合成润滑油基础油装置产出的聚合级1-己烯替代同类外购共聚单体使用，连续7天装置运行状况良好，产品各项技术指标全部达标，实现聚合级1-己烯自产自用。

（李伟彬）

【化工首次投用质检单二维码打印机包装线】 12月，化工分部首次投用高密度聚乙烯、2#聚丙烯等11条质检单二维码打印机包装线，下游客户可直接通过微信扫码查询产品的质检单。据了解，质检单二维码打印机将在2022年化工1系列装置大修后推广到全部20条包装线。

（钱　程）

【化工分部召开职代会】 2月7日，化工分部召开职代会，提出瞄准世界领先，加速提质升级，开启分部第三次跨越式发展新征程，明确以为“公司率先达到世界领先”多作贡献为己任，抢抓机遇，分三步建成世界领先化工企业。①聚焦本质安全环保，锤实企业第一工作。做实提级“三查”顶层设计，筑牢“七个意识”根基，提升制度执行刚性，压实隐患查治责任。建立甲乙双方安全学习积分奖励和违章考核积分抵扣机制，提升全员主动学习安全的内生动力。建立环保专业管理月度排名通报机制，鼓励全员查消异味，实行揭榜悬赏根治环保顽疾。②聚焦持续攻坚创效，挖掘存量资产最大价值。细化完善“一装置一方案”防非管控措施，汇编防误操作指南，推行“傻瓜式”操作，杜绝因误操作导致装置非计划停工，确保装置停工次数同比下降50%。制定产品质量内控管理奖励制度，实现零投诉。针对重点耗能设备完善“一用户一方案”节能措施，加快落后设备更新步伐；设立节能专项资金，建立短平快消缺机制。③聚焦提质转型升级，增强企业核心竞争力。成立分部技术信息委员会，与科研机构、高校组建创新联合体，重点做好高压电缆料、PPR管材料及奶茶杯用料产品的客户培养和推广放量工作。确保总部“十条龙”项目按期“出龙”、新建合成润滑油基础油项目、mPAO中试装置、40万吨/年苯乙烯装置超常推进。④聚焦提效率增活力，打造高效管理典范。实施“123自主管理”模式，深化“一周一评析”，提升问题自查率、整改率等“两个率”，做实分部层面、车间领导、班组班长三个层级的点评；实施临时任务管控，统一临时任务发布渠道，切实提效减负。⑤聚焦人才强企工程，提升队伍综合素质。以“考试+答辩”的形式推行“持证上岗制”，提升专业技术队素养；以“上岗证复审”为手段分层次推进上岗考试，开展以“标准化操作”“应急处置”为主要内容的小工种竞赛，提升技能操作人员水平。⑥聚焦和谐幸福建设，凝聚再创辉煌合力。坚持“人”“物”同防，“零损失”做好防疫工作；

探索建立1—2个EAP工作室，努力办好3件实事，抓实员工关爱计划。

（梁宝文）

【化工分部召开学习贯彻公司年中工作会精神专题研讨班】 7月29—31日，化工分部连续三个半天召开专题研讨班，围绕“落实集团公司HSE管理体系、总经理2号令等要求，实现分部安全生产长治久安”“强化队伍建设和营造和谐幸福”“系统优化、顶格优化”“推进分部转型发展和管理提升”等4个方面，就如何刨除“躺、怕、旧”思想、杜绝8种“管理浪费”进行深入研讨。①全力打好安环翻身战，筑牢坚实根基。探索量化“几懂几会几能”收入待遇差别，推动员工抢着学；抓好裂解采样口规范化改造和丁烯臭气治理项目，确保生产装置废水分级控制达标率≥96%、可控废气达标率100%。②全力抓好攻坚创效，创造最大效益。抓好轻烃冷量回收项目建设，确保8月份投用，实现夏季工况下乙烯产量保持在3280吨/日以上；抓好裂解炉管理提升专项攻关，确保下半年裂解炉故障率同比下降50%以上、运行周期延长30%以上。③全力提速转型发展，增强竞争实力。以12月1日为节点倒排统筹，充分吸取2系列大修经验教训，严细实勤做好各项准备工作；积极推动乙二醇水溶液分离节能新技术开发及工业侧线试验，努力形成具有自主知识产权的乙二醇热泵精馏脱水工艺包和技术专利。④全力提升管理质效，激发内生动力。制定“扁平化”机构改革方案，有序推进分部基层车间分区合并，推行“大联合车间”。⑤全力强化队伍建设，做实人才支撑。建立专业技术人员管理台账和工作标准，对季度排名靠后者约谈，约谈后仍无进步的进行岗位调整；实施学习积分管理，每季度评选“学习之星”，设置梯次奖励。⑥全力追求和谐幸福，营造良好环境。

（梁宝文）

【化工合成橡胶部揭牌成立】 12月24日，公司下发《关于成立炼油五部、炼油储运部、合成橡胶部的通知》，其中，橡胶车间与丁烯车间整合为合成橡胶部。合成橡胶部于12月26日揭牌。

（叶翠珍）

【化工人才培养】 2021年，①化工2人被评为全国技术能手，1人获得广东省“五一劳动奖章”，1人获得“闵恩泽青年科技人才奖”，3人被评为集团公司特级技师，1人被评为中国石化技术能手。②化工分部7名职工参加全国聚乙烯装置操作工竞赛，获团体总分第一，个人全国第一，奖牌总数第一，个人“4金2银1铜”，参赛成绩创历史最好水平。

（何忠浪）

【公司荣获2021年全国聚乙烯装置操作工竞赛团体和个人双冠】 9月24—27日，公司9名选手参加2021年全国行业职业技能竞赛聚乙烯装置操作工技能竞赛，荣获团体总分第一、个人奖牌“4金3银2铜”的历史最好成绩。该竞赛首次列为国家级二类职业技能竞赛，由中国石化集团公司、中国就业培训技术指导中心主办，来自中国石化、中国石油21家单位的114名选手参赛。

（李金德）

【化工党建工作】 2021年，①化工分部党委获得“全国先进基层党组织”称号，聚烯烃一横班团支部被评为全国“五四红旗团支部”。②化工分部苯乙烯车间被评为集团公司对标提升行动标杆基层单位，是公司唯一一个获奖的基层单位。③分部向员工承诺的3件实事全部落地。④荣获2020年中国石油化工集团有限公司维护稳定工作先进集团称号。

（林裕乾　梁宝文　刘　丹）

【聚烯烃运行部】 聚烯烃运行部负责管辖1#高压聚乙烯、2#高压聚乙烯、全密度聚乙烯、高密度聚乙烯、1#聚丙烯、2#聚丙烯、3#聚丙烯等7套装置。截至2021年12月底，有正式职工322人，其中，有高级工程师3人、工程师60人；高级技师21人、技师44人。①全密度聚乙烯装置采用美国联碳Unipol气相法聚乙烯工艺技术，1996年9月投产，设计生产能力14万吨/年，2006年对装置进行扩能改造，生产能力达到22万吨/年，生产线性聚乙烯产品，可用于吹塑、注塑、滚塑、流延和挤出拉伸等多种加工工艺。②高密度聚乙烯装置采用美国雪佛龙菲利普斯化学公司（CPChem）的环管淤浆法聚乙烯工艺技术，2006年8月28日投产，设计生产能力35万吨/年，生产高密度聚乙烯产品，用于中空容器、管材、薄膜、单丝、电缆，以及其他工业或民用塑料制品等领域。③1#高压聚乙烯装置采用美国匡腾公司管式法专利技术，1993年开工建设，1996年9月投产，生产能力12万吨/年，生产吹塑料和注塑料及线性共混料等低密度聚乙烯产品，主要用于制造农膜、重包装膜、内衬膜、电缆料等领域。④2#高压聚乙烯装置采用德国巴塞尔公司（Basel）高压管式法工艺技术，2007年3月投产，生产能力28万吨/年，主要生产高透明膜料、电缆料、收缩膜料等高性能产品。⑤1#聚丙烯装置采用意大利Himont公司Spheripol工艺，1996年8月投产，设计生产能力14万吨/年，1999年对装置进行扩能改造，生产能力达到17万吨/年。⑥2#聚丙烯装置采用中国石化首套第二代环管法聚丙烯工艺，2006年8月18日投产，设计生产能力30万吨/年。1#、2#聚丙烯装置均采用注塑、挤塑、吹塑等成型加工工艺，可生产均聚、无规共聚和抗冲共聚等3类聚丙烯产品，主要用于包装材料、汽车配件、家用电器配件、丙纶纤维和日用品等领域。⑦3#聚丙烯装置采用INEOS公司Innovene气相聚丙烯工艺技术，2014年8月28日投产，设计生产能力20万吨/年。

2021年，①完成各项生产任务，实现安全环保无事故。②装置长周期运行。高密度聚乙烯装置连续安稳运行1325天，运行周期创集团公司同类装置最好水平；1#、2#高压聚乙烯装置共停车17次，同比减少7次，减幅30%；1#聚丙烯装置气相共聚单元运行超过420天，运行周期创国内同类装置最好水平；2#聚丙烯挤压机EX30801首次实现全年无非计划停机。③开发新产品7个，化工新产品和专用料占比提升到83.76%，为历史最优；透明聚丙烯系列高端产品通过美国UL认证。④在4套装置参与化工2系列大修的情况下，高压聚乙烯装置产品质量CPK指数在集团公司排名第一，2#聚丙烯装置能耗、全密度聚乙烯装置物耗、2#高压聚乙烯装置能耗在中国石化同类装置中保持前列。⑤组建攻关团队10个，攻克2#高压聚乙烯装置高循换热器管板泄漏、3#聚丙烯装置挤压机螺杆易磨损等8个生产难题，总部“十条龙”攻关项目“气相聚丙烯产品深度脱除成套技术”出龙，产品VOC含量达到同类装置最优指标。

⑥搭建“清晨学堂”等特色平台，9名选手参加2021年全国行业职业技能竞赛聚乙烯装置操作工技能竞赛，获团体总分第一、个人奖牌“4金3银2铜”的历史最好成绩。⑦进一步细化完善横班党支部建设三年规划，紧扣党史学习教育、装置大修、节能降碳、整治“低老坏”等开展主题党日活动，横班党支部工作经验在公司、化工分部其他车间做交流。

2021年，聚烯烃运行部一横班团支部被评为“全国五四红旗团支部”，聚烯烃运行部被评为公司模范运行部，聚烯烃运行部党总支被评为公司先进党（总）支部，聚烯烃运行部三横班被评为公司模范班组；温健雄被评为中国石化名匠、茂名石化工匠，吴飞获公司“超常贡献奖”，庆增利被评为公司HSE优秀管理者，赵龙、邱峻被评为公司先进职工，黄国照、柯泳辉、周学靖被评为公司HSE标兵；《深化扁平化改革的探索与实践》获公司管理创新成果二等奖，《抓好五个贯通融合，强党建促融合》获得公司思政论文二等奖。

（周　播）

【合成橡胶部】 12月26日，由橡胶车间与丁烯车间整合的合成橡胶部揭牌成立。合成橡胶部负责管辖合成橡胶装置、顺丁橡胶装置、1#丁二烯装置、2#丁二烯装置、1#MTBE装置、2#MTBE装置、丁二烯尾气加氢装置等7套生产装置及C火炬等公用工程系统。截至2021年底，共有正式职工221人，其中，有高级工程师3人，工程师26人；高级技师12人，技师19人。

2021年，合成橡胶部完成2#丁二烯装置、2#MTBE装置、顺丁橡胶装置大修工作及全年各项生产任务。

（叶翠珍）

【裂解车间】 裂解车间负责管辖1#、2#裂解装置，总设计生产能力100万吨/年，其中，1#裂解装置生产能力为36万吨/年，2#裂解装置生产能力为64万吨/年。截至2021年底，有正式职工158人，其中，工程师24人，高级技师11人、技师19人。

2021年，裂解车间围绕公司、分部主要目标任务制定38项重点任务，以人为第一要素提级“三查”，以“零伤害、零污染、零事故”为目标，确保消灭车间级以上事故，确保“三废”达标排放，杜绝了非计划停工。在两套裂解装置运行末期，在中国石化总部乙烯装置“比学赶帮超”竞赛中排名第二；乙烯装置损失率0.03%，高附燃动能耗271.32千克标油/吨，均在中国石化总部排名第一，其中，乙烯装置损失率创历史新低。

（粟　婕）

【芳烃车间】 芳烃车间负责管辖4个部分，①2套裂解汽油加氢装置，生产能力共计89.8万吨/年，其中，1#加氢装置生产能力25万吨/年，2#加氢装置生产能力64.8万吨/年。原料均为粗裂解汽油，主产品为混合芳烃，副产品为C_5和C_9馏分。②芳烃抽提装置，生产能力为53.25吨/年，原料为加氢汽油，主产品为三苯，副产品为抽余油。③中间产品罐区，共有球罐26台、拱顶罐11台，负责储存和运输全部中间产品。④公用工程系统，包括2套总处理能力15吨/时的废碱湿式氧化装置；A、B、新增D火炬及2套火炬回收系统，2套污水处理系统，2套凝液回收系统。截至2021年底，芳烃车间有职工90人，其中，工程师20

人；高级技师4人、技师12人；主任师1人，主管师4人。2021年，芳烃车间获公司级先进职工1人、优秀党务工作者1名、优秀党员1名、公司级责任员工3名，模范班组1个。同时，获评化工分部责任员工12名，车间获化工分部先进车间称号。

2021年，芳烃车间①参与化工2系列装置大修工作，除进行常规设备检查、维护与更新外，将芳烃抽提装置、2#加氢装置共计1800多个仪表点和联锁迁移至新中控。完成2#加氢装置“一取一”联锁隐患、高压串低压隐患整改和高负荷脱瓶颈改造，完成球罐区中压乙烯扩能改造、化工氢气提纯项目、低温腐蚀管线整改、新D火炬组装与投用。②开展攻坚创效工作，其中，公司首次采用液压剪方式冷拆除化工厂区高120米、重280吨旧D火炬，工期缩短近20天，节省费用约230万元；回炼高硅粗裂解汽油3.3万吨；在炼制航煤等过程中，多次应对加氢装置催化剂中毒事件，避免了裂解装置降低负荷。③推进隐患治理工作。整改A类隐患33项、B类隐患124项、C类隐患156项；提前做好各项泄漏应急措施，安全完成8#管廊90#—113#段抬管腐蚀检查工作

（张　阳）

40万吨/年粗裂解气制乙苯苯乙烯装置建设现场（柯裕清 摄）

mPAO装置全景图（柯裕清 摄）

【苯乙烯车间】 苯乙烯车间负责管辖苯乙烯装置、空压装置、mPAO装置、正在筹建的40万吨/年粗裂解气制乙苯/苯乙烯装置。①苯乙烯装置设计生产能力为10万吨/年，引进美国鲁姆斯专利技术，Lummuss/Unocal/Uop乙苯工艺、Lummuss/Monsanto/Uop苯乙烯工艺，主要产品为纯度≥99.8%（重量）的聚合级苯乙烯单体。②空压装置负责化工分部各装置仪表风、工业风、清焦风的供给，共有6台压缩机（组），其中，C103C、C105A/B为进口设备，C103A/B、C106为国产设备，压缩总量达72600米^3/时。截至2021年底，苯乙烯车间有正式职工144人，其中，有工程师20人、经济师1人，主任技师1人、主管技师2人、技师9人。2021年获得公司模范车间的称号，成为公司《“三标”工作指导手册》试点单位。

2021年，苯乙烯车间以“创建无异味装置，打造文化先进车间”为目标，从严管理抓好装置安全、生产优化、做大产品总量、推动指标提升和效益增长等工作，生产苯乙烯10.03万吨，增产乙苯130.46吨；乙烯单耗0.27吨/吨苯乙烯，苯单耗0.78吨/吨苯乙

烯；综合能耗为263.24千克标油/吨苯乙烯，装置综合能耗在集团公司同类装置竞赛中获“十九连冠”，实现装置安全环保无事件、非计划停工为零、指标先进的生产目标。截至2021年底，40万吨/年粗裂解气制乙苯/苯乙烯装置进入三查四定的关键阶段，mPAO装置投产。

（陈立新）

【乙二醇车间】 乙二醇车间负责管辖乙二醇装置、20万吨/年环氧乙烷装置和合成润滑油基础油LAO、PAO装置。①乙二醇装置采用英荷Shell公司专利技术，以乙烯和氧气为原料，生产高纯度环氧乙烷、纤维级乙二醇、二乙二醇和三乙二醇，1996年9月投产，原设计生产能力为EOE 8万吨/年，经过2005年、2008年两次扩能改造，生产能力提高到EOE 12万吨/年，2013年7月进行第三次改造后，单产环氧乙烷能力提高到11万吨/年。②20万吨/年环氧乙烷装置采用中国石化自有知识产品专利技术和工艺包，2017年8月投产，设计生产能力为EOE 20万吨/年。③合成润滑油基础油工业化装置包括5万吨/年LAO、1.2万吨/年PAO装置，采用中国石化自主知识产权技术，2020年9月25日开工建设，2021年6月28日建成中交，2021年8月17日投产，11月22日14种产品全部合格。截至2021年底，乙二醇车间在册职工179人，其中，高级工程师2人、工程师17人；高级技师6人、技师10人。

2021年，乙二醇车间在环氧乙烷装置首次停车检修、LAO和PAO装置投产、乙二醇装置催化剂使用末期高负荷生产的情况下，实现安全环保无事故，全年生产当量环氧乙烷29.74万吨，实现利润5369万元；乙二醇装置累计综合能耗202.21千克标油/吨当量EOE，在中国石化同类装置竞赛中连续第9年保持第一。

乙二醇车间党支部获茂名市“先进基层党组织”称号，乙二醇车间获茂名石化“HSE优胜车间”；杨江源获公司劳动模范称号；贝远文被评为茂名石化工匠；杨庚获公司先进职工称号，朱柏涛获公司HSE标兵称号；“20万吨/年精环氧乙烷成套技术开发及工业应用”项目获公司科技进步一等奖。

（萧明丽）

【储运车间】 储运车间负责管辖液体化工罐区、汽车装卸站、铁路液体装卸站及化工分部至炼油分部、液化气站厂外管廊，负责化工分部主要液体化工原料、产品进出厂及储存输送工作，总公称容积19.3万立方米，公路、铁路装卸能力分别为60万吨/年、15万吨/年。截至2021年底，有职工78人，其中，有高级工程师3人，工程师10人，技师5人。罐区三班获公司模范班组称号，梁少坚获公司模范班组长称号。

2021年，储运车间周转液体化工原料产品445万吨，其中，汽车装车出厂59.3万吨。①实施直链烃分储分裂、高硅碳五回炼、乙二醇罐V501B收储乙二醇水溶液、V1103A收储苯乙烯大修残液等10余项优化项目，创效超1000万元。②落实2#管带隐患治理，跨工业大道管线抬高项目全部完成，消除MTBE管线23个A级隐患，成立巡线班强化夜间巡检，经全面风险评估，2#管廊管线泄漏风险等级由重大风险降为较大风险。

（刘贤光）

【成品车间】 成品车间1997年1月成立，主要负责化工固体产品出入库及保管工作，有10个固体产品仓库。截至2021年底，有职工115名，其中，有高级职称的2人，中级职称的4人。

2021年，全年固体产品总入库量153.54万吨，总出库量153.96万吨，无车间级以上安全事故事件。持续抓好新冠疫情防控，①提货司机方面，在打单室设置检查点，每天安排专人专责，检查每名进厂提货司机的健康码、体温、行程、核酸检测结果、打疫苗情况，并记录在案，符合健康条件才安排打单提货。②与承包单位和厂周边居委、村委沟通对接，督促落实装卸民工防疫措施，确保外来人员防疫到位，实现“零感染”“零密接”。③实施2#聚丙烯仓库地坪铺设施工，将原1.3万平方米水泥硬底化改为环氧树脂自流地坪，完善了人车分流标识，提高了仓库地坪标准。

（梁正景）

【液化气车间】 液化气车间位于化工分部界区外西侧约3000米，负责管辖化工分部轻烃、丙烯、C_5、1-丁烯、液化气、混合C_4等液化烃的储存和装卸车作业。①分为生产区和生产辅助区。生产区包括储罐区、机泵间、轻烃压缩机房、2个装卸车台、消防水泵房和污水泵房，以及2台1000立方米球罐、12台100立方米卧罐，1台卧式50立方米残液罐，7台压缩机，24台机泵（其中，有物料泵17台、消防水泵3台、污水立泵2台、注水立泵2台），10台定量灌装汽车衡等配套的设施。辅助区设有变配电间、配件间、门岗等。②车间储存的轻烃原料主要由外地通过汽车罐车运输到液化气车间，通过压缩机加压卸到储罐储存，通过输送泵输送到储运车间或加氢罐区，卸车能力36万吨/年。化工产品主要由储运车间、加氢装置通过管道输送到液化气车间罐区储罐内储存，通过装汽车输送出厂，罐区储存轻烃、混合C_4、丙烯、1-丁烯等化工产品，装车能力约为5万吨/年。截至2021年底，有职工35人，其中，具有高级职称的1人、中级职称的5人、助理工程师1人，技师1人。

2021年，液化气车间共装液化气1.4万吨、裂解C_5 1138.06吨、1-丁烯49.6吨，卸轻烃4975.26吨、丙烯1.02万吨、1-丁烯1421.18吨、茂巴C_4 7269.28吨、抽余C_4 1.77万吨。物耗、能耗达到奋斗目标，卸车损耗累计0.005%，达到奋斗指标。车间连续第24年实现安全环保无事故、质量计量准确率100%，压力容器检验率达100%，客户“零投诉”。

（韦新成）

表1 化工分部2016—2021年主要化工产品产量一览表

单位：万吨

年份 / 产品名称	2021	2020	2019	2018	2017	2016
乙烯	104.84	118.39	118.20	119.05	117.59	113.03
丙烯	48.74	55.05	54.24	56.89	55.53	53.71
混合芳烃	41.51	46.20	41.44	45.08	43.23	40.09

续表

产品名称 \ 年份	2021	2020	2019	2018	2017	2016
三苯（化工）	36.31	39.61	35.47	37.25	35.91	33.13
高压聚乙烯	33.65	37.38	8.44	36.37	40.99	39.44
线性聚乙烯	11.30	11.34	27.15	14.75	19.72	19.83
高密度聚乙烯	27.95	35.95	37.37	36.86	34.99	36.03
聚丙烯	64.43	68.45	69.10	69.40	67.98	65.94
丁二烯	13.03	14.81	14.46	14.66	15.02	14.40
MTBE	16.67	17.57	17.43	17.10	15.67	13.98
丁烯 -1	1.43	1.26	1.62	1.51	1.72	1.65
橡胶	14.85	17.50	16.65	16.67	17.15	15.70
乙二醇	6.44	6.13	5.68	12.26	5.40	3.93
环氧乙烷	24.88	39.87	27.23	23.95	14.41	10.44
苯乙烯	10.03	12.13	12.78	11.10	13.11	11.37

备注：2016—2021 年橡胶产品包含 SBS 橡胶和顺丁橡胶

表 2　化工分部 2016—2021 年主要技术经济指标完成情况一览表

指标名称 \ 年份	2021	2020	2019	2018	2017	2016
乙烯收率 /%	32.67	32.92	33.51	32.51	33.03	33.00
双烯收率 /%	47.86	48.22	48.88	48.05	48.63	48.68
裂解损失率 /%	0.04	0.04	0.07	0.09	0.09	0.09
可比综合商品率 /%	86.91	86.56	87.00	85.5	85.00	85.01
综合商品量 / 万吨	366.89	393.22	388.49	388.57	367.57	340.94
单位产品综合能耗（千克标油 / 吨）	236.02	239.78	243.42	247.3	250.28	252.71
吨产品完全加工费 / 元	1358.6	1126.13	1169.19	1262.18	1210.46	1253.16

热电分部

【概况】 热电分部2014年10月29日组建成立，同年11月16日挂牌，下设4个管理室及4个车间。主要负责公司蒸汽锅炉、汽轮机及蒸汽系统、风氮系统、电力系统的运行、维护和检修等，为公司生产提供热能、电能及风氮气体。其中，炼油区域动力一车间有2台310吨/时CFB锅炉、1台410吨/时CFB锅炉，配套1组50兆瓦双抽凝汽式汽轮发电机组、1组40兆瓦抽背式汽轮发电机组、1组25兆瓦抽背式汽轮发电机组（由原50兆瓦抽凝汽轮机改造）而成，主要为炼油装置及合资空分装置提供热能和大部分电能；电气一车间主要负责炼油区域及铁运板块的生产转供用电及电气设备维护和试验等任务，管辖1个220千伏变电站、4个110千伏变电站、3个35千伏区域变电所（配电间）、2个10千伏变电所、59个6千伏变电所（配电间）、69个380伏变电所（配电间）。化工区域动力二车间有4台410吨/时CFB锅炉，3台220吨/时油气锅炉，1组40兆瓦双抽凝汽式汽轮发电机组、1组30兆瓦单抽汽背压发电机组、2组25兆瓦双抽凝汽式汽轮发电机组（包括2022年1月建成投用的化工热电技改项目中2台CFB锅炉、1组30兆瓦抽背式汽轮发电机），主要为公司乙烯装置生产提供热能和部分电能；电气二车间主要负责化工及港口区域生产转供用电及电气设备维护和试验等，管辖1个220千伏变电站、4个110千伏变电站、5个35千伏变电站、45个6千伏变电所、78个380伏及以下变电所和配电间。截至2021年底，热电分部有在岗职工643人，其中，有男职工550人、女职工93人；班子成员5人、公司专家2人、基层管理人员30人、专业技术人员82人(含原电调2人)、技能操作人员524人；具有正高级职称的2人，高级职称的30人，中级职称的80人；党支部8个、党员190人，党员人数占总人数的29.5%。

（张小慧　马爱稣）

【召开二届三次职代会暨二次三届工代会】 2月7日，热电分部召开二届三次职代会暨二届三次工代会，听取和审议分部工作报告,提出强管理促提升，聚合力抓落实，奋勇争先打造安全绿色智慧热电，并安排部署2021年重点工作：严防死守，筑牢安环工作防线；精益管理，提升生产运营能力；担当作为，加快推进项目建设；对标一流，全面推动改革创新；强根固魂，全面加强党的建设。会上，62名正式代表对《分部2020年福利费开支计划》《分部2021年绩效考核管理细则》《分部第二届职工代表大会第三次会议决议（草案）》和《分部工会第二届会员代表大会第三次会议决议（草案）》进行表决。会后，代表们向分部提出9项有建设性的安全生产提案。

（马爱稣　李笑然）

【CFB锅炉废气达标排放】 2021年，炼油、化工CFB锅炉脱硫脱硝设施投用率100%，二氧化硫、氮氧化物排放浓度、排放总量均100%达标。

（李晖晖）

【连续3年获“绿色装置”称号】 热电分部连续15年获“广东省环保诚信企业（绿牌）”称号，2021年炼油、化工CFB锅炉装置均通过绿色装置复核，连续3年获“绿色装置”

称号。

（李晖晖）

【热电生产经营】 2021年，热电分部在实现动力安全保供的基础上，精心抓好蒸汽系统优化平衡，及时调整汽轮机抽汽量和发电负荷，完成各项生产经营任务，实现利润1.49亿元（存续板块）。化工区生产超高压蒸汽666.66万吨，自发电5.62亿千瓦・时，生产压缩风2.25亿标立；炼油区生产高压蒸汽715.14万吨，自发电6.25亿千瓦・时，生产压缩风5.60亿标立。全年共消耗煤炭66.43万吨、石油焦63.86万吨、燃料油3.21万吨、油浆3.03万吨、干气4.21万吨、石灰石20.56万吨，其中，化工区消耗煤炭34.69万吨、石油焦24.76万吨、燃料油3.21万吨、干气4.21万吨、石灰石8.44万吨，炼油区消耗煤炭31.74万吨、石油焦39.10万吨、石灰石12.12万吨、油浆3.03万吨。

（王　佩）

【热电专业对标提升】 2021年，组织学习集团公司下发的热电业务运营分析材料，从主要指标完成情况、非计划停工管理、煤炭管理等三大方面与集团公司31家企业45座电站进行对标、找差距、定措施、抓落实。根据对标情况，按照“五个回归”溯源分析影响装置安全经济运行问题，制定和实施改进措施。通过对标追标，热电指标均有较大提升，炼油、化工供电标煤耗分别为280.45克/千瓦・时、296.98克/千瓦・时，同比分别降低13.88个、1.18个单位；分部装置自控率达到96%以上，同比提升6个百分点。

（王　佩）

【热电专业优化创效】 2021年，热电分部在系统优化、燃料优化、装置运行优化、技改投资优化、检维修优化等5个方面，实施优化项目158项，累计降本增效1.8亿元。

（吴晓兰）

【热电防非停攻关】 2021年，热电分部开展CFB锅炉长周期及电气可靠性攻关工作，杜绝了分部级以上非计划停工，CFB锅炉可用率93.12%，优于目标值0.12个百分点；化工2#CFB锅炉长周期运行达391天，刷新自身长周期运行纪录；电力电子设备故障率0.38%，远低于目标值（0.9%）。

（吴晓兰）

【化工热电技改项目2个关键系统投用】 2021年，热电分部领导干部带头扎根现场，每天召开协调会，严把施工质量关，推动化工热电技改工程项目建设，11月17日化工3#CFB锅炉投用，12月8日4#汽轮机发电机组并网发电。

（王　佩　马爱稣）

化工热电技改项目3号CFB锅炉一次成功点火（翁巧妹 摄）

化工CFB锅炉全景（翁巧妹　柯裕清 摄）

【炼油、化工厂区实现220千伏变电站供电】 3月，2座220千伏变电站之间的联络线投热备用，化工区、炼油区供电电源相互备用，电气主网结构得以完善。5月28日、12月11日，化工区、炼油区先后完成110千伏负荷转移工作，改由220千伏滨烯站、潘炼站供给用电，每年可降低用电成本约1.2亿元。

（王　佩　袁国雄　杜海芳）

【公司首套动力蒸汽匹配器投用】 7月18日，公司首套动力蒸汽匹配器在热电分部动力一车间3#汽轮机上配套投用，每小时可利用高压、低压蒸汽混合产生中压蒸汽约12吨，既能避免低压蒸汽过剩放空，又为平衡炼油厂区蒸汽供应提供保障。

（马爱稣　潘华禄）

【首次实现变压器在线带电安全加油】 公司以往变压器加油作业，需先停电再操作，但主变压器停电倒闸操作过程繁琐，耗时长，且系统单回路供电风险大。为解决这一难题，热电分部在研究制定详细施工方案、落实JSA分析风险防范措施的基础上，1月27日仅用2小时就安全平稳完成化工区北110千伏变电站2#主变压器（承担裂解、芳烃等车间关键装置和2台CFB锅炉的供电任务）在线带电加油作业，结束了变压器必须停电加油的历史。

（袁国雄　梁立明）

【热电专业工艺报警管理】 ①完善化工CFB锅炉装置40个参数、78个报警点，油炉10个参数、21个报警点的设置。②将电气专业GIS绝缘气体压力降低等重要信号由一般报警改为事故报警，将电气UPS电源综合故障报警引入DCS报警系统。③利用关键参数实时报警钉钉推送功能，实现第一时间远程掌握装置生产情况。

（王　佩）

【煤车防雨布自动化改造】 炼油、化工区CFB锅炉卸煤车司机，原每天要先爬上车顶人工掀盖防雨布，再进行卸煤作业，存在人员高处坠落风险，热电分部自主创新，8月底将全部煤车防雨布改造为机械式自动掀盖操作，消除了风险，提高了卸车效率。

（潘伟杰　马爱稣）

【扫码巡检】 热电分部针对传统巡检仪故障率高影响现场巡检效率等问题，多方协调推动使用防爆手机开展扫码巡检，9月初步完成各车间装置巡检扫码平台建设。同时，积极与生产管理部和信息中心沟通，开展巡检仪转固工作，并督促各车间做好交接，为采购防爆手机代替巡检仪落实必要资产编码。

（周健武）

【热电节能降碳】 2021年，推进节能项目建设和高耗能机电设备更新，完成炼油CFB循环水整体优化、环氧乙烷低温热回收、化工区2500米超高压蒸汽管线纳米气凝胶保温改造等项目，按计划更换34台高耗能变压器、749台高耗能电机。

（马爱稣）

【催化脱固油浆渣液掺烧】 炼油高端碳材料装置生产原料主要为脱固后催化油浆，但催化油浆脱固后剩余渣液无法处理，影响高端碳材料装置处理量提高。热电分部做好脱固油浆渣液到锅炉新增管线和相关掺烧准备工作，7月30日，催化脱固油浆渣液进入锅炉掺烧，CFB锅炉运行平稳。

（王　佩　秦小光）

【首次在新装置应用PMS设备点（巡）检系统】 9月，化工热电技改项目进入电机和主机试运阶段，热电分部提前在PMS设备点（巡）检管理系统建立该装置297个设备测点信息。试机过程中，可通过PMS点检仪采集振动数据至该系统，并在系统中生成动设备振动频谱数据，替代传统手填《单机试车记录》。设备人员可通过振动频谱数据，准确分析设备地脚松动、动不平衡、找正精度不够等问题，也为动设备后期运行维护提供原始振动频谱数据。

（梁　柱）

【首次掺烧神华中硫石炭煤】 针对2021年以来进口煤炭资源紧张的实际，公司首次采购神华中硫石炭煤，3月10日开始在化工CFB锅炉掺烧，5月20日在炼油CFB锅炉掺烧。期间CFB锅炉运行状况良好，各项环保排放指标均达标。与中国石化秦皇岛基地煤相比，相同热值条件下，该煤种价格低约100元/吨，燃料成本降低11%。

（王　佩　马爱稣　廖　钰）

【承包商积分考核】 9月下旬，热电分部在动力一车间推行承包商施工现场作业积分考核管理机制，由车间根据施工单位施工质量、文明施工程度、环境卫生和作业机具摆放情况等进行加扣分，同时，施工单位可主动提报自查自改加分项，车间审核后汇总为每日通报。实施后，施工现场作业“低老坏”问题数量大幅下降，促进了“工完料净场地清”习惯的养成。

（黄大鸿）

【电气专业KPI指标管理】 2021年，①利用装置大修等机会对重要电机及配出系统进行检查维修，对关键电力电子设备（含UPS、变频器）进行周期性检查维保。②优化资源重点实施UPS、高压变频器、A/B类电动机维护工作，开展直流屏电池充放电检测和EPS定期切换测试，百台电机故障检查次数、电力电子设备故障率、高压一次设备故障率等3项主要指标分别下降62%、61%、75%。

（黄敦烈）

【首次应用CFB锅炉高效环保清渣设备】 4—5月，在化工1#、2#CFB锅炉检修时，首次引进车载式移动气引物流设备，对炉膛底渣进行清理。该设备2月份国内首次研发生产，采用类似吸尘器原理，具有管线长、移动方便、多点同时作业等特点，可将底渣直接输送至渣库。与以往人工清渣相比，作业人员减少60%，作业时间缩短91.7%，现场作业环境进一步改善。

（黎卫忠　马爱稣）

【分部级重大风险降值】 ①由分部领导带头承包分部级重大安全风险，督办推动风险消减。②实施化工3#发电机火山岩浇筑母线改造等73项措施，分部9项较大安全风险总值由213下降至160，风险值下降24.9%。

（陈　序）

【新增一个“茂名市劳模和工匠人才创新工作室”】 4月，“郑珊廷劳模工匠创新工作室”被茂名市总工会授予“茂名市劳模和工匠人才创新工作室”称号。该工作室2018年创建以来，开展优化攻坚、人才培养、五小攻关、团队建设等工作，共取得41项创新成果。

（陈湛辉）

【动力一车间】 动力一车间为炼油生产提供蒸汽、压缩风、氮气等动力产品，负责动力管网维护及CFB锅炉煤炭储输工作。2021年，动力一车间锅炉连续第4年实现无非计划停工；车间平均供电标煤耗280.45克/千瓦·时，同比降低13.88个单位；连续第8年被评为“公司模范车间”，车间党支部获“2021年度茂名市先进基层党组织”称号。截至2021年底，有职工147人，其中，具有高级职称的9人（含高级技师8人）、中级职称的13人（含技师6人）。

（黄郑贤）

【电气一车间】 电气一车间主要负责炼油区域及铁运板块的生产转供用电及电气设备维护和试验等任务。2021年，建成投用高端碳材料、重芳烃轻质化等2套装置配套5个变电所（配电间），完成13套装置电气检修及17个变电所“三定”工作。2021年，开展“红旗站、先锋所”建设，抓好设备完整性管理和“三基”工作，车间设备管理7项KPI均完成分部指标。西站区域班被评为公司模范班组，第三党小组获“公司优秀党小组”称号，郑珊廷被聘任为集团公司电工技能大师，梁志明获公司“石化工匠”称号，凌华同获公司“模范班长”称号。截至2021年底，车间共有职工155人，其中，具有高级职称的4人、中级职称的13人、初级职称的17人、高级技师20人、技师37人。

（林群生）

【动力二车间】 动力二车间主要为100万吨/年乙烯装置生产提供热能和部分电能。2021年，推动化工热电技改项目建设，安全完成CFB锅炉检修、化工2系列大修管网检修、超高压蒸汽管线增加甩头阀等重点难点工作；车间累计供电标煤耗296.98克/千瓦·时，同比降低1.05克/千瓦·时。何璐获公司“先进职工”称号，邹斌斌获公司“优秀共产党员”称号。截至2021年底，共有职工148人，其中，具有高级职称的4人、中级职称的10人、主任技师1人、高级技师8人、技师16人。

（黎卫忠）

【电气二车间】 电气二车间主要负责化工及港口区域生产转供用电及电气设备维护、试验等任务。2021年，建成投用合成润滑油、“两炉一机”等7套新装置配套11个变电所（配电间），完成13套装置电气检修及21个变电所“定期检修、定期试验、定期清扫”任务；开展“三查四定助力新装置建设”、2系列大修HSE督察、质量督察、工作票制度、“手指口述”劳动竞赛和五小攻关，抓好HSE体系运行和“三基”工作，7项设备管理KPI指标均达分部指标。邹华楚被评为“中国石化技术能手”，文志维获公司“劳动模范”称号。截至2021年底，有在册职工144人，其中，有高级职称的4人、中级职称的16人；共有党支部1个、党员32人，党员占比为22.2%。

（文志维）

热电分部 2016—2021 年主要产品产量、技术经济指标及利润指标完成情况一览表

年份 / 项目	2021		2020		2019		2018		2017		2016	
	炼油区	化工区	炼油区	化工区	炼油区	化工区	炼油区	化工区	炼油区	化工区	炼油区	化工区
自发电 /（亿千瓦・时）	6.25	5.62	7.61	6.15	9.74	5.43	9.17	5.59	9.67	6.77	9.33	6.23
锅炉效率 /%	91.59	91.51	91.49	91.47	92.14	91.46	92.8	91.47	92.33	91.47	92.44	91.47
减温减压器通过量 / 万吨	32.56	44.08	42.08	46.26	32.03	88.74	26.14	116.42	13.99	50.99	9.88	61.02
锅炉给水 / 万吨	697.11	1168.31	756.88	1270.51	849.59	1319.75	800.9	1333.32	760.11	1326.31	674.2	1226.56
脱盐水 / 万吨	482.66	918.33	485.58	999.35	489.36	1057.43	459.46	1076.44	430.81	1038.97	336.56	940.06
超高压蒸汽 / 万吨	–	666.66	–	749.63	–	801.62	–	811.51	–	814.65	–	742.92
高压蒸汽 / 万吨	715.14	197.28	746.85	267.45	831.91	283.87	779.41	316.75	741.3	270.47	658.73	238.96
中压蒸汽 / 万吨	363.57	134.77	352.94	231.49	361.48	188.73	322.99	137.72	249.82	219.45	203.18	174.98
低压蒸汽 / 万吨	181.68	49.61	196.87	56.14	222.35	61	233.33	64.81	228.32	61.67	201.09	54.87
仪表风 / 亿（标准）立方米	1.43	1.43	1.57	1.5	1.77	1.37	1.61	1.14	1.45	1.15	1.41	1.12
工业风 / 亿（标准）立方米	4.17	0.81	3.31	0.89	3.68	1.35	3.23	1.07	3.44	1.15	3.26	0.96
清焦风 / 亿（标准）立方米	–	–	–	–	–	–	–	–	–	–	–	–
供热标煤耗（千克 / 吉焦）	37.43	37.33	37.45	37.35	37.47	37.35	37.48	37.35	37.5	37.35	37.55	37.35
供电标煤耗 [克 /（千瓦・时）]	280.45	296.98	294.33	298.15	301.4	298.29	306.79	300.76	311.44	302.19	321.44	307.58
利润 / 亿元	1.49	4.13	3.62	4.24	3.35	2.34	–	–	–	–	–	–

港口分部

【概况】 茂名石化港口分部前身茂名石化水东港口公司成立于1991年3月15日，1995年11月与茂名石化公司管道处合并，1999年1月1日更名为茂名石化港口公司，2007年10月26日又更名为茂名石化港口分部（简称港口分部）。主要从事原油、汽油、煤油、柴油、石脑油、液化气、液体化工产品及杂货的装卸、储输、中转等生产任务。作业网点分布在湛江市所辖廉江市、遂溪县和茂名市所辖茂南区、化州市、电白区等区域，占地面积172万平方米，是公司炼油化工产品出厂的重要通道。

港口分部拥有中国大陆第一套海上原油单浮接卸系统（简称单点），位于电白区莲头岭距岸约15千米的海域，1993年5月动工建设，1994年9月建成并通过国家验收。拥有湛茂线和北茂线2条原油长输管线、1条单点到北山岭油库海底原油管线、茂水线4条长输管线、乙水线5条长输管线。2条原油长输管线设计中转能力均为1000万吨/年。拥有电白区北山岭第三作业区432.5万立方米原油库（其中国家商业原油储备库一期187.5万立方米、二期160万立方米）、湛茂输油站26万立方米原油库和水东港区30万立方米成品油库、2.7万立方米液体化工品库、20万立方米化工轻油库，代管茂名高新实华化工公司总罐容0.8万立方米的丙烯球罐及配套的装卸设施。拥有4艘负责单点原油接卸和水东港区紧急救援的拖船及5个码头泊位（分别是水东港码头3000吨、1万吨、3万吨成品油和3000吨化工品码头、2万吨级杂货码头泊位）。港口货物吞吐能力约为2000万吨/年。

水东港毗邻香港、澳门，背靠大西南、面向东南亚。距广州水路246海里，陆路421千米，距香港水路178海里，距湛江水路68海里。陆路与广湛高速公路、325国道、高（州）水（东）一级公路相连，地理环境优越，是中国大陆沿海距世界主要产油区中东最近的石油化工综合港口，自然条件得天独厚，为国家一类口岸。截至2021年底，港口分部拥有固定资产原值20.6亿元，净值4.73亿元；有职工345人，其中，具有高级职称的15人，中级职称的58人，主任技师1人，技师7人。

（杨天文）

出海归来的海上作业队员工

【政府部门调研督导】 ①9月18日，湛江海关关长郭辉一行8人到港口分部第三作业区原油保税仓开展工作调研。②9月27日，广东省交通运输厅第十督导组到港口分部开展节前安全生产及疫情防控检查督导。③12月4日，广东省商务厅厅长张劲松到港口分部第三作业区现场调研保税仓情况。

（吴晓斌　周晓峰　陈经伦）

【公司宣贯安全生产“第1号”工作令】 3月21日，公司执行董事、分公司代表、党委书记尹兆林到港口分部职工之家宣贯公司安全生产“第1号”工作令，详细解析“3·15”事故的经过和主要原因，阐释了工作令的背景、意义，强调“让茂名石化更好、让全体员工更幸福”的基石在于让全体员工获得平安和健康，必须坚持安全工作先于一切、高于一切、重于一切，牢固树立“一个理念”，执行“两个制度”，落实“三项措施”，从严从快从细从实，贯彻落实安全生产“第1号”工作令。港口分部100多名干部员工参加培训。

(李　劲　杨天文)

【召开专题民主生活会】 1月15日上午，港口分部召开专题民主生活会，反思吸取港口分部“1·7”汽油泄漏事故教训。港口分部领导班子严格按照程序进行专题学习、征求意见和谈心谈话，班子成员认真剖析撰写检查材料，深入查摆责任心、安全意识、安全能力上的问题。分部领导班子成员结合对问题的认识、对自我的剖析、对措施的思考依次作答。

(杨天文　陈经伦)

【港口生产经营】 2021年，港口分部组织做好疫情防控和持续攻坚创效工作，共接卸原油1834.17万吨，原油管输1923.04万吨，成品油管输183.24万吨，化工品管输32.15万吨；成品油装船180.24万吨，其中，航煤装船量同比减少15.77万吨，柴油装船量同比增加23.13万吨；化工品装船53.21万吨，同比增加8.27万吨，其中二甲苯装船量同比增加9.42万吨，创历史新高；杂货装卸2.343万吨；社会油品中转118.19万吨，同比减少3.99万吨；石脑油卸船100.45吨，同比减少10.22万吨；石脑油管输化工厂区108.66万吨，同比减少0.41万吨；华南销售分公司汽油卸船1.36万吨；港口吞吐量达到1623.52万吨，同比减少108.38万吨。完成内部利润1.36亿元。

（黄小青）

【领导班子调整】 12月16日，公司和公司党委决定章皓任港口分部党委书记、纪委书记，为港口分部工会主席人选，免去罗耀安港口分部党委副书记、纪委书记、工会主席职务，另有任用。

（陈经伦）

【夯实环保管理基础】 2021年，港口分部①补强全员环保意识。组织环保专业夜校12场，培训300多人次，分3批安排31名管理人员到水务运行部学习。②补齐专业管理不足。严格按照法律法规要求，完善环保基础资料，做好危险废物分类储存和标识工作，梳理出55个环境风险源，完善三大罐区环境应急预案。③补全风险防治缺项。实现废水100%达标排放，通过湛茂输油站环评，处置转移危废1020吨，查消55个异味源点，做到合法合规。④开展新一轮环境风险评估。根据《企业突发环境事件风险分级方法》修订环境风险评估表，评估出55个环境风险源，其中，二级环境风险17个，三级环境风险38个。

（吴晓斌　陈经伦　熊才华）

【安全管理】 2021年，港口分部①践行有感领导要求，分部领导班子成员上台讲授安全制度课100多场次，开展HSE观察60余项，明确"一把手""三个三"要求，落实186项分部级措施。②开展每天半小时"低老坏"整治行动，整治现场问题496项，曝光管理问题194项，评选治理之星104人。③抓好施工作业标准化管控，杜绝不到现场签票、监护不到位、JSA措施不落实问题，做到不安全不施工。④突出甲方强势管理，查处各类违章违纪行为1677项，曝光251起典型问题，扣罚23.49万元，考核承包商214分。

（熊才华）

【推广"手指口述"（唱票）操作法】 2021年，港口分部将131项操作细分为A、B、C级，制定日常操作清单，每周检查考核，每日通报正反案例，进行"五个回归"溯源分析，共查处问题106项，考核4.27万元。

（李丰鹏　陈经伦）

【隐患排查治理及风险降值】 ①2021年，港口分部开展"五查五严"专项行动，抓好防泄漏、"四有四必"和日常隐患排查，查出问题1405项，整改1218项，未整改项已落实防范措施，奖励有功之臣105人、9万元。②发动全体干部员工开展HSE观察2462人次，发现问题2307项，其中，较大以上问题41项，评选出HSE观察之星135人。③全年重大级、较大级风险总值分别由43、404降至32、360，完成降低10%的年度目标。④完成4台长输管线切断阀的远程调试、33处腐蚀严重点治理，实现安全风险降值；完成9条长输管线通球检测，获取基础数据。⑤3月18日，北茂线防水击泄压系统投用，降低了输油过程中超压带来的泄漏风险。

（熊才华　周晓峰）

【开展联合反恐演练】 6月28日，港口分部、行政事务中心联合茂名市边检、海关、赤坎头派出所和命运共同体企业在港口一区杂货码头，举行茂名出入境边防检查站口岸突发事件联合应急处置演练。

（杨天文）

【港口疫情防控】 2021年，港口分部坚持防疫不松懈，防控不松劲，实现疫情防控"零感染"。①强化码头、单点接卸外轮作业区域的隔断消杀等工作，登轮作业人员回港后自觉定点隔离14天，隔绝可能的传染路径。②配备执法记录仪全程拍摄每次作业，防疫专班研判，及时纠错纠偏，不断加强员工防护"肌肉记忆"。③累计312人完成加强针疫苗接种，对进港人员实施扫码大数据监测，在港人员每7天进行一次核酸检测。

（熊才华　陈经伦）

海上铁军白甲出征，做好海上防疫卸油（张国伟 摄）

【储罐密封性提升】 湛茂输油站利用7#、8#、9#储罐大修机会，在单盘安装一、二次密封，新增抑爆膜，提升储罐密封性能，减少油气挥发。

（陈　锋）

【首次储输美国大山原油】 12月27日，公司首次储输美国大山原油，该原油密度为868.5千克/米^3，API为31，含硫为1.46%，酸值为0.13毫克氧化钾/克，属中质含硫低酸原油。

（郑文利）

【单点接卸原油1126万吨】 2021年，单点累计靠泊油轮73艘，接卸原油1126万吨、新油种2个（阿联酋富查伊拉原油、美国马尔斯原油），自单点投产以来，累计接卸原油油种达100种。

（吴昱声）

【单点大修】 5月24日，阿塔兰特（MARANATA LANTA）轮卸油后实行驱水作业，开始单点大修至6月4日，大修内容包括更换1#、2#水下软管及内侧漂浮软管快速切断阀，调整水下锚链。

（吴昱声）

【系泊缆国产化】 10月25日，海上单点系泊缆更换作业完成，将原来进口系泊缆（绿缆）用国产系泊缆（红缆）替代。12月21日，系泊缆磨损断股且国产系泊缆（红缆）与进口系泊缆（绿缆）出现长度不一致现象，而后拆下分析。

（吴昱声）

【单点系泊作业国家标准发布】 10月11日，由港口分部主编的《油轮单点系泊作业安全要求》作为单点系泊国家标准，被国家市场监督管理总局和国家标准化管理委员会联合正式发布。

（吴昱声）

【茂乙水线小管径管线首次通球】 10月30日—12月24日，采用荷兰INTERO公司超声内检测技术，对茂乙水线1#重整料线、苯乙烯线、乙二醇线等3条DN100以下小管径管线实施投用以来首次通球检测。这3条管线因原来国内暂无小管径管线通球检测技术，在投用以来从未实施通球内检测。本次检测积累了腐蚀数据，为开展相关维修、科学分析腐蚀机理、实施预防策略提供了支撑，对后续管道检测技术选用具有参考意义。

（杨天文）

【茂乙水航煤线通球】 2014年以来，茂乙水航煤线通球过程中先后发出的11个泡沫球全部破损，因管道内部情况未知，无法进行下一步通球操作。9月6日，带追踪定位的皮碗清管球在那花N45管架弯头处发生卡阻，现场采用带压封堵割管方法进行处理，打通后续航煤线通球通道，完成航煤线通球。

（杨天文）

【长输管线“三桩一牌”完善】 2021年，管线作业队针对4路长输管线重点地段和人口密集区段进行“三桩一牌”规范化整改，共安装边界桩256条、中心桩319条、警示牌118块，对管线复杂地段喷涂、安装地标263块，对破损、模糊警示标识进行更换。

（黄亚稳　张　力）

【长输管线安全管理】 2021年，港口分部①加大管线清障，铲除杂草6.17万平方米、人工砍伐杂木和生竹共1.38万株。②完成3条长输管线56处腐蚀点补板和2291处管托的预防性处理、苯乙烯线歌美海东阀门更换，湛茂线鉴江河悬空段抛石及深坑回填17085立方，实现茂乙水6条管线投用27年来首次通球检测，完成2次摸管及杂散电流检测等隐患治理工作，降低了长输管线隐患风险。③加强长输管线巡护力度，在4条长输管线增设13个巡护驻点。④首次采用固定翼无人机对长输管线进行巡检，通过无人机高空视频监控，可有效发现长输管线占压、第三方施工等问题，及时采取防范措施，确保长输管线“零打孔、零占压、零伤害、零事故”运行。

（黄亚稳　谭洪健）

【湛茂输油站原油接卸】 2021年，湛茂输油站接卸船数为58条，卸油量为707万吨，输油量总量为771万吨，同比增输2.3%。3月6日，湛茂输油站首次接卸徐闻原油111车、2325.32吨。

（郑文利）

【101#、102#转油线局部迁改】 5月28日，湛茂输油站根据湛江市政府部门要求，完成101#、102#转油线4#桩处的局部迁改作业。

（郑文利）

【湛茂首站首次使用电液阀门】 2021年，港口分部在“原油储罐无软连接隐患治理”项目中首次在9#罐安装使用电液阀门，这种故障安全型阀门的使用，提高了罐区安全运行可靠性。

（陈　锋）

【湛茂站首站主输泵房管线首次开挖验证】 2021年，在站内高风险点排查整治中，对主输泵房埋地管线进行开挖检测验证，发现5#泵入口管线腐蚀、1#泵入口管段腐蚀等腐蚀隐患部位。

（陈　锋）

【湛茂线湛江大道段改线】 6月20日，湛茂线与湛江大道交汇处管段改线施工完成，全线停输64小时后恢复输油。因湛江市规划湛江大道公路建设，其路与湛茂线部分重合，为保障管线安全运行，特在公路底部增设涵洞，新预制约450米管线穿过涵洞，旧管线割除。

（杨天文）

【航道安全宣传】 3月25日，港口分部联合茂名海事局水东海事处、南海和高地等街道办联合开展“保护航道安全，共建平安港口”宣传活动，走进澳内海附近渔村和勤海渔港进行普法和安全生产宣传。水东港航道内渔船捞捕作业较多，严重影响油轮进出港安全，经常导致航道封禁，对公司码头生产造成较大影响。港口分部与政府部门沟通，借助执法船及时出动驱赶渔船和取证，尽快恢复通航；走进渔村渔港加强宣传，广泛告知在航道内布网、捕捞、锚泊的违法性质及其危险性，提高渔民风险意识。

（李　劲　杨天文）

【召开党委扩大会、职代会暨工代会】 2月4日，港口分部召开党委扩大会、职代会暨工代会，提出超常苦干实干，保安全环保稳定，朝着推进绿色美丽的智慧港口目标迈步前行；突出多快好省，提升储输中转效能；突出两化融合，提升信息智能水平；突出管理优化，提升体系管理质效；实施五项工程，营造良好管理新生态。

（杨天文）

【获国家海上搜救奖励】 8月17日，公司收到交通运输部中国海上搜救中心颁发的“2020年度国家海上搜救奖励”奖牌和相应奖金。

（陈经伦）

【吴华南获“中国石化技术能手”称号】 第一作业区运行一班吴华南，获“2021年中国石化技术能手”称号，实现分部在该类评比中零的突破。

（李 良）

【第一作业区】 第一作业区（简称一区）始建于1991年，1993年3月15日正式成立。2015年9月份原港口分部第一作业区与第二作业区合并为第一作业区。一区主要从事汽油、柴油、航空煤油、石脑油、液体化工产品、液化气和集装箱、重件杂货等的装卸、仓储、中转等业务。目前拥有3000吨级、1万吨级、3万吨级成品油码头，3000吨级液体化工码头、2万吨杂货重件码头各1座。油品码头海岸全线长度437米，其中，3万吨级成品油码头设计能力280万吨/年，1万吨级成品油码头设计能力180万吨/年，3000吨级成品油码头设计能力50万吨/年，3000吨级液体化工码头设计能力50万吨/年，成品油管输能力820万吨/年、液体化工品管输能力84万吨/年。拥有总罐容33万立方米成品油罐22座，总罐容2.7万立方米化工品罐14座，总罐容20万立方米化工轻油库储罐4座。负责管理茂名高新实华化工公司的丙烯球罐4座，总罐容0.8万立方米及配套的装卸设施。2万吨级杂货码头海岸全线长度233米，设计能力57万吨/年，有40吨和16吨门座式起重机各1台、45吨集装箱正面吊1台及配套的8640平方米仓库、4.05万平方米露天堆场等。

2021年，成品油化工品码头安全装卸1240船次，吞吐量达到536.5万吨；杂货码头安全装卸7.07万吨。截至2021年底，第一作业区有职工116人，其中，具有高级职称的1人，中级职称的4人，技师3人，茂名石化工匠1人。

（李 良）

【第三作业区】 第三作业区（简称三区），车间办公地点设在电白区爵山镇北山岭，紧靠滨海新区，主要负责港口分部北茂线的原油储输及原油调合等工作。三区1994年建成投产，原设计输油量为1350万吨/年。2011年4月，商储库15座12.5万立方米外浮顶油罐投用；2021年7月18日，16座10万立方米原油储罐投用。

车间下辖生产运行4个班组，主要负责原油收、输及商储库管理、原油调合等工作。三区旧区在用的5万立方米外浮顶油罐12座，12.5万立方米外浮顶油罐2座；商储库12.5万立方米外浮顶油罐15座，10万立方米外浮顶油罐16座，总罐容347.5万立方米。现有设备主输泵4台、喂给泵1台、给油泵3台、调合油泵2台、倒罐油泵2台、20吨/时锅炉1台，配有完善的供水、供电和消防系统。截至2021年底，车间有员工50人，其中，具有高级职称的6人，初级职称的3人，技师2人。

（梁 民）

【湛茂输油站】 湛茂输油站（简称湛茂站），车间办公地点设在湛江市霞山区三岭山上，紧靠湛江市森林公园，主要负责港口分部湛茂线的原油储输工作。湛茂站是由原湛江输油站与原茂名输油站重组合并而成，原湛江输油站是湛茂输油管道的首站，于1975年筹建，1980年10月投产，原设计输油量为1000万吨/年。原茂名输油站建于1990年12月，由茂名末站（1976年建制）和化州维修队（1976年建制）合并构成。2013年，港口分部率先在公司启动用工改革，将茂名末站划归炼油分部负责，化州泵站和湛江首站重新合并，2014年3月，正式成立湛茂输油站。

车间主要管理湛茂原油管道上的湛江首站和化州泵站2个场站。湛江首站在用的8座2万立方米外浮顶油罐，2座5万立方米外浮顶油罐，总罐容26万立方米，另有4台主输泵、1台10吨/时燃油锅炉、1台租赁的15吨/时燃油锅炉；化州泵站有2000立方米和1800立方米缓冲油罐各1座、接力泵4台；湛江和化州2处场站均配有完善的供水、供电和消防系统。

（陈　锋）

【海上作业队】 海上作业队（简称海队），成立于2013年3月，由原单点作业队、船舶管理队合并而成，是公司唯一海上作业车间。主要生产任务是负责超级油轮在单点系泊系统（以下简称单点）的系泊、接卸，原油接卸量占公司进口原油总量的70%，同时也负责单点海域的消防、海域环保和协助茂名港港池及其附近的船舶拖带、消防、交通、搜救、海域环保等工作。海队负责管理使用船舶4艘,其中拖轮分别为“茂石化三号”“茂石化七号”“茂石化八号”“茂石化九号”，功率分别为2500千瓦、2646千瓦、2942千瓦、2942千瓦，还负责管理趸船1艘、单点浮筒2个（在用SBM17160#浮筒，备用IM0DOC1560#浮筒），正在运行海底管线1条（ϕ1219毫米×15.45千米）。

截至2021年底，海队共有4个班组，在册职工人数76人（含10名劳务工，1名外借人员），其中，有高级工程师3名、工程师3名、助理工程师2名、主任技师1名、技师4名。

（吴昱声）

【管线作业队】 管线作业队（简称管线队），车间办公地点设在公司水东港区内，主要负责港口分部厂外长输管线的维护、工农关系管理。管线队前身是由原茂名石化水东港口公司汽车队与原茂名石化管道处汽车队合并而成。原茂名石化水东港口公司汽车队在1994年前是经理办属下的一个班组，1994年后划出经理办成为一个正科级车间。1995年，原茂名石化水东港口公司汽车队与原茂名石化管道处汽车队合并，车间名称为茂名石化水东港口公司汽车队，属正科级车间。2003年，车间名称变更为综合服务部。2008年，因茂名石化公司和港口公司名称变更，车间名称变更为车辆管线队。2012年，因车辆业务划到公司小车队集中管理，车间名称变更为管线作业队。车间现管辖有湛江—茂名原油线、北山岭—茂名原油线、茂名—水东成品油线、乙烯—水东液体化工线等4路11条单线长度235千米，复线全长445千米的长输管道，地跨湛江、茂名两个地市9个县区27个乡镇，承担公司所有进厂和绝大部分出厂油品的输送任务。

第一路是湛茂原油管道，单线长度为

110.3千米（还有5.2千米转油复线），管径为ϕ529×（7—8）毫米，管道材质为16Mn螺旋焊接钢管。管道于1975年动工建设，1978年5月基本建成并通球进行热水试运，1980年10月1日正式投产，输油设计压力为5兆帕，最大设计输油能力为1000万吨，历史上的最大输送量为780万吨。

第二路是北茂原油管道，长度为63.87千米，没有中间站，管径为ϕ529×8毫米，管道材质为16Mn和X52，是冷油管道。管道于1993年动工建设，1994年建成，设计输油压力为5兆帕，最大设计输油能力为1000万吨，历史上最大的输油量为1100万吨。

第三路是茂水成品油管道，有4条管线，管道材质20#钢直焊缝钢管，管道单线长度为37.8千米。管道最早于1990年动工建设，1991年建成投产，这路管道分别是ϕ159×6毫米（原白油线，后改为航煤线，2018年改为二甲苯线）、ϕ219×8毫米（原航空煤油线，现柴油线）、旧ϕ325×8毫米（原柴油线，1995年始建，1996年投产，现航煤线）、新ϕ325×8毫米（汽油线，2004年3月始建，2004年11月投产）。设计输油压力5兆帕。

第四路是乙水液体化工产品管道，有5条管线，除乙二醇管道是不锈钢管道外，其他管道的材质均为20#钢无缝钢管，管道单线长度为22.8千米。管道于1995年动工建设，1996年建成投产，分别是ϕ114×7毫米（原丁二烯线，后改为氮气线，2018年改为甲苯线）、ϕ114×6毫米（乙二醇线）、ϕ108×6毫米（苯乙烯）、ϕ159×7毫米（原氮气线，现异壬醇线）、ϕ219×7毫米（石脑油线）。设计输送压力为5兆帕。

（黄亚稳）

铁运分部

【概况】 中国石化集团茂名石油化工有限公司铁运分部（以下简称“铁运分部”）位于茂名市油城二路，创建于1958年10月10日，初称运输处，继称运销处，再称储运部。1981年11月，“储运部”合并回“运销处”。1991年1月1日，对原运销处的部分业务进行分拆，重组后成立“中国石化集团茂名石油化工公司铁路运输公司”。2004年4月1日起，公司将金塘供气站和社区供气总站重组划归铁路运输公司管理。2007年8月7日，因体制转换更名为“中国石化集团资产经营管理有限公司茂名石化分公司铁运分部”。2018年1月1日起更名为“中国石化集团茂名石油化工有限公司铁运分部”。2012年7月起，承接公司煤制氢装置原煤卸储转业务。2015年10月31日，全面退出社区液化瓶装气业务。2018年末，储运车间成建制划转炼油分部。2021年5月25日，公司将炼油分部的装油车间整体和联合三车间硫黄包装、联合七车间球罐区、润滑油一车间基础油罐区和石蜡包装等业务整合到装油车间，成编制划转铁运分部管理。

铁运分部主要负责公司产品的出厂及部分原材料、基建设备、煤炭等物资进厂铁路运输任务，兼顾为地方企业提供货物装卸中转业务，同时负责公司轻油产品的加剂、调和、交库、储存、管输和装车出厂，液化气、轻烃、丙烯、精丙烯、丙烷、碳四组分、醚后碳四、基础润滑油等物料的收储转输，工业硫黄、食品添加剂硫黄的成型和石蜡包装生产以及产品装车外运，石油液化气储存、槽车充装、管道输送等业务。铁运分部有工业站、袂花站和金塘站3个铁路站，铁路线总长77千米，有道岔164组；有30股道，其中，工业站场有19股道、金塘站有5股道、袂花站有6股道；有道口69个，其中，厂内道口28个、厂外道口41个；有铁路桥梁15座，其中，大桥2座、中桥8座、小桥5座；有铁路涵洞103个；各铁路专用线共有装卸（洗）车位624个。有过轨自备铁路罐车140辆、化工自备铁路罐车190辆、铁路敞车20辆，内燃机车9台，32吨位和16吨位铁路轨道吊车各1台；有石油液化气槽车装车位6个，液化气球罐11座（2000立方米球罐2座、1000立方米球罐6座、100立方米卧罐1座、30立方米残液罐2座）；装油车间东罐区、西罐区有轻油贮罐57座，北山罐区有球罐27座、卧罐11座、基础润滑油罐19座，硫黄石蜡包装片区有2套硫黄成型装置和2套石蜡包装装置。截至2021年底，固定资产原值13.879亿元，净额3.356亿元。

铁运分部下设工业站、检修车间、供气站、装油车间4个车间，机关设综合管理室（党群工作室）、安全环保室、生产管理室、机动工程室4个管理室。截至2021年12月底，铁运分部有职工447人，其中，具有高级职称的18人，中级职称的49人，助理级职称的29人，技师32人。

（朱旺佳）

【领导班子调整】 12月16日，公司宣布解聘冯家盛铁运分部副经理职务，免去冯家盛同志的中共茂名石化铁运分部委员会委员职务，调离铁运分部。同时，聘任朱建华为公司铁路运输专家。

（黎良策）

【接管原炼油分部部分储运业务】 5月25日，公司召开铁运分部接管部分炼油业务交接会，宣布将原属炼油分部的装油车间整体、联合三车间硫黄包装、联合七车间球罐区、润滑油一车间基础油罐区和石蜡包装等业务划归至铁运分部管理，按“人随业务走”原则同步划转在岗职工和劳务工。至此，铁运分部有铁路运输、洗罐作业、液化气收储转供、炼油产品装油、北山罐区、硫黄包装、石蜡包装、润滑油基础油罐区等业务。

（黎良策）

【铁运安全环保管理】 2021年，铁运分部①重点提升领导引领力，两级领导严格执行HSE行动计划，每天到现场了解掌握安全生产情况，周末紧盯重点部位和关键环节，落实“四特一态”带班137人次、开展HSE观察208次；严格执行“一把手”责任制，抓实安环生产“三个三”工作，分部领导承包8个较大安全风险和10个重大危险源，落实降级降值措施，分部风险总值由182降至154，风险隐患全面受控。②严抓隐患排查整治，发现整改各类隐患967项，其中，完成长输管线220处导波检测、38处管托部位抬高防腐，新增13套摄像头和26个防撞墩，对静电接地全面治理；65项涉及工农关系的铁路隐患问题得到地方支持，正加快整治；排查整治设备腐蚀减薄及泄漏点问题57项、装油车间各片区设备缺陷问题45项、“四有四必”问题110项。③严控生产运行过程，两级值班每日抽查、督察组全覆盖检查施工作业现场，专业管理每周检查各车间“手指口述”（唱票）操作执行情况、每月对班组进行全覆盖检查，确保生产操作和施工作业行为全面受控；装油车间按东罐区、西罐区、北山罐区、硫黄成型片区建立工艺报警专人负责、专人跟踪、定期排查的管理机制，对158项引入广东省厅、中国石化危化品系统的报警，实行内、外操每两小时参数比对一次，减少干扰、无效、“僵尸”报警；从严直接作业环节安全监督，发布督察通报337期，通报问题932项，考核95项、扣罚12万元、扣承包商31分。④提升应急处置能力，把学习专班开在现场、开在具体工作项目中，车间每月一次、班组每周一次组织岗位职工反复学、反复练“135”综合应急预案，让应急操作成为肌肉记忆，巩固提升基层岗位员工应急处置操作能力水平。

（黎良策）

【铁运生产经营】 2021年，铁运分部①完成铁路运输总量647.73万吨，同比增加146.44万吨、增幅29.21%，其中，铁路出厂量322.11万吨、进厂量325.62万吨；②完成铁路罐车清洗7822辆，其中普洗1745辆、特洗6077辆；③完成供气站液化气收气量31.82万吨、供气量31.79万吨，同比分别增加6.91万吨、6.88万吨，创近10年新高；④新接管炼油储输业务完成油品转输1300万吨。

（黎良策）

【铁运攻坚创效】 2021年，铁运分部克服疫情影响，开展攻坚创效项目71项，完成70项，实现降本增效783.3万元。①完成运输综合能耗0.22吨标煤/万吨·公里，液化气损耗率0.075%，铁路车辆停时9.93小时/（车·次）。②通过优化铁路运输增加油品出厂运输量66.31万吨，增效790.85万元；液化气出厂转供量同比增加6.88万吨，增效344万元。③做大地方专线运输业务，完成茂名市热电厂、天源石化等企业铁路运量231.17万吨，同比增加收入650.35万元。④严格管控检维修工程，节约成本42.6万元。⑤盘活闲置资产，出租储运旧办公楼、西货场，租赁收入18.19万元；拍卖处理38辆报废罐车，增加收入55.82万元。

（黎良策）

【铁运召开三届职代会三次会议暨工会二届四次会议】 2月3日，铁运分部召开第三届职工代表大会第三次会议暨分部工会第二届代表大会第四次会议，分部各单位职工代表、工会会员66人参加会议。会议听取和审议分部经理张兴永代表分部作的题为《深化改革增实力 强化管理提质效 为实现“十四五”良好开局而努力奋斗》的工作报告。会议强调，要围绕安全环保无事故、管理水平大提升、生产经营优运行、技经指标争第一、业务整合大发展、队伍建设有突破、党建工作更过硬等目标任务，着力做好九方面工作。①压实安环责任，提升本质安环水平；②加强生产管控，提升生产运行效能；③加强设备专业管理，提升设备可靠度；④抓好规划落地，推动分部“十四五”高质量发展；⑤推动业务整合，激发队伍活力；⑥夯实管理基础，提升管理质效；⑦加强队伍建设，建设高素质管理和专业团队；⑧加强党建工作，引领分部改革发展；⑨坚持以人为本，构建和谐幸福企业。

（黎良策）

【铁路调车机车信号与监控系统项目投用】 3月，公司铁路调车机车信号与监控系统项目投用。该项目是集团公司级安全隐患治理项目，总投资850万元。该项目的投用，实现了地面指挥信号在机车操控室实时显示，实时跟踪信号联锁线路上车辆、尽头线、土挡位置，调车作业异常情况语音提示报警，出现行车冒进信号时紧急制动，进一步提高调车作业信息化、自动化、智能化水平，使铁路行车安全更有保障。

（黎良策）

【机务局控道岔纳入工业站信号联锁系统集中控制】 5月12日，铁运分部将机务局控3组道岔纳入工业站信号联锁系统集中控制。该项目总投资50万元，主要是将原机务班控制的3组道岔、5架信号机、5个轨道电路等信号设备通过信号电缆、信号联锁设备及联锁软件，实现由工业站信号楼集中控制，提高机车出入库作业信息化、自动化、智能化水平，减少机务调度工作量，提高机车出车行车效率。

（黎良策）

【工业站站场消防水系统隐患治理（一期）项目建成投用】 7月，工业站站场消防水系统隐患治理（一期）项目投入运行。该项目投资320万元，修建4000多米的DN200管线和相应的消防栓、阀门等设备设施，将工业站站场消防水供给由原铁运消防泵房改为由炼油厂区消防水系统，解决了原站场消防水系统因管线老化腐蚀泄漏导致水压过低、供水达不到规范标准要求的问题。

（黎良策）

【铁运袂花站所属铁路线信号和道口监护实现集中控制】 8月18日，铁运分部袂花站乙烯铁路干线、厂内线路信号和道口监护系统升级改造完成，并将袂花站控制室和工业站原信号楼一楼道口远程控制室迁移至四楼控制室，实现集中控制，减少岗位定员8人。

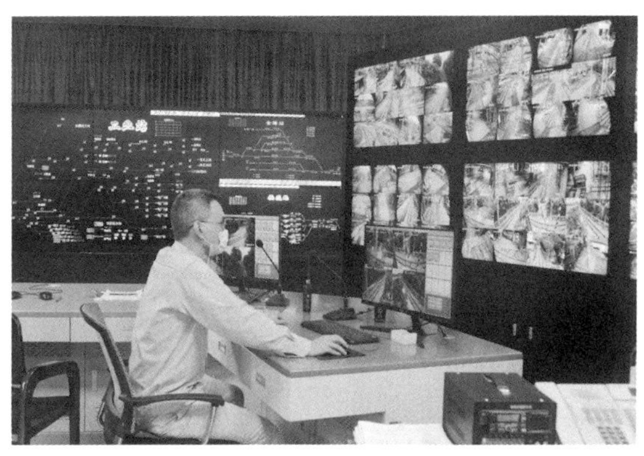

袂花站信号局控和化工厂区道口远程集控系统撤并到工业站信号楼（李冠玉 摄）

（黎良策）

【化工热电技改铁路线路改造工程投用】 9月24日，化工热电技改铁路线路改造工程建成投用，新建卸煤重车线、空车线500米、道岔3组，并配套相关信号联锁设备设施。该项目是化工热电“两炉一机”技改项目的重要环节。

（黎良策　廖德贵）

【铁路罐车首次实现机械化洗罐作业】 12月，铁运分部罐车清洗职业卫生隐患治理项目投用，通过在洗罐站一、二线增加20套机械化洗罐设备及相关机泵、管线等，实现铁路罐车洗罐机械化，大幅减少洗罐人员进罐作业时间，降低安全风险，提高洗罐效率及人身安全保障系数。

（黎良策）

【乙烯厂西门铁路道口实现远程集中控制】 4月1日，乙烯厂西门铁路道口看守实现远程集中控制，现场看守人员撤离，至此公司共有

19个厂区内外的铁路道口实现远程集中控制。

（黎良策）

【首次实施铁路机车整体送外大修】 11月，铁运分部整体送广铁集团龙川机务段大修的279#机车通过验收试运。这是分部首次将整台铁路机车送外大修，与原有内部大修机车相比，缩短了检修时间，提升了检修质量，解决了维修配件供货不足等问题，管理工作效率更高。

（黎良策）

【铁运分部供气站首次实施网上预约装车】 1月5日，液化气槽车网上预约装车系统正式投用，液化气槽车进站装车由原现场排队升级为网上预约排队。客户每天在营销中心取得液化气提货计划后，先在“茂名石化营销系统”上进行网上预约装车，供气站根据当天气情况，按客户网上排队顺序，分批次短信通知客户来站装车。该项目彻底解决了槽车在供气站长时间扎堆等装现象，提高了装车效率和服务质量，有利于车间安全管理和疫情防控。

（梁　毅）

【金塘液化石油气站无人机主动防御系统投用】 5月25日，铁运分部供气站无人机诱骗式防御系统投用，该系统可对供气站500～1000米范围内无人机飞行物进行防范、干扰，实现全天候24小时无人值守防御。5月31日，公司炼油厂区、化工厂区、金塘液化石油气站、港口分部第一作业区、港口分部第三作业区安装的无人机主动防御系统通过茂名市反恐办检查核对，达到《石油石化系统治安反恐防范要求》相关项目行业标准，完成了反恐重点目标防范达标工作。

（黎良策）

【实现新接管炼油储输业务平稳过渡】 5月25日接管炼油划转业务后，铁运分部领导带头，带领各专业管理室加强对新业务的学习掌握和现场检查指导，优化安排13名职工充实到装油车间。分部从规范交接班管理开始，在装油车间班组实行站位立正、挺胸抬头“面对面”交接班，提高交接班仪式感，强化交接班规范性、严肃性；推行看流程图交接班，即班长一边说一边用镭射激光笔照射罐区流程图，相当于带着员工走一遍流程，使交接班内容一目了然、直观深刻，交得清楚，听得明白，大大提高交接班质量。同时，开展生产现场环境整治，分部为装油车间班组更换了办公台用具，为硫黄发运班整治办公环境，组织实施罐区地坪除草整治、铺设石碴，完成罐区内270多口污水井脱水井加高封盖改造，按照“四有四必”要求落实围栏、梯子、盖板整治等等，大大降低现场“低老坏”问题，使装油车间生产现场面貌显著改观，车间班组管理更规范有效，保持安全生产平稳运行，职工队伍稳定。

（黎良策）

【石蜡成型包装投用手提缝包机结束人工缝包历史】 8月，铁运分部在装油车间石蜡包装作业现场投用2台手提防爆缝包机，结束了石蜡成型包装人工缝包的历史，减轻了岗位员工劳动强度，提高了劳动生产率和安全保障系数。

（黎良策）

【茂名天源石化丙烯管输进北山球罐项目建成投用】 该项目11月建成投用，主要是通过铺设800米长的管线，将天源石化公司丙烯物料输送至铁运分部北山球罐区，再利用北山球罐区储罐和相关管道资源把物料转输至化工生产区，比原来用汽车运输天源石化丙烯进化工的方式，每年可节省成本费用160万元。

（黎良策）

【党史学习教育】 2021年，铁运分部贯彻落实党中央、集团公司党组和公司党委的部署要求，制定实施“一提两促三保”的党史学习教育安排，提高干部员工政治思想素质和业务技能水平，促进持续创效和改革发展，确保政治安全、生产安全、稳定和谐，共召开学习研讨会310多场次、上专题党课78场次。铁运分部党史学习教育结合实际，开展了“四对照、三查找、五提升”“查治思想问题，促进安全管理”“查治安全生产领域‘三个主义’”等活动，从查摆思想做起，剖析纪律作风、业务能力方面的问题与不足，共查摆70多项问题，制定落实300多项整改措施；抓实“我为群众办实事”实践活动，通过做好解决员工小诉求、改善基层环境、提升员工健康管理等工作，推动43件实事落实落地。

（李冠玉）

【召开铁运分部第三届党代会】 11月11日，铁运分部党委召开第三次党员代表大会，61名党员代表参加会议。大会回顾了铁运分部第二届党委五年来的工作，总结了党建工作的经验体会，提出今后五年的党建重要工作，审议通过上一届的“两委”工作报告，选举了铁运分部第三届党委会和纪律检查委员会。

（李冠玉）

【党建工作与生产经营深度融合】 2021年，铁运分部党委聚焦安环生产、攻坚创效、改革发展等工作，持续开展“党建+”工作，发挥了党组织和党员“三个作用”。①深入开展“党建+安环”工作，通过“零差错”“本身无违章、身边无事故”等竞赛活动，推动“1+1=0”理念在班组岗位落实，提升了责任心和安全技能，2021年，党员发现处理存在问题和隐患270多项。②开展“服务+观察”工作，机关各管理室负责人每周到成品油罐区、球罐区等关键岗位进行“管理服务”“HSE观察”，指出“低老坏”问题，提出整改建议，促进了管理提升，确保安全生产。③深化“党建+创效”工作，党员带动员工围绕生产重点难点开拓思路，创新管理，开展“党员包机争创‘红旗机车’”竞赛，提高了设备的自主维护自觉性，机车交运台数提高到7.71台/天，同比增长了1台/天。

（李冠玉）

【铁运分部团支部获得集团公司“五四红旗团支部”称号】 2021年，铁运分部有团员12人，35岁以下青年30人，铁运分部团支部在围绕企业中心工作，落实好公司团委工作要求的同时，以喜闻乐见的形式开展了各项具有青年特点的工作。①做好思想政治引领工作，以大讲堂、座谈会以及读后感征文等多种形式深入贯彻学习习近平新时代中国特色社会主义思想和党的十九大精神，引导团员青年听党话跟党走；②发挥青年生力军的作用，围绕服务生产和服务社会，在铁路和液化气管道沿线排查隐患的同时向周边村民宣传企业安全环保理念和法律法规，并利用节假日组织团员青工慰问困难学生；③做好服务青年的工作，把青年呼声作为第一信号，把青年需求用心向党组织汇报，尽力解决青年的实际问题，特别是疫情期间，团支部主动承担起了5名被隔离青工生活物资的输送工作，与被隔离人员定期联系谈心，以实际行动解决落实关心服务团员青年，铁运分部团支部获得2020年度集团公司“五四红旗团支部”称号。

（吴明霞）

【供气站党支部获得2021年度“茂名市先进基层党组织”称号】 2021年，铁运分部供气站党支部有党员24人。供气站党支部深入开展党史学习教育活动，组织党员带头执行工作票制度和“手指口述”（唱票）操作法，扎实开展“防泄漏”“防极端天气”“四有四必”等隐患排查和“低老坏”整治，积极开展“爱管护线”志愿服务、党员先锋机、党员突击队等活动，组织休班党团员130多人次参与球罐大修施工监护，发挥党员“传帮带”作用，完成党员“师带徒”9对，职工全流程操作率达60%，1名党员被评为“茂名石化工匠”，2名职工被评为茂名石化“责任之星”。供气站党支部获得2021年度“茂名市先进基层党组织”称号。

（梁　毅）

【检修车间党支部获得2021年度公司先进党支部称号】 2021年，铁运分部检修车间有党员30人。检修车间党支部紧紧围绕“党建工作过硬年”“人才培育提质年”等工作主题，践行“1+1=0”理念，落实“抓班子、带队伍、强三基、保稳定、促发展”职责，一手抓疫情防控，一手抓安稳生产，为车间实现安全环保、指标先进、攻坚创效、队伍稳定等目标提供坚强保证。检修车间党支部获得2021年度公司先进党支部称号。

（谭毅敏）

【供气站获得2021年度公司模范车间称号】 铁运分部供气站严格落实集团公司总经理“2号令”和HSE管理体系，抓实工作票制度和“手指口述”（唱票）操作法，实现操作“零差错”；压实隐患排查网格化责任，深入开展HSE观察，强化厂际管线日巡和夜巡，查治隐患560项，获得公司级隐患排查奖励5人次、分部级隐患排查奖励12人次。落实公司增产增销液化气部署，实施网上预约装车、优化检车装车流程等38项优化措施，利用微信组织308名槽车司机及押运员安全学考，确保液化气出厂安全高效；克服储罐检修困难，持续盘活人力、优化罐容、做大总量，转供液化气比年计划增加13.6万吨。抓实车间学习专班和班组“每天学习1小时”培训，完成“师带徒”9对，2名青工通过公司“三大员”考试，6名职工取得特种作业证和计量员证，全流程操作率达到60%；常态化加强安全技能培训和应急预案演练，4名职工参加公司“11·9”应急消防竞赛均获得奖励，应急救援中心抽查车间应急演练给予高度评价。供气站获得2021年度公司模范车间称号。

（朱旺佳）

【工业站】 工业站创建于1958年8月，1959年10月25日正式开站，拥有工业站场、袂花站、金塘站三大站场。2014年7月23日，将原洗罐站业务和人员整合到工业站，组建成新的工业站。工业站是铁运分部专用铁路线衔接全国铁路网的交接站。西接茂名西站，经河茂线通向西南，经三茂线通向华东，北联金塘站直入茂南石化工业园，东至炼油厂区，南经袂花站延伸到乙烯厂区。按运输性质属于辅助编组站，技术等级为二等站；按业务性质属于货运站，运输能力960万吨/年。

工业站主要负责公司炼油产品、化工产品、设备、基建物资、煤炭等运输工作，兼营茂名市区十几家企业铁路专用线的运输业务。同时，负责公司产品外运铁路罐车的洗刷及质量检查、洗罐污水的预处理及封闭式输送炼油厂区，负责铁运分部、物资供应中心仓储配送车间的消防水输送。有内燃机车9台、微机48台、对讲机181台及配套的运输管理系统与信号操纵系统和完备的铁路罐车清洗设备、工艺和质量保证体系。工业站运输生产管理实行调度作业网络化、调车作业通信无线化、票据传递电脑化。截至2021年底，固定资产原值9029.7万元，净额3738.97万元。工业站下设办公室，管理人员13人，作业人员99人，其中，具有高级技术职称的2人、中级技术职称的7人、助理级技术职称的7人、技师11人。

2021年，工业站完成铁路运输总量647.73万吨（出厂量322.11万吨、进厂量325.62万吨）。完成洗罐量7822辆（特洗6077辆、普洗1745辆），洗检车合格率100%。完成运输综合能耗0.22吨标煤/（万吨·千米）、机车用油单耗0.074千克标煤/吨、洗罐单耗76.3千克标煤/辆、特洗新鲜水单耗1.6吨/辆、洗罐电单耗103.77千瓦·时/辆、特洗蒸汽单耗0.78吨/辆，其中特洗蒸汽单耗达到考核指标的奋斗台阶。铁路车辆平均停时为9.93小时/车·次，其中铁路轻油罐车停时为12.95小时/车·次，杂牌车辆停时为7.04小时/车·次，车辆平均停时达到考核指标的奋斗台阶，创铁路车辆年度平均停时历史新低。

（潘志群）

【检修车间】 检修车间成立于2014年7月23日，由原机车车辆检修厂、工务车间、电务车间整合而成，涵盖机车、车辆、铁路线路、铁路信号、道口等专业，主要职责是保障铁路行车安全、机车、厂内自备车辆正常运用。主要设备有铁路信号设备系统2套，道口信号设备23套，信号专用电源设备5套，无线调车机车信号和监控系统设备（STP）3套，铁路77.413千米、道岔164组，铁路桥大桥2座、中桥8座、小桥5座，铁路涵洞103座、明洞1座，铁路道口69个。业务范围主要是负责铁运分部9台内燃机车临故修、轮修、架修，20辆厂内运用高边车、5辆平板车检修，铁路信号检修和管理、铁路线路和道岔的维修、巡检和检修质量监督，以及道口看守与管理等工作。并负责监管辖区内地方企业的铁路线路设备设施。截至2021年12月，固定资产原值3.92亿元，净值0.94亿元；车间下设办公室、5个班组、23个岗位，有职工65人，其中具有中级技术职称的7人、助理级职称的2人、技师7人。

2021年，检修车间完成机车大修1台、机车轮修24台次；完成线路综合维修3.036万米、道岔综合维修117组、转辙机检修1896台次、信号机检修1188架次。完成机务局控并入工业站信号计算机系统改造；完成袂花站道口远程控制系统迁移至工业站信号楼统一操控改造；完成袂花站、成品区域、洗罐站信号电缆大修；洗罐站C5#道岔后50米线路、焦化南线100米线路、焦化北线110米线路、机车整备一、二线100米线路、油三道口至140#岔线路50米线路等线路大修；完成西罐区干线24#岔前小半径曲线大修改造150米。完成乙烯卸煤线热电“两炉一机”铁路配套部分工程，新铺15#、16#道岔，第三曲线

（12#岔后至N6道口曲线）小半径曲线改造、12#道岔木枕改为水泥枕道岔，以及配套铁路信号设备和联锁软件升级等工作。完成硫黄线道口、洗罐站C5#道岔后的道口大修等工作。3月初到9月中旬，完成东道口公路铺面大修。首次在N6道口采用嵌入式整体道口板，并在油城二路道口、机干道口应用。

（柯亚飞）

【供气站】 供气站位于茂名市郊金塘镇，前身由炼油厂1969年4月组建的石油液化气生产试验小组发展而来，成立于1977年。先后隶属茂名石化公司福利处、生活服务公司、华达公司、实华公司管理。1992年8月8日供气站搬至金塘镇木梗水，2001年7月1日被茂化实华股份公司租赁，2004年4月1日，由原实华供气有限责任公司租赁经营的金塘供气站及原华达公司社区供气总站重组成立“茂名石油化工公司供气站”，划归铁运管理，2007年10月31日因体制转换而更名为“铁运分部供气站”，2015年10月31日全面退出社区液化瓶装气业务。截至2021年底，供气站下设办公室和4个班组，有职工44人，其中：管理人员10人、退出现职3人、外借1人、作业人员30人；具有高级职称的2人、中级职称的4人、助理级职称的3人。

供气站主要负责公司石油液化气储存、槽车充装、管道输送工作，1997年、2003年和2008年扩建后，储存转运能力由12万吨/年提高到60万吨/年，2019年装置功能提升，增加石油液化气返输炼油罐区或化工罐区能力。现有液化气槽车装车位6个、消防泵5台、稳压泵2台、高压注水泵2台、液化气压缩机2台、液化气泵4台、返输泵3台，各类压力容器17台，其中2000立方米液化气球罐2台、1000立方米液化气球罐6台、100立方米卧罐1台、30立方米残液罐2台。固定资产原值1.33亿元，净值3043万元。供气用户遍及广东、广西等省区，是华南地区大型液化石油气站之一。

2021年，供气站认真贯彻落实集团公司总经理“2号令”，扎实推进HSE管理体系，严格落实工作票制度和“手指口述”（唱票）操作法，压实隐患排查网格化责任，深入开展HSE观察和“低老坏”整治，查治隐患560项，获得公司级隐患排查奖励5人次。实施网上预约装车、优化检车装车流程等38项优化措施，克服储罐大修困难，持续盘活人力、优化罐容、做大总量，全年完成液化气收气量31.82万吨、供气量31.78万吨，同比分别增长27.8%、27.6%，均创近十年新高，液化气损耗率完成0.075%，优于公司考核指标的奋斗台阶，实现安全、环保、职业卫生、质量零事故的目标。

（梁　毅）

【装油车间】 5月25日，因公司改革发展需要，原炼油分部装油车间正式划转铁运分部，同时原炼油分部球罐区、润滑油罐区、硫黄和石蜡包装等业务整合到装油车间。装油车间现管辖东罐区、西罐区、球罐区和硫黄石蜡包装四大生产区域。东罐区、西罐区主要负责轻油产品的加剂、调和、交库、储存、管输和装车出厂，现有轻油贮罐57座，总容量50.12万立方米，油品装车线6条，120个标准自动化装车鹤位，东罐区配套加剂装置、油气处理装置，西罐区配套回收装置。东罐区位于炼油厂区东南面，主要储输煤油、柴油、石脑油和白油，西罐区位于厂区西北面，主要储输汽油。与西罐区毗邻的顺和罐区，是公司2016年3月开始租用众和股份公司的罐区，共有3座油罐，总容积3.9万立方米，可一次储存汽油2.8万吨。

球罐区位于炼油分部厂区北面，于1982年建成并投用，原为丙烷球罐区，1988年又增加了烷基化球罐区，至1991年相继增加丙烯球、卧罐，现在罐区有球罐27座、卧罐11座、基础润滑油罐19座，总罐容5.61万立方米，主要负责液化气、轻烃、丙烯、精丙烯、丙烷、碳四组分、醚后碳四、基础润滑油等物料的收储转输工作。

硫黄和石蜡包装片区现有2套硫黄成型装置（2#硫黄成型包装、3#硫黄成型包装）和2套石蜡包装，原1#硫黄成型包装装置已于2020年5月拆除。2#硫黄成型包装装置于2009年10月建成投产，设计生产能力为22万吨/年。3#硫黄成型包装装置于2020年9月建成投产，设计生产能力为36.6万吨/年。包装片区主要负责工业硫黄、食品添加剂硫黄的成型和石蜡包装生产以及产品装车外运工作。

车间下设21个生产班组（东、西罐区各4个；北山罐区4个；硫黄石蜡包装9个），现有职工175人，众和劳务工50人，其中具有高级职称的1人、中级职称的14人，助理级职称的7人，技师9人。

2021年，车间认真贯彻落实集团公司2号令，严格执行工作票制度和手指口述（唱票）操作法，践行“1+1=0”的理念，以HSE管理体系思维抓好安环生产工作，实现全年安环生产无事故，产品质量100%合格出厂，全年累计输送油品出厂1323.65万吨。①实现改革平稳过渡。装油车间划转铁运分部后，分部各级领导干部深入岗位，及时掌握职工思想动态，努力为职工办实事好事，全年共为员工解决改善工作环境、增加操作平台、增加液下采样器等小诉求20多件，让员工真切感受到领导的关心和关爱，全身心投入到工作中，实现职工思想稳定、队伍稳定、生产稳定。②环境面貌焕然一新。在公司大力支持、帮助和服务指导下，分部通过重拳整治“低老坏”，效果显著，现场环境焕然一新，员工的工作环境和办公环境大为改善。目前，在装油车间四大片区主干道、消防路两边、管廊底下等地方已铺设石仔2000多平方米，完善工艺标识900多处，新挂盲板牌1000多块、制作50多张标准操作卡放置现场，为员工实现操作零差错提供了保障。③经济技术指标保持中石化先进水平。实行液下密闭和自动化批控装车以来，装车效率大幅提升,槽车装载率提升至94.89%，比公司的奋斗目标提升0.04%，相当于多装800多吨成油品出厂，节省16节铁路罐车运输费，实现了降本增效。④荣获公司级劳模荣誉2项，实现零的突破。2021年，装油车间干部职工齐心协力，团结拼搏，实现了安环生产无事故和产品出厂合格率100%的目标，工艺员黄宝炎荣获2021年度公司劳动模范称号，西三班荣获公司模范班组，这是装油车间历史上首次获得公司级劳模称号，实现零的突破。

（李亦松）

水务运行部

【概况】 2012年7月25日，水务运行部挂牌成立，由原炼油分部净化水车间、供水车间、质检室（水务运行监测组），化工分部净化水车间、机动处水质监测组（水务运行监测组），原动力厂供水车间，以及热电一车间、热电三车间化学水装置整合而成。水务运行部下设生产管理室、机动工程室、安全环保室、综合管理室（党群工作室）4个专业管理室，以及垂直管理的炼油、化工两个作业区，主要负责公司炼油、化工、热电等生产单位所需循环水、化学水、新鲜水的产供，以及厂区污水处理和生活水、消防水生产运行管理。主要装置有：①新鲜水处理装置2套，合计设计生产能力1.99万吨/时（炼油区1.44万吨/时、化工区0.55万吨/时）。有2处取水源，其中，炼油板块由南盛拦河坝、工业引水渠、制水场、双孔暗渠、新鲜水泵房和新鲜水管网组成，1960年建成（苏联援建项目），新鲜水最大供水能力1.44万吨/时；化工板块由龙湾泵站、炼油供水作业区泵站、原水管网、净水场和工业水管网组成，1995年建成，最大供水能力0.55万吨/时。②循环水处理装置15套，炼油和化工板块合计处理能力37.87万吨/时。③化学水生产装置5套，炼油和化工板块合计设计生产能力3250吨/时。④污水处理系统21套。其中，炼油板块有100吨/时和180吨/时高氨氮污水处理系统、200吨/时高浓度含盐污水处理系统、1200吨/时低浓度含油污水处理系统、1200吨/时污水回用系统、1000吨/时清净废水处理系统、1吨/时碱渣湿式氧化处理装置、1.75吨/时碱水预处理装置、500吨/时达标污水处理装置、300吨/时除盐装置、2套3000米^3（标准）/时恶臭气体催化燃烧处理，以及17000米^3（标准）/时、25000米^3（标准）/时、16000米^3（标准）/时生物除臭等14套装置；化工板块有1500吨/时工业污水处理、15吨/时废碱水处理装置、1000吨/时污水回用装置、600吨/时高浓度废水达标装置、400吨/时除盐装置、52吨/时污泥处理装置、20000米^3（标准）/时臭气处理装置等7套装置。⑤消防水系统有消防泵站4个，其中，炼油板块有南消防泵站和西消防泵站，化工板块有一循消防泵站和三循消防泵站。现有消防泵站经过2001年和2002年稳高压系统改造后，均实现稳压（0.7兆帕）自控，且各装置及罐区消防水管线均呈环状。截至2021年底，水务运行部有职工320人，其中，具有高级职称的12人，中级职称的44人。

（邓　志　宾志坚　陈　东　柯思远）

【水务运行部调整为中层正职单位】 6月16日，公司下发《关于调整水务运行部管理设置的通知》（茂名石化〔2021〕25号），将水务运行部调整为中层正职单位，下设生产管理室、机动工程室、安全环保室、综合管理室（党群工作室）4个管理室和炼油作业区、化工作业区两个作业区。

（陈惠霞）

【领导班子调整】 7月5日，公司和公司党委对水务运行部领导班子进行调整，聘任黄戟任水务运行部经理、党委委员，杨健和王良芳任水务运行部副经理、党委委员；聘任林奕端任水务运行部党委书记、纪委书记，水务运行部工会主席人选。

（陈惠霞）

【获2020年度水效“领跑者”标杆企业（乙烯）称号】 10月，中国石油和化学工业联合会在北京发布2020年度石油和化工行业水效“领跑者”标杆企业名单，公司获2020年度水效“领跑者”标杆企业（乙烯）称号，公司乙烯水效4.06米^3/吨，位列乙烯专业第一名。

（宾志坚）

【开展循环水场节能优化】 7月，炼油CFB循环水场合同能源管理整体优化改造项目投用，节电效果达22%以上，公司成为中国石化首家采用永磁耦合调速器技术的企业。12月，炼油南循环水场合同能源管理整体优化改造项目投用，节电效果达25%以上，公司成为中国石化首家采用节电保护器技术企业。

（宾志坚）

【新建成5座标准化样板水场】 2021年，水务运行部炼油作业区西循、CFB循和化工作业区七循、八循、3#化学水5套装置建成标准化样板水场。截至2021年底，公司共有10套装置完成标准化样板水场的建设，此前，公司已有5套装置建成标准化样板水场。

（宾志坚）

【污水回用创历史最好水平】 2021年，公司开拓回用水源，发挥茂名热电厂和高新区企业邻壁优势，上下游和企地联动，污水回用水量1362吨/时，同比增加回用水量232吨/时，污水回用率达53.35%，比历史最好水平高5.35个百分点。

（宾志坚）

【查漏工作引入新技术】 2021年，公司推广“循环水系统泄漏物料在线检测与识别系统”科研成果的工业化应用，建立55种代表性工艺介质物料库，循环水系统查漏时间从24小时以上缩短到3小时，提效87.5%。

（宾志坚）

【首次应用新型智能节电系统】 1月，炼油作业区净化水回用水泵机组首次试用新型智能节电系统，节电效果达25%以上。

（宾志坚）

【首次应用ABR技术处理高浓度污水】 9月，化工作业区高浓度废水达标处理项目投用，公司双膜高盐污水首次采用ABR技术处理高浓度污水。

（宾志坚）

【首次编制给排水专业设计审查标准】 11月，结合国家规范、中国石化技术标准、样板水场标准，首次编写公司给排水专业工艺、设备设施、仪表及自控等5个专业34项给排水专业设计审查导则，在新装置设计起步阶段建立高标准。

（宾志坚）

【首次编制标准化岗位操作标准】 2021年，水务运行部制定实施《“手指口述”（唱票）操作实施细则》，按生产操作风险将操作行为分为A、B、C级三级管控，编制标准操作卡107张，操作风险得到有效管控。

（宾志坚）

【落实工作票制度】 2021年，为贯彻落实集团公司总经理“2号令”，严格管控生产过程和施工现场的各类行为，水务运行部根据公司管理要求，对水务运行部生产操作票、施工作业票范畴进行明确，将《工作票清单》梳理印制成册，下发职工学习。专业人员每周对工作票制度落实情况进行检查，使工作票制度在水务运行部落地生根。

（梁　幸）

【水务HSE培训工作】 2021年，水务运行部①根据集团公司“2号令”和公司“1号令”要求，制定培训计划，邀请公司HSE总监、安全环保部专家到运行部指导、授课，运行部领导带头宣贯培训，HSE专业人员轮流上讲台，组织培训38场次。②编写《茂名石化施工作业安全管理程序》及其附件的练习题共15套、300多题。③利用问卷星扫描答题、钉钉云课堂推送、线下试卷抽考等多种方式对运行部职工、承包商人员答题练习和抽考，共线上答题练习11230人次。

（梁　幸）

【参加公司HSE竞赛】 2021年，在公司应急能力竞赛中，水务运行部化工作业区参赛小组获得总分第九名；在消防技能竞赛中，水务运行部获得团体第三名,炼油作业区柯粤强在佩戴空气呼吸器60米折返跑比赛中获得第二名，炼油作业区赖海峰、赵文川在双人盘消防水带连接比赛中获得第四名，化工作业区刘展宏在小型灭火器灭火比赛中获得第一名。

（梁　幸）

【危废综合利用】 2021年，水务运行部对污水处理后的油泥浮渣实施综合利用，共实施装运炼油净化水脱水油泥至炼油煤制氢装置综合利用，管输炼油净化水油泥浮渣至炼油煤制氢、焦化装置综合利用，装运化工高密脱水污泥、脱水活性污泥至CFB锅炉掺烧，装运化工净化水脱水油泥至炼油煤制氢装置综合利用等四大综合利用措施，全年综合利用油泥、浮渣、活性污泥18352.22吨，实现零外委处理，节省了三泥处理外委费用。

（李东涛）

【服务地方企业创效】 2021年，水务运行部履行社会责任，通过提标改造、业务整合、优化操作等措施，严格管控污水处理，在满足公司装置生产污水处理的基础上，与67家地方企业签订污水处理合同，共处理各类污水24.97万吨，合计创效918.43元。

（李东涛）

【水务装置大修】 3—4月，根据公司关于化工2#系列装置大修安排，水务运行部化工作业区涉及停工大修的循环水场有四循（A、B系统）、五循、七循，其中，四循A系统4月2日停工检修、4月28日开工，四循B系统4月3日停工检修、4月19日开工，五循3月30日停工检修、4月11日开工，七循3月28日停工检修、4月24日开工。各循环水场均按统筹节点和要求完成本次化工2#系列装置大修工作，解决了凉水塔填料结垢、喷头受损更换、循环泵出入口阀关不严泵无法交出检修以及凉水塔体渗水、四循A系统填料老化温度不能满足主体装置提产要求等问题。

（徐　红　刘远波　柯思远）

【改造炼油净化水送油泵房】 水务运行部炼油作业区净化水装置外送油泵房原脏乱差，墙壁渗水、脱落，机泵粘满油污、电机粘满灰尘、阀门泄漏，地面到处是油污、油泥等，2021年经改造后，整体美观整洁，可减少清理次数72次/年，按照清理费300元/次计算，节约费用21600元；按照清理工作时间240分钟/次计算，节省清扫工作时间17280分钟/年。

（陈水生　杨永辉）

【炼油两套循环水装置完成优化改造】 ①7月30日，炼油CFB循整体优化改造完成，年可节电290万千瓦·时。改造内容包括：3台循环水泵更换为高效节能泵，1台机泵及1台风机增加永磁调速，用水装置用水高点增加2台管道增压泵。②12月30日，炼油南循整体优化改造完成，年可节电900万千瓦·时。改造内容包括：10台循环水泵更换为高效节能泵，1台机泵增加永磁调速，增加节电保护装置1台。

（梁世健）

【炼油除盐装置完成优化改造】 8月6日，炼油除盐电絮凝预处理装置建成投用，该装置利用电化学絮凝处理技术，该技术是集电化学絮凝、软化、沉淀和过滤于一体的除硬、除浊工艺，以电化学絮凝技术为核心，结合电絮凝、电气浮、协同软化、快速沉淀、多介质过滤等工艺的组合技术，吸收了上述各类预处理方法的优点，具有高效、可靠、集成一体化的特点。

（李东友）

【3#化学水站建成投用】 化工作业区3#化学水站属于热电技改配套项目，采用离子交换除盐处理工艺，设计处理量为800米^3/时，2020年6月动工，2021年10月5日中交，2021年10月27日投用并实现一次产水合格，其产出的脱盐水分别供新建热电3#、4#炉以及新苯乙烯装置、合成润滑油基础油装置。

（刘叶明）

【新建600吨/时高浓度废水达标装置建成投用】 10月，公司新建600吨/时高浓度废水达标装置建成投用，处理效果良好，出水各项污染物远优于国家排放指标。该装置主要用于除盐装置RO浓水、废碱系统排水、11#线生产净废水混合后废水的达标处理，2020年上半年动工，2021年9月中交，2021年10月一次开工成功。

（邓致远）

【化工作业区污泥干化项目建成投用】 2021年上半年，化工净化水新建污泥干化项目动工，9月投用。该项目主要改造内容为增加污泥缓冲料仓、配套污泥螺杆泵、超效圆盘桨叶干燥机，主要目的是将离心机脱水后的污泥进一步降低含水率至40%以下进行综合利用，确保固废依法合规处置。

（陈映豪）

【三循循环水VOC泄漏检测仪投用效果好】 2020年12月底，水务运行部化工作业区三循投用VOC检测仪，在2020年12月至2021年底，利用该检测仪精准快速查出泄漏水冷器31台，避免了因水冷器泄漏造成水质恶化而产生能耗损失。VOC检测仪的检测原理为：利用红外光对循环水中挥发性的有机物进行气体光谱分析，确定循环水中泄漏物料的主要成分，实现快速锁定泄漏水冷器的位号，利于生产装置快速切出处理，避免水冷器继续泄漏影响循环水水质。检测仪除可以在线监测三循水质，也可以离线监测其他循环水场水质。

（刘玉芹）

【化工作业区第八循环水场投用】 7月14日，化工作业区新建第八循环水场（又称苯乙烯循环水场）投用，可为新苯乙烯等装置供循环水。该装置设计规模为18000米^3/时的循环水供水量，2020年12月开工建设，2021年6月30日建成中交，负责为新苯乙烯、合成润滑油基础油、POE装置及其辅助设施提供循环冷却水。

（柯思远）

【部分循环水处理业务外包】 10月，公司与上海未来企业股份有限公司签订水务运行部化工作业区第四A循环水场、第五循环水场业务外包合同，将这两个循环水场的循环水处理业务外包给上海未来企业股份有限公司，并重新制定水质控制指标、制定对外包单位的考核指标。11月底，这两个循环水场的循环水处理业务正式交由外包单位试运行。

（柯思远）

【水务化工作业区现场环境改善】 水务运行部化工作业区贯彻落实集团公司“开展以5S管理为代表的现场标准整治工作，全面提升装置环境面貌”要求，结合公司“低老坏”专项整治工作，对化工作业区现场环境进行整改，对放流区域周边路面、化工净水场周边路面进行修缮并安装环保护栏，着力打造花园式装置。改造后，放流池分为宣传区、体验区和观景区3个区域，起到观光、宣传作用，化工净化水放流池池面改善案例在公司2021年5S活动评比中被评为优秀改善案例。

（刘珺荣）

改造后化工净化水放流池池面（曾　伟　摄）

【专班培训】 2021年，水务运行部以“干什么学什么，缺什么补什么”为原则，采用“现场+课堂”“实物+实训”的方式开展专班培训，学用结合，有效提升技能人员安全技能，实现安全生产。水务运行部在公司2021年度学习专班评比中综合排名第一，7次排名月度第一。

（罗春燕）

【水务“责任+感恩”文化建设】 2021年，水务运行部按照《公司责任文化建设规划》要求，循序渐进推进责任文化建设，逐步构建“责任+感恩”特色文化。①通过持续开展家属开放日活动、退休职工“一鲜花一蛋糕”、“女职工生日祝福”等深化三项感恩措施。②大力挖掘一线履职尽责先进典型，通过公司早调会宣传表扬责任之星12人，推荐并宣传“中国石化技术能手”谭枝文、茂名市优秀共产党员苏雪芳等一批先进典型人物事迹，着力营造“你尽责，我感恩”的浓厚氛围。

（梁迎春）

【水务党史学习教育】 2021年，水务运行部①开展党史学习教育和庆祝建党100周年活动，领导班子成员带头讲党课43人次，组织5场专题宣讲、7次到红色基地教育参观、观看《信仰的力量》《榜样5》系列视频，坚定党员干部听党话、听懂话、干正事、干成事的信念；②开展“查治思想问题，促进安全管理”专题民主生活会和“四对照、三查找、五提升”反思实践活动，通过集中研讨、检查、讨论、批评和自我批评，查找整改“八种思想病灶”“八种管理浪费”问题44项，提升管理效率；③两级党组织做实“我为群众办实事”，为群众办理实事33件。

（梁迎春）

【企业开放日活动】 2021年，水务运行部配合公司组织企业开放日活动16批次，以“节能降碳我先行”为主题举办1期“云开放”直播活动，累计4万人观看；化工净化水装置被评为2021年广东省环境教育基地。

（梁迎春）

【优化干部队伍结构】 2021年，水务运行部选拔任用基层管理人员5人，引进安全环保管理干部1人，向公司输送干部1名，内部交流干部2人。基层管理人员平均年龄为44.89岁，其中40岁以下基层管理人员占比26.32%，干部队伍结构进一步优化。

（陈惠霞）

【炼油作业区】 水务运行部炼油作业区主要负责公司炼油、热电等生产单位所需循环水、化学水、新鲜水产供，以及厂区污水处理和生活水、消防水生产运行管理，主要管辖区域有：①取水源：由南盛拦河坝、工业引水渠、制水场、双孔暗渠、新鲜水泵房和新鲜水管网组成，1960年建成（前苏联援建项目），新鲜水最大供水能力1.44万吨/时。②有1.44万吨/时的新鲜水处理装置1套，用于循环水场补水、化学水制水、炼油工艺用水等。③有循环水处理装置7套，包括31500吨/时处理能力的东循环水装置、33700吨/时处理能力的南循环水装置、26000吨/时处理能力的西循环水装置、4500吨/时处理能力的北循环水装置、41000吨/时处理能力的煤制氢循环水装置、18000吨/时处理能力的CFB循环水装置、9000吨/时处理能力的干气循环水装置，主要用于炼油装置冷却器换热用水。④有化学水生产装置2套，包括800吨/时处理能力的东化学装置、800吨/时处理能力的西化学装置，主要用于热电锅炉和炼油装置锅炉用水。⑤有污水处理系统14套，包括100吨/时和180吨/时高氨氮污水处理系统、200吨/时高浓度含盐污水处理系统、1200吨/时低浓度含油污水处理系统、1200吨/时污水回用、1000吨/时清净废水处理系统、1吨/时碱渣湿式氧化处理装置、1.75吨/时碱水预处理装置、500吨/时达标污水处理装置、300吨/时除盐装置、2套3000米^3（标准）/时恶臭气体催化燃烧处理，以及17000米^3（标准）/时、25000米^3（标准）/时、16000米^3（标准）/时生物除臭等，用于炼油厂区内污水处理、废水回用、废气治理和污泥处置。⑥消防泵站2个，南消防泵站和西消防泵站，用于炼油厂区及分流单位消防给水。2021年，炼油作业区实现安环生产无事故，被评为公司“模范车间”；谭枝文被评为“中国石化技术能手”，苏志雄被评为“茂名石化工匠”。截至2021年底，炼油作业区有班组9个、职工155人，其中，有高级工程师1人、高级政工师1人、工程师13人，主管技师2人、技师15人。

（陈　东）

【化工作业区】 水务运行部化工作业区主要负责公司化工、热电等生产单位所需循环水、化学水、新鲜水产供，以及厂区污水处理和生活水、消防水生产运行管理，主要管辖区域有：①取水源：龙湾泵站负责从袂花江取原水，送至化工厂区制新鲜水，新鲜水最大供水能力5500吨/时。②有5500吨/时的新鲜水处理装置1套，用于循环水场补水、化学水制水、化工工艺用水等。③有循环水处理装置八套，包括28000吨/时处理能力的第一循环水装置、28000吨/时处理能力的第二循环水装置、28500吨/时处理能力的第三循环水装置、49500吨/时处理能力的第四A循环水装置、18000吨/时处理能力的第四B循环水装置、31500吨/时处理能力的第五循环水装置、13500吨/时处理能力的第七循环水装置、18000吨/时处理能力的第八循环水装置，主要用于化工装置冷却器换热用水。④有化学水生产装置3套，包括600吨/时处理能力的1#化学水处理装置、450吨/时处理能力的2#化学水处理装置、600吨/时处理能力的3#化学水处理装置，主要用作生产热电锅炉和化工装置锅炉用的脱盐水。⑤有污水处理系统7套，包括1500吨/时工业污水处理、15吨/时废碱水处理装置、1000吨/时污水回用装置、600吨/时高浓度废水达标装置、400吨/时除盐装置、52吨/时污泥处理装置、20000米^3（标准）/时臭气处理装置，用于化工厂区内污水处理、废水回用、废气治理和污泥处置。⑥消防泵站2个，一循消防泵站和三循消防泵站，用于化工厂区及工业园区单位消防给水。2021年，化工作业区实现安全生产平稳无事故，获评公司“年度HSE优胜车间”，作业区联合一班获评公司“年度先进班组”。截至2021年底，化工作业区有班组6个、职工128人，其中，有高级政工师1人、高级工程师1人、工程师11人、高级技师2人、技师16人。

（柯思远）

仪控计量部

【概况】 仪控计量部成立于2020年7月24日，主要负责公司各类仪控设备以及公司计量管理工作，具体为：负责仪控设备的日常维护和检维修；计量管理进出公司及厂际间能源（不含电）、物料计量器具、计量数据、计量督查、计量管理信息系统及测量管理体系的管理和运行操作；组织建立企业最高计量标准，开展公司计量器具检定量值溯源工作；做好“中国石化南方工业计量站”及“国家铁路罐车容积计量站茂名分站”有关工作。仪控计量部下设技术管理室、机动工程室、安全环保室、综合管理室（党群工作室）4个管理室，炼油仪表作业区、化工仪表作业区、计量运行作业区、计量测试所4个作业区，负责炼油、化工、热电、港口、铁运和水务片区约24万台（套）仪控设备的日常管理，仪控设备包含DCS系统122套、ESD/SIS系统65套、PLC系统199套、CCS系统28套。截至2021年底，仪控计量部有职工333人，其中，具有高级职称的27人，中级职称的73人，高级技师25人，技师52人。

（郭　越）

【仪表设备优化提升】 2021年，仪控计量部①完成炼油区域25套装置检修、化工2系列14套装置检修，提升了装置仪表设备的可靠性。②对照最新法规要求，推进仪表专业合规性整改，完成179项SIL评估，增设GDS系统31套、SIS系统2套。③对7套装置的8套PLC控制逻辑改入DCS，实现了DCS集中操作，提升仪表可靠性、操作便利性；完成化工2系列装置控制系统搬迁该项目实现国内首套大型乙烯裂解装置控制系统国产化改造。④根据检修规律将储运罐区联锁系统分为2个系列，实现储运罐区联锁系统分开分停，提高了球罐的安全性。⑤全面更换和校验调试2#裂解装置CCC系统，消除两大公司级安全隐患。

（王　骞）

【新建装置仪表投用】 2021年，仪控计量部全力推进高端碳材料、合成润滑油基础油、两炉一机等新建装置建设，实施阀门国产化改造等30余项技术攻关，组织“三查四定”解决近千项技术问题，实现新建装置仪表一次投用成功。

（王 骞）

【承包商管理】 2021年，仪控计量部①按照体系思维将各协作承包商纳入甲方统一管理，利用扩充保运范围的契机，将各保运单位纳入自有班组，通过统一安排“网格化”分工、预防性工作责任人、隐患整改负责人等方式，建立与自有员工同培训、同劳动、同考核的管理体系，形成每周有培训、每月一大考、每季度一盘点的培训考试机制。②针对重点承包商组织了3轮约谈、实行近百万元奖惩，切实提升了协作单位的管理水平，达到与自有人员有效形成工作合力的目的。全年共计通报承包商违章典型案例4起，约谈承包商7次，考核14家承包商230次扣865分，累计扣罚91.47万元。③协助承包商开展班组建设，组织承包商全员安全考试10场，378人次参加，对考核考试不合格的26名承包商员工扣罚7700元。

（王 骞 张清华）

【完善设备完整性管理】 2021年，仪控计量部对照集团公司总经理“2号令”及公司HSE管理体系要求，做好设备完整性管理工作。①切实降低仪表故障率。按照总部预防性工作策略2.0要求，修订完善公司仪表预防性工作策略、计划和定时性事务清单，创新实施关键仪表增设防雨罩、温湿度监控进DCS系统、机柜间安装渗水开关和透明防静电地板等10余项措施，仪表故障率与2020年相比下降32%，经验做法多次受到总部专家和公司表扬。②完善仪表缺陷统计分析。每周对作业区缺陷通知单进行统计分析、通报考核，全年共通报31次，检查发现问题68项，累计考核5700元。使用钉钉简道云自动统计分析功能，每月组织各作业区详细分析高故障率装置、仪表类型和品牌，着力提升仪表可靠性。③提高炼油区域KPI指标。对27套炼油装置实施自控率提升改造，装置平均自控率由85%提升至99%，提升了炼油重要装置的自控率和平稳性，实现每月所有完整性KPI指标100%达到确保值、90%达到奋斗值。

（王 骞）

【创新规范设备管理标准】 2021年，仪控计量部通过全面梳理、完善，补齐仪表和计量专业设备全寿命周期管理要求，实现“四个首次”。完成首次编纂仪表专业设计审查及选型导则、首次规范控制系统改造验收标准、首次全过程规范仪表检修标准、首次统一自控技术档案标准，切实做到设备管理有章可循、有据可依。

（郭 越 王 骞）

【公司偏远区域仪表设备推行外委维保模式】 为集中精力抓好核心区域仪表设备及控制系统等维护管理工作，8月9日，仪控计量部与众和化塑公司签订维保合同，将港口分部、水务运行部和铁运分部金塘供气站、化工分部储运液化气站等偏远区域约1.6万台/套常规仪表设备（不含控制系统、调节阀、在线分析仪表）全部进行外委维保，8月15日起正式实施。

（郭 越）

【仪控优化创效】 2021年，仪控计量部累计向公司推荐优化创效项目202项，预计优化创效1292.6万元；101个优化项目获得公司优化创效降本减费部门评审、奖励，共计奖励10.54万元，其中，“化工分部与仪控计量部跟踪化工氢气差量原因，堵住效益流失点”“仪控计量部流量计国产化降本”案例入选公司优秀典型案例，优化创效及降本减费工作先后获公司3次嘉奖。

（张良生）

【公司测量管理体系通过年度认证（复证）】 10月，公司测量管理体系通过中启计量体系认证中心的年度认证审核。该认证中心肯定公司测量管理体系运行取得的成效，认为公司对测量过程的管控、计量数据的比对，体现管理的专业性。

（张良生）

【仪控科研创新成果】 2021年，①在中国设备管理协会组织开展的2021年度石油和化工行业设备管理与技术创新成果评选中，仪控计量部提报的《连续重整增压机控制改造及优化》获技术类一等奖。②在中国计量协会能源计控工作委员会举办的2021年度能源计量技术论文评选活动中，赖云高级工程师撰写的《创新思维解决自动检定系统与计量管理系统接口问题》论文获2021年度能源计量技术论文优秀奖。③首创“二维码”精准跟踪阀门维修。在化工2系列装置大修中，首次将阀门数据提前录入钉钉简道云并生成对应二维码，施工单位、质量验收人员可随时扫描二维码获取目标阀门维修信息，进行精准跟踪，高效完成了1679台阀门下线、在线维修。

（王　骞　郭　越　赖　云）

【首次检定大口径超长流量计】 公司静态质量法水流量标准装置原设计直径350毫米、台位长度1.2米，无法检定超长流量计，公司只能外送流量计检验。2021年，仪控计量部通过对该装置检定台位实施技术改造，使其达到检定超长流量计条件。7月30日，中国石化销售华南分公司送检的直径350毫米、长度1.8米的质量流量计在公司一次检定合格。

（赖　云）

【仪控培训工作】 2021年，仪控计量部打造“周三学习日”精品活动，深化“五懂五会五能”8小时培训，全年累计开展培训23期、40场次，参与员工13404人次。①抓特色学习专班，采取“讲解+讨论+实践”相结合方式培训，4—6月在公司非“四班二倒”单位连续排名第一，仪控计量部培训工作好的做法5次获得公司表扬。②举办各类培训班82个，培训52981人次，培养了1名高级技师、2名技师，1人通过高级工鉴定考评，17人通过中级工鉴定考评。③首创职工论文发布会，举办优秀论文演讲发布并进行评奖，借助化工2系列装置大修、中控室搬迁和浆态床渣油加氢、高端碳材料等新装置建设，青年骨干人才得到锻炼成长。

（郭　越　吴　珊）

【组织建设】 仪控计量部党委坚决落实集团公司“1355”和公司“1136”党建工作总体思路，2021年党建考核年终排名第三，王骞被评为集团公司优秀共产党员，蔡玉武被评为茂名市优秀党务工作者。①完善制定仪控计量部《全面从严治党责任书》，细化分解党委委员任务清单，推动“党员干部3小时在现场”机制，领导班子带头深入现场当好

"服务官"，得到公司主要领导肯定。②推进党的制度建设，每月通过党支部分类定级考核、党员积分考核进行评比，为各支部开展日常工作和党员推优工作提供依据。通过党员全覆盖班组机制，切实消灭党员空白班组。③探索"党建+"活动，推行"一支部一特色"党建创新品牌活动，引导各支部在实践中锤炼工作基础，5个党支部每月均组织主题党日活动。

（郭　越）

【召开首届职代会】 2月25日，仪控计量部召开第一届职代会暨工代会，传达学习贯彻公司党委扩大会暨第十四届第三次会议精神，听取审议经理工作报告，书面形式审议《2020年仪控计量部工会工作报告》《2020年仪控计量部福利性费用开支执行情况及2021年福利性费用开支计划的报告》及四个专门委员会工作报告等报告。会议通过了《2021年仪控计量部绩效考核管理细则》，职工代表民主评议了仪控计量部领导班子及班子成员，表彰了2020年度仪控计量部先进集体和先进个人，选举产生了仪控计量部工会第一届委员会委员及工会主席和四个专门委员会委员及主任。

（郭　越）

仪控计量部召开党委扩大会、第一届职代会暨工代会（梁燕萍 摄）

【党史学习教育】 2021年，仪控计量部扎实推进党史学习教育，①"学习+研讨"，让学史明理的思想"活"起来。制定《仪控计量部党史学习教育统筹安排表》推进党史学习教育；采取"开展红色课堂学、搬到现场一线学、丰富载体创新学"模式，组织专题学习50多场次，实现培训全覆盖。②"宣讲+党课"，让党史增信的意识"强"起来。通过领导干部带头讲，理论骨干上台讲、先进典型巡回讲，举办仪计水务质检片区先模宣讲会议，参加人数达1200多人。③"教育+引导"，让学史崇德的观念"树"起来。为党员发放《论中国共产党历史》《中国共产党简史》学习；组织6次、154人次参观党史红色教育基地，身临其境学习增强感同身受；唱响仪计故事，其中，上稿《茂名石化报》118篇、《中国石化报》14篇、中国石化新闻网24篇。④"调研+实践"，让学史力行的效果"实"起来。"面对面"开展调研，"心连心"完成"我为群众办实事"88项。

（李文骥　郭　越）

研究院

【概况】 研究院前身为1964年4月成立的茂名石油工业公司试验研究室，1989年正式成立，2011年9月重新组建。研究院主要负责炼化新产品开发和销售、炼油化工新技术研发应用、分析评定和测试方法研究、原油评价等工作，为产品结构调整和装置生产优化提供技术支持。下设科研管理室、综合管理室、市场室、聚丙烯合金材料项目组、功能性高分子材料项目组、有机化工项目组、橡胶塑料加工应用项目组、润滑油及燃料油项目组、沥青及加氢项目组、测试评价室、聚合物加工应用室11个单位，同时，负责公司博士后科研工作站、院士工作站日常工作。截至2021年底，共有员工119人，本科以上学历人员共100人，占总人数的84%。其中，博士41人、硕士15人，具有高级职称及以上的36人；2021年引进博士后25名。

2021年，研究院抓好成套技术工业化应用、高档聚烯烃和炼油高附加值产品的研发和提量，结合公司“十四五”规划开展预研工作。全年共承担公司级以上科技项目61项，新增科技项目33项，其中，总部级项目12项，科技项目完成率大于95%；开发DINCH、SEBS共2套中试工艺包；48项专利获申请号，20项专利获授权，4个项目通过总部技术鉴定，1个项目通过总部验收；1个项目获第一届全国博士后创新创业大赛优胜奖，1个项目获2021年度广东省科技进步二等奖，1个项目获2021年度石化联合会科技进步三等奖；1个团队获总部优秀创新团队，1个实验室申报中国石化重点实验室，1个实验室申报广东省重点实验室。8个牌号化工新产品首次实现工业化，2个质量改进产品实现工业化试产，新产品产量达16.26万吨，达到奋斗指标；新产品和专用料占比83.76%，同比提高3.02个百分点。6个新产品达到万吨级，新增可持续客户10家。开发戊烷发泡剂等3个炼油新产品，产量17.97万吨。

（李 烨）

【**新产品开发销售**】 2021年，①对已开发产品进行全面评价梳理，建立产品生命力分析模型，最大程度优化新产品开发流程，提高新产品开发管理和工作的质量效率。②确定了8个重点推广增量的新产品项目，制定实施29个重点代表性客户技术支持方案。③抗冲聚丙烯产品K9017H、K9928H首次出口以色列7560吨，三元共聚聚丙烯产品扩大至华东等区域外市场销售后，产量同比提升34%，8个系列产品产销量累计增幅26%，其中，防水卷材增长10倍、2260H增长253%、茂金属聚乙烯增长130%、PPD-MT60增长62%。④承担13项总部顶替进口任务，结合市场和装置实际，完成工业化生产10项，累计产销量5.87万吨，推进华南、西南地区顶替进口推广工作，在汽车、家电、电子电气、医疗等领域，通过发展改性和复合材料满足多样化用户需求，CPP消光膜用改性料PPM-AF331首次实现工业试验性生产，并获下游客户认可；聚丙烯釜压珠粒发泡工艺开发完成多次小试实验，形成发泡工艺及设备方案，开展工艺包编制前期工作。

（李 烨）

【**科研平台建设和成果转化**】 2021年，研究院①完成中试试验基地及DINCH中试项目可研报告编制，通过总部科技部项目初审。②炼油新产品开发分析测试及表征设备完善等项目上报总部审批。③高端碳材料评价体系开发项目进入可研设计阶段。④3000吨/年

科研人员观察中试装置运行情况（杨 峥 摄）

mPAO中试装置投用。

（李　烨）

【防水卷材用橡胶新产品星型干胶F830开发成功】 2月12日，公司SBS橡胶装置成功产出防水卷材用橡胶新产品星型干胶F830，填补公司在星型防水卷材用橡胶行业的空白。

（李　烨）

【聚丙烯消光膜改性专用料PPM-AF331开发成功】 5月15日，公司产出首个改性合成树脂新产品聚丙烯消光膜改性专用料PPM-AF331，共生产12.7吨。该产品无须改性，可直接生产流延类聚丙烯消光膜。聚丙烯消光膜多用于高档礼品包装、化妆品包装、礼品袋、购物袋等领域。

（李　烨）

【高温蒸煮膜用聚丙烯新产品HR2106M开发成功】 5月21日，公司成功试产高温蒸煮膜用聚丙烯新产品HR2106M共200吨。该产品流动性好、透明性高、耐热性能优异，可直接生产高温蒸煮膜，主要用于熟食品包装等领域。2021年国内高温蒸煮膜用聚丙烯产品基本全部依赖进口，且进口产品需共混才能使用。

（李　烨）

【电缆料新产品TR210开发成功】 8月5日，公司高密度聚乙烯装置产出通信电缆料新产品TR210共300吨。该产品抗环境应力开裂性能优异、氧化稳定性良好，与LDPE和PP料相比，强度、硬度和韧性等均有绝对优势，进一步丰富了公司高密度聚乙烯牌号产品结构。

（李　烨）

【低晶点电子包装膜料2420H开发成功】 8月，公司在中国石化系统内首次产出低晶点电子包装膜料2420H约400吨，并进入国内某龙头电子包装膜企业采购链。低晶点电子包装膜料，属高压聚乙烯产业链高端膜料产品，晶点控制难度大，此前国内主流产品多为进口或来自合资企业。

（李　烨）

【超柔性无纺布聚丙烯新产品PPD-Y38开发成功】 10月15日，2#聚丙烯装置产出超柔性无纺布聚丙烯新产品PPD-Y38共200吨。该产品具有抗霉抗菌、吸水率低、皮肤友善性和保温性好等优点，主要用于生产高端超柔无纺布。

（李　烨）

【聚丙烯珠粒发泡料新产品PPT-ME08开发成功】 10月20日，公司产出聚丙烯珠粒发泡料新产品PPT-ME08共218吨。该产品具有熔点更低、发泡倍率稳定等特点，适用于外包装材料等高端制品领域。

（李　烨）

【高密度聚乙烯耐酸变色IBC桶专用料B44G7AR开发成功】 12月5日，公司高密度聚乙烯装置产出高密度聚乙烯耐酸变色IBC桶专用料PE　B44G7AR共130吨。该产品具有耐酸性能良好、不易变色等特点。此前，以国产高密度聚乙烯为原料生产的IBC桶，在盛装浓酸时，容易产生桶身变红问题。

（李　烨）

【聚丙烯合金材料项目组】 主要负责3#聚丙烯装置抗冲系列业务的研究，聚丙烯新产品市场培育及推广、售后服务、"三剂"评价等工作，此外，协助解决生产技术难题。截至2021年底，共有职工5名，其中，具有高级职称的3人、中级职称的2人，博士2人。2021年，该项目组加强产销研用协同，推动新产品上量增效，开发聚丙烯新产品3个，获中国石油和化学工业联合会科技进步奖2项，新提交发明专利6件。

（李　烨）

【功能性高分子材料项目组】 主要负责聚乙烯、功能性聚丙烯新材料的业务研究、新产品市场培育及推广和售后服务、"三剂"入厂评价等工作，此外，协助解决生产技术难题。截至2021年底，共有职工13名，其中，具有高级以上职称的4人，博士5人。2021年，该项目组利用龙头客户市场示范效应，做大做强优势新产品，对特色型新产品拓市放量，通过各种渠道加大宣传树立品牌形象，巩固及扩大在业内的地位；获中国石油和化学工业联合会科技进步奖2项，3项科研成果通过总部鉴定，5件发明专利获得授权。

（李　烨）

【有机化工项目组】 主要负责烯烃聚合催化技术、有机化工生产装置工艺新技术研发、有机化工新产品市场培育及推广，此外，负责有机化工装置"三剂"入厂评价及协助解决生产技术难题。截至2021年底，共有职工23名，其中，有高级职称4人，博士17人。2021年，该项目组探索大兵团作战模式和机制，利用对外合作提升科研开发的前瞻性和研发水平，重点做好与厦门大学、浙江大学、华东理工大学、中国科学院长春应用化学研究所、上海化工研究院有限公司等单位的研发合作，深化基础研究和应用研究，做实技术储备。开展3000吨/年mPAO中试装置详细设计、装置建设与投产，开发1套中试装置工艺包，推进数十家客户对公司新产品有采购意愿。

（李　烨）

【橡胶塑料加工应用项目组】 主要负责合成橡胶新产品、聚合工艺和加工应用、塑料改性、塑料加工应用及成型技术推广应用等业务的研究，以及橡胶装置"三剂"入厂评价等工作。截至2021年底，共有职工10名，其中，有高级职称的4人，博士3人。2021年，该项目组的防水卷材类型产品产销量同比增长10倍，成功开发SEBS项目中试装置工艺包。

（李　烨）

【润滑油及燃料油项目组】 主要负责润滑油基础油工艺新技术、油品质量升级和新产品、高硫高酸原油加工技术等业务研究，协助解决生产技术难题，并开展炼油加工新技术研发、炼化一体化中间物料优化与评价等工作。截至2021年底，共有职工16名，其中，具有高级职称的5人，博士5人。

2021年，该项目组做好润滑油及燃料油产品开发和生产工艺优化研究，加快推进"油转特"、"油转化"、浆态床渣油加氢等重大优化项目，完成100#工业白油、利用加氢异构馏分油开发农用矿物油的实验室研究；茂金属聚乙烯蜡项目已确定催化剂体系，并获得较好的聚合效果；服务浆态床渣油加氢开车，开展油浆加热循环抗阻聚结焦实验等工作。

（李　烨）

【沥青及加氢项目组】 主要负责道路沥青生产研究、原油评价、炼油催化裂化和加氢工艺研究、特种沥青等炼油新产品开发、炼化物料评价与合理利用等业务研究，并协助开展生产技术难题攻关、炼油产品推广和售后服务工作。截至2021年底，共有职工15名，其中，具有高级职称的4人，博士2人。2021年，该项目组重点抓好沥青生产技术研究、原油评价、加氢和催化裂化试验研究等，完成7个新油种预加工方案、13个新油种以及3个老油种的评价工作；开展浆态床油渣与成品沥青调合沥青、6批新油种生产70#A级道路沥青等试验。

（李　烨）

直属业务中心

MAOMINGSHIHUA

- 物资供应中心
- 营销中心
- 党委党校（培训中心）
- 行政事务中心
- 应急救援中心
- 信息中心
- 质量检验中心

直属业务中心

物资供应中心

【概况】 中国石油化工股份有限公司茂名分公司物资供应中心（简称物资供应中心）是公司物资供应归口管理部门，负责公司生产建设所需主要物资（不包含原油和天然气）的采购、供应、仓储等工作，对公司下属各二级单位的物资供应工作行使领导、组织、管理、协调等职能。中心拥有固定资产原值0.97亿元，库区占地面积29.47万平方米（含租赁），拥有库房及附属建筑117栋（含租赁），库房面积9.55万平方米（含租赁），各种装卸运输设备40台，1条铁路专用线直达库区。中心下设综合管理室（党群工作室）、过程控制室2个管理科室，材料室、设备室、电仪室、化工室4个业务科室和1个仓储配送车间。截至2021年底，有职工162人，其中，具有高级职称的26人，中级职称的53人。

（周月明）

【采购资金节约】 2021年，累计采购物资112亿元，采购资金节约率9.14%（不含直采和互供）。总部7项物资供应绩效指标均达满分，公司考核的6项重要技术经济指标均完成奋斗值，采购管理对标提升评估排名集团公司炼油组第一。

（周月明）

【物资保供任务】 2021年，面对新冠疫情反复、市场环境突变、保供计划紧急等多重困难，物资供应中心靠前服务，优化过程控制，超常落实资源，保障了公司生产建设、检维修需要。①全年完成公司15套重点项目，88套技改技措项目，共计12.87万项物资保供任务；炼油化工装置检修共供应物资36692项，供应及时率98.21%，同比提升1.3个百分点。②面对市场煤价大涨，煤炭资源紧张等形势，及时锁定进口煤炭资源，全力开拓原料煤新煤种，打通了动力煤铁路、甲醇新罐进厂全流程。全年共采购动力煤69.5万吨、原料煤110万吨，优化降本4086万元；采购其他化工原辅料111.68万吨。③充分考察调研，完成炼油转型升级及乙烯提质改造项目采购策略编制工作；梳理150项共276个框架协议清单、357台/套长周期采购设备清单；编制炼油54台、化工186台大型超限设备制造和运输方案。

（周月明）

【物资采购优化工作】 2021年，物资供应中心共提报优化项目309项，员工参与率100%；超计划目标完成持续攻坚创效任务，累计降本创效1.63亿元。①认真分析编制每月《物资市场信息》，充分利用10种价格分析方法、27类成本分析模型，发挥专家联合谈判优势，科学合理定价。②抓实“每一笔订单都是降本点”，供应商累计让利2865.29万元。③持续推进绿色采购，累计采购绿色物资5828项，环境保护、节能节水、安全生产等专用设备抵免税3049.89万元。④持续优化运输方式、配送方式，通过直拨现场、“物流拼多多”、减免运费等措施，节省运输费用678.67万元。

（周月明）

【国产化攻关】 2021年，物资供应中心针对进口设备供货周期长、采购成本高、维修困难等问题，推动物资采购国产化攻关，共国产化采购26项，节约采购资金6289.12万元。①实行规范管理。将国产化攻关纳入公司年度工作计划，成立设备材料、电气仪表、化工3个专业工作组，确保国产化工作有序推进。②动态梳理清单。编制供应链安全风险较大的进口物资清单529项，充分调研国内供应商技术研发和生产制造能力，推进关键材料、核心部件国产化攻关。③实行安全采购。坚持质量第一，以“技术条件+平稳运行”为首要条件，组织完成101项测绘工作，从供应商的业绩、装备和运输能力等方面优化招标方案和评标办法，保证国产化产品成熟可靠。

（周月明）

【库存管理】 2021年，物资供应中心①巩固完善储备风险评估和考核预警机制，改代3年以上特储和积压物资2113万元，积压物资由年初的194.97万元下降到年底的172.69万元，降幅12%，连续五年实现新增积压“零增长”。②规范零散余料和废旧物资管理，修旧利废物资1923.28万元。③实现583种物资储物于商，首次建立华南区域管件联合储备库，进一步推动了物资储备从占用资源向控制资源转变。

（周月明）

【供应专业安全管理】 2021年，物资供应中心①细化中心HSE管理体系实施方案，规范建立8种常规作业操作法，每月可减少装卸配送作业票约350张。同时，严格落实现场签票要求，全年共开出各类作业票证442张，均实现安全作业。②查出各类隐患及“低老坏”问题195项，完成整改193项；提报HSE观察230条，其中问题212条、亮点18条，通报典型案例20个；专业考核74人次，扣罚1.82万元；检查考核承包商37项/次，扣罚2.95万元。③组织全员开展集团公司总经理“2号令”、公司“1号令”、“手指口述”（唱票）操作法等培训，1673人次参加安全考试，考试合格率100%；组织开展各类应急演练48场次，提升了职工防范事故、处理突发事件和自我保护能力。

（周月明）

【供应专业管理提升】 2021年，物资供应中心①推进标准化建设。需求计划管理达标率由年初的94.99%提升到年末的97.82%；设备专业初步建立14个返厂资料模板，仪表专业梳理建立42项专用物资和14项通用物资选厂清单；滚动开展招标后评估，完善建立167个招标预案标准文本、59个品类物资投标资格审查标准。②突出KPI管理。发布公司主要设备材料合理供货周期，强化采购统筹节点检查考核，确保了重点物资及时保供；新增61个物资品种框架协议，框架协议采购率

新建苯乙烯项目烷基化反应器现场吊装（林 凯 摄）

95.4%，同比提升3.56%；一次招标成功率由年初的66.1%上升至76.68%。③从严质量管控。制定重要设备检验细则，健全物资质量管理网络，抓实质量问题提报及时率和质量问题处理闭环率管理，规范质量问题处理、物资联检记录、供应商培训等管理，确保质量管控“全程在案、永久追溯”，发现质量问题121项，扣罚质量违约金189.67万元。

（周月明）

【公司首个无人仓库投用】 8月30日，公司首个无人仓库投用。该项目在公司物资总库改造实施，占地900平方米，配备5排4层立体货架，共680个货位，利用工业5G通信、高精度激光定位和智能导航等技术，实现与智能物资管理系统高度集成、AGV叉车自动识别货位、物资自动上下架，库容比改造前提高4—6倍，收发效率与人工相比提高50%，作业人员由此前的5人减至2人。

（周月明）

【供应专业信息化建设】 2021年，物资供应中心①将物资采购策略嵌入智能管理系统，进一步促进了采购管理制度刚性执行。②试点总部“物资域”重要设备全生命周期成本分析项目，打通智能物资管理系统工程项目设备提报流程，初步实现离心泵、压缩机等全生命信息数据系统采集分析。

（周月明）

【供应专业廉政建设】 2021年，物资供应中心坚持“每周一法纪”“每月一案例”“每节一提醒”，强化党章党纪、法规制度学习培训及典型案例警示教育。坚持开展“学制度、考制度”活动，首次召开“廉洁警示日”警示教育大会；抓实纪律监督，编发严明纪律监督通报2期，会议表扬79人次，批评考核58人次，对11人次进行提醒谈话，约谈供应商、承包商25人次。开展物资采购合同履约和独家采购2项专项检查，下达监督建议书1份，对3名责任人进行提醒谈话。总部业务公开函询持续为零。

（周月明）

【仓储配送车间】 仓储配送车间是物资供应中心下设唯一车间级建制的集调度、接卸、仓储保管、配送的基层单位，截至2021年12月，共有职工65人，下设4个班组，库区占地面积29.47万平方米（含租赁），拥有库房及附属建筑117栋（含租赁），库房面积9.55万平方米（含租赁），各种装卸运输设备40台，1条铁路专用线直达库区。2021年，配送化工1.43万吨，配送（阀门、弯头、法兰等）配件、仪表和设备38.1万件/台/套，配送电线、电缆124.79万米，配送膜卷3300卷，配送钢材及铝板5573吨，配送桥架1.02万米，物资收料金额156.76亿元，发料金额155.75亿元。获得公司“三好职工”小家、公司精神文明示范岗等称号，保管二班被评为公司模范班组。

（许伟嫦）

营销中心

【概况】 中国石化股份有限公司茂名分公司营销中心（简称营销中心）主要负责公司内部产品（不含公共工程）销售、大宗原料采购、原油和炼油化工产品市场信息搜集分析、客户开发与服务、平衡产品外运，下设综合管理室（党群工作室）、计划调运室、经营室、炼油销售室、化工销售室5个管理室。截至2021年底，有在岗职工44人（含1名挂职领导），其中，具有高级职称的7人、中级职称的15人、初级职称的5人。

（彭 晶）

【单位更名】 2月7日，为贯彻落实公司“着力提高市场营销水平”工作部署，推动“变销售为营销”要求落地，结合部分采购业务划转营销中心的实际，单位名称由“销售中心”更名为“营销中心”。同时，优化内设机构及职能，原成品油销售室、原炼油销售室合并为炼油销售室；原调运室增加计划控制职能，更名为计划调运室；增设经营室，负责石脑油等6种原料油的采购、商情分析和优化工作。5月，营销中心人员由原销售大楼搬至公司机关办公区10号楼办公。

（彭 晶）

【业务划转】 经公司研究决定，①2月7日，石脑油、渣油、蜡油、油浆、尾油、轻烃等6种原料油的采购业务，由物资供应中心划转至营销中心管理。②5月8日，经公司党委常委会和公司领导班子会研究决定，研究院负责的化工新产品销售业务（包括自销化工新产品和统销化工新产品）划转至营销中心管理。

（彭 晶）

【总体销售情况】 2021年，公司销售成品油（含出口）1011.39万吨，其中，内贸销售883.34万吨，销售炼油统销产品（不含沥青出口）242.74万吨，销售炼油自销产品268.02万吨，销售化工统销买断产品333.83万吨，销售化工自销新产品4.18万吨。

（彭 晶）

【产品拓市扩销】 2021年，①公司爱跑98#汽油10月首次在粤销售，全年在深圳地区销售2.03万吨。此前，该牌号汽油一直销往西南市场。②公司首次与广西石油开展爱跑98#汽油销售合作，全年共销售该牌号汽油1.57万吨。③首次开拓广州白云机场内贸航煤市场，全年销量为4.7万吨。全年共销售内贸航煤132.01万吨，同比增加4.35万吨，增幅3.40%。④公司高融指高抗共聚产品K9928H、中融指高抗冲聚丙烯K9017H首次出口以色列，全年分别销售5902吨、596吨。公司102吨高密度聚乙烯产品小中空专用料5502LW，首次出口非洲刚果。

（彭 晶）

【采购模式创新】 2021年，公司采购大宗原料油126.13万吨。①采取“小步快跑”采购模式，加大资源寻源力度，不断提高采购性价比。②进一步规范工作流程，创建采购集体决策群，推进公司相关部门快速决策，实现“大物装”优化采购。

（彭 晶）

【定制包销新产品】 2021年，针对目前国内CPE薄膜产品普遍存在透明度不佳、端面发黄、鱼眼较多的实际，采取定制包销模式与客户联合开发高性能CPE薄膜热封层专用料DFDB-2342，9月开始生产，全年销售460吨，填补了公司CPE热封层树脂专用料空白。

（彭　晶）

【销售机制创新】 2021年，创新预销售工作机制，每月中下旬召集计划管理部、生产管理部、财务部、专业销售公司等，制定下月销售策略。全年销售95#汽油152万吨，同比增加3.53万吨，增幅2.37%；全过程跟踪协调乙醇汽油生产、装车、出厂环节，销售乙醇92#汽油27.15万吨，同比增加11.33万吨，增幅71.61%，增效1133万元。

（彭　晶）

【直销产品调价】 2021年，公司炼油自销产品调价359次，化工自销产品调价464次，16个化工比价产品中，月均12个保持领先。①做大98#汽油销量。全年销售内贸98#汽油7.59万吨，同比增加0.16万吨，增幅2.15%。②创新船燃销售模式。引入新客户，圈定流通区域，以小量多批次为原则出货，降低过度竞争可能。全年销售船燃57.58万吨，其中，议价对接两批次4.4万吨，创效1887万元。

（彭　晶）

【畅通产品后路】 ①11月，抓住柴油市场短缺时机，协调生产单位增产柴油，优化产品出厂渠道，销售柴油52.13万吨，创单月销量历史新高。②2021年，航煤铁路装车76.37万吨。其中，公司4月铁路出厂12.36万吨。

（彭　晶）

【沥青销量连续第8年突破100万吨】 2021年，公司持续加大出厂协调力度，紧盯船期，努力实现“预报变确报”，深化产销衔接，提前做好排产、运输准备，采取船运、汽运、铁运等多种方式降库，销售沥青122.8万吨。

（彭　晶）

【客户服务】 2021年，公司①建立客户走访标准化登记表和走访报告模板，梳理A级客户95家，2021年走访65家，其中，化工下游重点客户22家。②发挥企地合作优势，协调地方政府解决环氧乙烷下游客户生产经营发展的痛点问题。③推动化工液体产品精准预约装车出厂，减少司机无效等待，提高产品出厂效率。④10月，LAO新产品实现首次销售，编制提货操作手册，“一站式”服务客户，打开了销售渠道，全年销售LAO产品1935吨。⑤组织30多家客户、物流商开展“学党史、转观念、担使命、保安全”交通运输安全培训及联合演练，进一步擦亮了“党建+安全”品牌。

（彭　晶）

【智能营销系统功能完善】 ①6月，推广应用石化e贸平台，公司产品销售实现由传统的柜台模式向网络销售模式转型，平台全年外销公司产品2.19万吨，化工自销产品上线率达到100%。②8月，煤灰煤渣、脱硫石膏、煤制氢粗渣滤饼等副产品全部上线ERP系统销售，实现副产品客户信用线上管理，消除了信用管理风险漏洞。③优化提升调度日志电子化、每日船期动态跟踪表、产品库存预警管理、罐车检查表线上确认、成品油公路开单管输发货、智能营销系统板块权限分离、客户办证等7项功能。

（彭　晶）

【领导班子调整】 ①7月5日，根据工作需要，龙起龙同志任营销中心党委书记、纪委书记、工会主席，免去刘悦文同志党委书记、纪委书记工会主席职务，调出另有任用。②12月16日，根据工作需要，林琪同志任营销中心党委书记、纪委书记、工会主席。免去龙起龙同志党委书记、纪委书记、工会主席职务（仍任中共茂名石化营销中心委员会委员），聘任龙起龙同志为营销中心经理。

（彭　晶）

党委党校（培训中心）

【概况】 中共中国石化集团茂名石油化工有限公司委员会党校（培训中心）[以下简称党委党校（培训中心）] 成立于2008年6月16日，其前身是始建于1962年的茂名石油化工公司职工大学。2018年12月15日，根据公司《关于部分业务划转的通知》要求，职工培训中心业务并入公司组织人事部。2021年1月9日，“茂名石化公司党校”更名为“中共中国石化集团茂名石油化工有限公司委员会党校”，与公司职工培训中心实行“一个机构，两块牌子”，按中层正职单位设置与管理；5月14日，公司党委党校重新挂牌成立。公司党委党校(培训中心)是公司党员干部和员工教育培训基地，是中国石化集团高级技师培训基地、炼化继续教育基地、润滑油继续教育基地、区域职业技能鉴定中心、驻粤企业职业技能等级地区认定中心、网络学院茂名分站，承担集团公司相关工种（专业）高级技师培养、员工继续教育和区域企业（海南、湛江、北海、茂名等地方的集团炼化企业及公司改制单位）员工技能认定任务，负责集团公司驻粤企业技能等级认定向广东省统一备案等相关工作。公司党委党校(培训中心)下设党校教育室、员工培训室、鉴定考评室、教学保障室等4个职能管理室。截至2021年底，有在岗员工22人，其中，具有高级职称的6人、中级职称的9人。

（车越峰）

【举办培训班】 2021年，承办集团公司第二期中层副职和第三期中层正职培训班现场教学、“三百三千”计划（华南地区）党史学习教育专题培训班，举办公司基层领导人员党史学习教育培训班、学习贯彻习近平总书记“七一”重要讲话精神研讨班、学习贯彻党的十九届六中全会精神暨中层领导干部研讨班、学习贯彻党的十九届六中全会精神暨党建业务知识培训班和专业技术管理人员培训，以及技能大师论坛、工匠论坛、头雁讲坛、班组长三年轮训班等各类培训班215期，培训13896人次。

（李亚芹　杨国强）

【红色教育】 公司党委党校持续完善广东南路革命教育基地、公司厂史馆、茂名市露天矿博物馆等场所党性教育路线，2021年组织学员观看红色电影3场次，到公司厂史馆等接受红色教育9场次，培训200多人次。

（李亚芹）

【学习专班管理】 2021年，公司将党组织书记主抓培训管理情况作为各级党组织党建考核重要指标，明确各级党组织书记从计划源头抓起，从严审核课程设置、师资安排和组织方式，确保专班计划实现计划推送率100%和实施率100%“两个一百”。①抓实工作票制度、“手指口述”（唱票）操作法、“135”

应急演练、生产操作技能等重点培训内容。②组织团队开发专班信息化管理系统，实现学习专班计划“网页+钉钉”推送。③公司11个单位、53个基层车间编制专班计划5057项，4.98万人次参加学习专班培训共计24.77万·时，平均参加专班4149人次/月，人均培训时长4.97时/月。

（杨国强）

【培训项目实施】 以“1+1=0”教育培训为主线，结合正反案例教学，注重带班、管班、跟班项目实施，开展备课、听课、评课跟踪，创新“早分享”“晚研讨”，做实“建班委”“办团建”全过程管理。推广实践性教学、现场教学、案例教学、体验教学等新方式，应用教练技术、引导技术、访谈教学、行动学习等新方法，聚焦提升“履职、尽责、担责”能力，组织好中基层领导人员、专业技术管理人员培训，以及技能大师论坛、工匠论坛、头雁讲坛、班组长三年轮训班等。

（杨国强）

【课程体系建设】 2021年，①采用“深入基层一线、深度对接服务”模式，突出“三个结合”，推进培训课程开发，逐步构建符合实际、具有茂名石化特色的培训课程体系，解决为什么要学、学什么、怎么学、学成怎么样才行等培训困惑，提升员工岗位履职能力。②建立车间、分部、公司三级课程开发专家审核团队，规范课程开发“三级”审定流程，对岗位培训课程进行审校修改，严把岗位分析、课程开发、内容审核质量关。③组织完成29个单位、372个专业/岗位的课程开发，综合管理部等12个单位、135个专业/岗位的培训课程通过审核，通过率100%。④结合党校教育处于起步阶段的实际，开发建立党校重点培训课程（体系），细分党史学习教育、思想政治素养、岗位履职能力、防腐拒变能力等模块90多门培训课程。

（杨国强）

【仿真培训管理】 2021年，党校/培训中心以公司仿真培训系统为阵地，打造数字化生产操作和事故处理演练平台，推进仿真培训品牌建设。①组建仿真研发团队，开展公司、分部、信息中心和开发公司“四方”对接，框定交付时间节点，明确专人专责，采取挂牌督战、边开发边测试等方式，先后查找解决问题1157项，准时交付重芳烃轻质化、新苯乙烯、高端碳材料和合成润滑油基础油等4套新装置仿真培训系统，供装置人员学习演练。②强推“居家+内网”双线仿真练习，月度排名通报居家安装率和综合训练率，对措施得力、效果明显及训练率、合格率、优良率高的单位进行奖励，对贯彻不力、敷衍应付及训练率、合格率、优良率低的单位进行考核。③推动仿真训练提质减负。在搭建双线练仿真的基础上，通过编制指导书、设置推题组、制定题型标准，完善124个基层单位、34套仿真训练题库共2182题，推行“训练推题、成绩达标、申请免练”，先后推送983道仿真题，供1800多名员工参加训练，1160多名员工成绩达标，获准免考。

（杨国强）

【师资队伍建设】 2021年，公司培训满意度测评分均在90分以上，重点项目评估考核优良率保持100%。①坚持把政治标准作为师资选聘的首要标准，引入专业党校、高等院校的党建专家教授担任党校客座教授，通过专业推荐、见面对接、业内咨询等方式，确定34名客座教授人选，遴选20名公司内部专家为党校兼职教师。②始终将高水平师资作为高质量培训的前提，采用内部推荐与外部选聘互补方式，把管理专家、技术能手、能工巧匠吸收到兼职教师队伍中来，建立500多人的门类齐全、素质精良的公司师资库，举办专班兼职教师培训班，实现向企业培训师的角色转型，培养专业理论扎实、实践经验丰富、擅长教学组织的培训师队伍。

（杨国强）

【衔接省管体系规范化】 2021年，①落实广东省对技能等级认定实行“双随机、一公开”“互联网+监管”管理模式要求，结合实际编制驻粤企业“省认定工作流程”“省认定数据报表”等相关文档。做好集团公司各驻粤企业和分支机构制度宣贯解读、业务培训辅导等工作，实现驻粤企业在批次计划申报、认定数据录入、企业信息报批等方面的规范化、精准化。②抓好省管平台应用，分5批次补充上传相关行业评价规范，拓宽15个职业、18个工种备案等级范围，解决行业职业等级归属与国标不一致，导致证书无法正常上传国网等问题。③申请增加工种备案范围24个，删除工种14个，协调集团公司与省技能指导中心提交年度区域中心226个认定计划、涉及1801人，指导广东石油、管道公司、销售华南、五建公司、燃料公司、广州石化和润滑油茂名分公司等7家驻粤企业提交50个计划、涉及4626人，共有3586人次申报等级认定合格，3581本等级证书信息成功入网，5人次等级证书因备案职业范围原因暂未入网待以后解决，证书总体入网率达到99.86%。

（梁　波）

【区域等级认定标准化】 2021年，①贯彻落实“国家职业技能提升行动”，标准化开展职业技能等级认定，统筹做好地区认定中心各项业务，结合区域企业生产实际情况，在茂名、海南洋浦、北海、湛江四地设立企业考点，实行统一报名、统一命题、统一考试、统一认定，同步组织区域企业1847人（包含初级工151人、中级工1262人、高级工434人）进行专业理论考试，292人参加技师通用知识考试。②全年共有1241人（包含公司员工291人）达到初、中、高级工考核认定合格成绩，认定通过率为67.2%；申报技师认定的297人中有106人取得合格成绩（其中公司员工26人），认定通过率为35.7%。

（梁　波）

【岗位资格取证】 2021年，①制定《公司工艺、设备、安环专业岗位资格培训取证方案》，组织开发“三大员”上岗取证培训课程，举办“三大员”取证辅导培训班，分两批次组织实施585人（包含工艺员218人、设备员224人、安全员143人）参加“三大员”培训取证应知应会考试；进行在岗“三大员”取证综合考评，8个二级单位共308人（工艺员98人、设备员127、HSE管理员83人）参加。②抓好技能人员上岗考评，组织公司新员工、新装置上岗和岗位资格复审、岗位全流程、大岗位考试、转岗等各类岗位资格考试27批次，1867人次参加考试，总体合格率为86.5%。

（梁　波）

【资质取证合规化】 2021年，根据国家法律法规要求，协调省、市相关部门，开设取证“快速通道”，简化取证过程，克服疫情影响和“工学矛盾”。2021年动态统筹组织实施危险化学品作业、锅炉作业、电气作业等取证项目13个、25期、836人次。复审项目8个、29期、424人次。

（梁　波）

【国家级竞赛获历史最好成绩】 2021年，党校/培训中心组建统筹督导组、项目管理组、教练组、选手组四个团队，通过压实责任、配强成员、细化分工、责任挂钩等措施，强化选手集中培训管理与服务，科学制定个性化培训方案，协同开展挂图作战，集中优势资源打造乐教教练团队、善学参赛团队。①9月24—27日，公司9名选手参加2021年全国行业职业技能竞赛聚乙烯装置操作工技能竞赛，获团体总分第一、个人奖牌“4金3银2铜”的历史最好成绩。该竞赛首次列为国家级二类职业技能竞赛，由中国石化集团公司、中国就业培训技术指导中心主办。②10月28—30日，公司3名选手参加2021年全国行业职业技能竞赛加氢裂化（处理）操作工竞赛，获个人奖牌“1金2银”，团体总分第五。③公司化工总控工参赛代表队3位选手参加第十三届全国石油和化工行业职业技能竞赛，获团体三等奖。

（梁　波）

【优化网络智能练兵】 2021年，制定统一练兵策略，组织基层员工开展“移动+居家”式全天候练兵，采用智能练兵“合格达标率+百分达标率+综合达标率”月度排名通报机制，开展有效练兵117.3万人次，人均265次，合格达标率97.8%，满分达标率为98%。

（梁　波）

【素质能力抽考】 2021年，进行素质能力抽考20万人次。①坚持从严培训考试、从严监督检查、从严奖励处罚，强化“安环是第一工作”的发展逻辑，组织实施基层领导人员安全生产能力抽考，由专业部门命题，分批组织基层领导人员232人参加能力抽考。②以“五懂五会五能”为重点，组织二级单位结合实际，修订编制抽考题目，供技能人员学习培训，组织由公司专业部门相关人员组成的联合抽考组、三级值班干部，深入生产现场开展随机抽考，检验基层员工对安全生产等知识的掌握程度。

（梁　波）

行政事务中心

【概况】 行政事务中心/离退休人员服务中心主要负责公司范围内的公共安全、后勤服务、房产管理、土地管理、绿化管理、环境卫生管理、车辆管理、食堂管理、社区管理、防恐反恐以及综治保卫以及离退休人员管理等事务。其中，行政事务中心部分下设行政后勤室、社区管理室、房产土地室/安全环保室、综治保卫室4个管理室，以及职工食堂、车队、竹园、后勤服务队、保卫一中队、保卫二中队、保卫三中队、保卫四中队、保卫五中队9个基层（车间级）单位。截至2021年底，行政事务中心有正式职工169人（不包含离退休人员服务中心部分），其中，具有高级职称的5人，中级职称的37人，初级职称的24人，技师19人。

（吴婷荣）

房产土地管理

【房产土地确权问题解决】 2021年，①公司成立攻坚专班，完成露天矿农场、金塘铁路站、工业引水渠、谭莲高压线、尼桥高压线及胜利水泥厂南等14宗土地不动产权证办理，确权面积达115万平方米。②针对部分房产报建资料缺失导致的确权风险隐患，2021年，共完成570宗19万平方米无证房屋办证，解决公司无证土地问题，保障公司房产土地权益不受损害。

（梁　伟）

【盘活原水东培训中心闲置土地】 2021年，公司与水东湾新城管委会协商原水东培训中心闲置土地事宜，并在土地收储价格、税费减免等方面与水东湾新城管委会达成一致意见，成功处置盘活该地块，实现公司效益最大化。原水东培训中心土地自1993年以来一直处于闲置。

（梁　伟）

【32套低效未房改公房处置完成】 2021年，根据“盘活存量、处置低效、保值增值”的资产管理原则，公司在深圳产权交易所将59套低效房产公开挂牌出让，成交32套，确保国有资产的保值增值。

（陈华瑞）

【工农关系工作落实】 完成2021年春节、中秋节工农关系慰问工作，对辖区周边群众等3931户/人进行走访慰问，与585人开展联谊座谈活动。持续深化企地合作，2021年与当地政府签订维稳协议5个，工农关系实现“三个为零”目标。

（曾晓东）

社区后勤管理

【党校修缮工作】 2021年，行政事务中心完成公司党委党校大门设计及内部修缮工作，以及公司党校内印刷厂搬迁、厂前3栋、4栋收回工作。5月14日，公司党委党校重新挂牌成立。

（陈旭日）

【改善基层工作条件】 2021年，行政事务中心完成炼油分部、化工分部、热电分部、港口分部、铁运分部、仪控计量部、水务运行部7个生产主体单位25座厕所的改造。

（吴婷荣）

【工服清洗一期项目投用】 7月1日起，行政事务中心在炼油分部联合一车间开展工服清洗试点工作，自12月31日起开始为炼油、化工区域操作人员提供工服清洗服务。

（陈旭日）

【车辆管理】 2021年，行政事务中心抓好安全设备联检、故障判断及隐患整改，累计安全出车16538趟（19321.75台班），完成长途任务2742趟，全年11个法定节假日共封存车辆402辆次，实现安全行车169.65万公里无上报责任事故和优质服务零投诉目标。

（黄　敏）

【食堂软硬件建设】 2021年，公司安全供餐328万份。①修订完善职工食堂食品安全管理体系，组织到中国石化系统内以及广东省内多家知名企业进行参观学习、开展对标一流培训，全面提升食品安全意识和技能。②完成对基层一线倒值班职工饭盒的升级，解决饭菜串味问题，炼油、化工食堂“2+N”半自助就餐模式落地。③提升驻守湛江、水东等边远岗位员工餐标，抽调厨师骨干到边远食堂增援，更新湛江首站食堂大厅餐台，改善员工就餐环境。④做好炼油、化工重点项目和大修一线供餐服务，为炼油高端碳材料和化工合成润滑油基础油项目现场供餐2万多份，配送糖水、茶水和汤水1.17万多桶；为化工一线大修提供手工饺子、肉包、馒头10万多个，配送糖水、茶水和汤水6000多桶，总量达到40多万份。

（柯文飞）

【接待服务】 2021年，行政事务中心服务公司及二级单位各类会议、演出等3187场次；加强公司场馆管理，严格落实疫情防控措施，为广大职工及家属提供安全、宽敞、明亮、有序的文体活动场所。

（吴婷荣）

【创文巩卫工作】 2021年，行政事务中心组织开展创文巩卫志愿服务活动90多次，志愿者常态化参加茂名市城区“六好”主次干道、“五好”交通岗值岗，包联的官北社区参加活动，并在活动中被评为第2名。5月，公司被茂名市评为创建国家卫生城市工作先进集体。

（吴婷荣）

【超额完成无偿献血任务】 2021年，公司加大与茂名市中心血站、公司各单位协调对接，落实献血采血安排，完成18.48万毫升（924人次）献血任务。

（黎东彪）

【宣传工作】 行政事务中心加强对外宣传工作。2021年，中国石化刊物上稿32篇，公司内外采用稿件72篇，“奋进石化平台”发布32期、稿件93篇。

（林彬彬）

【为群众办实事好事】 2021年，行政事务中心成立“我为群众办实事”员工志愿者服务队，以实际行动为员工分忧。①参与“为民服务创先争优”志愿服务、“五好”交通岗志愿服务105人次。②组织20名员工参加2021年公司义务植树活动。③开展“责任之星”评选，先后评选出劳务工“安全卫士”120名，“排查隐患能手”30名；开展“学百年党史，做最好后勤”优秀心得体会比赛、“我为企业献良策”优秀合理化建议比赛、“学党史，颂党恩”书法比赛等主题系列活动。④解决员工提出“小诉求”5项。⑤做实关心关爱工作，增强员工的凝聚力和向心力。⑥上门探访困难、住院员工30多人次，为困难员工办理困难补助7人次共7000元。中心161名职工参加扶贫济困日捐款14350元。

（林彬彬）

【HSE管理体系落实】 ①修订完善行政事务中心HSE责任制、应急管理预案、重要环境因素及管控措施等9项制度。②组织推进现场HSE观察学习和大讨论，对查找出的40项问题按“逐步改进、分批实施、减少存量、防止增量”原则进行整治。③对炼油、化工生产区域实施技防改造升级，协助港口分部完成长输管线巡线所需无人机采购，炼油、化工、港口、铁运等5个“一类”反恐目标均已安装无人机主动防御系统并通过茂名市反恐办现场验收。④加强对公司综治管理人员进行反恐防范、预防酒驾及酒后上岗的培训，与公司相关部门对接完善门禁“黑名单”通报及录入管理，做到及时通报、当天录入。⑤做好炼油新设高端碳8号岗、化工8号岗外迁等工作，完善门岗技防设施。同时抓好平安建设（治安综合治理）工作，将平安建设（治安综合治理）工作融入HSE管理体系公共安全管理要素中，明确并压实全员安保、反恐、防暴责任，推动平安建设（治安综合治理）工作持续提升。

（关　超）

应急救援中心

【概况】 中国石油化工股份有限公司茂名分公司应急救援中心(简称应急救援中心)，其前身消防支队始建于1958年，主要负责消气防监管、灭火救援、环保应急救援、自然灾害应急救援以及其他突发事故的应急救援职能，有65辆消防抢险、气防救护、火场指挥车等战斗车辆，以及大批火场救护装备、器材，是公司常备综合应急救援队伍，同时兼国家危险化学品应急救援茂名基地职能。下设综合管理室、救援救护室、防灾减灾室、装备管理室4个管理室和炼油中队、特勤中队、乙烯中队、水东中队、北山岭中队、湛江中队、金塘中队、高端碳消防站等8个中队(站)。截至2021年底，有指战员304人（含合同制职工133人、劳务派遣工171人），其中，具有高级职称的3人，中级职称的17人。

（高智勤）

【应急救援和消防监护】 2021年，应急救援中心接警出动39次（企业内12次，企业外27次），灭火成功率100%，成功处置“7·22”中准新材料科技有限公司爆炸着火等险情，应急处置次生灾害事故为零；执行“急、难、险、重”监护任务334次，出动消防车468台次、指战员1752人次，全力保障新建装置开工、大修装置开停、设备管线泄漏处置、带压封堵抢修等重大高风险作业现场消防气防安全。

（黄亚忠　高智勤）

【综合应急训练】 2021年，应急救援中心开展危化品救援、环保应急、医疗救护、自然灾害应急、综合应急等5大类、21个项目训练演练，实现从单一灭火到综合应急救援转型。①根据综合应急职能购置48米大跨度高喷消防车、灭火排烟机器人等新型装备，加强操作技能培训，通过4G球监控训练质量，利用侦检无人机传递火场信息。②结合各中队转型发展任务，组织开展化学战剂及有毒有害气体检测仪、红外热像仪、地震检测仪、雷达探测仪等训练，利用废弃的炼油3#常减压部分装置组织开展高空救人、带压堵漏等项目实训，通过每月班组训练竞赛、半年消防员等级考核提升训练质量。③对标一流训练指标，加强技能人才培养，通过“红旗车竞赛”“消防技能竞赛”等活动提高训练积极性，3名队员达到省级一流水平，培养20名消防车全能操作手，二级员达标率71.01%，创历年新高；参加湛江市霞山区两次专职队比武，均以绝对优势获得团体总分第一名。④举办转型发展劳动竞赛，开展百米消防障碍、近距离供水操、移动炮灭火操等7项竞赛。广东省军区司令员周河少将7月到公司开展民兵应急防化排工作检查时，对公司防化训练、清消演练、应急物资管理等工作给予肯定。

（黄亚忠　高智勤）

【国家危险化学品应急救援茂名基地投用】 11月，国家危险化学品应急救援茂名基地投用，该基地占地50亩，包括消防楼、训练塔、安全实训楼等工程和7大类、22项安全生产预防及应急装备，集安全实训、应急指挥、桌面推演、模拟灾害演练等系统于一体，具备国内一流危险化学品事故应急救援和突发性环保事件应急处置功能，服务能力辐射周边400千米。12月15日，中国石化受国家应急管理部委托，根据国家应急基地建设要求，由总部安全监管部应急管理室主任孙志刚带队组成7人专家组，对茂名基地开展应急消防专项验收，验收专家组一致同意通过验收。

（任接龙　高智勤）

【服务地方企业】 2021年，①应急救援中心发挥危险化学品应急救援技术优势，分期分批对茂南区危化品企业13家消防协议单位456名员工开展16期技能培训，对茂名市危化品生产和仓储经营企业130多名班组长开展3期应急救援技能培训。②发挥队伍分布广、统一接警、快速反应的优势，积极履行社会责任，成功处置企业外火警27起，与高新区、茂南化工园区企业开展联合演练24次，开展“消防六熟悉”和消气防巡查共31次，排查出87项隐患问题并指导整改。③新建高端碳消防站11月26日进驻执勤，增强了茂南区危化品应急救援力量，公司与周边危险化学品、一般化学品生产经营企业实现应急联动。

（杨　波　高智勤）

【落实应急处置“135”原则】 2021年，应急

2021年“8.6”高端碳装置水涝处置（刘正泉 摄）

救援中心编制贴合装置实际的“135”原则应急卡，规范事故初期处置程序和要求，为消气防救援力量5分钟无法到达的化州站、长输管线、化工液化气站、北山岭商储二期东南角、高端碳材料装置等6个责任区域、11个点，制定落实系列应急处置措施，确保5分钟内专职和基层应急队可联动进行应急处置。①提升接处警效率，确保出警速度白天45秒、晚上1分钟。②加强火灾报警系统维保使用监管，及早发现险情及时报警。③绘制长输管线沿途消防水源、道路卫星图和每个桩位定位图，接警后定位指引参战人员快速到达现场。④针对以上区域的高风险、重大施工作业，加强消气防监护力度。⑤加强消防道路占路管理，避免占用快速到达通道，确保沿途畅通。⑥加强中队与辖区车间双向互动培训和联合演练，提升基层应急队初期火灾救援能力。

（黄亚忠　高智勤）

【应急能力培训】 2021年，①结合缺员情况招聘新队员，开展上岗前安全和技能培训，

补充应急救援新生力量。②加强专业技术人才培训，通过每周四夜校视频上课和学习专班等方式，开展应急救援专业知识培训，编制《应急信息传递和响应指南》《茂名石化物料应急处置手册》《应急救援法律法规制度汇编》《应急中心专业火场职责》等组织干部员工学习。③制定受限空间救援方案，组织中队学习，开展受限空间救援项目训练。④抽调8名队员到茂名市消防救援高新区大队集训，重点开展体能强化和专职队5项全能训练，在广东省消防技能竞赛中总成绩排名第九，专职消防队伍中排名第十。⑤开展班长骨干培训，组织15名战斗班长和骨干学习班组队伍管理、灭火技战术、应急救援技能等知识。⑥邀请天津安固密封技术有限公司专家对68名指战员开展危化品泄漏应急处置快速封堵技术培训，提高救援人员快速封堵及处置泄漏事故能力。

（黄亚忠　高智勤）

【应急消防劳动竞赛】 2021年，应急救援中心以“119消防安全宣传日”为契机，11月8日至9日开展应急消防“比技能、强本领、保安全”主题劳动竞赛。竞赛分专职应急队和基层应急队两个组别，7个专职队41名选手参加沿楼层铺设水带、车顶炮灭火操等6个项目竞赛，10个二级单位应急队选拔56名选手参加小型灭火器灭火操、佩戴空气呼吸器60米折返跑等3个项目比赛，提升了专职与基层应急救援队伍联防联动能力。

（黄亚忠　高智勤）

2021年11月9日，开展119应急消防劳动竞赛（刘正泉 摄）

【应急预案联合演练】 2021年，应急救援中心全面梳理公司装置、大型油罐、长输管线的风险点，修订完善公司关键装置、要害部位的灭火预案和长输管线泄漏处置应急预案，结合公司级重大风险隐患清单，对接辖区单位开展联合演练，加强“四不两直”演练抽查。坚持开展“一周一练”协同作战、实地联合演练，重点开展高空管廊、大型储罐事故专项演练，结合企业内外事故开展高温油泵和液化气泄漏应急处置联合演练。全年共开展演练459次，其中，公司级4次、分部级26次、车间级联合演练162次、中队级演练267次（含夜练94次）。7月，在与化销华南分公司开展的大型交通运输安全联合竞演中，特勤中队获“应急示范奖”。

（黄亚忠　高智勤）

【HSE体系宣贯】 2021年，①学考《施工作业安全管理程序》等制度，以应急处置“135原则”、安全隐患风险清单为抓手，领导到基层解读督办为手段，明确管理室、中队干部在执行中责任、考核标准，推动集团公司总经理“2号令”贯彻落实。②组织管理干部学习总部和公司《HSE管理体系手册》，提升看问题、抓安全工作的整体思路。③各中队组织全体员工学习HSE管理体系内容，认真落实工作票制度、“手指口述”（唱票）操作法、

HSE观察，保障训练安全、演练安全、应急出动安全。④推进中心各基层单位HSE观察全覆盖，每月根据HSE观察有效人均数、典型HSE观察数量、班员有效HSE观察情况进行奖励。⑤参考公司HSE系统性重大风险清单，排查应急救援中心重大风险清单，制定公司重大风险的应急演练预案，列入演练计划。

（黄亚忠　高智勤）

【消防安全监督检查】 2021年，①坚持每日对辖区开展防火巡查。每月在公司安全负责人例会上通报，全年发布HSE检查通报53期，查出各类消气防问题723项，通报较典型问题203项，考核责任单位7.45万元、奖励11.8万元。②履行消防专业分委员会管理职责。每月分专题开展应急消防专项排查，每周“四不两直”抽查基层应急救援队事故初期应急处置情况，查出123项消防安全隐患问题，跟踪复查整改情况。③加强装置现场消防气防专业检查监督。全年共检查295个气防柜、664套次自背式空气呼吸器，排查2858个室外消火栓和1275具小型灭火器；查出不规范固定动火点2起，及时纠正并批评教育。④推进“三查”工作。定期召开“三查”工作推进及通报交流会25期，汇总纪律、隐患、思想问题660项，督促相关单位抓好整改。⑤整改消防管线卡箍问题。修订《茂名石化应急救援设备设施管理细则》，明确“消防系统禁止使用沟槽管件连接（卡箍）方式”要求，组织建审人员学习。开展消防管线7545个卡箍专项排查，对新建苯乙烯等在建、待建项目禁止使用卡箍技术，提出7条整改措施。

（杨　波　高智勤）

【工程项目消防竣工验收】 2021年，①参与对炼油转型升级和乙烯提质改造项目总体设计的消防审查，在消防设施器材、火灾报警系统、应急照明等方面提出32项修改意见，对馏分油加氢、环保橡胶油、蜡膏蜡下油加氢装置可研报告进行审查，提出7项修改建议。②参与10万吨/年高端碳材料项目设计复查、廉茂管线项目初步设计、化工乙二醇车间多元醇回收等项目基础设计和炼油系统管廊隐患治理等28个项目有关消防工程的设计审查会、设计交底协调会102次，并提出57项审查建议。③抓好新装置三查四定、开工条件确认、详细设计现场对接检查、中交检查等各类检查，参与聚烯烃弹性体等19项新改扩建工程项目消防“三查四定”工作，共查出各类隐患问题55项。

（杨　波　高智勤）

【消防安全教育培训】 2021年，①开展消防专项培训和实操训练，对万方公司、职工文化中心、质量检验中心214名员工开展扑灭初起火灾和大型人员密集场所火场逃生培训。②各中队分期、分批对辖区单位员工进行密集小班培训，对炼油分部、化工分部、港口分部等单位1831名基层单位应急队队员开展空呼器佩戴、心肺复苏术等消气防技能培训。③对公司148名2021年入职大学生开展为期一周的队列训练和消防气防技能培训。④加大校园消防安全宣传教育力度，开展以“全民消防、生命至上”为主题的119消防宣传活动，为茂名市近千名幼儿园师生开展消防知识培训。⑤与炼油分部联合开展“落实消防责任，防范安全风险，共创平安炼油”主题亲子活动，邀请员工家属子女“零距离”接触应急救援装备器材，观看消防机器人、举高消防车等实操展示，开展消防安全知识宣讲。

（杨　波　高智勤）

【消防装备和车辆管理】 2021年，①实施设备专业“一岗多能培训”“司机副班学习”“岗位练兵竞赛”等奖励细则，提高员工积极性。②加强消防装备日常检查管理和维护保养，开展设备大检查2次、月检12次、周检24次、日常抽查110次，共查出问题329项,根据制度考核并督促整改，实现车辆保养率100%、主战消防车完好率100%、设备执勤率95%以上，为应急抢险工作提供了装备保障。③实施网格化管理，落实责任到人，建立周日装备集中保养制度，制定各中队半年综合排名考核办法，促进装备管理水平提升。④采取激励措施,鼓励引导司机、救援员自主维修装备小故障，全年处理问题157项。⑤编制维护保养操作规程，制定装备训练计划和装备展操标准，推行“手指口述”操作法，开展“红旗车竞赛”“消防技能竞赛”等活动，75%的操作人员装备操作水平达到良好值，培养消防车全能操作手20名。

（任接龙　高智勤）

【纪律作风建设】 2021年，①制定《作风纪律要求》《值班管理细则》《绩效考核管理细则》等规章制度，通过远程监控、值班抽查抽考等方式检查队伍训练、演练、监护纪律作风情况，通过优化绩效考核细则奖勤罚懒。②严格按“一日生活制”等军事化管理要求落实检查考核，实施严格的集中管控、手机管控和空调使用管控，规范体能和技战术训练、设备检查保养等作息要求，加强机关、中队两级干部带班履责检查，每日进行纪律作风检查考核。③值班人员每天到中队检查“一日生活制”落实情况和文明礼节礼貌行为举止，实行执勤集中管控。

（刘世琦　高智勤）

【政治思想建设】 2021年，①坚持抓政治学习，落实“三会一课”制度、主题党日活动，坚持“两观看一诵读”，组织员工每天晚上集体观看《新闻联播》、每周日晚集体观看红色电影、每天就餐前齐诵习近平总书记训词。②开展“追寻红色历史、感悟茂名发展”党史学习教育主题实践活动，利用晚上时间组织党员干部集中学习党史教育书籍和材料，上专题党课。③中心党总支、炼油中队党支部组织党员干部131人次分别到茂南烧酒村革命老区、公司厂史馆、广东南路革命化州教育基地、露天矿博物馆等地开展红色教育，传承红色基因。④62名党员为身边群众办实事79件，组织282名员工为患重病的救援员妻子捐款2.51万元，编制发布23期责任文化看板和奖励通报。

（刘世琦　高智勤）

【应急救援专业荣誉】 2021年，北山岭中队被评为公司模范班组，乙烯中队党支部被评为公司先进党支部，炼油中队第一党小组被评为公司先进党小组。

（高智勤）

信息中心

【概况】 中国石油化工股份有限公司茂名分公司信息中心（简称信息中心）成立于2001

年1月10日，占地面积约6650平方米，主要负责信息化项目实施、信息系统应用与维护、信息基础设施应用与维护、信息化软硬件资产、信息安全、通信业务管理，以及除人事档案外所有档案管理工作。下设信息档案管理室、项目管控室、应用支持室、基础运维室4个管理室。截至2021年底，有在岗职工71人，其中，具有副高职称的28人，中级职称的42人。

（李晓文）

【建成我国石化行业首张5G防爆专网】 11月8日，公司3#聚丙烯装置内建设的5G防爆微站并网。该5G防爆微站由公司联合中国移动、华为公司、石化盈科共同研发建设，采用“公网切片+防爆独享”的灵活组网方式，有效解决了炼化厂区现场设备防爆等级要求高、5G信号覆盖距离短、复杂工业环境无线信号传输难、总体建设成本高等导致的炼化装置区5G网络覆盖难题，为构建装置区内“5G+AR巡检”“5G+泵群监测预警”等“云+网+应用”一体化5G工业互联网应用，提供了安全、高速、可靠的网络资源保障。

（李晓文）

【获全国“绽放杯”5G应用大赛一等奖】 9月16日，公司与中国移动茂名分公司联合申报的项目“建设5G防爆专网，构建安全型智慧石化产业群”获全国第四届“绽放杯”5G应用征集大赛智慧能源专题赛一等奖。本次大赛由中国移动通信集团有限公司和中国信息通信研究院主办，全国共有523个项目参赛，其中一等奖15名。该项目包括智能水表、变电所无人机巡检、变电所温感和烟感监控、工地5G视频监控、仪控机柜间AI智能巡检等

2021年9月24日5G应用大赛答辩会（信息中心提供）

内容。

（李晓文）

【一案例入选“集团公司信息和数字化十佳案例”】 2月10日，《5G+AGV打造无人仓库 助力仓储智能化转型》案例入选集团公司2021年度“信息和数字化十佳案例”。该信息化项目在公司物资总库改造实施，是公司首个无人仓库。

（李晓文）

【两化融合管控机制】 信息中心滚动完善公司“十四五”信息化战略规划、信息化规划符合度管理办法和规划项目落地绩效考核机制，规划落地率同比提升5个百分点，符合度指标同比提升8.9个百分点，成为中国石化系统内首家完成网络和工控安全规划的企业。①建立2个“信息专业+信息系统”指标体系，制定7类信息专业绩效评价指标和50个重要信息系统的应用评价指标，每月通报考

核，应用水平同比提升5.6个百分点。②建立2个“管理+技术”规范体系，定期对各单位进行信息化体检，倒逼业务部门加强两化融合。③形成以信息化项目建设导则为源头管理，以“IT＋业务”双项目经理负责制为过程管理，以低价值运维、“三查+服务”为全生命周期管理的机制，主要系统低价值运维占比由2020年的24%下降至7.8%。④分析发布年度信息化发展情况报告，为专业发展提供依据。⑤以“业务IT化、IT业务化”为核心，开展ERP关键用户水平评价并认证，18名员工取得中高级水平认证；推行跨专业导师带徒等人才培养，两化融合人才率由2020年的0.87%提升到1.3%。

（李晓文）

【提升网络综合防御能力】 ①建立常态化网络安全管控机制，推行网格化安全员，对网络安全实施属地化、专业化、网格化管理。②加强信息基础设施日常监控，开展钓鱼邮件测试和安全检查，对私设WI-FI热点、计算机弱密码等违规行为通报考核。③采用网络全流量监控技术，建立行为模型，自动发现网络异常行为并发出报警，感知防范供应链数据盗取、黑客拖库等行为。④参与公安部护网行动攻防演习，提升实战经验和“安全分区、网络专用、横向隔离、纵向认证”防御能力。公司是公安部开展的网络攻防演习中，集团公司唯一“零”失分、“零”通报的企业。

（李晓文）

【数字化转型】 ①组织600多人次开展并完成生产经营业务域72个核心系统、11000多项业务活动和对象等数据的资源梳理盘点。②完成炼化企业8个生产核心业务域、44个主题域、174个一级子项业务域的数据资源目录划分。③推进上云上平台建设，建成炼化板块首个非统建上云上平台项目，部署成本下降36.7%，与传统方式相比每年可节电4500千瓦·时以上。④建成石化行业首个5G防爆微站，突破性解决炼化装置区5G网络覆盖落地难问题。⑤在原地改造机房，无扰动迁出170多个系统、640多台服务器，清理整合虚拟服务器150台，关停老旧服务器93台，机房每天节电1300千瓦·时，承载服务器机柜空间增加64%，消除了电气、承重等安全隐患。⑥首次在化工中控室投用167个桌面云终端，节电75%。⑦运用低代码协同平台，采取“平台+二次开发”形式解决“短平快”需求，破解信息化需求旺和传统开发时间长、成本高等问题，每年可节约工时8000小时以上。⑧在系统内率先完成铁路运输、新产品研发等系统的国产化数据库部署应用，解决国外数据库风险漏洞等问题；提前谋划解决国外软件卡脖子和知识产权法律风险问题，中国石化系统内率先实现CAD软件国产化应用。

（李晓文）

【安环领域信息化】 ①建设危化品安全生产风险监测预警、危险化学品运输安全监管等项目，实现重大危险源全方位在线监测，火灾报警位置视频监控、应急预案、警情信息一键联动展示。②应用污染源传感物联、GIS地图等技术，建设集环保地图、VOCs排放、LDAR监测、污染管控等功能于一体的环保三期系统，实现固废、危废、异常排污、管网水质监测、污染问题预警和应急处置整改的一体化管控。③建立视频对生产作业现场的远程监控机制；投用电子作业票系统，对作业申请、JSA

分析、气体分析、票证签发等环节实行全流程作业安全监管，规范直接作业许可流程。④投用污（雨）水管网智能管控系统，摸清200多公里污水和雨水管线的走向及其附属设施的分布，实现污水雨水管网数字化、可视化管理，提升突发环保事件应急处置能力。

（李晓文）

【生产经营领域信息化】 ①建成5G泵群-IOT、NB-IOT等工业物联网平台，实施完成水表、质检分析仪器、衡器等数据自动采集，全口径数采率大幅提升。②对公司1126台在线仪表统一监控管理，投用率、完好率、取代率分别由2020年的76.8%、78.0%、33.5%提升到96.2%、99.3%、65.6%。③建成物资无人仓库试点项目，物资收发货速度提高50%。④实施完成7台汽车衡器、4台轨道衡器的无人值守，过磅效率提升50%，节约人力70%；实施分析仪器数据自动采集项目，人均劳效提升26%；码头架空输电线路全线10公里采用无人机巡检，提高外线路巡检和故障排查效率。⑤完成2#裂解装置在线实时优化系统（RTO）项目，并进行初步标定；完成2#裂解等7套装置的APC配套升级改造。⑥完成14项生产统计数据孵化固化应用成果，数据共享效率提高30%。

（李晓文）

【信息化助力减负】 2021年，信息中心成立6个攻关组，利用RPA、爬虫等工具形成28个成果，创效约461.3万元，节省工时4025小时/年；建立“三查+服务”检查标准，395人次到现场开展服务，共发现7类、309个问题，解决238个问题，减负4601时/年。

（李晓文）

【完善档案管理标准】 修订《茂名石化档案管理程序》，完善业务系统电子档案归档等档案信息管理要求，新增扶贫档案类型。6月，首次发布《管理类电子文件单套制归档清单》，针对OA系统归档文件开展电子文件单套制归档探索。

（李晓文）

质量检验中心

【概况】 质量检验中心（简称质检中心）成立于2012年7月16日，经公司专业化整合组建（由原炼油分部质量检验室、技术质量处质量检查组，化工分部化验车间、技术质量处质量检查组、机动处水质监测组中负责水质检验的人员，动力厂化验室、热电二车间和热电三车间的煤炭采制样班，安全环保部HSE监测站组建而成）。下设技术管理室、安全环保室、机动工程室、综合管理室4个管理室和化工检验区、炼油检验区、环保及原动检验区3个检验区。质检中心仪器设备固定资产近3亿元，实验室建筑面积约2万平方米，15种产品157个检测项目通过国家实验室认可。主要分析业务包括炼油分部、化工分部、热电分部生产装置的进厂原材料检验、过程控制分析、中间产品分析、出厂石油化工产品检测、水质检测、煤炭检测、环保监测、职业卫生监测、未知物剖析等工作；主要大型分析设备包括自动蒸馏仪、辛烷值机、ICP等离子发射光谱、塑料万能材料试验机、多种塑料橡胶制样设备及煤炭自动采样设备。截至2021年底，质检中心有在册职工320人，其中，具有高级职称的22人，中级职称的32人。

（吴翠玲）

【质检HSE工作】 2021年，质检中心贯彻落实集团公司总经理“2号令”工作要求，实现“零事故”。①落实领导引领力。制定分析检验“7条零容忍”条款，编发《实验室安全事故案例汇编》，每周召开中心HSE例会，对123项问题形成督办表，完成整改117项，整改率95.1%。②识别出16类“非常规作业”，制定30项作业指导书管控。③安全处置了困扰中心多年的废试剂、含油废瓶老大难问题，降低实验室现场安全环保风险。

（吴翠玲）

【质检质量异常数据反馈及时率99.40%】 2021年，质检中心深化LIMS系统应用，开发自动审核功能，累计自动审核8897项次，其中，通过钉钉自动推送异常数据信息及规范应用提醒信息77180条，提高了异常数据警示的及时性，质量异常数据反馈及时率达99.40%。

（吴翠玲）

【质检实验室执行系统（LES）运行】 4月30日，质检中心实验室执行系统（LES）进入试运行阶段，实现了实验室检测规范的线上管控，可有效提高化验分析数据的真实性和完整性。公司是中国石化十家LES项目试点应用单位之一。

（杨泽明　吴翠玲）

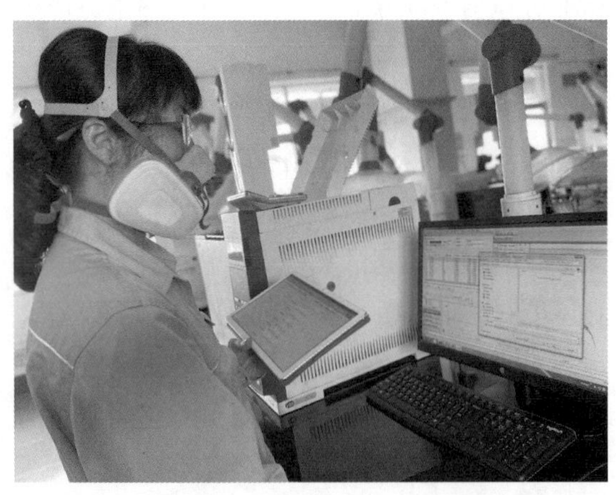

LES系统正式运行（吴翠玲 摄）

【服务新装置开工和新产品开发】 2021年，质检中心全力配合高端碳材料、合成润滑油基础油等新装置开车及新产品开发工作，完成新装置178个采样点的条件确认和38台新仪器的安装调试验收，破解高端碳材料装置原料三四环芳烃含量结果不合理问题、优化LAO色谱组成方法、开发PAO成品色谱馏程方法，完成46个新项目建项。全年出具分析数据169.64万项次，同比增长5.13%；临时加样12.58万项次。

（吴翠玲）

【队伍建设】 2021年，质检中心①举办基层领导干部专业能力提升培训班，全面提升领导干部政治理论素养和履职能力。②在中心范围内首次公开选聘1名质量管理主任师，拓宽专业技术人才成长通道。③推动三大员持证上岗，11名专业技术人员通过综合考评持证上岗。④抓实学习专班。制定《质检中心学习专班管理规定》，抓好计划、组织、检查、总结，每月按成绩兑现奖励考核。共组织开展学习专班329场次，3108人次参加，学习专班的培训质量、效果、成绩大幅提升。⑤3人晋升技师、2人晋升高级技师。

（吴翠玲）

【“低老坏”整治成效显著】 2021年，质检中心制定《质量检验中心5S竞赛方案》，每周调度会检查通报，对查出的593项“低老坏”问题进行扣罚，对91项好做法进行奖励。对三个检验区分颜色进行标识，规范仪器设备标签569台、下发特色考试本272本、更换中控样品器具标识454个。对安全帽、水杯、饭盒等实行定制化管理，逐步培育质检特色文化。

（吴翠玲）

【质检完成煤化验分析岗位搬迁工作】 8月21—22日，质检中心把炼油分部3#门岗旁煤化验分析岗位及相关的62台/套分析仪器、配套设施，搬迁至质检大楼环保及原动检验区本部，实现煤化验分析业务与原材料分析业务集中管理，为下一步整合优化打下基础。

（吴翠玲）

【化工检验区】 化工检验区负责化工分部裂解装置、芳烃装置、苯乙烯装置、乙二醇装置、环氧乙烷装置，以及聚烯烃运行部、橡胶运行部装置的中间控制及产品检验，负责化工原料进厂检验，储运车间甲苯、二甲苯、苯乙烯、乙二醇、抽余油、重芳、石油萘，液化气站的液化气、原料轻烃、原料丙烯、原料碳四，水务运行部化工片新鲜水、循环水、污水、化学水等分析检验工作。主要分析检验设备包括：吹膜机、注塑机、流延膜机、开炼机、密炼机、平板压机等20多台大型制样设备，间断式化学分析仪、傅立叶红外光谱仪、近红外光谱仪、核磁共振仪、OCS粒子扫描仪、气相色谱仪、熔体指数仪、门尼黏度计、电子拉力机400多台分析测试仪器。间断式化学分析仪、傅立叶红外光谱仪、近红外光谱仪、核磁共振仪等现代分析仪器具有分析速度快、精度高、重复性好的特点，为化验分析高效化提供便捷。2021年，化工检验区①完成各项检验分析任务537716项次。②配合装置切牌号分析以及SBS橡胶防水卷材、三元共聚发泡聚丙烯专用料、高密度电缆料、超高抗冲超透聚丙烯、超柔无纺布聚丙烯、耐高温蒸煮膜用聚丙烯、茂金属聚乙烯、高密度聚乙烯耐酸变色IBC桶专用料等新产品开发工作。③参与塑料、橡胶、液体化工产品共7项能力验证计划以及实验室比对，结果满意。④实现出厂合格率和上级抽检合格率100%。方以强被评为公司模范班组长。截至2021年底，化工检验区有职工128人，其中，有高级工程师3名，高级技师8名，技师20名。

（林远芳）

【炼油检验区】 炼油检验区主要负责汽油、3#喷气燃料、柴油、燃料油、石脑油、白油料、沥青、焦炭、硫黄、石蜡、液化气、石油苯、混芳、丙烯等产品出厂分析以及65套炼油生产装置的生产控制、标定分析和原油进厂、原料中间产品、外购原料进厂等分析任务；负责进厂动力煤、原料煤的采、制、送样工作。炼油检验区共有色谱类仪器67台，电化学类仪器27台，光学类仪器25台，石油专业类仪器136台，煤采制设备15台。炼油检验区主要产品出厂依照CNAS-CL01《检测和校准实验室能力认可准则》要求进行管理，其中，汽油、3#喷气燃料、柴油、沥青等产品涉及的检测项目全部通过国家实验室认可复评审。2021年，炼油检验区①完成各项检验分析任务62.5万项次、产品出厂分析任务20.7万项次。配合公司加工原油2189.54万吨，创历史新高。②配合公司完成爱跑98号汽油、轻质船燃、重质船燃等新产品的出厂分析。③全年共完成294批次生焦产品的出厂分析。④配合完成LCO中试装置的开汽分析，完成14套装置的标定分析，全年实现产品出厂合格率和上级抽检合格率100%。⑤配合做好低温脱固油浆装置和高端碳材料装置开汽工作。

2021年，炼油检验区主管和管理人员到装置现场对接采样点条件确认工作；多次邀请石科院专家对高端碳分析项目涉及的16台新仪器的使用及15个新建方法进行培训，就热膨胀系数分析结果差异大问题进行探讨，寻求解决方案；引进数控机床，解决针状焦分析过程制样问题。2021年，炼油检验区三班被评为公司模范班组，廖汉强被评为茂名石化工匠。截至2021年底，炼油检验区共有职工108人，其中，有管理人员7人，煤采制9人，分析人员92人。

（伦国坚）

【环保及原动检验区】 环保及原动检验区主要分析业务有炼油原料进厂验收，原油评价，环境监测，标准溶液的配制，大型仪器分析，动力煤与原料煤的分析，基础润滑油产品的出厂，质量检验工作以及大型机组润滑油采样及检验工作，炼油、水务、热电循环水、净化水、化学水、新鲜水、蒸汽系统等水系统分析。2020年8月1日开始，检验区水质分析业务成功实行外包。环保及原动检验区主要仪器有：ICP原子发射光谱仪、原子吸收光谱仪、红外光谱仪、大型X荧光仪、原子荧光仪、多元素分析仪、气相分子光谱仪、连续流动分析仪、全自动间断式大型化学分析仪、全自动黏度仪、全自动倾点仪、全自动电位滴定仪、环保监测车等大型先进分析仪器及一大批常规分析设备。

2021年，环保及原动检验区共完成水质分析及水质委托分析、环境监测分析、炼油进厂原材料、中控（炼油）、出厂、大型机组润滑油、煤分析45.15万项次，比2020年增加近5万项次；配制标准溶液70余种近400余批，完成300多种原辅助材料的进厂验收。截至2021年底，环保及原动检验区共有职工39人，其中，高级工程师2人，工程师3人，技师1人；另有水质外包人员22人。

（邓　跃）

合资合作公司

MAOMINGSHIHUA

● 湛江新中美化工有限公司

合资合作公司

湛江新中美化工有限公司

【**概况**】 湛江新中美化工有限公司（以下简称新中美公司）成立于1998年3月13日，是中国石油化工股份有限公司控股的中外合资企业。公司注册资本2.2亿元，引进美国芬纳公司专利技术和设备，生产和经营通用型聚苯乙烯（GPPS）和高抗冲型聚苯乙烯(HIPS)系列产品。经过24年创新发展，新中美公司聚苯乙烯生产能力10万吨/年，是国内聚苯乙烯行业中的重要生产厂家之一。截至2021年底，新中美公司有职工116人，有大专以上学历59人，其中，有硕士研究生学历的2人；具有中高级职称的23人，初级职称的25人。

（何玉婵）

【**安全环保管理**】 2021年，新中美公司①狠抓安全责任落实。制定落实集团公司总经理“2号令”实施方案，从8个方面推动“2号令”落地落实。紧密围绕“落实安全责任，推动安全发展”主题，扎实开展“安全生产月”活动，营造浓厚的安全发展氛围。②狠抓现场安全管控。深入开展“三查”工作，落实“一线三排”要求，坚持“专业查+值班查+督察查”，迎接上级和开展内部安全环保检查33次，查改问题169项；对承包商考核51次，通过对现场安全管理保持高压态势，有效遏制违章违纪行为。③狠抓安全技能培训。实施各类人员安全培训857人次，外派7人参加特种作业人员取证或复审培训，20人通过主要负责人或安全管理人员取证或复审培训；组织4期HSE管理制度线上考试，举办27期管理干部学习专班、8期总经理公开课、104场次班组安全学习，员工安全技能显著提升。④狠抓环保管理提升。实施投用VOCs治理系统尾气排放在线检测系统，在DCS上增设污水外排在线检测数值报警；消除厂区中路雨排携带油污隐患，彻底清理干净污水调节池，完成危废转移处置降低公司环保风险。⑤狠抓职业健康管理。完成造粒厂房粉尘问题治理效果试验；常态化抓好疫情防控，组织公司员工和外来人员核酸检测475人次；推进疫苗接种工作，二针疫苗接种率达99.1%。完成职业健康检查与一般健康体检的整合工作，达到“少跑一次医院”的目的。

（何玉婵）

【**经营创效**】 2021年，新中美公司把争创最大效益作为生产经营的主要目标，持续深度优化降本增效。①严抓生产运行优化创效益。通过优化生产流程，利用苯乙烯配料罐接收循环液，解决因安全距离不符合规范T-13A

2021年11月2日，新中美公司产品评价测线项目党建共建活动启动仪式（何奎磊 摄）

被迫停用导致原流程无法生产改苯产品的困境。通过优化生产牌号排产，多产利厚价高的改苯产品，多创效益3100万元。②严抓产品质量提升创效益。通过严格落实产品质量管控措施，利用主装置停车检修契机，清理罐内聚合物，减少因原料夹带杂质产生的二级品产品数量，产品一级品率达到97.4%。2021年仅接到1起质量投诉（非公司原因造成），收到客户抱怨1起，投诉次数、抱怨次数达到历年最低水平。③高效完成主装置大修争效益。通过优化施工统筹、优化施工组织、优化工艺方案，科学、高效、安全完成了主装置停汽大修工作，实施检修项目99项，紧急采购物资136项，实现“三好一成功”。④优化原料采购降成本。通过优化协调苯乙烯供应，确保主装置不停产、不减产，全年优化采购苯乙烯降本增效163万元。⑤优化产品销售抢效益。根据市场变化，适时优化调整销售策略，全年调整产品价格90次，议价销售改苯产品17次，踩准市场变化节凑，卖出产品当期最好价钱，透苯产品比广州石化525产品销售均价高307元/吨，多创效700多万元。

（何玉婵）

【科技发展】 2021年，①精准配合搞好中试装置建设。制定中试项目建设及试运行劳动竞赛方案、中试项目党建共建活动实施方案，从人力、物力、财力等全方位支持中试项目的施工建设。中试装置已初步建成，即将投料试生产。②精准抓攻关改造扩瓶颈。紧盯主装置生产难题抓攻关，先后完成反应釜搅拌机封泄漏严重问题的攻关改造、旧DCS系统国产化改造、24台变频电机频率信号接入DCS改造、5台高温油泵改成屏蔽泵等。③精准抓信息建设助发展。紧跟数字化转型发展新形势，加快智能工厂建设，完成安全生产风险监测预警系统建设、VOCs治理项目尾气排放在线监测系统建设，实现公司环境、安全预警信息全公开。以ERP大集中系统为中心，全面推广财务共享费用报销系统、新资金集中管理系统、全面预算管理系统、财务指标报告管理系统、石化商旅平台、石化通、钉钉群、简道云等的信息化应用，大幅提高员工工作效率。完成公司内部网页建设，利用钉钉简道云开发订餐小程序，公司ERP、合同管理系统、报销系统等应用水平持续提升。建成投用LED电子显示屏，实现厂区宣传、监控、公示互联互通。

（何玉婵）

【企业改革】 2021年，新中美公司①稳步推进制度建设促规范。持续推进制度“瘦身提质”工作，全年新增、修订公司层面管理制度70项。狠抓制度执行落地，通报考核制度不落实情形289项，对重复出现的3项问题加倍考核，确保制度执行有力。②稳步推进规范用工降风险。通过多次组织模拟推演，完成保安、包装、司机、厨师、保洁、切胶业务的外包工作，按业务外包方式与劳务单位签订合同，理顺管理流程，规避法律风险。③稳步推行全面预算管理控成本。根据集团总部要求，充分发挥财务“大管家”作用，稳步推行财务转型、业财融合等各项工作，科学合理从严分解指标，按归口管理下达到责任部门，层层分解责任。做好每月不少于两次的滚动预算，充分利用ERP系统实施预算预警管控，确保成本费用支出始终处于受控状态。

（何玉婵）

【党建工作】 2021年，新中美公司①党史学习教育扎实有特色。组织5个支部参加“参观革命遗址，传承红色基因”“看红色电影，悟‘七一’讲话真谛”等主题教育，务实开展“学党史、见行动”，整治“低老坏”、消防业务知识竞赛等主题党日活动，组织中层干部党史专题学习研讨会，公司劳模、专业技术人员、青年员工代表党史学习座谈会，召开党史学习“查治思想问题、促进安全管理”专题组织生活会，查摆工作落实不力问题，深究背后思想作风问题。学习贯彻《中共中央关于党的百年奋斗重大成就和历史经验的决议》，深刻理解决议明确提出的52字要求，围绕“做强做优做大国有企业”主题深入研讨，增强“建党和人民的好企业”信心和动力，激活力、提效率、增效益。②党建融入中心工作促管理。为促进新中美新产品评价侧线项目加快建设，按时高质量完成项目建设，公司党委与参建的四家单位党组织开展党建共建活动，互相借鉴党建和项目建设工作经验，推进党建工作融入项目、融入现场、融入人心，增强党建工作实效。为进一步贯彻落实集团公司总经理“2号令”，提升党员干部协同应急能力和实操水平，公司联合茂名石化应急救援中心湛江消防中队开展“安全有我”主题党日暨“119消气防业务竞赛”活动，提高员工应急能力，增强党支部凝聚力。③监督执纪有力有效转作风。突出抓好党的十九大以来违反中央八项规定精神问题典型案例教育，党委书记亲自给干部员工上《干干净净做事 清清白白做人》纪律教育月廉洁课，通过案例剖析、反思讨论等，时刻不忘提醒干部员工绷紧廉洁这根弦。加强廉政约谈，公司领导约谈中层领导及关键岗位管理人员12人次。从严抓日常监督，通过对T-8B罐检修项目结算剖析，分析结算管理存在的过程管理不到位等问题，工程结算价从174.9万元降至137.4万元，审减金额37.5万元，审减率21.4%。

（何玉婵）

【队伍建设】 2021年，新中美公司实施人才强企战略，推进三项制度改革，建立健全约束机制，增强员工活力。①抓三支人才队伍建设。首次开展专业技术序列中基层级职位、技能操作序列中层级职位选聘工作，共14人被评选为副主任师（主管）、主管师（主办），5人被评选为主管技师、技师，进一步拓宽人才成长发展空间。推行“能上能下”机制，1人由专业技术岗位调整到技能操作岗位。对3名员工进行岗位调整。破解领导干部结构不科学问题，调整3名经营管理干部，改善了领导干部结构。②抓员工队伍培训。抓好十九届六中全会精神学习教育、党史学习教育、习近平总书记“七一”重要讲话精神等学习教育。全年公司开展各类培训项目52项86期，共5272人次参加培训，中层以上领导干部上讲台授课39人次，公司员工队伍能力和素质持续提升。③抓好薪酬分配机制改革激发员工活力。坚持“成熟一个推行一个”的薪酬分配机制改革思路，先后解决不合理不科学的“特能特薪”“减员激励奖”等历史遗留难题。深化细化专业管理考核，修订完善403款专业管理考核标准，实现专业管理考核全覆盖。加大对突出贡献人员的奖励力度，全年为主装置大修、苯乙烯保供、物资采购优化、危废处置、隐患排查治理、新产品评价侧线项目建设等工作中表现突出人员发放奖励金11.96万元，薪酬分配激励作用更具活力。

（何玉婵）

【企业建设】 2021年，新中美公司①做细做实基层环境改善工作。通过加强规划管理，把劳模创新工作室调整为主装置班组外操室，把空压机单元的杂物房改造为主装置员工更衣室，主装置班组员工工作、生活环境得到显著改善。通过改造修缮成品班、司机班、机电仪班、经警班的班房，改善基层班组的工作环境。②做细做实员工关爱工作。以合理化建议为抓手，发动员工查找身边安全隐患问题，强力推进问题整改，积极主动解决困扰员工的各种难题，切实为员工办实事。公司党员干部承诺为群众办实事147件，各党支部书记亲自督促逐条落实，已办结139项。为1名大病职工捐款3.99万元，为2名大病职工办理帮扶救助金2.8万元。“春节”“七一”“重阳”等节日共慰问探访各类人员69人次，送上慰问金3.01万元，让员工体会到组织的关怀和新中美大家庭的温暖。③做细做实企业文化建设，营造幸福和谐氛围。利用办公楼大屏幕、楼梯间、中控室、外操室等公共阵地，加大以“责任至上、事争第一、追求卓越”“1+1＝0”为主的企业文化和以“HSE先于一切、高于一切、重于一切”“随意就是危险，违章就是犯罪”等为主的安全文化的宣传力度，使之成为员工的共同价值追求和自觉行动，统一思想，凝聚力量，巩固幸福和谐局面。

（何玉婵）

【获得荣誉】 2021年，新中美公司荣获“广东省五一劳动奖状”“广东省守合同重信用企业（连续21年）”，被湛江市经济技术开发区授予“基层党建示范点”称号。

（何玉婵）

组织机构及干部名录

MAOMINGSHIHUA

- 组织机构（截至 2021 年底）
- 公司领导班子成员简介
- 公司中层领导人员名册

组织机构及干部名录

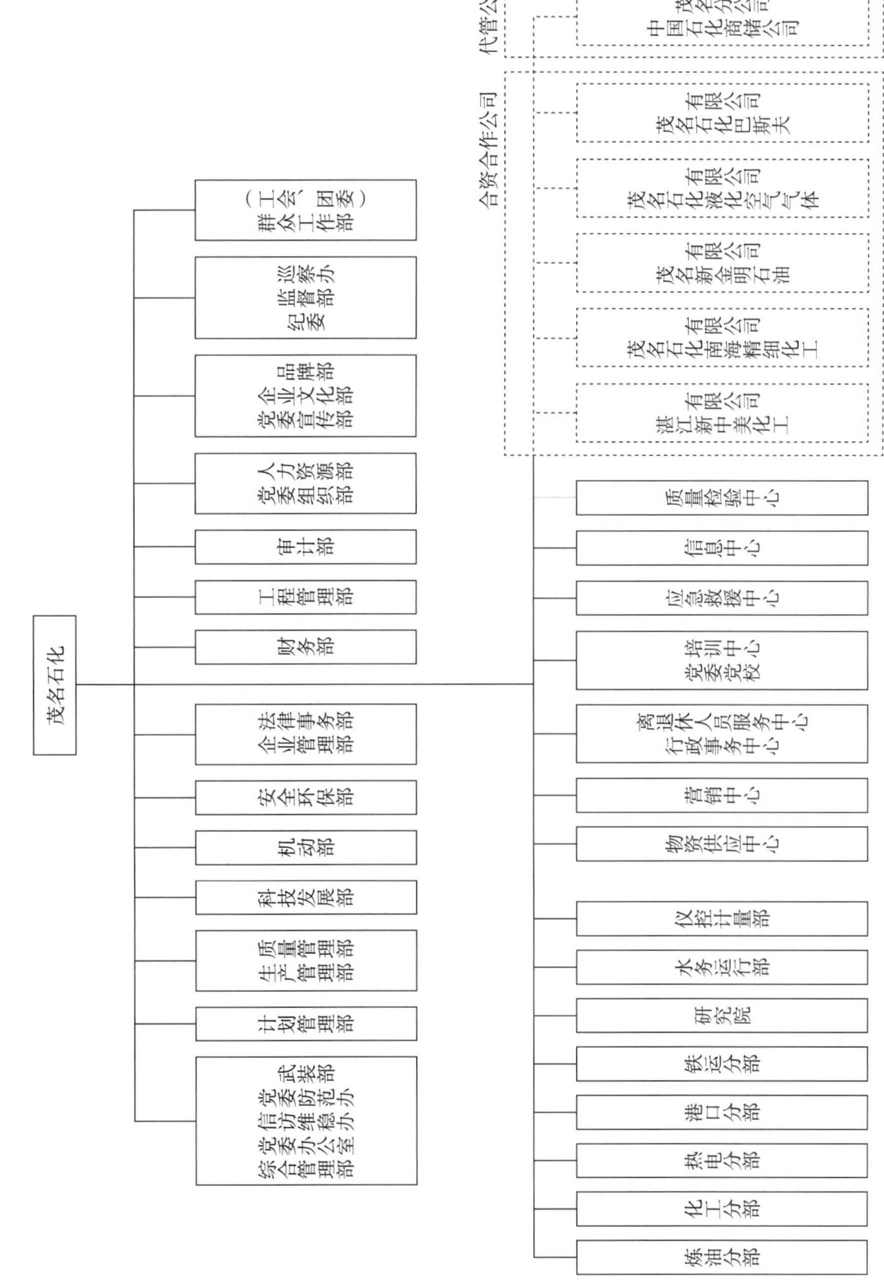

茂名石化组织机构图
茂名石化
群众工作部（工会、团委）
纪委 监督部 巡察办
党委宣传部 企业文化部 品牌部
党委组织部 人力资源部
审计部
工程管理部
财务部
企业管理部 法律事务部
安全环保部
机动部
科技发展部
生产管理部 质量管理部
计划管理部
综合管理部 党委办公室 信访维稳办 党委防范办 武装部
代管公司
中国石化商储公司茂名分公司
合资合作公司
茂名石化巴斯夫有限公司
茂名石化液化空气气体有限公司
茂名新金明石油有限公司
茂名石化南海精细化工有限公司
湛江新中美化工有限公司
质量检验中心
信息中心
应急救援中心
党委党校 培训中心
行政事务中心 离退休人员服务中心
营销中心
物资供应中心
仪控计量部
水务运行部
研究院
铁运分部
港口分部
热电分部
化工分部
炼油分部

茂名石化公司领导班子成员简介

尹兆林，男，汉族，1966年1月出生，黑龙江兰西人，1989年7月参加工作，1993年9月加入中国共产党，工程硕士，教授级高级工程师，第十三届全国人大代表。2010年4月任茂名分公司副总经理，2017年1月任茂名分公司常务副总经理，2017年4月任茂名石化公司总经理、党委副书记、茂湛炼化一体化领导小组副组长，2017年7月任中共茂名市委常委（挂职），2017年10月任茂名石化有限公司执行董事、总经理、党委副书记，2018年1月当选第十三届全国人民代表大会代表，2020年4月任茂湛一体化领导小组组长，2020年10月任茂名石化有限公司党委书记、执行董事，茂名分公司代表，2021年5月任中国石化股份有限公司监事。

陆建明，男，汉族，1964年10月出生，江苏无锡人，1985年8月参加工作，1984年12月加入中国共产党，社科院研究生，教授级高级政工师。2007年1月任广州石化公司党委副书记、纪委书记、工会主席，2013年7月任广州石化公司党委书记、副总经理，2017年8月任茂名石化公司党委书记、副总经理，茂名分公司副总经理，2017年10月任茂名石化有限公司党委书记、副总经理，2020年10月任茂名石化有限公司总经理、党委副书记，茂名分公司总经理。

李雪梅，女，汉族，1969年10月出生，广东湛江人，1990年7月参加工作，1993年5月加入中国共产党，经济学学士，正高级会计师。2017年1月任茂名石化公司党委常委、茂名分公司总会计师，2017年10月任茂名石化有限公司党委常委、茂名分公司总会计师，2022年1月任茂名石化有限公司党委常务副书记、茂名分公司总会计师。

柯玉芸，女，汉族，1964年7月出生，广东茂名人，1986年7月参加工作，1993年6月加入中国共产党，经济学学士，高级会计师。2015年3月任茂名石化公司纪委书记，2017年10月任茂名石化有限公司纪委书记、监事，2019年10月任茂名石化有限公司党委副书记、纪委书记、监事、工会主席。

毛远洪，男，汉族，1971年6月出生，广东高州人，1991年7月参加工作，1999年10月加入中国共产党，工程硕士，高级工程师。2017年1月任茂名石化公司党委常委、茂名分公司副总经理，2017年10月任茂名石化有限公司党委常委、茂名分公司副总经理。

许楚荣，男，1968年12月出生，广东揭阳人，1991年7月参加工作，2002年11月加入中国共产党，大学本科学历，高级工程师。2019年10月任茂名石化有限公司党委常委、茂名分公司副总经理。

关志鹏，男，1974年10月出生，广东阳江人，1996年6月参加工作，2002年2月加入中国共产党，工程硕士，高级工程师。2019年12月任茂名石化有限公司党委常委、茂名分公司副总经理。

栗雪勇，男，1973年9月出生，河北邢台人，1996年6月参加工作，2005年3月加入中国共产党，工程硕士，高级工程师。2020年12月任茂名石化有限公司党委常委、茂名分公司副总经理。

茂名石化中层领导人员名册

（更新至2021年12月31日）

序号	单位	姓名	性别	岗位职务
1	公司	许先焜	男	集团公司高级专家，公司总经理助理
2	公司	古才荣	男	公司 HSE 总监
3	公司	王新舟	男	公司总法律顾问、公司法律高级专家
4	公司	梁胜彪	男	公司副总工程师，研究院院长、党委委员
5	公司	许军	男	公司副总会计师
6	公司	费志雄	男	公司副总工程师
7	公司	刘方舟	男	公司副总政工师，党委组织部部长、人力资源部经理，党支部书记
8	公司	邵杰锋	男	公司副总工程师，炼油分部经理、党委委员
9	综合部 / 党委办 / 维稳办	李灿荣	男	公司综合管理部 / 党委办公室 / 信访维稳办 / 党委防范办主任，武装部部长，党支部书记
10	综合部 / 党委办 / 维稳办	杨培雄	男	公司综合管理部 / 党委办公室 / 信访维稳办 / 党委防范办副主任，武装部副部长
11	综合部 / 党委办 / 维稳办	李国东	男	公司综合管理部 / 党委办公室 / 信访维稳办 / 党委防范办副主任，武装部副部长
12	计划管理部	杨越	男	经理，党支部书记
13	计划管理部	沈卫中	男	副经理
14	计划管理部	关立涛	男	副经理
15	计划管理部	王远革	男	副经理
16	生产管理部 / 质量管理部	梁文雄	男	经理，党支部书记
17	生产管理部 / 质量管理部	廖昌勇	男	副经理
18	生产管理部 / 质量管理部	黄海鹏	男	副经理
19	生产管理部 / 质量管理部	曹华雷	男	副经理
20	科技发展部	杨庆伟	男	经理，党支部书记
21	科技发展部	肖树萌	男	副经理

续表

序号	单位	姓名	性别	岗位职务
22	科技发展部	谭小雁	男	副经理
23	机动部	肖勇	男	经理，党支部书记
24	机动部	黄夏林	男	副经理
25	机动部	陈智	男	副经理
26	安全环保部	邢国刚	男	经理，党支部书记
27	安全环保部	沈卫海	男	副经理
28	安全环保部	郑广春	男	副经理
29	安全环保部	王刚	男	副经理
30	企业管理部 / 法律事务部	余建东	男	经理，党支部书记
31	企业管理部 / 法律事务部	黄郁春	男	副经理
32	企业管理部 / 法律事务部	许燕姬	女	副经理，选商交易中心经理
33	财务部	莫雯	女	经理，党支部书记
34	财务部	苏茂红	女	副经理
35	财务部	张达源	男	副经理，工程预结算中心经理
36	工程管理部	徐文	男	经理，党支部书记
37	工程管理部	吴璟恒	男	副经理
38	工程管理部	陈冠宗	男	副经理
39	工程管理部	刘国胜	男	副经理
40	审计部	凌奕任	男	经理，党支部书记
41	审计部	温云波	女	副经理
42	审计部	陈岳然	男	副经理
43	党委组织部 人力资源部	赵小飞	男	副部长、副经理
44	党委组织部 人力资源部	姜艳辉	男	副部长、副经理
45	党委宣传部 企业文化部 品牌部	龙泰良	男	公司新闻发言人，党委宣传部部长、企业文化部主任、品牌部主任，党支部书记
46	党委宣传部 企业文化部 品牌部	赵凤英	女	党委宣传部副部长、企业文化部副主任、品牌部副主任

续表

序号	单位	姓名	性别	岗位职务
47	纪委监督部，巡察办	李建峰	男	公司纪委副书记、监督部部长、巡察办主任，党支部书记
48	纪委监督部，巡察办	彭爱蓉	女	监督部副部长、巡察办副主任
49	纪委监督部，巡察办	王果	男	监督部副部长、巡察办副主任
50	群众工作部（工会、团委）	高学辉	男	公司工会副主席，部长，党支部书记
51	群众工作部（工会、团委）	江加宁	男	副部长
52	群众工作部（工会、团委）	黄启权	男	公司团委书记（中层副职）、群众工作部副部长（兼）
53	炼油分部	梁郁超	男	党委书记、纪委书记、工会主席
54	炼油分部	彭芳	女	常务副经理（中层正职）、党委委员
55	炼油分部	梁雄东	男	副经理、党委委员
56	炼油分部	高志辉	男	副经理、党委委员，炼油五部经理（兼）
57	炼油分部	冯家盛	男	HSE 总监兼安全环保室主任
58	炼油分部	谢志翔	男	经理助理
59	炼油分部	龙有	男	公司高级专家，技术质量室主任（兼）
60	炼油分部	李坤	男	副总工程师
61	炼油分部	白宇辰	男	生产管理室主任（中层副职）
62	炼油分部	吴恬	男	设备管理室主任（中层副职）
63	炼油分部	曾宪文	男	炼油五部党总支书记
64	炼油分部	陈庆华	男	炼油储运部经理
65	炼油分部	叶威	男	炼油储运部党总支书记
66	化工分部	谭广飞	男	经理、党委委员
67	化工分部	宋俊燕	女	党委书记、纪委书记、工会主席
68	化工分部	李刚	男	常务副经理（中层正职）、党委委员
69	化工分部	陈雄	男	副经理、党委委员
70	化工分部聚烯烃运行部	吴飞	男	副经理、党委委员，聚烯烃运行部经理（兼）
71	化工分部	赵贵炎	男	副经理、党委委员

续表

序号	单位	姓名	性别	岗位职务
72	化工分部	唐红福	男	经理助理（中层副职）、HSE 总监
73	化工分部	黄斌	男	副总工程师
74	化工分部	陈锦丰	男	副总工程师
75	化工分部	傅成智	男	生产管理室主任（中层副职）
76	化工分部	郭钦生	男	技术质量室主任（中层副职）、聚烯烃运行部党总支书记
77	化工分部	朱芳瑞	男	设备管理室主任（中层副职）
78	化工分部	王少谦	男	安全环保室主任（中层副职）
79	化工分部	张国强	男	合成橡胶部经理
80	化工分部	邓永全	男	合成橡胶部党总支书记
81	热电分部	邓雨生	男	集团公司高级专家，热电分部经理、党委委员
82	热电分部	边战伟	男	党委书记、纪委书记、工会主席
83	热电分部	袁杰	男	副经理、党委委员
84	热电分部	郑文凯	男	副经理、党委委员
85	港口分部	陈远文	男	经理、党委委员
86	港口分部	章皓	男	党委书记、纪委书记、工会主席
87	港口分部	罗耀安	男	按中层正职管理的人员
88	港口分部	邓毅锋	男	副经理、党委委员
89	港口分部	梁上飞	男	副经理、党委委员
90	港口分部	蒋友珺	男	副经理、党委委员
91	铁运分部	张兴永	男	经理、党委委员
92	铁运分部	吴明树	男	党委书记、纪委书记、工会主席
93	铁运分部	李元林	男	副经理、党委委员
94	仪控计量部	王子洋	男	经理、党委委员
95	仪控计量部	宁鹏	男	党委书记、纪委书记、工会主席
96	仪控计量部	朱建明	男	副经理、党委委员
97	仪控计量部	张宪举	男	副经理、党委委员
98	水务运行部	黄戟	男	经理、党委委员
99	水务运行部	林奕端	男	党委书记、纪委书记、工会主席
100	水务运行部	杨健	男	副经理、党委委员

续表

序号	单位	姓名	性别	岗位职务
101	水务运行部	王良芳	男	副经理、党委委员
102	研究院	刘爱民	男	党委书记、纪委书记、工会主席，副院长
103	研究院	蔡伟	男	副院长、党委委员
104	研究院	蒋文军	男	副院长、党委委员
105	研究院	刘振宇	男	总工程师、党委委员
106	物资供应中心	范云峰	男	经理、党委委员
107	物资供应中心	黄亮	男	党委书记、纪委书记、工会主席
108	物资供应中心	魏刚	男	副经理、党委委员
109	物资供应中心	熊斌	男	副经理、党委委员
110	营销中心	龙起龙	男	经理、党委委员
111	营销中心	林琪	男	党委书记、纪委书记、工会主席
112	营销中心	许江兵	男	副经理、党委委员
113	党校 / 培训中心	王涛	男	常务副校长（中层正职）、主任、鉴定中心主任
114	党校 / 培训中心	邓正辉	男	副校长、副主任
115	行政事务中心 / 离退休服务中心	冯武	男	经理
116	行政事务中心 / 离退休服务中心	黄武飞	男	副经理（主持工作）、党总支委员
117	行政事务中心 / 离退休服务中心	李肖乾	男	党总支书记、副经理
118	行政事务中心 / 离退休服务中心	黄海荣	男	按中层正职管理的人员
119	行政事务中心 / 离退休服务中心	梁华生	男	副经理、党总支委员
120	行政事务中心 / 离退休服务中心	张煜	男	副经理、党总支委员
121	行政事务中心 / 离退休服务中心	周志伟	男	副经理、党总支委员
122	行政事务中心 / 离退休服务中心	张文伟	男	副经理、党总支委员
123	应急救援中心 安全环保部	陈兵	男	应急救援中心经理、党总支委员，公司安全环保部副部长
124	应急救援中心	陈向阳	男	党总支书记兼副经理

续表

序号	单位	姓名	性别	岗位职务
125	信息中心 企业管理部	邱军	男	信息中心经理，企业管理部副经理
126	信息中心	刘悦文	男	党支部书记，副经理（兼）
127	信息中心	叶荣	男	副经理
128	质量检验中心	任福新	男	经理（中层副职）、党委委员
129	湛江新中美公司	池后志	男	总经理、党委委员
130	湛江新中美公司	林开平	男	党委书记、纪委书记、工会主席
131	湛江新中美公司	宁红宇	男	副总经理、财务总监，党委委员

荣誉

MAOMINGSHIHUA

荣 誉

2021年度先进集体和先进个人

一、全国省市表彰的劳动模范

广东省五一劳动奖章获得者：董军飞

二、模范车间（运行部）（10个）

炼油分部：联合二车间
联合五车间
化工分部：聚烯烃运行部
苯乙烯车间
热电分部：动力一车间
港口分部：第三作业区
铁运分部：供气站
水务运行部：炼油作业区
仪控计量部：化工仪表作业区
行政事务中心：职工食堂

三、模范班组（20个）

炼油分部：煤制氢车间高端碳四班
联合四车间蒸馏四班
重油加氢车间重油加氢二班
联合八车间汽煤柴三班
化工分部：裂解车间三班
聚烯烃运行部三横班
芳烃车间四班
储运车间罐区三班
热电分部：电气一车间西站区域班
动力二车间CFB炉机二班
港口分部：海上作业队茂石化七号船
湛茂输油站运行三班
铁运分部：工业站机务四班
装油车间西三班
研究院：润滑油及燃料油项目组
水务运行部：化工作业区联合装置一班
仪控计量部：计量运行作业区计量一班
物资供应中心：仓储配送车间保管二班
应急救援中心：北山岭中队
质量检验中心：炼油检验区三班

四、超常贡献奖（6名）

冯　武　行政事务中心/离退休人员服务中心经理
刘付福千　炼油分部联合六车间主任
许江兵　营销中心副经理
肖树萌　科技发展部副经理
吴　飞　化工分部副经理、聚烯烃运行部经理
黄海鹏　生产管理部/质量管理部副经理

五、公司劳动模范（10名）

文志维　热电分部电气二车间副主任
刘国胜　工程管理部副经理
李禄建　研究院有机化工项目组副主任师
杨江源　化工分部乙二醇车间副主任
周　波　炼油分部煤制氢车间工艺副主任
徐秋瑜（女）　科技发展部规划发展室主管师
黄宝炎　铁运分部装油车间工艺员
黄钟旺　仪控计量部化工仪表作业区主任
梁　民　港口分部第三作业区副主任（主持工作）
彭　芳（女）　炼油分部常务副经理、党委委员

六、茂名石化工匠（10名）

贝远文　化工分部乙二醇车间合成油班班长、主管技师
邓炳生　炼油分部煤制氢车间高端碳班班长、主管技师
许宝云（女）　港口分部湛茂输油站原油罐区技师
苏志雄　水务运行部炼油作业区联合装置四班副班长、技师
饶余生　炼油分部联合八车间汽煤柴加氢班班长、主管技师
黄耀庆　仪控计量部化工仪表作业区西大班班长、技师
梁志华　铁运分部供气站生产三班班长、技师
梁志明　热电分部电气一车间中站区域班班长、主管技师
温健雄　化工分部聚烯烃运行部班长、主管技师
廖汉强　质量检验中心炼油检验区三班班长、主管技师

七、模范班组长（10名）

方以强　质量检验中心化工检验区白班班长
麦日林　港口分部海上作业队茂石化七号船船长
余彤宇　仪控计量部炼油仪表作业区东大班班长
袁兴强　炼油分部重油加氢二班班长
凌华同　热电分部电气一车间西站区域班班长
黄裕福　铁运分部工业站机务三班班长
梁少坚　化工分部储运车间罐区三班班长
梁　勇　炼油分部煤制氢车间高端碳四班班长
董军飞　化工分部裂解车间三班值班长
曾国军　水务运行部炼油作业区联合三班副班长

八、先进职工（50名）

炼油分部

刘跃委　李超志　欧　云　李福源　黄明东
陈博群　吕艳君　车怡廉　柯国旗　谭　鑫
陈华伟

化工分部

赵　龙　陈建廷　李　家　邱　峻　唐裕荣
陈湛仁　宁彬钦　杨　庚　钟震宇

热电分部

何　璐（女）　廖尊柱　刘　川

港口分部

何奕坚　陈玉海

铁运分部

冯　杰

研究院

梁智永

水务运行部

黄　戟　刘　泉　刘叶明（女）　龙　智

仪控计量部

宁　鹏　蔡建波

供应中心

陈俊斌　王馨婕（女）

营销中心

张 彦 罗 亮

质量检验中心

陈 海 梁 梅（女）

综合管理部

邵仁耀

计划管理部

关立涛 张国荣

生产管理部

陈晓冲

机动部

冯小兰（女）

安全环保部

陈观志

企业管理部

李 林（女）

工程管理部

陈海运

组织人力资源部

倪 晶（女）

党委宣传部

张 博

群众工作部

黄业锋

2021年度公司先进党（总）支部、先进党小组、优秀共产党员和优秀党务工作者

一、先进党（总）支部（10个）

炼油分部联合六车间党支部

炼油分部联合九车间党支部

化工分部聚烯烃运行部党总支部

港口分部海上作业队党支部

铁运分部检修车间党支部

水务运行部化工作业区党支部

物资供应中心材料化工党支部

营销中心第三党支部

应急救援中心乙烯中队党支部

组织人力资源部党支部

二、先进党小组（20个）

炼油分部联合二车间第二党小组

炼油分部联合五车间第四党小组

炼油分部联合八车间第一党小组

炼油分部重油加氢车间第四党小组

化工分部裂解车间第一党小组

化工分部丁烯车间第三党小组

化工分部苯乙烯车间第二党小组

化工分部储运车间第一党小组

热电分部电气一车间第三党小组

热电分部动力二车间第一党小组

港口分部第三作业区运行一班党小组

港口分部海上作业队茂石化七号船党小组

铁运分部供气站生产三班党小组

铁运分部工业站党支部调运班党小组

水务运行部炼油作业区第四党小组

水务运行部化工作业区第四党小组

仪控计量部炼油仪表作业区第三党小组

应急救援中心炼油中队党支部第三党小组

质量检验中心炼油检验区出厂党小组

行政事务中心后勤食堂党小组

三、优秀共产党员（50名）

彭　芳　炼油分部常务副经理
白宇辰　炼油分部煤制氢车间主任
邓晓航　炼油分部联合三车间HSSE管理员
陈胜钦　炼油分部联合四车间蒸馏四班班长
袁兴强　炼油分部重油加氢车间班长
吴建业　炼油分部技术质量室工艺技术管理科员
谢文渊　化工分部聚烯烃运行部设备管理组组长
王　越　化工分部苯乙烯车间副主任（主持工作）
张宇翔　化工分部裂解车间设备员
张小强　化工分部安全环保室安全管理
王旭东　化工分部芳烃车间设备员
邹斌斌　热电分部动力二车间工艺员
柯小均　热电分部电气一车间运行员
柯芳标　热电分部动力一车间HSSE总监
李晓华　港口分部中控内操
吴昱声　港口分部海上作业队系泊长
冯　杰　铁运分部生产管理室主任
杨仁兴　铁运分部装油车间副班长
杨　健　水务运行部副经理
刘　泉　水务运行部安全环保室HSSE管理
李　龙　仪表技术高级专家
李俊霖　仪控计量部化工仪表作业区运行副主任兼HSSE总监
谭　思　研究院润滑油及燃料油项目组副主任师
张　玉　物资供应中心电仪室主管
邓　锋　物资供应中心过程控制室主任
陈海武　营销中心炼油销售室主任
刘　双　党校（培训中心）鉴定考评室科员
黄小文　应急救援中心炼油中队长
钟云辉　质量检验中心副经理
丁汝政　质量检验中心环保及原动检验区原材料分析班长
凌贵峰　信息中心综合档案管理高级主管
冯　武　行政事务中心经理
谷学良　综合管理部调研室主任
杨　华　计划管理部原油室副主任（主持工作）
廖昌勇　生产管理部副经理
谢水秀　科技发展部投资计划管理室主办
黄明智　机动部动设备室科员
邓永全　安全环保部安全管理室主任
郭锦文　生产管理部统计分析室主任
史富生　企业管理部基础管理室/制度管理室主任
孔凡东　企业管理部绩效管理室主任
何丽清　财务部会计资金室主任
容　玲　审计部审计员
柳惠平　工程管理部设计管理科员
李国东　组织人力资源部人才开发室主任
黄国茹　党委宣传部宣教统战室主任
彭爱蓉　纪委监督部副部长
卢倩雯　三级协理员
詹文海　三级协理员
冼　昌　离休党员

四、优秀党务工作者（20名）

李金华　炼油分部联合一车间党支部书记
刘付福千　炼油分部联合六车间主任、党支部委员
黄武飞　化工分部聚烯烃运行部党总支部书记
蔡维章　化工分部芳烃车间党支部书记
郑　姝　热电分部综合管理室（党群工作室）党建管理科员
黄裕雄　港口分部第三作业区党支部书记
朱旺佳　铁运分部综合管理室（党群工作室）

主任、机关党支部书记

林奕端 水务运行部党委书记、纪委书记、工会主席

李楚佳 研究院综合管理室党建管理科员、第二党支部委员

黎 明 物资供应中心综合管理室（党群工作室）主任、综合过控党支部书记

唐 耿 营销中心综合管理室（党群工作室）主任、第一党支部书记

曾广生 应急救援中心北山岭中队教导员

杨星明 质量检验中心炼油检验区党支部副书记

陈旭日 行政事务中心行政后勤室主任兼机关党支部书记

刘 萍 离退休人员服务中心服务站联合党支部书记、乙烯服务站副主任

谭 耘 综合管理部社会责任室（机要保密室）副主任（基层正职）、计生办主任

姜艳辉 组织人力资源部干部管理室主任

龙泰良 党委宣传部部长、党支部书记

杨红先 计划管理部党支部副书记

孙 标 工程管理部党支部委员、项目经理

工程建设项目党建共建暨劳动竞赛办公室负责人

2021年度先进模范人物事迹简介

一、2021年广东省五一劳动奖章获得者

董军飞，男，1981年出生，广东茂名人，中共党员，大专学历，工程师，技师，历任裂解车间外操、主操、班长，现任化工分部裂解车间三班值班长。一是严要求促成长。他参与实施了在线高速洗盐技术解决C-650结盐、V370和VB320在线更换分子筛等疑难问题8项，装置实现了五年一修的长周期运行目标，创国内领先水平。二是积极参与增效创效。2021年，他积极参与2号系列装置大修，发挥先锋模范作用，大修期间累计提出30多项优化建议，参与优化攻坚工作28项，为公司增产创效约2.6亿元。三是抓大修练本领。发现隐患30项、质量问题20项，大修后期巡检发现PB302泵出口管线漏并主动处理好，被评为“公司责任员工”。他潜心钻研技术，练就过硬本领，挑重担攻难关，带领班组争先创优，自创“岗位练兵法”“喷壶巡检法”，创下连续9个月班组竞赛第一的纪录。班组先后获得“全国工人先锋号”“模范班组”“先进班组”“优秀党小组”等荣誉。2014年1月，董军飞获得茂名石化公司“劳动模范”称号；2018年12月，获得“中国石化劳动模范”称号；2021年4月，获得广东省“五一劳动奖章”。

二、2021年度茂名石化劳动模范（按姓氏笔画排序）

文志维，男，1990年出生，广东省乐昌市人，中共党员，大学本科，工程师，热电分部电气二车间副主任。他工作认真负责、踏实勤奋、勇于探索，为使化工区域各新装置早日

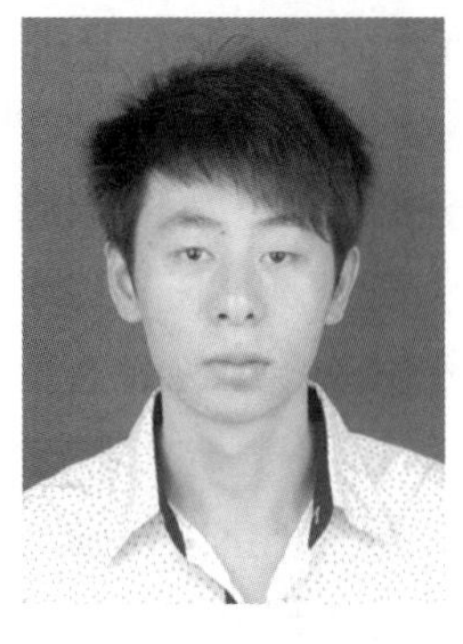

投产早出效益，他带领团队5+2、白加黑坚守装置一线，节假日也从不休息，遇上关键节点通宵达旦地干，全力确保新装置电气设备安装调试等工作顺利开展。在他的团结带领下，新建LAO/PAO、2#商储、八循等9套装置变电所全部一次受电成功，为新装置开车奠定了坚实基础，多次受到公司领导的表扬。为推进滨烯站110kV系统负荷转移项目，他通过优化受电方案、严把试验关、验收关等，提前两天受电成功，年节省外购电费2157万元；他创新实施乙烯南站2条110kV外线路退出运行，年节省购电费1380万元；为避免职工巡检走过场，文志维把巡检项目、频次、检查内容、合格标准等清单化，大力推行标准化巡检，同时加强视频抽查、跟班巡检，职工巡检质量、效率大幅提高，2021年以来，他带领的团队先后发现6起电气设备重大隐患，有8名职工获得公司级隐患排查奖励，确保了在运装置的安全平稳运行。他坚持在新装置建设中培养、锻炼和提升青工业务素质，培养出1名副主任师、1名工艺员及2名副班长。他先后被评为分部先进职工、优秀党小组长，公司年度优秀师傅、优秀HSSE管理者。2022年1月，文志维被评为2021年度公司劳动模范。

刘国胜，男，1972年出生，吉林榆树人，大学本科，中共党员，高级工程师，工程管理部副经理。他奉行“责任至上”，带领团队尽责奉献，以担当诠释忠诚，是组织里的放心人。合成油项目作为国资委1025专项重点工程，时间紧、任务重、难度大，他迎难受命被跨界委任为项目经理，面对“边设计、边采购、边施工”的困难，他以舍我其谁的使命感、奋斗有我的责任感和时不我待的紧迫感，身先士卒、冲锋在前，严抓善管刚柔并济，文化育人上下同欲，团结带领甲乙方参战同事超常推进项目建设，采取全专业统一指挥协调，全区域严抓细管现场，全过程紧盯六大控制，实现了合成油项目工期比计划缩短50%以上，国家救援基地提前8天中交，施工757.34万人工时零伤害零事件，在“我为项目筑辉煌、项目与我共成长”中体现了“1+1=0”理念。他坚持项目全程贯穿优化思维，严格评估新苯乙烯等在建项目新增的39项变更，优化取消14项，减少25项，节约工程费用1100多万元。他始终在追求上、标准上、状态上体现石油精神和石化作风，勇担当舞尖刀，敢斗争破难题，处理问题事不过夜，“5+2”“白加黑”地强力推动mPAO、POE等“三新”项目，深度介入过程管控，用自己的模范行为彰显了共产党员的先进形象。2022年1月，刘国胜被评为2021年度公司劳动模范。

李禄建，男，1987年出生，广东茂名人，中共党员，理学博士，高级工程师，研究院有机化工项目组副主任师。2016年进入茂名石化后，他勇挑重担，敢为人先，主动

承担公司前沿核心科技项目——高端全合成润滑油基础油高粘度指数茂金属聚α–烯烃（mPAO）的研究工作。他以“逢山开路，遇水架桥”的苦干、实干精神，短短两年时间就完成了mPAO的小试工作。2019年，承担的项目《高粘度指数茂金属聚α–烯烃的开发》通过了中石化科技部组织的小试评审。他乘胜追击，搭建起放大装置，并且夜以继日开展实验，经过上千次实验，成功开发了宽粘度范围的茂金属聚α–烯烃催化体系，实现了催化剂体系成本可控、可控合成不同粘度等级的mPAO，并开发了一套绿色环保的生产工艺。在总部科技部汇报中试开发及应用评审，工艺包顺利通过审查，3000吨/年mPAO中试装置获准批复建设，于2021年12月开车成功。他申请了10件国内发明专利和1件国际专利，形成了自主知识产权的技术体系。他不仅注重个人成长，同时善作表率，好为人师。每年在“博士讲堂”授课，分享科研方法及个人经验，为科研人员解答技术难题，带动研究院科研实力整体提升。2018年带领博士团队获得广东省众创杯博士博士后创新创业大赛团队组优胜奖。2022年1月，被评为2021年度公司劳动模范。

杨江源，男，1982年出生，广东梅州人，中共党员，大学本科，工程师，乙二醇车间工艺副主任。一是勇挑重担打硬仗。自2021年9月委派负责合成油以来，全身心投入到新装置中，带着开工团队日夜扎根现场。在项目建设周期缩短一半情况下，紧跟工程建设步伐，一手抓施工质量和清洁施工，一手抓人员培训、思想建设，实现如期高标准中交。作为车间开工总指挥，将两套装置工作清单化实施到底、具体到人，LAO/PAO从中交到一次开车成功仅用一个多月。二是以身作则带队伍。针对新装置人员组成复杂、队伍经验少，同吃饭、同学习、同劳动，全程引领。因地制宜制定激励方案，充分调动学习工作积极性。经过开工建设的磨砺，打造了一支思想过硬、作风坚强、技术精湛的队伍。三是攻坚创效不止步。LAO/PAO均为国内首套，技术新、流程长、问题多，攻关解决LAO反应温度无法稳定控制、环管长周期运行、PAO分离单元热负荷不足、产品含硫等难题；充分吃透技术，实现两套装置定向产率控制，提高创效能力；从技术、管理层面死抠能耗细节，装置综合能耗下降33%。经鉴定，LAO/PAO技术经济指标达到国际先进水平；经测算，联合装置年效益将超过两亿，为公司创效增效做贡献。2022年1月，杨江源被评为2021年度公司劳动模范。

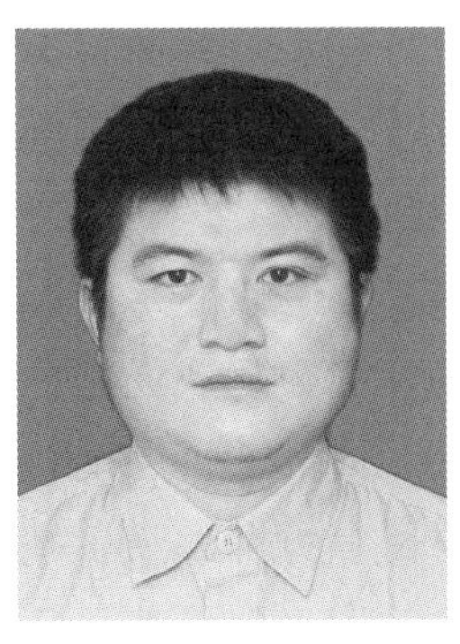

周波，男，1989年出生，江西抚州人，中共党员，大学本科，工程师，炼油分部煤制氢车间副主任。2019年2月任职以来，他高度负责、敬业奉献，带领车间工艺管理团队保安全、创效益、育人才，为实现10万吨/年高端碳材料联合装置一次安全开车和开工后安全平稳经济运行做出了突出贡献。他奋力解决高端碳新装置近8000项开工难题，细化120多份工作清单，制定装置动态盲

板610块，超常奋战，实现新装置一次开车成功。他优化改造减压重洗涤油至减二线流程、优化焦炭塔大吹汽和小吹汽时间、开展高端碳焦粉掺烧煤制氢气化炉难题等挖潜增效项目26项，累计创效超2000万元。他攻关装置柴油蜡油含白色结晶堵塞瓶颈、水处理系统含焦粉堵塞空冷管道问题、生焦皮带输送下料口堵塞等疑难杂症10余项，确保新装置实现长满优安全运行。他认真践行人才是第一资源，人才靠自己培养，创新开展新装置多样化业务和差异化培训，聚焦转岗职工，开展座谈会6次，制定学习困难职工结对帮扶计划，组织开展“青年论坛”，带头授课，在他的带领下，2名青年骨干走上管理岗位，6人获聘工程师，1人被聘为高级技师。2022年1月，周波被评为2021年度公司劳动模范。

徐秋瑜，女，1978年出生，广东电白人，中共党员，大学本科，高级工程师，科技发展部规划发展室主管师。2015年任职以来，她坚守服务意识和大局意识，勤于思考，善于创新，工作前移，打破以往常规做法，将项目审查工作从会议室移至现场。徐秋瑜同志在公司“十四五”重大项目炼油转型升级及乙烯提质改造项目中勇挑大梁。她坚持落实主管负责制要求，作为项目的总负责人，全面组织总投资近300亿项目的设计工作，对内联系协调四家设计院和公司各单位，对接整理可研、总体设计所需的资料和数据，解决设计院900多个问题，并亲自编制化工部分总流程。对外联系国外技术商，克服语言及时差等诸多困难组织技术谈判。及时组织完成总部“一站式”专项论证并拿到论证意见，高标准地完成各项工作，用最短时间帮助公司取得炼油转型升级及乙烯提质改造项目可研的批复；她坚持严把设计变更关，多次通过视频对接协调总体设计工作，确保项目设计高效优质完成；她坚持落实寓管理于服务要求，主动协调组织工程、预结算等专业人员服务基层单位，推动项目论证、投资落实以及攻坚创效、科技创新等技改项目实施。2022年1月，徐秋瑜被评为2021年度公司劳动模范。

黄宝炎，男，1980年出生，广东信宜人，中共党员，工程师，铁运分部装油车间工艺员。2004年参加工作以来，坚持高标准严要求做好本职工作，取得出色出绩。2021年，他严格执行集团公司总经理2号令，排查出12个球罐罐顶放空短管腐蚀减薄隐患，发现并组织处理球–25罐底紧急切断阀前管线两个减薄点。他推动“手指口述”（唱票）操作法落实，统一制作标准化操作卡50多个。他发现并组织抢修球–28罐内壁球体存在凹点缺陷。他优化统筹、高质量完成基础油罐区12座油罐大修。采取“网格化”承包责任制整治现场“低老坏”120多项。他攻关解决了球罐区至金塘供气站液化气长输管线没有消压手段带来的安全隐患，提出的球罐定期排放不凝气的做法，降低了金塘供气站用槽车转运不凝气的安全风险，每月节约运输成本2万元，液化气收储增加1万吨。他发现高危

泵醚后碳四外送泵–14轴承温度超高，改用轴套水冷，轴温大幅降低，举一反三改造了5台机泵。他优化推进天源石化丙烯线项目，投用后年节省汽运成本160万元。针对球罐片区职工年龄大、跨岗学习热情不高，他采取看视频与现场学相结合的办法，提高培训质量。他推行“一对一帮扶”职工助学，自己带班长、班长带职工，1名转岗职工提前定岗，4名职工通过了一岗多能考试。2022年1月，黄宝炎被评为2021年度公司劳动模范。

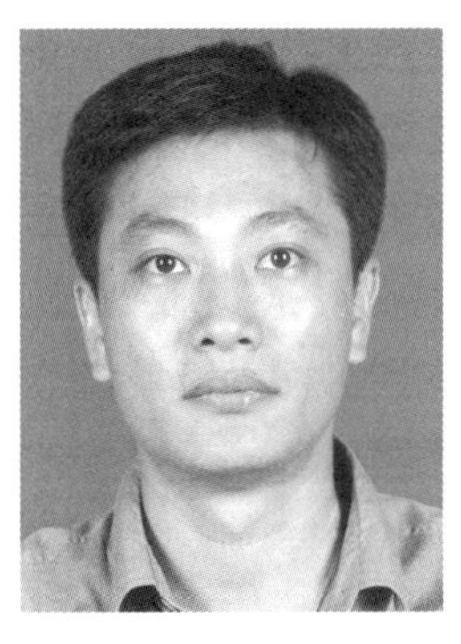

黄钟旺，男，1971年出生，广东高州人，中共党员，大学本科，高级工程师，仪控计量部化工仪表作业区主任。1993年参加工作，从事仪表维护和管理29年，积累了丰富经验。2021年8月任现职以来，他敢管、会管、善管，在公司“安全生产、攻坚创效、转型发展”三条主线工作中作出了突出贡献，深得职工信赖，领导认可。2021年化工2系列装置大修及中控室搬迁期间吃住在厂里，带领班组和施工单位不分昼夜连续奋战，仅用时27天就完成了41套系统的搬迁、调试和升级等工作，实现了国内首套大型乙烯裂解装置控制系统国产化成功改造。他严管安全，全面落实工作票、手指口述法等要求，强化作业环节安全，狠抓承包商管理，夯实安全基础。他创新使用水浸检测开关、透明视窗活动地板、红外热成像仪等新技术手段，排查仪表“低老坏”隐患问题1095项，5项获公司级嘉奖。化工仪表作业区故障率同比降低38%，连续两年杜绝“非计划”停工。利用大修、新装置建设机会开展优化检维修策略、修旧利废、国产化攻关，创效年累计759万元。在他的带领下，化工仪表作业区连续两年被评为公司“HSE优胜车间”，连续两年被评为公司“模范车间”，2022年1月，黄钟旺被评为2021年度公司劳动模范。

梁民，男，1989年出生，广东茂名人，中共党员，大学本科，工程师，港口分部第三作业区副主任（主持工作）。他甘于奉献，勇担责任。商储二期投用冲刺阶段，他带头喊出“不安全不投产，不投产不回家”的口号，放弃休息，连续3个月在现场加班加点全身心投入新项目的“三查四定”和投产准备工作，查出并实施解决质量等各类问题627项，重大问题4项，经过团队努力，商储二期一次投用成功。他敢抓敢管，坚持每天到现场监督安全，查处各类违章违纪行为43项，曝光14起典型问题，扣罚2.44万元，考核承包商27分。他致力优化，创效明显，特别是商储一、二期罐区共四条原油管线需要对接碰头项目施工难度高，工程量大。若按照与施工单位协商初定的12个塞式封堵点进行施工，施工费用将要900多万元，并且施工周期较长，他组织专业人员、施工单位对施工细节进行“头脑风暴”式讨论，最后决定从初期计划要开12个塞式封堵点减少为5个封堵点，从而节约施工费用400多万元，并且提前15个小时完成公司下达的“24小时内恢复北茂线输油”的艰巨任务。所在车间连续两年被评为公司“模范车间”。2022年1月，

梁民被评为2021年度公司劳动模范。

彭芳，女，1981年出生，湖北荆州人，中共党员，大学本科，高级工程师，炼油分部常务副经理。她是攻坚创效的多面手，2021年制定实施清罐油配炼等4类495项创效项目，优化浆态床渣油加氢装置运行，实现国产试剂稳定配用、减三蜡油直供蜡油加氢等，全年优化创效、降本增效超16亿元，为分部创建厂以来效益历史新高做出了突出贡献；她是转型发展的急先锋，精心组织高端碳材料装置一次开车成功，为炼油"油转特"开辟了新路子。强化现场安环管控，顺利完成16套装置检修任务。担任公司高端碳材料、浆态床渣油加氢、低温油浆脱固等多个重点难点攻关组组长，全力创新协调组织攻关工作，经过努力，浆态床装置已稳定运行超8个月，高端碳产品已稳定符合负极材料质量标准，氢资源优化创效超亿元。她是政治引领的明白人，自觉担负起"在经济领域为党工作"的第一职责，认真落实"一岗双责"，推动党史学习教育走深走实，指导挂钩支部深入开展主题党日活动、专题党课、"查治思想问题，促进安全管理"专题民主生活会和组织生活会等工作，严肃认真过好双重组织生活，落实党风廉政建设重要责任，确保分管领域违法违纪违规为零，促进分部良好政治生态的巩固，是"听党话、听懂话，干正事、干成事"的领导干部表率。2022年1月，彭芳被评为2021年度公司劳动模范。

2021年省部级及以上荣誉备案汇总（集体）

总序	获奖单位	荣誉或竞赛名称	授奖文件	颁奖单位	授奖日期	主管单位
1	化工分部党委	全国先进基层党组织	荣誉证书（证书编号：20210315）	中国共产党中央委员会	2021-06-28	党委组织部（人力资源部）
2	炼油分部联合八车间汽煤柴四班	全国工人先锋号	荣誉证书（证书编号：0846）	中华全国总工会	2021-04-27	群众工作部（工会、团委）
3	化工分部聚烯烃运行部一横班团支部	全国五四红旗团支部	《共青团中央关于表彰全国五四红旗团委（团支部）、全国优秀共青团员、全国优秀共青团干部的决定》（中青发〔2021〕4号）	共青团中央	2021-04-25	群众工作部（工会、团委）
4	茂名石化公司团委	中央企业五四红旗团委	《关于表彰2019-2020年度中央企业五四红旗团委、五四红旗团支部、优秀共青团员、优秀共青团干部、中央企业青年岗位能手，命名中央企业青年文明号的决定》（中企团发〔2021〕6号）	中国共产主义青年团中央企业工作委员会	2021-04-30	群众工作部（工会、团委）
5	离退休人员服务中心河东服务站	2020年全国“敬老文明号”	《关于表彰2020年全国“敬老文明号”和全国“敬老爱老助老模范人物”的决定》（国卫老龄发〔2020〕24号）	中华人民共和国国家卫生健康委员会、全国老龄工作委员会办公室	2020-12-14	离退休人员服务中心
6	茂名石化水务运行部党委	先进基层党组织	《关于表彰优秀共产党员优秀党务工作者先进基层党组织的决定》（中国石化党组群〔2021〕82号）	中国共产党中国石油化工集团公司党组	2021-06-22	党委组织部（人力资源部）
7	茂名分公司	2020年度安全生产先进单位	《关于表彰2020年度集团公司安全生产先进单位和先进个人的决定》（中国石化安〔2021〕3号）	中国石油化工集团有限公司	2021-01-02	安全环保部
8	茂名分公司/茂名石化公司/资产公司茂名分公司	中国石油化工集团有限公司2020年度节能环保先进单位	《关于表彰集团公司2020年度节能环保先进单位和先进个人的决定》（中国石化能〔2021〕5号）	中国石油化工集团公司	2021-01-02	安全环保部
9	茂名分公司	2020年度中国石化质量管理先进单位	《关于表彰2020年度中国石化质量管理奖先进单位和先进个人的决定》（中国石化科〔2021〕46号）	中国石油化工集团有限公司	2021-02-05	生产管理部、质量管理部

续表

总序	获奖单位	荣誉或竞赛名称	授奖文件	颁奖单位	授奖日期	主管单位
10	茂名分公司、资产公司茂名分公司	中国石化 2020 年度财务管理先进单位	《关于表彰 2020 年度财务管理先进单位和先进个人的决定》（中国石化财〔2021〕35 号）	中国石油化工集团有限公司	2021–01–25	财务部
11	茂名分公司	集团公司对标提升行动标杆企业	《关于公布集团公司对标提升行动标杆企业、标杆项目和标杆基层单位名单的通知》（中国石化企〔2021〕185 号）	中国石油化工集团有限公司	2021–08–16	企业管理部 / 法律事务部
12	苯乙烯车间	集团公司对标提升行动标杆基层单位				
13	茂名石化	中国石油化工集团有限公司“十三五”信息和数字化工作先进单位	《关于表彰集团公司“十三五”信息和数字化工作先进单位和先进个人的决定》（中国石化信〔2021〕30 号）	中国石油化工集团有限公司	2021–01–19	企业管理部 / 法律事务部
14	茂名分公司	集团公司 2019–2020 年度宣传思想工作先进单位	《关于表彰集团公司 2019–2020 年度宣传思想工作先进单位和先进个人的决定》（中国石化党组宣〔2021〕31 号）	中国共产党中国石油化工集团有限公司党组	2021–01–28	党委宣传部（企业文化部）
15	茂名分公司	2020 年度中国石化炼油比学赶帮超优胜单位	《关于表彰 2020 年度中国石化炼化企业优胜单位的决定》（石化股份炼〔2021〕30 号）	中国石油化工股份有限公司	2021–02–02	计划管理部
16	茂名分公司	2020 年度中国石化炼化企业创效进步优胜单位				计划管理部
17	茂名分公司	2020 年度中国石化化工攻坚创效先进单位				计划管理部
18	茂名分公司	2020 年度中国石化炼化企业经济效益优胜单位				财务部
19	茂名分公司	2020 年度中国石化炼化企业人均劳效优胜单位				党委组织部（人力资源部）
20	茂名分公司	2020 年度集团公司物资供应管理先进单位	《关于表彰 2020 年度集团公司物资供应管理先进单位和先进个人的决定》（中国石化物〔2021〕33 号）	中国石油化工集团有限公司	2021–01–22	物资供应中心
21	化工分部	集团公司 2019–2020 年度维护稳定工作先进集体	《关于表彰集团公司 2019–2020 年度维护稳定工作先进单位、先进集体、先进管理者和先进个人的决定》（中国石化综〔2021〕78 号）	中国石油化工集团有限公司	2021–03–23	综合管理部

续表

总序	获奖单位	荣誉或竞赛名称	授奖文件	颁奖单位	授奖日期	主管单位
22	茂名分公司	中国石油化工集团有限公司法治先进单位	《关于表彰集团公司法治工作和“七五”普法先进单位及个人的决定》(中国石化企〔2021〕44号)	中国石油化工集团有限公司	2021-02-02	企业管理部/法律事务部
23	茂名分公司	“持续攻坚创效”行动先进单位	《关于表彰集团公司“持续攻坚创效”行动先进单位和先进个人的决定》(中国石化人〔2021〕92号)	中国石油化工集团有限公司	2021-04-13	党委组织部(人力资源部)
24	茂名分公司干气回收富乙烷气装置项目(主要贡献者:邱宏斌、范云峰、潘建亮、周祥燊)	2020年度中国石油化工集团有限公司优质工程	《关于公布2020年度中国石化优质工程奖评选结果、表彰集团公司建设项目优秀管理团队及先进个人的决定》(中国石化建〔2021〕90号)	中国石油化工集团有限公司	2021-04-13	工程管理部
25	茂名分公司产品结构优化项目项目管理部	2020年度集团公司建设项目优秀管理团队				工程管理部
26	炼油分部煤制氢车间	2019-2020年度中国石化青年文明号	《关于命名2019-2020年度中国石化青年文明号、表彰2019-2020年度中国石化青年岗位能手的决定》(中国石化群〔2021〕95号)	中国石油化工集团有限公司	2021-04-20	群众工作部(工会、团委)
27	基于分子结构调控的高密度聚乙烯产销研用创新团队	2020年度中国石油化工集团有限公司优秀创新团队	《关于表彰2020年度中国石油化工集团有限公司优秀创新团队的决定》(中国石化科〔2021〕22号)	中国石油化工集团有限公司	2021-01-15	科技发展部
28	茂名石化驻茂名市茂南区袂花镇古张村工作队	中国石化脱贫攻坚先进集体	《关于表彰中国石化脱贫攻坚先进集体和先进个人的决定》(中国石化销〔2021〕74号)	中国石油化工集团有限公司	2021-03-18	行政事务中心
29	茂名石化(含分公司、资产公司)	集团公司“十三五”投资管理先进单位	《关于表彰集团公司“十三五”投资管理先进单位、后评价管理先进单位、后评价优秀项目、后评价优秀报告、投资管理先进个人的表彰决定》(中国石化计〔2021〕192号)	中国石油化工集团有限公司	2021-08-24	科技发展部
30	油品质量升级改扩建项目	集团公司“十三五”后评价优秀项目				
31	20万吨/年环氧乙烷装置	集团公司“十三五”后评价优秀项目				
32	40万吨/年润滑油加氢异构装置	集团公司“十三五”后评价优秀报告				

续表

总序	获奖单位	荣誉或竞赛名称	授奖文件	颁奖单位	授奖日期	主管单位
33	茂名分公司	2020 年度石油和化工行业重点耗能产品能效“领跑者”标杆企业	《关于发布 2020 年度石油和化工行业耗能产品能效“领跑者”、水效“领跑者”标杆企业名单和指标的通知》（中石化联产发〔2021〕243 号）	中国石油和化学工业联合会	2021–09–29	生产管理部、质量管理部
34	茂名分公司	2020 年度石油和化工行业重点用水企业水效“领跑者”标杆企业				
35	港口分部	2020 年度国家海上搜救奖励	奖牌（2020 年度国家海上搜救奖励 – 港口分部）	中国海上搜救中心	2021–06–16	安全环保部
36	中国石化集团茂名石油化工有限公司	2020 年度广东扶贫济困红棉杯铜杯	荣誉证书	中共广东省委农村工作领导小组	2021–06–30	群众工作部（工会、团委）
37	茂名石油化工有限公司关心下一代工作委员会炼油分会	全省关心下一代工作先进集体	《关于表彰全省关心下一代工作先进单位和先进个人的决定》（粤关工委〔2020〕19 号）	广东省关心下一代工作委员会、广东省精神文明建设委员会办公室	2020–12–14	离退休人员服务中心
38	中国石化集团茂名石油化工有限公司工会女职工委员会	2015–2019 年广东省工会女职工工作先进集体	《关于表扬 2015–2019 年广东省工会女职工工作先进集体和先进个人的通知》（粤工总〔2020〕33 号）	广东省总工会	2020–11–03	群众工作部（工会、团委）
39	水务运行部团支部	广东省五四红旗团支部	《关于表彰 2020–2021 年度广东省五四红旗团委（标兵）、五四红旗团支部（标兵）、优秀共青团员、优秀共青团干部和百佳团支部书记的决定》（团粤发〔2021〕8 号）	中国共产主义青年团广东省委员会	2021–04–30	群众工作部（工会、团委）
40	铁运分部团支部	中国石化五四红旗团支部	《关于表彰 2019–2020 年度中国石化五四红旗团组织、优秀共青团员、优秀共青团干部的决定》（中国石化团委〔2021〕17 号）	中国共产主义青年团中国石油化工集团有限公司委员会	2021–04–21	群众工作部（工会、团委）
41	茂名石油化工有限公司记者站	中国石化报社 2020 年度优秀记者站	《关于表彰中国石化报社 2020 年度先进集体和个人的决定》（中国石化报总〔2021〕8 号）	中国石化报社	2021–03–09	党委宣传部（企业文化部）
42	茂名石油化工有限公司电视台	中国石化报社 2020 年度优秀电视新闻报道单位				党委宣传部（企业文化部）

续表

总序	获奖单位	荣誉或竞赛名称	授奖文件	颁奖单位	授奖日期	主管单位
43	茂名石化书协	“‘最美一线 翰墨铸情’中国石化第二届隶书作品展”优秀组织单位	《关于“‘最美一线 翰墨铸情’中国石化第二届隶书作品展”评选结果的通报》（中石化书协〔2020〕6号）	中国石油化工集团公司文联书法家协会	2020-12-18	群众工作部（工会、团委）
44	中国石化集团茂名石油化工有限公司	2021年度广东省“企业文化建设十佳示范单位”	荣誉牌匾	新经济杂志社、广东省企业文化研究会	2021-05-01	党委宣传部（企业文化部）
45	《特大型炼化企业“三挂钩”宽带薪酬分配体系的构建与实施》（创造人：尹兆林、陆建明、姚旭、刘方舟、郭喜文、张晓梅、邓贵元、王璐琪、李成之、倪晶、李国东、姜艳辉）	第三十届管理现代化创新成果一等奖	《关于发布中国石油化工集团有限公司第三十届管理现代化创新成果评审结果的通知》（中国石化企〔2021〕218号）	中国石油化工股份有限公司	2021-09-23	企业管理部/法律事务部
46	《特大型炼化企业穿透式管理背景下“四式一化三结合”督办体系的构建与实施》（创造人：尹兆林、董巍、李灿荣、林开平、谷学良、钟奇峰、邵思远）	第三十届管理现代化创新成果二等奖				
47	《特大型炼化企业新产品研发流程化管理实践》（创造人：李雪梅、陈天辉、林开平、黄春生、周志伟、戴培芝、杨国明、张明磊）	第三十届管理现代化创新成果二等奖				

续表

总序	获奖单位	荣誉或竞赛名称	授奖文件	颁奖单位	授奖日期	主管单位
48	《国有企业“党小组＋班组”互融共建新模式的创建与实施》（创造人：尹兆林、陆建明、邓雨生、凌奕任、林开平、周志伟、梁世茂、黎卫忠、陈林宏、郑姝）	第三十届管理现代化创新成果三等奖	《关于发布中国石油化工集团有限公司第三十届管理现代化创新成果评审结果的通知》（中国石化企〔2021〕218 号）	中国石油化工股份有限公司	2021–09–23	企业管理部 / 法律事务部
49	《环保型高刚高韧聚丙烯树脂开发》（公司完成人：肖树萌 3、邓志浩 8、蒋文军 12）	2020 年度中国石化科技进步二等奖	《关于2020年度中国石化科学技术奖励的决定》（中国石化科〔2021〕2 号）	中国石油化工集团有限公司	2021–01–13	科技发展部
50	《高性能高密度聚乙烯大中空系列产品关键技术研究及工业化》（公司完成人：李静静 1、蔡伟 2、许敏 3、邵磊山 4、庆增利 5）	2020 年度中国石油和化学工业联合会科技进步三等奖	《关于颁发 2020 年度中国石油和化学工业联合会科学技术奖的决定》（中石化联科发（2020）278 号）	中国石油和化学工业联合会	2020–12–18	科技发展部
51	《抗粘蒸煮型流延膜专用聚丙烯关键技术开发及工业化》（公司完成人：李静静 1、梁平 2、梁胜彪 3、骆新平 5）	2020 年度中国石油和化学工业联合会科技进步三等奖				科技发展部
52	《低析出物超透聚丙烯开发及工业化》（公司完成人：毛远洪 1、梁胜彪 2、封水彬 3、邹文桢 5）	2020 年度中国石油和化学工业联合会科技进步三等奖				科技发展部

续表

总序	获奖单位	荣誉或竞赛名称	授奖文件	颁奖单位	授奖日期	主管单位
53	茂名石化	乙烯装置操作工全国行业职业技能竞赛团体第一名	《关于表彰2020年全国行业职业技能竞赛——集输工和乙烯装置操作工竞赛获奖单位和个人的决定》（中国石化人〔2020〕364号）	中国石油化工集团有限公司	2020-12-28	党委组织部（人力资源部）
54	中国石化茂名石化（成员：张恒珍、黄巨利、史建波、董军飞、罗红刚）	乙烯装置操作工全国行业职业技能竞赛优秀教练团队	《关于表彰2020年全国行业职业技能竞赛——集输工和乙烯装置操作工竞赛获奖单位和个人的决定》（中国石化人〔2020〕364号）	中国石油化工集团有限公司	2020-12-28	党委组织部（人力资源部）
55	中国石化集团茂名石油化工公司	保持2018–2019年度全国“安康杯”竞赛优胜单位	《转发关于2018–2019年度全国“安康杯”竞赛优胜集体、优胜班组继续保持荣誉称号的通知》（粤组委办〔2021〕1号）	全国“安康杯”竞赛组委会办公室	2021-01-23	群众工作部（工会、团委）
56	茂名石化	热电专业综合竞赛优胜单位二等奖	《关于表彰2020年度热电专业竞赛和水务专业竞赛优胜单位的决定》（中国石化化〔2021〕21号）	中国石油化工集团有限公司	2021-01-15	生产管理部、质量管理部
57	茂名石化	热电专业单项竞赛优胜单位（攻坚创效）	《关于表彰2020年度热电专业竞赛和水务专业竞赛优胜单位的决定》（中国石化化〔2021〕21号）	中国石油化工集团有限公司	2021-01-15	生产管理部、质量管理部
58	茂名石化	水务专业综合竞赛优胜单位一等奖	《关于表彰2020年度热电专业竞赛和水务专业竞赛优胜单位的决定》（中国石化化〔2021〕21号）	中国石油化工集团有限公司	2021-01-15	生产管理部、质量管理部
59	茂名分公司	炼油板块综合成本管理领先奖、综合成本管理进步奖	《关于2020年度持续推进全员成本目标管理工作考评结果的通报》（集团工单财〔2021〕10号）	中国石油化工股份有限公司	2021-01-25	财务部
60	茂名分公司	化工板块综合成本管理领先奖	《关于2020年度持续推进全员成本目标管理工作考评结果的通报》（集团工单财〔2021〕10号）	中国石油化工股份有限公司	2021-01-25	财务部
61	茂名石化	土地专业成本管理奖	《关于2020年度持续推进全员成本目标管理工作考评结果的通报》（集团工单财〔2021〕10号）	中国石油化工股份有限公司	2021-01-25	财务部
62	茂名分公司	物资采购专业成本管理奖	《关于2020年度持续推进全员成本目标管理工作考评结果的通报》（集团工单财〔2021〕10号）	中国石油化工股份有限公司	2021-01-25	财务部
63	茂名石化热电厂	热电专业成本管理奖	《关于2020年度持续推进全员成本目标管理工作考评结果的通报》（集团工单财〔2021〕10号）	中国石油化工股份有限公司	2021-01-25	财务部
64	茂名石化	2020年总部绩效考核公司和公司领导班子考核A级	通报	中国石油化工集团有限公司	2021-05-20	企业管理部/法律事务部
65	茂名分公司	2020年集团公司网络安全A级企业	《关于发布2020年网络安全水平评价结果的通知》（集团工单信网〔2021〕2号）	中国石油化工股份有限公司信息和数字化管理部	2021-01-12	企业管理部/法律事务部

续表

总序	获奖单位	荣誉或竞赛名称	授奖文件	颁奖单位	授奖日期	主管单位
66	茂名石化	2020 年集团公司信息化深化应用创新创效 A 类企业	《中国石化网络安全及深化应用通报》（2020 年第 11 期）	中国石油化工股份有限公司信息和数字化管理部	2020-12-15	企业管理部 / 法律事务部
67	中国石化集团茂名石油化工有限公司工会委员会	全国“安康杯”职工安全健康意识与应急技能知识普及竞赛优秀组织单位	荣誉证书	全国“安康杯”竞赛组委会办公室	2020-11-20	群众工作部（工会、团委）
68	《炼油企业全流程自控提升技术的创新与应用》（创造人：王子洋 16）	2021 年石油和化工行业设备管理与技术创新成果（技术类）特等奖	《关于发布 2021 年石油和化工行业设备管理与技术创新创新成果的通知》（中设〔2021〕26 号）	中国设备管理协会	2021-06-15	机动部
69	《连续重整增压机控制改造及优化》（创造人：王子洋、宁鹏、张宪举、王骞、罗泽美）	2021 年石油和化工行业设备管理与技术创新成果（技术类）一等奖				
70	《大型炼化企业工程审计的转型探索》（创造人：苏彦璋、唐茂荣、容玲、朱月华、温云波）	中国内部审计协会理论研讨论文三等奖	《中国内部审计协会关于 2021 年内部审计理论研讨结果的通报》（中内协发〔2021〕76 号）	中国内部审计协会	2021-12-01	审计部
71	茂名石化 5G 智能工厂项目（公司完成人：邱军 6）	第三届“绽放杯”5G 应用征集大赛三等奖	荣誉证书	工业和信息化部信息通信发展司	2021-03-13	信息中心
72	茂名石化	2020 年度信息工作成绩优异单位	《关于 2020 年四季度和全年信息采用情况的通报及 2021 年一二季度信息报送要点》（中国石化综非〔2021〕28 号）	中国石油化工集团有限公司综合管理部	2021-03-12	综合管理部

续表

总序	获奖单位	荣誉或竞赛名称	授奖文件	颁奖单位	授奖日期	主管单位
73	《降低 LDPE 热收缩膜料产品不合格率》（创造人：研究院功能性高分子材料 QC 小组）	2020 年度中国石化优秀 QC 成果二等奖	《关于表彰 2020 年度中国石化质量管理奖先进单位和先进个人的决定》（中国石化科〔2021〕46 号）	中国石油化工集团有限公司	2021-02-05	生产管理部、质量管理部
74	《计量管理情况专项审计》（参与人：廖菊伟、冯辉、苏彦璋、张艺译、唐茂荣、黄书伟、陈水芬、盖永昕）	2018-2020 年度优秀审计项目一等奖	《关于表彰集团公司 2018-2020 年度优秀审计项目的决定》（中国石化审〔2021〕198 号）	中国石油化工集团有限公司	2021-08-27	审计部
75	《产品结构优化及配套 15 万吨 / 年硫黄回收联合装置项目在建跟踪审计》（参与人：温云波、陈少威、容玲、苏彦璋、钟清、黄书伟、盖永昕、欧介山）	2018-2020 年度优秀审计项目二等奖				
76	《电信常青树和围油栏防污业务审计调查》（参与人：苏彦璋、朱月华、郑灿、唐茂荣、黄扬泰、黄书伟、盖永昕、阮维林、甘业莉）	2018-2020 年度优秀审计项目二等奖				
77	《大型炼化企业工程审计的转型探索》（创造人：苏彦璋、唐茂荣、容玲、朱月华、温云波）	2021 年审计理论研讨二等奖	《关于 2021 年审计理论研讨评审情况的通知》（集团工单审信〔2021〕55 号）	中共中国石油化工集团有限公司党组审计委员会办公室、中国石油化工集团有限公司审计部	2021-07-07	审计部

续表

<table>
<tr><th>总序</th><th>获奖单位</th><th>荣誉或竞赛名称</th><th>授奖文件</th><th>颁奖单位</th><th>授奖日期</th><th>主管单位</th></tr>
<tr><td>78</td><td>茂名石化</td><td>2020 年度中国石化报社记者站工作炼化板块第一名</td><td>《关于发布〈2020 年度中国石化报社记者站工作排名〉的通知》（报社工单总〔2021〕3 号）</td><td>中国石化报社</td><td>2021-03-16</td><td>党委宣传部（企业文化部）</td></tr>
<tr><td>79</td><td>《茂名石化年鉴 2020》</td><td>2021 年广东省专业年鉴三等奖</td><td>《关于对全省优秀年鉴表扬的通报》（粤志办发〔2021〕13 号）</td><td>广东省人民政府地方志办公室</td><td>2021-11-08</td><td>综合管理部</td></tr>
<tr><td>80</td><td>茂名石化公司工会</td><td>全省企业民主管理微视频大赛三等奖（《小提案发挥大作用》）</td><td>《关于表扬全省企业民主管理微视频大赛获奖单位的通知》</td><td>广东省总工会办公室</td><td>2021-08-25</td><td>群众工作部（工会、团委）</td></tr>
<tr><td>81</td><td>茂名石化关心下一代工作委员会</td><td>2021 年广东省少年儿童践行社会主义核心价值观主题征文活动优秀组织工作奖</td><td>《关于公布 2021 年广东省少年儿童践行社会主义核心价值观主题征文活动评选结果的通知》(粤关工委〔2021〕19 号）</td><td>广东省关心下一代工作委员会</td><td>2021-11-02</td><td>离退休人员服务中心</td></tr>
<tr><td>82</td><td>《建立应用量化指标 评价体系促进应用“比学赶超”》（创造人：邱军、李军海、林家旭、施英鹏、熊毅）</td><td rowspan="3">2020 年度深化应用创新创效成果案例</td><td rowspan="3">《中国石化网络安全及深化应用通报》（2020 年第 12 期）</td><td rowspan="3">中国石油化工股份有限公司信息和数字化管理部</td><td rowspan="3">2021-01-15</td><td rowspan="3">企业管理部 / 法律事务部</td></tr>
<tr><td>83</td><td>《利用大数据提升顺丁橡胶产品门尼值合格率》（创造人：刘振地、麦伟健、宁忠朝、任建威）</td></tr>
<tr><td>84</td><td>《加强 3# 催化裂化 APC 应用，助力企业创新创效》（创造人：施英鹏、蔡羿、林健）</td></tr>
</table>

2021年省部级及以上荣誉备案汇总（个人）

总序	获奖个人	荣誉或竞赛名称	授奖文件	授奖单位	授奖日期	主管单位
1	李雪梅	全国巾帼建功标兵	荣誉证书	中华全国妇女联合会	2021-03-08	群众工作部（工会、团委）
2	李雪梅	中央企业优秀共产党员	荣誉证书	中共国务院国有资产监督管理委员会	2021-07-01	党委组织部（人力资源部）
3	黄继清	2020年全国“敬老爱老模范人物”	《关于表彰2020年全国“敬老文明号”和全国“敬老爱老助老模范人物”的决定》（国卫老龄发〔2020〕24号）	中华人民共和国国家卫生健康委员会、全国老龄工作委员会办公室	2020-12-14	离退休人员服务中心
4	刘海英	2020年全国“敬老爱老模范人物”				
5	虞清	中央企业青年岗位能手	《关于表彰2019–2020年度中央企业五四红旗团委、五四红旗团支部、优秀共青团员、优秀共青团干部、中央企业青年岗位能手，命名中央企业青年文明号的决定》（中企团发〔2021〕6号）	中国共产主义青年团中央企业工作委员会	2021-04-30	群众工作部（工会、团委）
6	董军飞	广东省五一劳动奖章	《广东省总工会关于表彰2021年广东省五一劳动奖状、奖章的决定》（粤工总〔2021〕13号）	广东省总工会	2021-04-29	群众工作部（工会、团委）
7	蒋文军	广东省优秀共产党员	荣誉证书（证书编号：20210129）	中国共产党广东省委员会	2021-06-01	党委组织部（人力资源部）
8	杨越	第六届感动石化人物	荣誉奖杯	中国石油化工集团有限公司	2021-06-23	党委宣传部（企业文化部）
9	李雪梅	优秀共产党员	《关于表彰优秀共产党员优秀党务工作者先进基层党组织的决定》（中国石化党组群〔2021〕82号）	中国共产党中国石油化工集团公司党组	2021-06-22	党委组织部（人力资源部）
10	徐文	优秀共产党员				
11	王骞	优秀共产党员				
12	吕伯振	优秀共产党员				
13	梁郁超	优秀党务工作者				

续表

总序	获奖个人	荣誉或竞赛名称	授奖文件	授奖单位	授奖日期	主管单位
14	李建峰	中国石化纪检监察先进个人	《关于表彰中国石化纪检监察先进集体先进个人的决定》（中国石化党组纪〔2021〕87 号）	中国共产党中国石油化工集团有限公司党组	2021-06-25	纪委监督部
15	陈庆华	2020 年度安全生产先进管理者	《关于表彰 2020 年度集团公司安全生产先进单位和先进个人的决定》（中国石化安〔2021〕3 号）	中国石油化工集团有限公司	2021-01-02	安全环保部
16	王亚旺	2020 年度安全生产先进职工				
17	许凡超	2020 年度安全生产先进职工				
18	陈亚宽	2020 年度安全生产先进职工				
19	钟国强	中国石油化工集团有限公司 2020 年度节能环保先进管理者	《关于表彰集团公司 2020 年度节能环保先进单位和先进个人的决定》（中国石化能〔2021〕5 号）	中国石油化工集团公司	2021-01-02	安全环保部
20	陈志东	中国石油化工集团有限公司 2020 年度节能环保先进管理者				
21	吴翠霞	中国石油化工集团有限公司 2020 年度节能环保先进管理者				
22	施恒展	中国石油化工集团有限公司 2020 年度节能环保先进个人				
23	蒙美彦	中国石油化工集团有限公司 2020 年度节能环保先进个人				
24	郑康旭	2020 年度集团公司物资供应管理先进个人	《关于表彰 2020 年度集团公司物资供应管理先进单位和先进个人的决定》（中国石化物〔2021〕33 号）	中国石油化工集团有限公司	2021-01-22	物资供应中心
25	丁俊霞	2020 年度集团公司物资供应管理先进个人				
26	庄宇斌	中国石化 2020 年度财务管理先进个人	《关于表彰 2020 年度财务管理先进单位和先进个人的决定》（中国石化财〔2021〕35 号）	中国石油化工集团有限公司	2021-01-25	财务部
27	潘肖容	中国石化 2020 年度财务管理先进个人				

续表

总序	获奖个人	荣誉或竞赛名称	授奖文件	授奖单位	授奖日期	主管单位
28	王新舟	中国石油化工集团有限公司优秀法律工作者	《关于表彰集团公司法治工作和“七五”普法先进单位及个人的决定》（中国石化企〔2021〕44号）	中国石油化工集团有限公司	2021-02-02	企业管理部/法律事务部
29	莫瑞钦	中国石油化工集团有限公司优秀法律工作者				
30	张国明	中国石油化工集团有限公司“七五”普法先进个人				
31	曾文庆	集团公司“十三五”投资管理先进个人	《关于表彰集团公司“十三五”投资管理先进单位、后评价管理先进单位、后评价优秀项目、后评价优秀报告、投资管理先进个人的表彰决定》（中国石化计〔2021〕192号）	中国石油化工集团有限公司	2021-08-24	科技发展部
32	谢水秀	集团公司“十三五”投资管理先进个人				
33	范云峰	2020年度集团公司建设项目先进个人	《关于公布2020年度中国石化优质工程奖评选结果、表彰集团公司建设项目优秀管理团队及先进个人的决定》(中国石化建〔2021〕90号)	中国石油化工集团有限公司	2021-04-13	工程管理部
34	陈海运	2020年度集团公司建设项目先进个人				
35	柳惠平	2020年度集团公司建设项目先进个人				
36	张国明	全国“七五”普法中期先进个人	荣誉证书	全国普及法律常识办公室	2019-11-01	企业管理部/法律事务部
37	叶荣	中国石油化工集团有限公司“十三五”信息和数字化工作先进个人	《关于表彰集团公司“十三五”信息和数字化工作先进单位和先进个人的决定》（中国石化信〔2021〕30号）	中国石油化工集团有限公司	2021-01-19	企业管理部/法律事务部
38	谭达刚	2021年中国石化知识产权先进个人	《关于2021年中国石化知识产权先进单位和先进个人的表彰决定》（中国石化科〔2021〕50号）	中国石油化工集团有限公司	2021-02-19	科技发展部
39	阮冠鸿	集团公司2019-2020年度维护稳定工作先进个人	《关于表彰集团公司2019-2020年度维护稳定工作先进单位、先进集体、先进管理者和先进个人的决定》（中国石化综〔2021〕78号）	中国石油化工集团有限公司	2021-03-23	综合管理部

续表

总序	获奖个人	荣誉或竞赛名称	授奖文件	授奖单位	授奖日期	主管单位
40	梁文雄	“持续攻坚创效”行动先进个人	《关于表彰集团公司“持续攻坚创效”行动先进单位和先进个人的决定》(中国石化人〔2021〕92号)	中国石油化工集团有限公司	2021-04-13	党委组织部（人力资源部）
41	孔剑兵	“持续攻坚创效”行动先进个人				
42	王越	2019-2020年度中国石化青年岗位能手	《关于命名2019-2020年度中国石化青年文明号、表彰2019-2020年度中国石化青年岗位能手的决定》（中国石化群〔2021〕95号）	中国石油化工集团有限公司	2021-04-20	群众工作部（工会、团委）
43	袁庆青	2020年中国石化计量管理先进个人	《关于表彰2020年度中国石化质量管理奖先进单位和先进个人的决定》(中国石化科〔2021〕46号)	中国石油化工集团有限公司	2021-02-05	生产管理部、质量管理部
44	章登成	2020年度石油和化工能效“领跑者”企业节能先进管理者	《关于发布2020年度石油和化工行业耗能产品能效“领跑者”、水效“领跑者”标杆企业名单和指标的通知》（中石化联产发〔2021〕243号）	中国石油和化学工业联合会	2021-09-29	
45	孙铁	2021年第一季度“广东好人”（敬业奉献）	《关于表彰2021年第一季度“广东好人”的通报》（粤文明办〔2021〕37号）	广东省精神文明建设委员会办公室	2021-08-02	党委宣传部（企业文化部）
46	阮阳越	2020年第三季度“广东好人”（敬业奉献）	《关于表彰2020年第三季度“广东好人”的通报》	广东省精神文明建设委员会办公室	2021-02-22	党委宣传部（企业文化部）
47	黄海鹏	2018-2019年度广东省节能先进个人	《关于表彰2018-2019年度广东省节能先进集体和先进个人的决定》（粤发改能源〔2021〕64号）	广东省人力资源和社会保障厅	2021-02-09	生产管理部、质量管理部
48	卢艳	2015-2019年广东省工会女职工工作先进工作者	《关于表扬2015-2019年广东省工会女职工工作先进集体和先进个人的通知》(粤工总〔2020〕33号)	广东省总工会	2020-11-03	群众工作部（工会、团委）
49	林晓明	广东省优秀共青团员	《关于表彰2020-2021年度广东省五四红旗团委（标兵）、五四红旗团支部（标兵）、优秀共青团员、优秀共青团干部和百佳团支部书记的决定》（团粤发〔2021〕8号）	中国共产主义青年团广东省委员会	2021-04-30	群众工作部（工会、团委）
50	卢瑞真	中国石化优秀团干部	《关于表彰2019-2020年度中国石化五四红旗团组织、优秀共青团员、优秀共青团干部的决定》（中国石化团委〔2021〕17号）	中国共产主义青年团中国石油化工集团有限公司委员会	2021-04-21	群众工作部（工会、团委）
51	李子凡	中国石化优秀共青团员				

续表

总序	获奖个人	荣誉或竞赛名称	授奖文件	授奖单位	授奖日期	主管单位
52	刘明秋	全省关心下一代工作先进工作者	《关于表彰全省关心下一代工作先进单位和先进个人的决定》（粤关工委〔2020〕19号）	广东省关心下一代工作委员会、广东省精神文明建设委员会办公室	2020-12-14	离退休人员服务中心
53	黄海穗	全省关心下一代工作突出贡献奖				
54	熊斌	2020年广东百户“最美家庭”	荣誉证书	中共广东省委宣传部、广东省精神文明建设委员会办公室、广东省妇女联合会	2020-10-20	群众工作部（工会、团委）
55	张亚培	中国石化报社2020年度首席文字记者	《关于表彰中国石化报社2020年度先进集体和个人的决定》（中国石化报总〔2021〕8号）	中国石化报社	2021-03-09	党委宣传部（企业文化部）
56	龙泰良	中国石化报社2020年度优秀文字记者				
57	王亮	中国石化报社2020年度优秀电视记者				
58	张博	中国石化报社2020年度优秀文字通讯员				
59	刘丽婷	中国石化报社2020年度优秀文字通讯员				
60	柯思恩	中国石化报社2020年度优秀文字通讯员				
61	张亚培	南方日报社2020年度积极通讯员	荣誉证书	南方日报社	2021-02-01	党委宣传部（企业文化部）
62	韩善雷	乙烯装置操作工全国行业职业技能竞赛金奖	《关于表彰2020年全国行业职业技能竞赛——集输工和乙烯装置操作工竞赛获奖单位和个人的决定》（中国石化人〔2020〕364号）	中国石油化工集团有限公司	2020-12-28	党委组织部（人力资源部）
63	麦扬帆	乙烯装置操作工全国行业职业技能竞赛金奖				
64	黄国金	乙烯装置操作工全国行业职业技能竞赛银奖				
65	李绪耿	乙烯装置操作工全国行业职业技能竞赛银奖				

续表

总序	获奖个人	荣誉或竞赛名称	授奖文件	授奖单位	授奖日期	主管单位
66	常卫科	乙烯装置操作工全国行业职业技能竞赛铜奖	《关于表彰2020年全国行业职业技能竞赛——集输工和乙烯装置操作工竞赛获奖单位和个人的决定》（中国石化人〔2020〕364号）	中国石油化工集团有限公司	2020-12-28	党委组织部（人力资源部）
67	韩善雷	乙烯装置操作工全国行业职业技能竞赛理论单项奖				
68	黄国金	乙烯装置操作工全国行业职业技能竞赛理论单项奖				
69	麦扬帆	乙烯装置操作工全国行业职业技能竞赛理论单项奖				
70	陈艳	全国“安康杯”职工安全健康意识与应急技能知识普及竞赛活动个人二等奖	荣誉证书	全国“安康杯”竞赛组委会办公室	2020-11-20	群众工作部（工会、团委）
71	潘雄杰	全国“安康杯”职工安全健康意识与应急技能知识普及竞赛活动个人三等奖	荣誉证书	全国“安康杯”竞赛组委会办公室	2020-11-20	群众工作部（工会、团委）
72	《紧跟共和国的脚步》（龙泰良、黄颢珩、马春光）	2020年“京能杯”第三届微电影微视频创作大赛二等奖	荣誉证书	中国能源化学地质工会全国委员会	2020-11-03	群众工作部（工会、团委）
73	杨国强	中国石化集团公司职工教育研究会（华北、华东、中南分会）2020年度课题、论文征集一等奖（《新时期党支部书记培训课程开发的实践分析》）	《关于表彰中国石化集团公司职工教育研究会（华北、华东、中南分会）2020年度获奖课题、论文的决定》（华北、华东、中南分会〔2020〕4号）	中国石油化工集团公司职工教育研究会华北分会、中国石油化工集团公司职工教育研究会华东分会、中国石油化工集团公司职工教育研究会中南分会	2020-12-07	党委组织部（人力资源部）
74	刘方舟、王涛、李国东、杨国强、彭金海	中国石化集团公司职工教育研究会（华北、华东、中南分会）2020年度课题、论文征集二等奖（《构建国有企业技能人员1+1=0素质提升体系探索与实践》）				

续表

总序	获奖个人	荣誉或竞赛名称	授奖文件	授奖单位	授奖日期	主管单位
75	沈爱琴	中国石化集团公司职工教育研究会（华北、华东、中南分会）2020年度课题、论文征集二等奖（《深化培训信息化应用，全面推进网络智能练兵经验和做法》）	《关于表彰中国石化集团公司职工教育研究会（华北、华东、中南分会）2020年度获奖课题、论文的决定》（华北、华东、中南分会〔2020〕4号）	中国石油化工集团公司职工教育研究会华北分会、中国石油化工集团公司职工教育研究会华东分会、中国石油化工集团公司职工教育研究会中南分会	2020-12-07	党委组织部（人力资源部）
76	黄彩容	“全国炼油与化工技术交流研讨会”优秀论文评选二等奖（《酸性水中腐蚀介质含量分析方法浅析》）	荣誉证书	中国石油和化学工业联合会	2021-08-12	机动部
77	王伟	庆祝中国共产党成立100周年主题征文活动三等奖（《茂名石化实施“员工关爱”计划的探索与实践》）	《关于“庆祝中国共产党成立100周年主题征文活动”优秀作品的通报》（能源化工工发〔2021〕33号）	中国能源化学地质工会全国委员会	2021-09-26	群众工作部（工会、团委）
78	易成风	中国石化庆祝建党100周年职工美术书法摄影作品创作征集活动书法类作品一等奖(《行书中堂》)	《关于中国石化庆祝建党100周年职工美术书法摄影作品创作征集活动优秀作品的通报》(集团工单文联〔2021〕2号)	中国石油化工集团有限公司文学艺术界联合会	2021-09-28	群众工作部（工会、团委）
79	黄剑飞	中国石化庆祝建党100周年职工美术书法摄影作品创作征集活动书法类作品一等奖(《篆刻条屏》)				
80	林彬彬	中国石化庆祝建党100周年职工美术书法摄影作品创作征集活动书法类作品二等奖(《草书对联》)				
81	郑玉华	中国石化庆祝建党100周年职工美术书法摄影作品创作征集活动书法类作品二等奖(《草书条幅》)				
82	陈志光	中国石化庆祝建党100周年职工美术书法摄影作品创作征集活动书法类作品三等奖(《草书条幅》)				
83	张慧渊	中国石化庆祝建党100周年职工美术书法摄影作品创作征集活动书法类作品三等奖(《行书条幅》)				

续表

总序	获奖个人	荣誉或竞赛名称	授奖文件	授奖单位	授奖日期	主管单位
84	罗璐	中国石化庆祝建党100周年职工美术书法摄影作品创作征集活动书法类作品三等奖（《隶书条幅》）	《关于中国石化庆祝建党100周年职工美术书法摄影作品创作征集活动优秀作品的通报》（集团工单文联〔2021〕2号）	中国石油化工集团有限公司文学艺术界联合会	2021-09-28	群众工作部（工会、团委）
85	柯裕清	中国石化庆祝建党100周年职工美术书法摄影作品创作征集活动摄影类作品三等奖（《大美化工》）				
86	张博	第四届中国石化散文创作大赛优秀奖（《如若不相见，便可不相恋》）	《关于第四届中国石化散文创作大赛获奖作品的通报》（中石化单作协〔2021〕5号）	中国石油化工集团公司作家协会	2021-10-09	群众工作部（工会、团委）
87	马春光	第四届中国石化散文创作大赛优秀奖（《师父的“大手”》）				
88	张亚培	第四届中国石化散文创作大赛优秀奖（《一辈子一生情一件事》）				
89	易成风	“‘最美一线 翰墨铸情’中国石化第二届隶书作品展”获奖作品	《关于“‘最美一线 翰墨铸情’中国石化第二届隶书作品展”评选结果的通报》（中石化书协〔2020〕6号）	中国石油化工集团公司文联书法家协会	2020-12-18	群众工作部（工会、团委）
90	林彬彬	“‘最美一线 翰墨铸情’中国石化第二届隶书作品展”获奖作品				
91	潘为军	“‘最美一线 翰墨铸情’中国石化第二届隶书作品展”获奖作品				
92	郑玉华	“‘最美一线 翰墨铸情’中国石化第二届隶书作品展”获奖作品				
93	陈志光	“‘最美一线 翰墨铸情’中国石化第二届隶书作品展”入展作品				
94	吴媚	“‘最美一线 翰墨铸情’中国石化第二届隶书作品展”入展作品				
95	罗璐	“‘最美一线 翰墨铸情’中国石化第二届隶书作品展”入展作品				
96	李劲	“‘最美一线 翰墨铸情’中国石化第二届隶书作品展”入选作品				

续表

总序	获奖个人	荣誉或竞赛名称	授奖文件	授奖单位	授奖日期	主管单位
97	徐红	“‘最美一线 翰墨铸情’中国石化第二届隶书作品展”入选作品	《关于“‘最美一线 翰墨铸情’中国石化第二届隶书作品展”评选结果的通报》（中石化书协〔2020〕6号）	中国石油化工集团公司文联书法家协会	2020-12-18	群众工作部（工会、团委）
98	仪控计量部	中国石化首届篆刻作品展精品奖	《关于“永跟党走 振兴石化 中国石化首届篆刻作品展”评选结果的通报》（中石化书协〔2021〕5号）	中国石油化工集团公司文联书法家协会	2021-04-15	群众工作部（工会、团委）
99	张亚培	“我心向党”庆祝中国共产党成立100周年主题文艺创作作品诗歌类三等奖（《七月的风》）	《关于“我心向党”庆祝中国共产党成立100周年主题文艺创作获奖作品的通报》（中石化单作协〔2021〕3号）	中国石油化工集团公司作家协会	2021-03-12	群众工作部（工会、团委）
100	张亚培	“我心向党”庆祝中国共产党成立100周年主题文艺创作作品短篇小说类三等奖（《摘星的夜晚》）				
101	徐红	“我心向党”庆祝中国共产党成立100周年主题文艺创作作品纪实散文类三等奖（《三十年河东三十年河西》）				
102	黄春泽	“我心向党”庆祝中国共产党成立100周年主题文艺创作作品纪实散文类三等奖（《油灯，伴我成长》）				
103	张博、李悦	“我心向党”庆祝中国共产党成立100周年主题文艺创作作品纪实散文类优秀奖（《南海上飘扬的旗帜》）				
104	许荣波	“我心向党”庆祝中国共产党成立100周年主题文艺创作作品纪实散文类优秀奖（《弄潮水东湾》）				

附 录

MAOMINGSHIHUA

● 统计图表

● 文件选登

MAOMINGSHIHUANIAN JIAN

附 录

统计图表

茂名石化主要技术经济指标一览表

表 1 单位：亿元

指标名称 \ 年份	2021	2020	2019	2018	2017	2016
原料油加工量 / 万吨						
茂名分公司	2189.05	2198.94	2183.36	2051.49	1979.62	1937.12
工业总产值						
茂名分公司	1063.64	829.90	1030.97	1059.95	863.09	732.19
茂名石油化工有限公司	16.44	17.12	25.09	18.73	16.64	14.07
工业增加值						
茂名分公司	341.23	270.23	276.21	342.95	366.13	335.41
茂名石油化工有限公司	3.57	8.36	8.55	9.02	6.95	6.38
资产总计						
茂名分公司	489.70	382.32	348.73	340.09	311.87	265.87
茂名石油化工有限公司	38.27	39.64	40.35	41.99	47.89	50.03
流动资产						
茂名分公司	225.55	154.10	138.69	130.43	139.95	97.06
茂名石油化工有限公司	10.59	10.65	10.18	9.73	11.02	12.7
固定资产原值						
茂名分公司	481.84	429.12	414.77	408.77	391.08	382.44

续表

指标名称 \ 年份	2021	2020	2019	2018	2017	2016
茂名石油化工有限公司	80.55	80.73	79.54	77.59	79.54	72.35
固定资产净值						
茂名分公司	153.86	118.16	118.17	128.17	129.36	137.47
茂名石油化工有限公司	24.05	25.88	31.54③	31.50	34.79	29.23
销售收入						
茂名分公司①	1079.53	826.50	1045.23	1065.67	854.46	726.61
茂名石油化工有限公司	30.38	30.04	30.81	32.26	29.93	27.49
实现利税②						
茂名分公司	343.98	276.24	344.06	420.11	413.21	381.02
茂名石油化工有限公司	2.43	6.07	3.93	4.82	4.66	4.33
税金②						
茂名分公司	243.8	219.61	280.84	320.07	301.88③	291.08
茂名石油化工有限公司	1.95	3.30	2.31	2.57③	2.1	2.09③
万元产值综合能耗 / 吨标准煤 · 万元$^{-1}$						
茂名分公司	0.736	0.753③	0.530③	0.551	0.549	0.547
茂名石油化工有限公司	1.289	1.182③	1.279	1.284	1.335	1.34

①茂名分公司销售收入不含炼化互供
②茂名分公司实现利税和税金的数据为当年税金实际缴纳数，并含进口原油增值税
③数据更新

茂名石化主要产品产量一览表

表 2 单位：万吨

指标名称 \ 年份	2021	2020	2019	2018	2017	2016
乙烯	104.84	118.39	118.20	119.06	117.59	113.03
丙烯	62.48	67.59①	67.69①	69.69	66.3	64.92
混合芳烃	41.51	46.20	41.44	45.08	43.23	40.09

续表

年份 指标名称	2021	2020	2019	2018	2017	2016
三苯（化工）	36.32	39.61	35.47	37.26	35.91	32.84
三苯（炼油）	69.83	64.09①	76.29①	34.05	4.1	4.31
聚丙烯	64.46	68.4①	69.09①	69.4	67.98	64.92
线性聚乙烯	11.3	11.34	13.86①	14.75①	19.72	19.83
高密度聚乙烯	27.95	35.95	37.37	36.87	35	36.03
高压聚乙烯	34.95	37.38①	35.59	36.38	40.99	39.44
丁二烯	13.03	14.81	14.47	14.67	15.02	14.40
MTBE	22.48	22.71①	22.67①	23.32①	21.58①	18.83①
1- 丁烯	1.58	1.26	1.62	1.51	1.72	1.65
乙二醇	6.44	6.13	5.68	12.26	5.88	3.93
环氧乙烷	24.88	30.28	27.24	23.45	14.41	10.44
苯乙烯	10.03	12.13	12.78	11.11	13.11	11.37
SBS 橡胶	6.95	8.25	7.12	7.62	7.46	7.24
顺丁橡胶	7.93	9.25	9.53	9.05	9.7	8.46
液化气	149.84	148.44①	166.85①	153.42①	142.9①	142.50
石脑油	236.9	243.11	187.68	214.45	186.96	193.75
汽油	415.66	383.29	433.83	422.82	412.67	421.53
其中：高标号汽油	167.28	160.09	157.08	150.31①	143.65	274.19
煤油	177.13	190.19	354.08	323.64	290.03	284.59
柴油	418.07	445.33	433.57	413.27	444.41	419.28
润滑油基础油	44.61	31.45	35.91	37.78	36.51	35.82
石蜡	2.89	2.30	4.93①	4.26	5.13	8.21
商品重油	115.43	94.26①	10.96	11.69	14.12	15.84
沥青	122.01	179.39	111.39	125.79	146.12	137.81
石油焦	73.53	79.37	77.54	70.66	77.59	70.46
硫黄	28.53	22.96	22.01	20.22	20.45	19.52

①数据更新

文件选登

茂名石化令〔2021〕1号

茂名石化安全生产“第1号”工作令

一、在未严格执行《茂名石化施工作业安全管理程序》的情况下，禁止一切施工作业，尤其是在有物料或公用介质的设备本体（包括管道）及附件上进行的作业，如拆卸螺栓、法兰、盲盖、堵头、盘根压盖等。

二、严格禁止使用阀门作为施工作业的隔断措施。在无法加装盲板的情况下，必须按照《茂名石化重大作业安全技术要求》组织实施。

签发人：

2021年3月16日

茂名石化〔2021〕9号

关于印发《〈茂名石化安全生产“第1号”工作令〉专项考核办法》的通知

各二级单位（中心）、公司机关各部门：

经公司领导班子会研究，并提请第十四届职工代表大会第九次联席会议审议通过，现将《茂名石化安全生产“第1号”工作令》专项考核办法下发给你们，请认真贯彻执行。

附件：《茂名石化安全生产“第1号”工作令》考核标准及举报电话

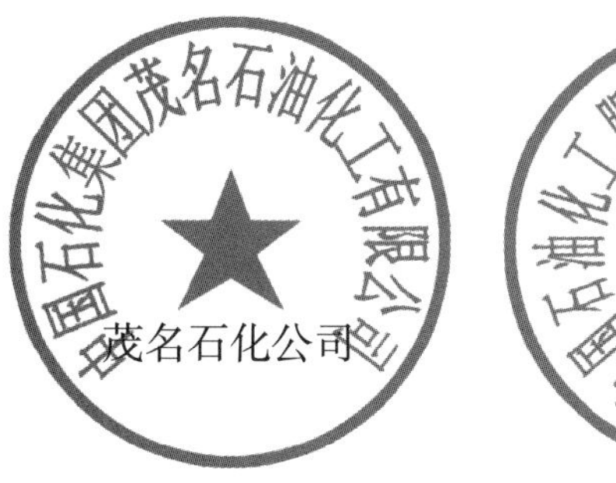

茂名石化公司　　茂名分公司

《茂名石化安全生产“第1号”工作令》专项考核办法

为迅速推动《茂名石化安全生产“第1号”工作令》坚决、彻底、全面落实，实现“零违章”，特制定本办法。

一、适用范围

公司全体员工（含劳务派遣工）、承包商单位及其员工。

二、主要内容

1.对《茂名石化安全生产“第1号”工作令》(《茂名石化施工作业安全管理程序》及其附件1–14）的相关内容随机抽考，成绩排名处于本批次被抽考人数后10%（不足1人的，按1人计算）的为不合格，给予处罚。

2.对违反《茂名石化安全生产“第1号”工作令》的行为给予处罚。

3.对发现制止并举报违反“第1号”工作令的个人给予奖励。

4.对举报信息接收人没有及时协调处理举报问题的，给予处罚。

三、考核标准

具体考核标准见附件。

四、监督举报

公司全体员工、承包商员工都有监督举报的权利和义务，发现违章行为应马上制止，并优先向该项作业的业务主管方举报，或向调度、值班、督察队人员举报。举报电话见附件。

五、相关说明

1.公司其他制度与本办法不一致的，按奖励择高、扣罚择重执行。

2.处罚在月度经济责任制考核中兑现，奖励在安全环保专项奖中列支。

3.本办法未尽事宜，由安全环保部牵头组织相关部门研究决定。

4.本办法自发布之日起实施，解释权在安全环保部。

附件1

公司员工（含劳务派遣工）考核标准

<table>
<tr><th>序号</th><th>考核内容</th><th>考核对象</th><th>发布之日起
至4月30日</th><th>5月1日至
5月31日</th><th>6月1日至
6月30日</th><th>7月1日起</th></tr>
<tr><td>1</td><td>《茂名石化安全生产“第1号”工作令》抽考不合格</td><td>员工</td><td>通报批评</td><td>第一次扣500元；一周后补考不合格，扣1000元；第三次考试不合格者离岗培训，期间不发放绩效奖。</td><td>第一次扣1000元；一周后补考不合格，扣1500元；第三次考试不合格者离岗培训，期间不发放绩效奖。</td><td>第一次扣1500元；一周后补考不合格，扣2000元；第三次考试不合格者离岗培训，期间不发放绩效奖。</td></tr>
<tr><td rowspan="2">2</td><td rowspan="2">违反《茂名石化安全生产“第1号”工作令》</td><td rowspan="2">违章指挥和违章作业责任人</td><td>扣1000—2000元/项·人。</td><td colspan="3">扣2000~10000元/（项·人）。</td></tr>
<tr><td colspan="4">第二次违反的择重双倍处罚；第三次违反的择重三倍处罚并离岗培训，经综合评价能力合格后再上岗，培训期间不发放绩效奖。</td></tr>
<tr><td>3</td><td>发现制止或举报违反《茂名石化安全生产“第1号”工作令》</td><td>员工</td><td>奖励500元/项。</td><td colspan="3">奖励1000~10000元/项。</td></tr>
<tr><td>4</td><td>检查处理违反《茂名石化安全生产“第1号”工作令》</td><td>督察队员</td><td>奖励100—200元/项。</td><td colspan="3">奖励500~5000元/项。</td></tr>
<tr><td>5</td><td>没有及时处理举报问题</td><td>举报信息接收人</td><td colspan="4">扣2000—20000元/次。</td></tr>
</table>

注：离岗培训时间及考核计算方法：离岗培训时间自第三次考试不合格次日开始计算，至本人申请补考并合格当日止；离岗培训时间不足半个月的按半个月考核绩效奖，半个月至一个月的按全月考核绩效奖。

附件2

承包商单位及员工考核标准

<table>
<tr><th>序号</th><th>考核内容</th><th>考核对象</th><th>发布之日起
至4月30日</th><th>5月1日—
5月31日</th><th>6月1日—
6月30日</th><th>7月1日起</th></tr>
<tr><td>1</td><td>所从事作业种类的安全技术要求抽考不合格</td><td>承包商员工</td><td>通报批评</td><td>限制入厂1个月</td><td>限制入厂6个月</td><td>限制入厂1年</td></tr>
<tr><td rowspan="2">2</td><td rowspan="2">违反《茂名石化安全生产“第1号”工作令》</td><td>承包商员工</td><td>违章扣分在3~11分的，限制入厂1个月；达到12分的，列入“黑名单”永远禁止入厂。</td><td colspan="3">违章扣分在3—11分的，限制入厂1年；达到12分的，列入“黑名单”永远禁止入厂。</td></tr>
<tr><td>违章承包商员工所在单位</td><td>扣相同分数，并扣罚500元/分。</td><td colspan="3">扣相同分数，扣罚5000元/分；对情节严重的，专题研究给予停止选商的处罚。</td></tr>
<tr><td>3</td><td>没有及时处理举报问题</td><td>承包商员工</td><td colspan="4">奖励3—6分/项。</td></tr>
</table>

附件3

举报电话

1.调度举报电话

炼油区域调度：18023977527、18023995526、18022811272

化工区域调度：2237192、2237828、2237489

2.两级值班、督察举报电话

	值班举报电话	督察举报电话
公司	2243571	18806682526、13702867238、18929799317
炼油分部	（联系区域调度）	13927554229、13622907465、13929715670
化工分部	（联系区域调度）	13592997226、13927541668、18806698189
热电分部	19120703371	13828681580、13534883164、13709626048
港口分部	2241250	13929716816、13809768235、13929701108
铁运分部	2242706	13592997308、19927262950、13922032268
仪控计量部	18902518529	13926710109、13929714451、13926707749
水务运行部	（联系区域调度）	13929725267、13926715096、13927552646
工程管理部	（联系区域调度）	13592991248、13929720946、13702863531

综合管理部 2021年3月31日印发

茂名石化〔2021〕11号

关于印发《茂名石化安全环保尽职保证金管理办法》的通知

各二级单位（中心）、公司机关各部门：

经公司党委常委会和领导班子会研究，并提请公司第十四届职工代表大会第十一次联席会议审议通过，现将《茂名石化安全环保尽职保证金管理办法》印发给你们，请认真贯彻执行。

特此通知。

附件：茂名石化安全环保尽职保证金管理办法

茂名石化公司　　茂名分公司

2021年4月16日

附件

茂名石化安全环保尽职保证金管理办法

为贯彻落实“安全先于一切、高于一切、重于一切”“安环是第一工作”的管理理念，进一步强化全员“随意就是危险，违章就是犯罪”的安全意识，推动安全环保责任制、安全管理制度和操作规程全面执行到位，杜绝各类事故事件发生，特制定本管理办法。

一、适用范围

公司全体在岗合同制员工。

二、管理要求

（一）设立全员安全环保尽职保证金

每月从员工月度绩效奖金中提取安全环保尽职保证金，计算公式如下：

个人保证金额度=单位安全难度系数*个人岗位绩效系数*公司月度奖金基数*20%

单位保证金总额=Σ 个人额度

说明：

单位安全难度系数：

一档（系数2.0）：炼油分部、化工分部；

二档（系数1.7）：热电分部、仪控计量部、港口分部、铁运分部、水务运行部、生产管理部、机动部、安全环保部、工程管理部；

三档（系数1.3）：研究院、物资供应中心、营销中心、行政事务中心、应急救援中心、信息中心、质量检验中心；

四档（系数1.1）：公司党校（职工培训中心）、离退休人员服务中心、计划管理部、科技发展部、财务部（含工程预结算中心）、综合管理部/党委办公室/信访维稳办/党委防范办/武装部、企业管理部/法律事务部（含选商交易中心）、审计部、党委组织部/人力资源部、党委宣传部/企业文化部/品牌部、纪委/监督部/巡察办、群众工作部(工会、团委)。

（二）奖惩标准

1.奖励

零事故事件的，返还季度保证金，并按个人季度保证金额度30%奖励，每季度兑现。

发生事故事件时，有关奖励事项按如下条款执行：

（1）发生车间级及以上级事故事件的车间，全年不得奖励；

（2）发生分部级及以上级事故事件，分部领导和责任业务管理室、安环管理室全年不得奖励；发生公司级及以上级事故事件，分部机关所有管理室全年不得奖励；

（3）独立施工区域发生分部级及以上级安全事故，工程管理部全年不得奖励；

（4）发生公司级及以上级事故事件，公司责任业务部门、安全环保部全年不得奖励；发生上报集团公司级事故事件，公司机关所有部室全年不得奖励；

（5）发生事故事件被扣罚的季度不得奖励；

（6）当全年不得奖励时，前期已兑现的奖励，年内追溯盘回。

2.扣罚

（1）发生车间级安全环保事故事件扣罚标准：

扣罚事故事件发生车间一个季度安全环保尽职保证金；

扣罚事故事件所在单位责任业务管理室一个季度安全环保尽职保证金的30%；

扣罚事故事件所在单位安全环保室一个季度安全环保尽职保证金的15%；

扣罚事故事件所在单位领导班子一个季度安全环保尽职保证金的15%；

扣罚事故事件所在单位其他管理室一个季度安全环保尽职保证金的10%。

（2）发生分部级安全环保事故事件扣罚标准：

扣罚事故事件发生车间两季度安全环保尽职保证金；

扣罚事故事件所在单位责任业务管理室一个季度安全环保尽职保证金；

扣罚事故事件所在单位安全环保室一个季度安全环保尽职保证金的50%；

扣罚事故事件所在单位领导班子一个季度安全环保尽职保证金的50%；

扣罚事故事件所在单位其他管理室一个季度安全环保尽职保证金的20%；

扣罚公司责任业务部门一个季度安全环保尽职保证金的30%；

扣罚公司安全环保部一个季度安全环保尽职保证金的15%。

（3）发生公司级及以上级安全环保事故事件扣罚标准：

扣罚事故事件发生车间全年安全环保尽职保证金；

扣罚事故事件所在单位责任业务管理室两个季度安全环保尽职保证金；

扣罚事故事件所在单位安全环保室一个季度安全环保尽职保证金；

扣罚事故事件所在单位领导班子一个季度安全环保尽职保证金；

扣罚事故事件所在单位其他管理室一个季度安全环保尽职保证金的50%；

扣罚公司责任业务部门一个季度安全环保尽职保证金的60%；

扣罚公司安全环保部一个季度安全环保尽职保证金的30%；

扣罚公司机关其他部门一个季度安全环保尽职保证金的20%。

（4）独立施工区域发生安全事故，对工程管理部扣罚标准：

发生车间级安全环保事故事件，扣罚一个季度安全环保尽职保证金的50%；

发生分部级安全环保事故事件，扣罚一个季度安全环保尽职保证金；

发生公司级及以上级安全环保事故事件，扣罚两季度安全环保尽职保证金。

独立施工区域发生安全事故，对安全环保部的扣罚标准参照（2）、（3）条款；非独立施工区域发生事故事件时，按责任界定处理。

（5）违反工艺纪律、操作纪律造成的非计划停工，按照相应等级的安全事故事件执行，安全环保部门与其他非责任业务部门同等考核。

三、其他方面

1. 现行绩效考核管理办法中关于安全环保、非计划停工的考核办法不变。

2. 发生事故事件时，当月开始考核兑现；季度内发生多起事故事件时，累计考核。当期保证金不够扣罚时，从下一期保证金中扣罚；年度不够扣罚时，从绩效奖金中追溯扣罚；全年安全环保尽职保证金被扣完时，不再加扣。

3. 各单位结合实际划分档次细化制订考核细则，并报企业管理部备案。

4. 本文涉及的安全环保事故事件或非计划停工的界定，执行公司相关管理制度。

5. 对岗位变动的，按比例分段进行考核。退出现职不上班人员及内退、长病等不上班人员，不执行该管理办法。

四、附则

1. 特殊情况或未尽事宜，由企业管理部牵头组织专项研究。

2. 本办法由企业管理部负责解释。

3. 本办法从2021年4月1日起开始实施。

综合管理部　　2021年4月16日印发

茂名石化党密字〔2021〕2号

关于印发《关于加强商业秘密管理的若干措施》的通知

各单位保密委员会（保密领导小组）、公司机关各部门：

为加强公司商业秘密的管理，确保公司商业秘密的绝对安全，维护公司的竞争优势，现将《关于加强商业秘密管理的若干措施》印发给你们，并就贯彻落实提出如下要求：

一、成立商业秘密保密工作领导小组。各二级单位、中心和机关各部门都要成立相应领导小组，明确主管领导和责任人员。各基层车间单位也要明确主管负责人，按照党政同责原则，车间主任和党支部书记都是此项工作第一责任人。

二、根据本措施制定本单位商业秘密保护细则或办法，并严格执行。

三、加强商业秘密管理检查，检查结果列入党建工作考核内容，并直接与绩效考核挂钩，形成管理长效机制。

请各单位将贯彻落实本通知初步情况，于4月15日前报公司保密办。

特此通知。

茂名石化公司党委

2021年4月2日

（联系人：谭　耘　0668-2243795）

关于加强商业秘密管理的若干措施

一直以来，公司对保密工作高度重视，确保了国家秘密、商业秘密和工作秘密的安全。但是最近一段时期，个别员工对保密工作特别是商业秘密的保护有所放松，直接或间接危害了公司的利益。为遏制这种不良势头，杜绝出现泄密事件，防范泄密风险，现就加强公司商业秘密保密管理提出如下措施。

一、成立商业秘密保护工作领导小组。组长由公司党委保密委员、公司副总经理毛远洪担任，公司保密、生产、计划、科发、销售、物供、工程和炼油、化工、仪控、信息等部门、单位负责人组成，具体负责商业秘密保密工作的策划、统筹、组织、考核等。领导小组下设工作组（也是商业秘密管理检查组），由以上部门、单位保密员组成，落实领导小组决策部署，负责制定工作计划、方案和措施，实施日常保密检查，提出考核、奖惩意见和建议。

二、加强定密管理。重新梳理公司商业秘密，建立分级体系，设置密级标识，形成管理台账，特别是要解决电子文档不定密、不标识等问题，做到底数清楚、目标明确、重点突出。

三、加强密件管理。对线下密件，要配置专用设施加强保管，做到领用有登记、复制有审批、流转有管控，杜绝随意使用、处理现象。对线上密件，要采用技术手段，防止随意复制、下载、拍照、截屏、转发。

四、加强信息发布和科技论文审核。对涉及商业秘密的生产、经营、调度等信息，非经严格审查不得发布；对涉及商业秘密的科技论文，要采取删节、改编、技术处理等措施，并经单位领导或主管部门审查和保密委（领导小组）审批后才能投稿或发表。

五、加强网上工作群管理。按照“谁建群、谁负责”的原则，各单位的钉钉、微信等工作群要向公司保密办重新登记备案，明确群主责任，清理无关人员，视情设置加密模式。

六、加强涉密会议保密管理。涉及公司技术、产销调度、优化排产等会议，要严格控制参会人员，做到范围最小化。对会上发放的技术和经营信息资料要签名领用，会后要及时回收保管或销毁。

七、加强移动通信设备管理。在公司会议中心、涉密工作场所设置手机存放柜，对参加涉密会议人员和进入涉密装置中控室等场所人员的手机、相机、移动手表等实行集中保管，非经同意严禁在涉密会场、生产现场拍照、录音和传递信息。

八、加强现场保密管理。在涉密装置、机房等场所设置保密警示牌，根据需要配备专用计算机、保密资料柜和监控设施，非经允许，无关人员不得进入，被允许的参观者严禁拍照，并按保密员指定的路线进行参观。

九、实施保密提醒制度。按照“谁主办、谁负责”的原则，凡召开涉密会议，都要明确保密员，随时提醒遵守保密纪律，防止知密泄密。在对外交往中，也要相互提醒，防范泄密。

十、加强涉密人员、关键岗位人员保密管理。对公司涉密人员、关键岗位人员进行保密审查、重新签订保密承诺书，开展经常性的保密教育和保密提醒，并且实行动态管理；公司保密办要在其办公计算机上安装保密综合信息系统，不定期进行保密检查。

十一、加强外来人员保密管理。对来公司培训、学习、挂职、交流，参与产品、软件开发，工程建设、装置开工、检维修等涉密人员，要落实保密提醒、签订保密承诺书、跟踪执行保密制度等措施，防止外来人员以任何形式侵犯或泄漏公司商业秘密。

十二、加强网络监控。加大投入，建设网络数据传输监控系统和电子文档加密安全传输系统，对利用钉钉、微信、QQ和互联网邮箱传输敏感电子资料的违规行为实现可监控、可报警、可追溯；对MES、营销等系统用户权限进行清理，将接触敏感数据的授权用户限制在最小范围。

十三、加强保密检查和考核。成立商业秘密管理检查组，不定期检查关键岗位人员的电脑、邮箱、云盘、微信、钉钉以及重要会议、钉钉和微信工作群使用、涉密文件资料管理情况，及时发现问题并督促整改，按经济责任制给予相应考核。检查和考核情况及时在公司月度工作会上通报。

十四、严肃查处泄密事件。发现一起查处一起，让泄密者和失职者受到惩处，决不姑息迁就。

十五、加强保密警示教育。收集行业、兄弟企业和本企业案例，对员工加强教育，做到警钟长鸣、提醒常伴、教训长记。

十六、把保密工作纳入党委巡察内容。凡安排了公司党委巡察的二级党委，都要报告落实保密工作主体责任情况，特别是要有加强商业秘密管理的内容。要通过党委巡察，推动保密工作特别是商业秘密管理不断加强，杜绝任何失泄密事件的发生。

抄送：公司党委保密委成员。

综合管理部 2021年4月2日印发

“三挂钩”宽带薪酬分配体系的构建与实施

茂名石化

薪酬是激励的核心。2018年以来，我们按照集团公司的统一部署，在总部相关部门的悉心指导下，抓住主要矛盾，把对标提升与深化改革紧密结合起来，坚持市场化方向和问题导向，着力构建与岗位、能力、绩效“三挂钩”的宽带薪酬分配体系，有效调动了广大干部员工推进高质量发展的积极性。公司经济效益连年位居炼化企业前列，被评为中国石化“人均劳效优胜单位”“炼化企业经济效益优胜单位”。

一、实施背景

茂名石化是个具有60多年历史的老央企，虽经多年持续改革，但薪酬分配制度的应有作用，仍未充分发挥出来，隐性平均主义问题依然存在。主要原因是“三个未充分体现”。

一是岗位价值差异未充分体现。岗位薪酬未与市场价位对标，差别较小，对辅助、后勤富余人员转岗到生产一线、吃劲岗位，解决用工总量大，且结构性矛盾突出的问题，缺乏激励性、推动力。2017年，在生产一线用工偏紧的情况下，公司辅助、后勤富余人员高达34.5%。

二是能力价值差异未充分体现。分配制度中没有能力薪酬，员工学技能练本领和高端人才来公司服务的动力严重不足。2017年，硕士及以上人才占比仅为0.78%。2016至2018年，外流人才多达918人。

三是绩效价值差异未充分体现。虽然建立了以“收入凭绩效”为原则的分配机制，但是，公司同序列同岗位人员收入差距平均不足5%，“干多干少一个样，干好干差一个样”的问题没有彻底解决。

二、主要做法

针对“三个未充分体现”，我们认真贯彻“一适应两挂钩”要求，解放思想，知难而进，破旧立新，借鉴先进企业经验，以“三个不一样”为导向，有序构建具有较强市场竞争力的薪酬分配体系。

一是突出“责任不一样”，让岗位价值与分配紧密挂钩。我们对标市场价位。将公司各岗位工资水平与同行业劳动力市场价位相比对，作为岗位价值评价的参照。我们测算岗位价值。建立中国石化SPE岗评标准+“工作强度、用工稀缺度、工作经历”三个维度的岗评模型。公司职代会授权，成立由专家和各层级干部员工代表组成的岗评委员会，广泛征求意见，精心测算评价，科学进行排序，绘制岗位价值地图，作为确定岗位薪酬的依据。我们坚持动态岗评。2019

至2020年，共调整了370个岗位的价值。

二是突出“本领不一样”，让能力价值与分配紧密挂钩。我们健全能力薪酬增长通道。既明确各层次职位能力及其薪酬标准，又根据实际需要，分别为各层次职位设置初级、2至8档能力及其薪酬标准，拓宽了能力薪酬增长空间。我们建立能力价值评价机制。由干部员工根据自身实际自行申报，公司运用“三维度八因素”评价办法，定期组织能力价值考核，同时，打通高端人才市场化引进、晋升通道，搭建了能力提升广阔平台。我们打破能上不能下的惯例。能力测评不达标的，降级降档，薪酬相应下调，堵住了“一评躺终身”之路。目前，公司共有6337人获得初级及以上能力薪酬，与去年相比，动态调整率达42%。

三是突出“干得不一样”，让绩效价值与分配紧密挂钩。在“三挂钩”宽带薪酬体系中，各序列人员绩效工资分别占58%、65%和79%。我们改进考核体系。在KPI考核体系的基础上，有的放矢地吸纳MBO、BSC、OKR等工具的优点，引入GS、KBI指标，运用公司管理创新成果，构建了KGB考核模型，解决了考核体系市场化程度低、关键指标不关键、重点工作不突出等问题。我们实行闭环管控。全面推行员工绩效合同“一人一表”制，每年一签约，每月一小考，年终一大考，及时兑现绩效工资。我们推行线上考评。建立全员绩效信息化管理系统，实时监控指标完成情况，及时纠偏，最大程度地提高了绩效考评的质量和效率。

三、主要成效

“三挂钩”宽带薪酬分配体系的建立，为队伍增添了动力，使公司增加了活力。

一是促进了人力资源的优化。2019年以来，先后有1936名员工主动由低价值岗位转入高价值岗位，236名员工从辅助岗位转入主体岗位，98名员工从白班岗位转入倒班岗位。目前，在岗硕士、博士分别由2018年的62人、13人增加到目前的259人和35人。

二是促进了队伍能力的增强。目前，公司获得中高级及以上职称和技师及以上技能等级的人员，比2018年增加10.31%。在全国乙烯、聚烯烃、加氢裂化操作工技能竞赛中，公司选手勇夺7金7银3铜，其中，获得两个团体冠军、两个个人第一。

三是促进了公司绩效的提升。2020年，公司优化挖潜增效16.81亿元，创造利润59.27亿元，近十年中首次位列中国石化炼化企业之首。今年前10个月，公司优化挖潜增效12.23亿元，实现利润91.16亿元，全年有望再破百亿大关。

改革创新任重道远，管理提升永无止境。我们深知，我们所做的工作，与集团公司要求、企业发展需要还有较大差距。我们决心，认真贯彻落实本次会议精神，在国企三年改革行动和对标提升活动中创新实干，再创佳绩，为公司加快高质量发展步伐注入强大动力。

索 引

1 本索引采用主题索法编制。年鉴内容均在索引标引和检索范围之内。
2 本索引基本按汉语拼音排列。具体如下:汉字标目则按首字的音序、音调依次排列,首字相同时,则以第二个字排序,并依此类推。
3 在索引中,索引标目之后的数字,表示主题内容在年鉴正文的页码。英文a、b字母表示左右两个栏别。

H

I

J

M

N

P

Q

R

W

X

Y